Kommentar

zum Gesetz

gegen den unlauteren Wettbewerb.

Vom 7. Juni 1909.

Zweite Auflage
des Kommentars zum Gesetz zur Bekämpfung
des unlauteren Wettbewerbs vom 27. Mai 1896 von
Justizrat Albert Pinner,

herausgegeben von

Justizrat **Albert Pinner,** und **Dr. Erich Eyck,**
Rechtsanwalt in Berlin, Rechtsanwalt in Berlin.

Berlin 1910.
J. Guttentag, Verlagsbuchhandlung,
G. m. b. H.

Vorrede zur ersten Auflage.

Aus den Bedürfnissen der Praxis hervorgegangen, für das gewerbliche Leben bestimmt, hat das Gesetz vom 27. Mai 1896 in den mehr als sechs Jahren seiner Geltung seine Feuerprobe bestanden.

Die fast unübersehbare Zahl der ergangenen Entscheidungen hat am besten die Notwendigkeit des Gesetzes erwiesen; anderseits erschwert aber auch die Fülle des vielfach zerstreuten Materials die Übersicht und hindert damit die sachgemäße Anwendung.

Der vorliegende Kommentar hat es sich zur Aufgabe gestellt, in Zusammenfassung dessen, was Theorie und Praxis zur Auslegung herbeigetragen haben, und unter wissenschaftlicher Gliederung des Stoffes das Gesetz aus der Praxis heraus zu interpretieren. — Herangezogen ist nicht nur dasjenige, was an Material speziell für dieses Gesetz vorhanden ist, sondern es ist auch in ausgiebigster Weise Literatur und Gerichtspraxis derjenigen Gesetze, aus denen Begriffe herübergenommen sind, insbesondere des Strafgesetzbuches, des Warenzeichengesetzes, des Patentgesetzes, der Zivilprozeßordnung benutzt.

Den Bestimmungen des Bürgerlichen Gesetzbuchs, die die Weiterentwicklung des gesetzgeberischen Gedankens enthalten, ist ein besonderer Anhang gewidmet.

Das Gesetz gibt dem ehrlichen Gewerbetreibenden eine Waffe gegen unlautere Machenschaften gewerblicher Freibeuter; eine solche Waffe muß, um wirksam zu sein, leicht gehandhabt und kräftig angewendet werden können.

Diese Handhabung des Gesetzes durch wissenschaftliche Durcharbeitung des vorhandenen Materials sowohl dem Juristen, der es anzuwenden hat, als dem Gewerbetreibenden, zu dessen Schutz es gegeben ist, zu erleichtern, ist der Zweck dieser Arbeit.

Berlin, im April 1903.

Der Verfasser.

Vorrede zur zweiten Auflage.

Die einschneidenden Änderungen, welche die Novelle vom 7. Juni 1909 an dem Wettbewerbsgesetz vom Jahre 1896 vorgenommen hat, haben eine Umarbeitung und Ergänzung des vorliegenden Kommentars notwendig gemacht. Das Ziel der Verfasser war, die Literatur und Judikatur bis in die jüngste Zeit vollständig zu berücksichtigen. Sie haben es aber nicht als ihre Aufgabe angesehen, über jeden Einzelfall zu berichten, der einmal irgendwo zur Entscheidung und Veröffentlichung gekommen ist. Es kam ihnen vielmehr darauf an, die leitenden Grundsätze herauszuarbeiten, die geeignet sind, der Praxis bei der Beurteilung des Einzelfalls als Richtschnur zu dienen.

Die Anlage ist im wesentlichen unverändert geblieben. Durch möglichst scharfe Gliederung der Erläuterungen soll die für die Bedürfnisse der Praxis so notwendige schnelle Orientierung erleichtert werden.

Berlin, im März 1910.

Die Verfasser.

Inhaltsverzeichnis.

Abkürzungen.

A. = Archiv für gewerbliche Rechtspflege. Herausgegeben v. Beckmann.
AG. = Amtsgericht, Ausführungsgesetz.
AAnw. = Ausführungsanweisung.
ArchBürgR. = Archiv für bürgerliches Recht.
Begr. = Begründung zum Entwurf des Gesetzes, Anfang 1909 dem Reichstag vorgelegt. Nr. 1109 der Drucksachen des Reichstags.
Bek. = Bekanntmachung.
Bericht = Bericht der 35. Kommission des Reichstags. Drucksachen Nr. 1390.
Calker = Die Delikte gegen das Urheberrecht von Dr. Fritz von Calker. Halle 1894.
DJZ. = Deutsche Juristenzeitung.
Erl. = Erlaß.
GewArch. = Gewerbearchiv.
GewO. = Gewerbeordnung für das Deutsche Reich v. 21. VI. 69, neue Fassung v. 29. VII. 00.
GewRschutz = Gewerblicher Rechtsschutz und Urheberrecht.
HansGZ. = Hanseatische Gerichtszeitung.
HessRspr. = Hessische Rechtsprechung.
JheringsJ. = Jherings Jahrbücher für Dogmatik des bürgerlichen Rechts.
JW. = Juristische Wochenschrift.
KG. = Kammergericht.
KGBl. = Blätter für Rechtspflege im Bezirk des Kammergerichts.
KomBer. Vgl. Bericht.
LG. = Landgericht.
LZ. = Leipziger Zeitschrift.
OLG. = Oberlandesgericht.
OLGRspr. = Die Rechtsprechung der Oberlandesgerichte. Herausgegeben von Falkmann und Mugdan.
PatA. = Patentamt.
PatABeschw. = Patentamt, Beschwerdeabteilung.
PatG. = Patentgesetz v. 7. IV. 91.
RG. = Reichsgericht bzw. Entscheidungen des Reichsgerichts in Zivilsachen.
RGStr. = Entscheidungen des Reichsgerichts in Strafsachen.
RGBl. = Reichs-Gesetzblatt.
SächsArch. = Sächsisches Archiv für bürgerliches Recht und Prozeß.
SächsOLG. = Annalen des Kgl. Sächs. Oberlandesgerichts Dresden.
SchlHolstAnz. = Schleswig-Holsteinische Anzeigen.
Schmid = Die Gesetze zum Schutze des gewerblichen Eigentums von Paul Schmid.
SchöffG. = Schöffengericht.
SeuffA. = J. A. Seufferts Archiv für Entscheidungen der obersten Gerichte in den deutschen Staaten.
SeuffBl. = J. A. Seufferts Blätter für Rechtsanwendung, zunächst in Bayern.
UnlW. = Unlauterer Wettbewerb (Zeitschrift). Vom 5. Jahrgang ab unter dem Titel: Markenschutz und Wettbewerb.
StenB. = Stenographischer Bericht.
StGB. = Strafgesetzbuch.
UnlWG. = G. zur Bekämpfung des unlauteren Wettbewerbs.
WarnErg. = Warneyer, Ergänzungsband, enthaltend die Rechtsprechung des Reichsgerichts.
WarenZG. = G. zum Schutze der Warenbezeichnungen v. 12. V. 94.
ZPO. = Zivilprozeßordnung.

Die Zitiermethode folgt den Vorschlägen des deutschen Juristentages.

Einleitung.

Inhaltsangabe.

Vorbemerkung.

I. Grund des Rechtsschutzes gegen unlauteren Wettbewerb.

Jeder kultivierte Staat schützt das Eigentum seiner Untertanen gegen rechtswidrigen Eingriff. Wer ein materielles Gut auf rechtlich anerkanntem Wege erworben hat, kann verlangen, daß ihm der Schutz der Gesetze gegen jeden unbefugten Störer gewährt wird. Je höher ausgebildet die gewerbliche und geistige Tätigkeit eines Volkes ist, desto weiter wird der Begriff des „Rechtsgutes", das geschützt wird, gefaßt werden. Ausgehend von den materiellen Gütern erstrecken sich Schutzrecht und Schutzpflicht auch auf geistige Erzeugnisse. Sobald sich diese in Produkten verkörpern, breiten sich über sie, obgleich ein Eigentum im eigentlichen Sinne an ihnen nicht vorhanden ist, die Flügel des Gesetzes, sie gegen jeden unberechtigten Eingriff schützend. So entstanden die Gesetze zum Schutze des Urheberrechts, der Patente, Muster, Modelle.

Aber auch hierin erschöpft sich der Schutz nicht, den der Bürger eines Staates verlangen kann. Es gibt ein Recht der Persönlichkeit, ein Individualrecht, das Recht eines jeden Individuums, zu verlangen, daß seine Persönlichkeit nicht angetastet, daß ihm das Recht gewährt wird, die Früchte seiner Tätigkeit, ungestört durch der guten Sitte nicht entsprechende Handlungen anderer, ausschließlich zu genießen.

Soweit sich dieses Recht der Individualität im Namen, in der Firma, oder in dem seit alters her geübten Gebrauch einer Marke, als Unterscheidungsmerkmal von Waren, verkörpert, ist es den oben bezeichneten materiellen Gütern insoweit ähnlich, als es bestimmte äußere Formen angenommen hat; es unterscheidet sich aber von ihnen insofern, als Name, Firma und Marke an sich vermögensrechtlichen Wert nicht haben und trotzdem den Schutz der Gesetze genießen.

Doch auch in diesen, durch gewisse Formen an die Äußerlichkeit tretenden Betätigungen erschöpft sich das Recht der Persönlichkeit nicht. Das Recht des einzelnen Individuums, seine Tätigkeit nach Maßgabe seiner Kräfte auszuüben, ein Recht, das sich im Gebiete des Handels und Gewerbes im Prinzip der Gewerbefreiheit verkörpert, hat seine tatsächliche Schranke in dem Rechte der anderen Staatsbürger, in gleicher Weise ihre Tätigkeit auszunutzen, also in der Konkurrenz der anderen. Der Staat gibt, soweit er nicht aus bestimmten, meist rechtspolizeilichen Gründen Beschränkungen eintreten läßt, allen seinen Bürgern das Recht der freigewählten Tätigkeit. Ein jeder hat die Befugnis, seine Kräfte in vollstem Maße auszunutzen, selbst wenn andere, die sich auf demselben Gebiete betätigen, hierdurch Schaden erleiden. Jeder Wettbewerb daher, der aus der gleichmäßigen Tätigkeit vieler zu demselben Zwecke hervorgeht, ist gestattet. Nur darf dieser Wettbewerb nicht durch unrechtmäßige Mittel, durch Antastung der Persönlichkeit des anderen, geschehen. Unrechtmäßig aber ist nicht nur der Wettbewerb, der gegen bestimmte Rechtsvorschriften verstößt, der z. B. strafrechtlich verbotene Handlungen wie Betrug, Verleumdung usw. anwendet, sondern auch der, welcher **unlauter**, unredlich ist, der, wie man jetzt nach der Begriffsbestimmung der neueren Gesetze sagen kann, gegen **die guten Sitten** verstößt, insbesondere der, der unrechtmäßig die Arbeitskräfte wie die Arbeitserfolge des anderen für eigene Zwecke ausnutzt. (Über den Begriff „unlauter" vgl. S. 91.)

Es ist nach dem heute als richtig anerkannten Staatsrechte im allgemeinen nicht Aufgabe des Staates, in die freie Entwickelung der Konkurrenz regelnd einzugreifen; wohl aber gebietet es sein Interesse als Hüter des Rechtes, dafür zu sorgen, daß Unlauterkeit und Unredlichkeit aus dem Verkehr entfernt werde.

Er hat daher das Persönlichkeitsrecht des einzelnen so weit zu schützen, daß der Gebrauch des Rechtes des einzelnen kein Mißbrauch wird, daß die Schranke, die der eine in dem Wettbewerb des anderen findet, nicht durch Anwendung unlauterer Mittel erhöht wird.

So sagt das Reichsgericht (St. **33** 8): „Alle Verbote des Gesetzes vom 27. Mai 1896 verfolgen gleichmäßig den Zweck, zu verhindern, daß die Erwerbstätigkeit des einen vor der konkurrierenden des anderen durch unlautere Mittel den Vorrang erreicht."

Dies ist der Rechtsgrund des Schutzes gegen unlauteren Wettbewerb, wie ihn in Deutschland vor allem Kohler, insbesondere in seinem grundlegenden Buche über den Markenschutz, festgestellt hat. (Vgl. über die einzelnen Theorien Daniel 15 ff.; Lobe, Die Bekämpfung des unlauteren Wettbewerbs **1**: Der unlautere Wettbewerb als Rechtsverletzung, 425 ff. und die Kritik dieses Buches von O. Mayer in der Zeitschrift für das gesamte Handelsrecht **61** 274; ferner Schlechte, Die Stellung des unlauteren Wettbewerbs im System des Strafrechts in der Zeitschrift für die gesamte Strafrechtswissenschaft **21**.)

Das Recht der Geltendmachung der eigenen Persönlichkeit kann gestört werden einesteils durch Handlungen, die zwar in dies Recht eingreifen, aber sich nicht selbst Rechte des anderen anmaßen (z. B. bei Verletzung des § 3), oder aber durch Anmaßung gewisser dem anderen zustehenden Individualrechte (z. B. gemäß § 16). Ob das eine oder das andere der Fall ist, ist bei den einzelnen Bestimmungen zu untersuchen und nicht ohne Bedeutung für die aus der Verletzung entstehenden Rechte.

Verwirrend und dem einfachen und klaren Prinzip widersprechend ist, wenn verschiedene Schriftsteller in dem Bemühen, den Individualitätsrechte ein gewisses, dingliches Substrat zu geben, den unlauteren Wettbewerb in der Schädigung eines „persönlichen Rechtes mit vermögensrechtlicher Bedeutung" sehen. (Vgl. Schüler in GewRschutz **01** 98 über die in verschiedener Weise vorbildlichen Bestimmungen des Schweizer Rechts. Lobe legt seine Stellung zu dieser Theorie S. 180, insbesondere Anm. 2 dar.)

Sowohl nach den dargelegten allgemeinen Grundsätzen, wie auch nach unserem bestehenden Recht, ist diese Begriffsbestimmung zu eng. Mochte auch das Ges. v. 27. V. 96 im wesentlichen von der unlauteren Verletzung von Rechten ausgehen, die vermögensrechtliche Bedeutung haben, mochte dieses Gesetz mit seinen Bestimmungen, die den Geschäftsbetrieb betreffen, vornehmlich die Bewerbung um die Kundschaft zum Gegenstand haben, die neuere Gesetzgebung, die im BGB. verkörpert ist und deren Gedanken auch die Novelle insbesondere im § 1 beeinflußt haben, hat sich von dieser Beschränkung freigemacht und gibt den Schutz jedem, dem in einer gegen die guten Sitten verstoßenden Weise von einem anderen vorsätzlich Schaden zugefügt wird, oder dem, der durch üble Nachrede in seinem Erwerbe oder Fortkommen gestört wird (§§ 823, 824, 826 BGB.). Es abstrahiert von allen anderen Erfordernissen und statuiert den Schutz gegen unlautere Machenschaften lediglich als Ausfluß des Rechts auf Geltendmachung der eigenen Persönlichkeit. Kohler hat mit seinen Ausführungen dem Gesetzgeber den Weg gewiesen, den dieser zwar spät aber schließlich doch gegangen ist. Seine Auffassung des Prinzips, die erst durch das Sondergesetz v. 27. V. 96, dann durch die generelle Bestimmung des BGB. und schließlich in der Nov. v. 7. VII. 09 ihre glänzende Rechtfertigung gefunden hat und die in vieler Beziehung auch für die Auslegung des Gesetzes in der Praxis von Wichtigkeit ist, ist den folgenden Darlegungen zugrunde gelegt.

II. Der Schutz gegen unlauteren Wettbewerb vor Erlaß des Reichsgesetzes.

In der außerdeutschen Jurisprudenz, namentlich in Frankreich (vgl. über dieses und andere Rechte namentlich Kohler, Markenschutz; über französisches Recht auch Mayer in Goldschmidt, Zeitschrift für Handelsrecht **92** 333 und Schmitz in UnlW. **1** 18 ff.) hat seit langer Zeit die Rechtsprechung den Kampf gegen den unlauteren Wettbewerb mit Erfolg geführt. Nicht besondere gesetzliche Vorschriften waren es, die dem Richter zur Verfolgung dienten, sondern meist allgemeine Vorschriften, die jeden für den durch seine Schuld entstandenen Schaden haftbar machten. So ist in Frankreich grundlegend für die ganze Materie der **§ 1382 des code civil** geworden, der sagt:

> **Tout fait quelconque de l'homme, qui cause à autre un dommage, oblige celui, par la faute duquel il est arrivé, à réparer.**

Anknüpfend an diese allgemeine Bestimmung hat die französische Jurisprudenz einen ausgedehnten und umfassenden Schutz gegen concurrence déloyale entwickelt. (Vgl. Lobe, Bekämpfung 78 ff.) Anders im deutschen Recht. Trotzdem sich im gemeinen Recht und fast allen deutschen Partikularrechten (für preußisches Recht vgl. §§ 8, 10 **1** 6 ALR. und über die Entwickelung in Preußen Traeger bei Gruchot **92** 196, vgl. ferner § 116 BGB. für das Königreich Sachsen) ähnliche allgemeine Gesetzesbestimmungen finden, hat der deutsche Richter, abgesehen von vereinzelten Ausnahmen, sich nicht entschließen können, aus diesen allgemeinen Bestimmungen einen speziellen Schutz des Gewerbetreibenden gegen unlautere Konkurrenz zu folgern. Die deutsche Rechtsprechung erklärte übereinstimmend, daß erlaubt sei, was nicht spezielle Gesetzesvorschriften verbieten. Insbesondere hat das Reichsgericht diesen Grundsatz dauernd festgehalten. So sagt dasselbe in Entsch. **6** 176:

> „Nach dem in Deutschland geltenden Rechte ist nicht, wie z. B. in Frankreich, dem Gewerbetreibenden Schutz gewährt gegen betrügliche Nachahmungen sonstiger Kennzeichen der Ware (Art der Verpackung, Etikettierung usw.) und ist, abgesehen von der Firma, das Warenzeichen das einzige Mittel, um sich gegen ein illoyales Verhalten von Konkurrenten zu schützen (ebenso **18** 101, **17** 101, **25** 120.)

Auch in betreff des Firmenschutzes ist (**29** 61) ausgeführt, daß dieser im Handelsgesetzbuch erschöpfend geregelt und daneben eine Klage wegen unlauterer Konkurrenz unzulässig ist.

Selbst für die Landesteile, in denen französisches Recht galt, hielt das Reichsgericht die allgemeinen Bestimmungen neben den Gesetzen über Firmen- und Markenschutz für unanwendbar (Entsch. **3** 69, **20** 175).

Endlich wurde in **35** 169 unzweideutig erklärt, daß der Gewerbebetrieb als solcher nicht Anspruch auf rechtlichen Schutz gegen Konkurrenz in ähnlicher Weise hat, wie Eigentum und Besitz gegen Eingriffe anderer.

Allmählich entwickelte sich in der Reichsgesetzgebung ein Schutz gegen Verletzung immaterieller Güter, z. B. des Urheberrechts, Patentrechts, Muster- und Modellrechts und auch des Rechts an Warenzeichen. In einzelnen dieser Gesetze finden sich, wie z. B. in § 40 PatG., in §§ 15 und 16 WarenZG., auch in § 125 GewO., Bestimmungen, die besondere Verletzungen, welche sich als unlauterer Wettbewerb charakterisieren, behandeln; einen allgemeinen Schutz aber hat weder die Gesetzgebung noch die Jurisprudenz vor Erlaß des G. v. 27. V. 96 gewährt. (Vgl. Lobe, Bekämpfung 116ff.)

III. Das Gesetz vom 27. Mai 1896.

Aus der Erkenntnis, daß der Gewerbestand eines Schutzes bedürfte gegen den mit der Hebung des Verkehrs immer gefährlicher werdenden Wettbewerb, der mit unehrlichen Mitteln den Konkurrenten zu verdrängen suchte und den reellen Handel sowohl wie die Volksmoral auf das empfindlichste schädigte, ging das G. v. 27. V. 96 hervor.

(Über die Vorgeschichte und Entwickelung des Gesetzes vgl. insbesondere Lobe, Bekämpfung **1** 122 und den die gesamten Materialien zusammenstellenden Bd. 3; Bachem und Roeren 5 ff.; M. M. Kohler 47 ff.)

IV. Die Novelle.

Das „Gesetz zur Bekämpfung des unlauteren Wettbewerbs", wie der Titel des G. v. 27. V. 96 lautet, ist vom 1. VII. 96 bis zum 1. X. 09 in Kraft gewesen. Bei seinem Inslebentreten vielfach bekämpft und mit Mißtrauen als Ausfluß eines übertreibenden Polizeigeistes beargwöhnt, hat es sich bald, insbesondere in Verbindung mit den elastischen Rechtssätzen des BGB. als eine wichtige und brauchbare Waffe im Kampfe gegen die den redlichen Gewerbetreibenden schädigenden Mißbräuche und Auswüchse des Geschäftslebens erwiesen. Seine energische Handhabung durch die Gerichte hat auch zu einer Verschärfung der Anschauungen über das, was sich für einen anständigen Kaufmann und Gewerbetreibenden ziemt, geführt. Ja, diese Entwickelung ging bald über den durch die Bestimmungen des Gesetzes gezogenen Rahmen hinaus. Wurde aus diesen Gesichtspunkten eine Reform des Gesetzes verlangt, so betonte man von anderer Seite die abhilfebedürftigen „der Auslegung und Abhilfe Schwierigkeiten“ bereitenden Mängel der Fassung. Verquickt hiermit wurden zuweilen Bestrebungen der gerade durch die wirtschaftliche Entwickelung des Detailhandels geförderten Mittelstandsbewegung, denen gegenüber die Begründung zur Novelle bemerkt, daß die betroffenen Kreise vielleicht nicht in vollem Umfange „von den durch das Gesetz gewährten Rechtsbehelfen ... den richtigen Gebrauch gemacht haben“ (Begr. 7). Die Reichsregierung verhielt sich gegenüber diesen Tendenzen nicht ablehnend. Im Februar 1907 veranstaltete das Reichsamt des Innern eine Konferenz mit sachverständigen Vertretern von Handel und Gewerbe unter Zuziehung von Juristen. Hierauf wurde am 16. XII. 07 im Reichsanzeiger ein vorläufiger Entwurf eines Abänderungsgesetzes bekanntgegeben (abgedruckt in UnlW. 7 49), der „weiteren Kreisen Gelegenheit zur Meinungsäußerung“ geben sollte. Hieran fehlte es auch nicht. Von allen Seiten gingen zahlreiche, sich vielfach widersprechende, gutachtliche Äußerungen ein. Auf Grund dieses Materials wurde der Entwurf einer nochmaligen Revision unterzogen, die jedoch nur zu wenigen Änderungen führte. In dieser Gestalt wurde er am 8. I. 09 dem Reichstag vorgelegt (Drucksache Nr. 1109, 12. Legislaturperiode, 1. Session 1907/08), (nebst Begründung abgedruckt in der Beilage zum Februarheft 1909 von UnlW.).

Der Regierungsentwurf war ziemlich vorsichtig abgefaßt. Im ganzen hielt er, wie die Begründung (8) dies aussprach, „an den Grundlagen des bisherigen Gesetzes fest“. Grundsätzlich neue Bestimmungen brachte er nur über das Ausverkaufswesen. Im übrigen begnügte er sich mit Ergänzungen der alten Vorschriften, die deren Tragweite im einzelnen ausdehnten, und einer weitgehenden Verschärfung der Strafbestimmungen. Hingegen lehnte die Regierung namentlich zwei vielfach geforderte Maßregeln ab: die Einfügung einer Generalklausel erachtete sie mit Rücksicht auf das BGB., namentlich den von der Rechtsprechung außerordentlich entwickelten § 826, für überflüssig und die Frage der Bestechung von Angestellten kaufmännischer und industrieller Betriebe unter Verweisung auf die Stellungnahme der Mehrzahl der befragten Handelsvertretungen und Vereine für noch nicht reif zur gesetzgeberischen Behandlung.

In beiden Punkten ging die Kommission, an welche der Reichstag den Gesetzentwurf verwies, nachdem er ihn in einer Sitzung (193. Sitzung vom 25. I. 09, Stenogr. Berichte 6525 ff.) beraten hatte, sofort über den Entwurf hinaus. (Bericht der 35. Kommission, erstattet von dem Abgeordneten Rechtsanwalt Justizrat Dr. Junck, Nr. 1390 der Reichstagsdrucksachen. Vorsitzender der Kommission war der Abgeordnete Oberlandesgerichtsrat a. D. Roeren.) Der Einfügung einer Generalklausel setzte die Regierung ernstlichen Widerstand nicht entgegen, mit dem Bestechungsparagraphen fand sie sich jedoch erst ab, nachdem er durch die Einfügung der Worte „durch unlauteres Verhalten" nach ihrer Auffassung seinen gefährlichen Kautschukcharakter verloren hatte. (S. im einzelnen die Erläuterungen zu §§ 1 und 12.)

Die wichtigsten Neuerungen, die die Kommission im übrigen vornahm, waren die Streichung des Zusatzes „tatsächlicher Art" bei den Angaben des § 1 (jetzt § 3) und die Erweiterung der Haftung für Angestellte (jetzt § 13 Abs. 3). Auch sonst änderte die Kommission im einzelnen vieles an dem Entwurf.

Im Plenum gelang es in der zweiten Beratung (Stenogr. Berichte 8496ff.) dem Abgeordneten Roeren gegen eine lebhafte Opposition, die von der Regierung unterstützt wurde, auch in dem Paragraphen über die strafbare Reklame die Worte „tatsächlicher Art" zu streichen. Ein Versuch des Abgeordneten Dove bei der dritten Lesung (Stenogr. Berichte 8542 ff.), die alte Fassung, wenigstens in diesem Punkte, wieder herzustellen, mißlang. Sonst beschäftigte sich die Debatte namentlich mit dem Schmiergelderparagraphen, dessen Streichung u. a. die Abgeordneten Dr. Potthoff und Dr. Frank im Interesse der Angestellten dringend befürworteten, jedoch ohne Erfolg.

V. Persönliches Geltungsgebiet des Gesetzes

(vgl. auch Dr. Schanze im SächsArch. **96** 717).

Das Gesetz will den „geschäftlichen Verkehr" (§§ 1 und 12) regeln; es spricht von „geschäftlichen Verhältnissen", von „Waren und gewerblichen Leistungen" (§§ 3, 4, 14, 15) berechtigt zur Verfolgung „Gewerbetreibende" (§ 13) und verfolgt den Verrat von „Geschäfts- und Betriebsgeheimnissen" (§ 17).

Es ist demnach ein Gesetz zum Schutz des Handels- und Gewerbestandes. (Vgl. hierzu die Bemerkungen von Marcus in UnlW. **2** 114). Über die Auslegung dieses Begriffes herrscht Streit. Die Begründung und die Verhandlungen in der Kommission und dem Reichstag geben ein zweifelfreies Resultat nicht (ausführliche Darstellung bei Schmid 274 ff.); nur ist das ohne Widerspruch festgestellt worden, daß Gewerbe nicht im Sinne der Gewerbeordnung, sondern weitergehend im Sinne des täglichen Lebens aufzufassen ist. Dies wird auch ziemlich allgemein (Schmid 280, Müller 32 usw.) angenommen, nur Wolff (S. 40) geht von dem aus der Gewerbeordnung sich ergebenden Begriff aus; er schließt dies aus der durch nichts gerechtfertigten Behauptung, daß das Gesetz sich an die Gewerbeordnung anschließt (vgl. dagegen Finger 63).

Während demnach als allgemeine Ansicht angesehen werden kann, daß Gewerbetreibende im weitesten Umfange des Wortes, d. h. alle die, welche ihre Tätigkeit des Erwerbes wegen ausüben, den Schutz des Gesetzes genießen, liegt eine gleiche Übereinstimmung in betreff der Frage der Abgrenzung des Gewerbes gegen die sogenannte operae liberales nicht vor. Ob auf Künstler, Schriftsteller, Redakteure, Schauspielunternehmer, Ärzte, Anwälte usw. das Gesetz aktiv und passiv Anwendung findet, wird bezweifelt. Hauß, Stephan, Daniel stehen auf dem einschränkenden Standpunkt, daß wissenschaftliche und künstlerische Tätigkeit nicht unter das Gesetz fällt, während Müller, Mayer, Osterrieth, Lobe und jetzt auch Fuld 23 den entgegengesetzten Standpunkt haben, und Finger 18 und 33 in der Mitte steht.

Wenn man die Frage objektiv in Erwägung ziehen will, muß man sich zunächst von der Vorstellung freimachen, daß es etwas Herabziehendes hat, wenn man bei einem Künstler, einem Schriftsteller, einem Anwalt von einem Gewerbe spricht. Auch die geistige Tätigkeit wird zum Erwerbe betrieben, wenigstens wird niemand im Ernst von einem Künstler usw. verlangen, daß er das Werk seiner Tätigkeit, durch welches er vielen nützt oder reichen Genuß schenkt, unentgeltlich darbietet. Ein Zweck oder mindestens ein Nebenzweck jeder Aufwendung von auch geistiger Arbeit ist der Entgelt, den der Empfänger zu zahlen hat. Je idealer die Tätigkeit des wissenschaftlich oder künstlerisch Arbeitenden von ihm aufgefaßt wird, desto mehr wird der Nebenzweck zurücktreten, seinen Lohn aber wird er, von verschwindenden Ausnahmen abgesehen, aus dem Ertrage seiner Arbeit suchen. Daß Anstand und Sitte für die Art der Ausnutzung dieses Erwerbes gewisse Grenzen gezogen haben, ändert an der Tatsache nichts.

Gibt man dieses Resultat realer Betrachtung des menschlichen Erwerbslebens zu, vergegenwärtigt man sich ferner, daß gerade in Kreisen der Kunst und Wissenschaft unlauterer Wettbewerb durchaus nicht so selten ist, so sieht man nicht ein, warum dem Künstler usw. der Nutzen eines Gesetzes, welches jede gewerbliche Tätigkeit zu schützen bestimmt ist, entzogen sein soll. Auch er hat eine Tätigkeit, die neben idealen Zwecken dem Erwerbe dient; auch er kann in dieser Erwerbstätigkeit durch unlautere Mittel gestört werden oder selbst die Tätigkeit anderer stören. Bei ihm und gegen ihn ist danach begrifflich unlauterer Wettbewerb genau so möglich, wie in jedem anderen Zweige menschlicher Erwerbstätigkeit.

Dazu kommt folgendes:

Die Grenze zwischen wissenschaftlicher und künstlerischer Tätigkeit einerseits und gewerblicher Tätigkeit anderseits ist durchaus nicht leicht zu ziehen; in den Grenzgebieten wird sich eine solche Linie überhaupt nicht finden lassen. Wenn ein großer Künstler ein Bild malt, ist dies zweifellos Ausfluß seiner künstlerischen Tätigkeit; wenn derselbe aber, was in den Tagen der angewendeten Kunst nicht selten ist, Entwürfe für ein Möbelstück liefert, und dies nach seinen Angaben Angefertigte verkauft wird, dürfte wohl ebenso zweifellos gewerbliche Tätigkeit vorliegen. Gerade im Gebiete des Kunstgewerbes, das selbst die Anhänger der einschränkenden Theorie für Gewerbe erachten, ist die Frage, ob Kunst oder Gewerbe vorherrscht, oft kaum oder nur nach rein subjektivem Ermessen zu beantworten.

Ebenso im Gebiete des Theaterwesens. Man wollte früher die artistischen Produktionen der Spezialitätenbühnen als gewerbliche Leistungen auffassen, während der Gewerbebetrieb des kleinsten Theaters nicht hierunter verstanden werden sollte. Auch hier ist die Grenzlinie, was Theatervorstellung ist und was nicht, nicht klar zu ziehen. Seit der Erfindung des Überbrettls gibt es Mittelstufen, die jeder, je nach seinem Geschmack, der einen oder der anderen Gattung zuweisen wird. Vgl. RG. im Recht **06** 1208.

Ebenso liegt es bei der Schriftstellerei, die Kunst oder Gewerbe sein kann.

Weder aus dem Wortlaut noch aus dem Zweck des Gesetzes ist man genötigt, zu derartigen Unterscheidungen zu greifen, die zu Spitzfindigkeiten und Ungerechtigkeiten führen.

Der Künstler usw., der einen unlauteren Wettbewerb treibt, mag die Folgen tragen; der aber, der durch ihn geschädigt ist, soll für seines Geistes Arbeit denselben Schutz genießen, wie der Kaufmann, der seine Ware vertreibt.

Die Praxis hat, wenn auch bisher nur in vereinzelten Fällen, sich der weiteren Auslegung angeschlossen. (Dagegen z. B. Schöffengericht Erfurt im GewRschutz **98** 287, welches auf Dekorationsmaler nur deswegen das Gesetz anwendet, weil sie ihre Tätigkeit jedem gegen Entgelt zur Verfügung stellen.)

So hat das Reichsgericht (JW. **97** 212 Nr. 30) die Anfertigung eines Adreßbuches als gewerbliche Leistung erachtet, indem sie diese generell als „jede wirtschaftlich abzuschätzende Leistung, auch wenn sie einer literarischen Tätigkeit entspringt", definiert.

Was hier von literarischer Tätigkeit gesagt ist, gilt in gleicher Weise von künstlerischer und wissenschaftlicher Tätigkeit.

Im einzelnen ist anzuführen:

1. Was **Aerzte** betrifft, so ist in der Reichstagskommission von 1896 als zweifellos hingestellt und auch allgemein anerkannt, daß auf sie sich das Gesetz bezieht (vgl. auch RG. in DJZ. **02** 534 und RGStr. **35** 271, **37** 173), da sie unter die Gewerbeordnung fallen.

Auch die vollbesoldeten Kreisärzte sind nicht ausgeschlossen (RG. in JW. **03** 326). Der Schutz gegen die Kurpfuscher, gegen die das Gesetz vielfach angerufen ist (vgl. S. 32), erfordert dies auch dringend.

2. Sehr zweifelhaft erscheint die Frage betreffs der **Rechtsanwälte.** Hier ist die allgemeine Ansicht gegen die Anwendung (Schmid 283, Finger 65; dafür Müller 32, Wassermann 59, Lobe, Bekämpfung 19, jetzt auch Fuld 22). Es wird einerseits hervorgehoben, daß Anwälte eine öffentliche Stellung haben (Rausnitz in GewRschutz **98** 92), was in dieser Allgemeinheit nicht richtig ist, da sie nur gewisse öffentlich-rechtliche Funktionen besitzen, anderseits, daß die Rechtsanwaltsordnung ausschließlich ihre Tätigkeit ordne. Auch letzter Grund vermag nicht zu überzeugen.

Die Anwaltsordnung regelt das Verhältnis des Rechtsanwaltes zu seinen Klienten und bestimmt ferner für pflichtwidriges Verhalten Disziplinarstrafen. Das erstere kommt bei der Frage nicht in Betracht, da das Gesetz über unlauteren Wettbewerb nur für das Verhältnis der Gewerbetreibenden unter sich gegeben ist, das letztere nicht, weil der Umstand, daß eine Handlung nach anderen Gesetzen mit Strafe bedroht ist, nicht hindert, daß nach dem vorliegenden Gesetz ein Vorgehen hergeleitet wird. Da Rechtsanwälte neben ihren sonstigen Funktionen im obenbezeichneten Sinne gewerblich tätig sind, so findet daher auch auf sie das Gesetz Anwendung. Nähme man dies nicht an, so würde ihnen auch der Schutz gegen etwaigen unlauteren Wettbewerb der Winkelkonsulenten nicht gegeben sein, eine Konsequenz, die Wolff (S. 40) zieht.

3. **Beamte** sind keine Gewerbetreibende; sie haben daher weder Rechte noch Pflichten aus dem Gesetz. Dies trifft auch dann zu, wenn sie eine vom Gesetz ihnen gestattete gewerbliche Tätigkeit ausüben, z. B. **Notare** und **Gerichtsvollzieher** bei Abhaltung freiwilliger Verkäufe, da sie auch hierbei in amtlicher Funktion tätig sind (dagegen Wolff 41).

4. Dagegen kann der **Fiskus** Gewerbetreibender sein. So hat z. B. das RG. (UnlW. **1** 94) die Klage des Reichsfiskus als Herausgeber des amtlichen „Patentblattes" zugelassen, da dies im geschäftlichen Verkehr geschehe.

5. Berufe und Tätigkeiten, die einen sittenwidrigen Charakter tragen, können den Schutz des Gesetzes nicht genießen. Vgl. Marcus, UnlW. **3** 109. Hingegen ist er nicht schon solchen Geschäften zu versagen, deren Verträge keine rechtliche Verbindlichkeit begründen. So RG. in JW. **03** 189 bezüglich der Geschäfte, die das Abschließen von Wettverträgen fördern, trotz § 762 BGB.

VI. Geltung des Gesetzes gegen Ausländer und bei im Ausland begangenen Handlungen.

1. Das Gesetz enthält nur im § 28 Bestimmungen über Ausländer. Diese beschäftigen sich aber nur mit der Frage, inwiefern **Ausländer** im Sinne dieses Paragraphen **berechtigt** sind, den Schutz des Gesetzes zu verlangen. Inwiefern gegen Ausländer oder gegen im Auslande begangene Handlungen vorgegangen werden kann, ist im Gesetz nicht bestimmt. Es greifen daher die allgemeinen Grundsätze Platz.

2. Die **Begehung** einer der nach dem Gesetz **strafbaren Handlungen im Auslande,** soweit sie nicht als Übertretungen (§§ 7, 9, 11) außer Betracht bleiben, ist nach § 4 StGB. nur verfolgbar, wenn der Täter ein Deutscher ist und die Handlung durch die Gesetze des Orts, an dem sie begangen ist, mit Strafe bedroht ist. Nicht nötig ist, daß die Handlung dort aus demselben Gesichtspunkt, dem des unlauteren Wettbewerbs, unter Strafe gestellt ist; es genügt, wenn sie überhaupt strafrechtlich verfolgt wird, z. B. wenn ein Vergehen gegen § 4 des Gesetzes im Auslande als Betrug, gegen § 15 als Beleidigung angesehen wird (RGStr. **5** 424).

Wird der Täter erst nach Begehung der Tat Deutscher, so ist seine Verfolgung zulässig, wenn ein Antrag der zuständigen Behörde des Landes, in dem die Handlung begangen ist, vorliegt; auch ist in diesem Falle das ausländische Strafgesetz anzuwenden, soweit es milder ist. Demnach können Ausländer, die im Ausland das Gesetz verletzen, nicht strafrechtlich verfolgt werden. (Über den Einfluß der Pariser Union und der Brüsseler Zusatzakte, die jedoch nur jedem Angehörigen der Vertragsstaaten dasselbe Recht wie dem Inländer gewährleisten, daher an dem Grundsatze, der hier in Frage steht, nichts ändern, s. zu § 28.)

3. **Zivilrechtlich erstreckt sich der Schutz des Gesetzes auch auf im Ausland begangene Handlungen.** Das Reichsgericht hat für das Warenzeichengesetz (**18** 31, vgl. **45** 145, **51** 267) das Prinzip aufgestellt, daß der Schutz immaterieller Güter räumlich unbeschränkt gilt, daher ihre Verletzung, auch wenn sie im Auslande geschieht, verfolgt werden kann. Es hat diesen Grundsatz in der Entscheidung **55** 199 ausdrücklich auf das Gebiet des Gesetzes gegen den unlauteren Wettbewerb erstreckt. (Vgl. auch JW. **01** 851, **03** 297.)

Demnach ist es gleichgültig, ob die das Gesetz verletzende Handlung von einem Inländer oder Ausländer, ob sie im Inland oder Ausland begangen ist (über den Ort der Begehung s. zu § 24); sie kann im Inland zivilrechtlich verfolgt werden, soweit hier ein Gerichtsstand begründet ist.

§ 1.

Wer im geschäftlichen Verkehre zu Zwecken des Wettbewerbes Handlungen vornimmt, die gegen die guten Sitten verstoßen, kann auf Unterlassung und Schadensersatz in Anspruch genommen werden.

Inhaltsangabe.

Vorbemerkung: Entwickelung.

§ 1 ist eine Neuerung der Novelle von 1909. Im Gegensatz zu der französischen Rechtsentwickelung, die den zivilrechtlichen Kampf gegen den unlauteren Wettbewerb allein auf Grund des einen Artikels 1382 des Code civil aufnahm, stellte die deutsche Gesetzgebung in dem Gesetz von 1896 eine Reihe spezieller Tatbestände auf, die sie zur Voraussetzung der Schadensersatz- und Unterlassungsklagen machte. Diese Methode fand von vornherein Widerspruch. Man verlangte neben den Einzelbestimmungen eine Generalklausel, bestimmt und geeignet, alle die Fälle unlauteren Wettbewerbs zu erfassen, die durch das Netz der speziellen Paragraphen hindurchschlüpfen könnten.

Trotzdem hat die Regierung sowohl in dem Vorentwurf wie in der Reichstagsvorlage von einer derartigen Generalklausel abgesehen. Motiviert wurde dies damit, daß die Rechtsprechung, insbesondere die des Reichsgerichts, den § 826 BGB. in einer Weise handhabe, daß er zu einer umfassenden Ergänzung des UnlWG. und eine Schutzwehr gegen illoyale Handlungen geworden sei. (Vgl. RG. 48 119.) Eine Abänderung war daher nur insoweit vorgeschlagen, als das UnlWG. dem BGB. gegenüber die Rechtsverfolgung erleichternde Vorschriften enthielt, die auch dem Vorgehen aus § 826 zugute kommen sollten.

In der Reichstagskommission schlugen jedoch diese Argumente nicht durch, vielmehr wurde sofort fast einstimmig die Schaffung einer Generalklausel gefordert (Bericht 3). Die Reichsregierung akzeptierte diesen Standpunkt alsbald.

A. Der objektive Tatbestand.

I. Handlungen, die den guten Sitten zuwiderlaufen.

1. **Prinzip.** Der Grundgedanke des § 1 ist die Verfolgung und Beseitigung aller im geschäftlichen Wettbewerb hervortretenden Handlungen, die, so verschieden sie im einzelnen sein und so sehr sie sich der Bestimmung und Schilderung im voraus entziehen mögen, das gemeinsam haben, daß sie den guten Sitten zuwiderlaufen. Nach der Definition des RG. (48 124, vgl. 58 214 und JW. 06 16) sind das solche Handlungen, die dem Anstandsgefühl aller billig und gerecht Denkenden zuwiderlaufen. Damit ist ein objektiver Maßstab gegeben. Dieser Rahmen greift natürlich viel weiter als der der Gesetzwidrigkeit oder gar der Strafbarkeit. Die Durchschnittsauffassung gibt die Norm. Gegen die guten Sitten ist also noch nicht das, was ein vornehm denkender Kaufmann zu tun verschmähen würde. (RG. 55 372 und in DJZ. 04 68.) Immerhin aber kommt es darauf an, welchen Lebenskreisen der Handelnde und die zu beurteilende Tat angehören. (RG. in DJZ. 00 323.) Nur können an sich unsittliche Auffassungen, Mißbräuche niemals dadurch einwandsfrei werden, daß sie in gewissen Kreisen alltäglich und üblich sind. (RG. 58 217; JW. 01 351; Lubszinsky in UnlW. 1 130.) Die Beurteilung erfolgt von derjenigen Auffassung des Sachverhalts aus, die der Täter nach seiner damaligen Kenntnis haben mußte. (RG. 71 112.)

Die Tat ist in ihrem ganzen Umfange zu würdigen, insbesondere auch hinsichtlich ihres Zweckes und ihrer Wirkung. Beide Kriterien können entscheidend sein. So verstößt z. B. eine Aussperrung dann gegen die guten Sitten, wenn sie den Ruin des Betreffenden bedeutet. (RG. 51 385, 56 279, 57 427, 60 104, 64 158.) Vgl. unten S. 5 Anm. 4a.

Eine an sich erlaubte Handlung kann dadurch rechtswidrig werden, daß sie ein Glied einer sittenwidrigen Gesamtoperation wird. (RG. im Recht 06 117.) Die Unsittlichkeit kann z. B. dann im Ziel liegen, wenn eine Handlung zwar nicht reine Schikane ist (§ 226 BGB.), aber doch im wesentlichen bezweckt, einen anderen zu schädigen (RG. 58 216, 62 137, 66 238) oder sich an ihm zu rächen. (JW. 09 108.) Anders, wenn eine an sich in berechtigtem Interesse vorgenommene Handlung zugleich durch ein sittenwidriges Motiv beeinflußt wird. (RG. 71 173.)

Ob eine Handlung den Charakter der Sittenwidrigkeit trägt, ist eine Rechtsfrage, also vom Revisionsgericht zu prüfen. (RG. 48 114, 51 369, 59 214; JW. 04 408.)

Die vorstehenden Grundsätze hat die bisherige Rechtsprechung im wesentlichen im Anschluß an den § 826 BGB. entwickelt. (Vgl. Degen, Die Bedeutung des § 826 BGB. für den gewerblichen Rechtsschutz, GewRschutz 09 137; auch UnlW. 8 176 und 235; Lobe, Bekämpfung 1 256; Finger in UnlW. 2 380.) Sie hat hierbei besonders die Fälle unter ihn subsumiert, die sich der Erfassung durch die Bestimmungen des früheren UnlWG. entzogen.

Die folgenden **Beispiele** sind geeignet, den Grundgedanken zu erläutern. Sie zeigen zugleich, daß der Überblick, den die Begründung S. 10 über die Judikatur zu § 826 BGB. gibt, im einzelnen nicht ganz zuverlässig ist.

2. **Ausschreitungen in der Form.** Besonders starke Gehässigkeit in der Bekämpfung eines Konkurrenten ist in bestimmten Fällen für sittenwidrig erklärt worden. So, wenn dessen Preise in öffentlichen Ankündigungen in gehässiger Weise als übertrieben bezeichnet wurden (OLG. Köln in UnlW. 5 26) oder seine Ware herabgesetzt wird „die deutsche Hausfrau werde bei ihm nicht wahrhaft gut und solide bedient" (JW. 05 20), „sein Erzeugnis sei minderwertig" (RG. in UnlW. 8247), „seine Anpreisungen seien schmutzige Prahlerei" (JW. 08 133). Noch ärger ist der Verstoß, wenn ein Kaufmann Fabrikate eines anderen anpreist und dadurch das Publikum in sein Geschäft lockt, dann aber vom Kauf der angepriesenen Fabrikate abrät und die seinigen empfiehlt. (JW. 03 11; UnlW. 2 20.) In besonders gearteten Fällen kann sogar die Verbreitung einer wahren Tatsache über einen Konkurrenten sittenwidrig sein, wenn sie ohne berechtigtes Interesse, nur in der Absicht, ihn zu schädigen, erfolgt. (SeuffBl. 69 482.)

Damit soll aber die in angemessenen Formen gehaltene, auch scharfe, selbst drastische **Kritik** anderer Waren und Leistungen nicht unterbunden werden. Insbesondere darf man sie mit den eigenen kontrastieren. So ist es nicht unerlaubt, wenn der Produzent von „vollwertigem, edlen Traubensaft" ihm das Pomril als „billiges, aber gehaltarmes Backobstwasser" gegenüberstellt. (RG. in UnlW. 7 210; WarnErg. 08 281.) Auch die Androhung einer Veröffentlichung wahrer Tatsachen verstößt selbst dann nicht gegen die guten Sitten, wenn der Zweck ist, dem anderen Kunden zu entziehen. (RG. in SeuffBl. 08 966; JW. 08 679.) Ebensowenig die Veröffentlichung, daß der Gegner das Publikum auf Kosten des Veröffentlichenden täusche, wenn dies in der Tat der Fall ist. (JW. 08 333; LZ. 08 539; WarnErg. 08 281.)

3. a) Ob die **Verleitung zum Kontraktbruch** schlechtweg als sittenwidrig zu betrachten sei, ist kontrovers. Die Begr. zur Reichstagsvorlage führt sie als einen der Fälle an, auf welche § 826 BGB. Anwendung finde; hiernach würde sie also auch vom § 1 getroffen werden. Den gleichen Standpunkt nehmen Degen in GewRsch. 08 147, Marcus in UnlW. 4 10 und Rosenthal-Wehner 62, vgl. auch Finger, Kommentar 24 ein. Hingegen lehnt das RG. diesen Satz in seiner Allgemeinheit ab. (SeuffA. 61 453; JW. 06 465; SächsArch. 07 158; dagegen Recht 08 1189.)

Die Unsittlichkeit wird von den vorgenannten Schriftstellern namentlich für den Fall angenommen, daß jemand Angestellte seines Konkurrenten zum Vertragsbruch verleitet (détournement des ouvriers), so auch Müller 185. Marcus sieht sogar in der wissentlichen Einstellung kontraktbrüchiger Angestellter einen Verstoß gegen die guten Sitten.

b) Besondere praktische Bedeutung hat die Verleitung zum Vertragsbruch, soweit es sich um Bezugsbedingungen, vor allem Preisfestsetzungen, handelt. Zahlreiche Fabrikanten schreiben die Detailverkaufspreise ihrer Artikel vor und geben sie nur unter der Bedingung ab, daß der Käufer beim Verkauf an das Publikum den vorgeschriebenen Preis einhält, oder falls er nur Zwischenhändler ist, dem Detaillisten diese Verpflichtung auferlegt. Gewöhnlich haben sämtliche Käufer ihre Verpflichtung schriftlich in einem Revers anzuerkennen.

Derartige Bestimmungen gelten z. B. für den Buchhandel und für den Handel mit den sogenannten Markenartikeln. Ihre Zulässigkeit hat das RG. wiederholt bejaht. (RG. 56 277, 63 399.) Ob der Preis unverhältnismäßig hoch ist, ändert daran jedenfalls dann nichts, wenn die Waren nicht zu den unentbehrlichen Lebensnotwendigkeiten gehören. (RG. in UnlW. 7 47; Gruchot 52 1023.) Der Detaillist, der zu einem geringeren als dem vorgeschriebenen — meist auf der Ware selbst vermerkten

— Preise verkaufen will, kann dies nur, wenn er seinerseits den Revers nicht unterschreibt, und überhaupt keine Verpflichtung eingeht; da er dann nach den von dem Fabrikanten oder Fabrikantenverband festgesetzten Verkaufsbedingungen Ware nicht erhalten darf, so ist ein Bezug für ihn nur dadurch möglich, daß er den Zwischenhändler verleitet, durch Abgabe der Ware den von ihm geschlossenen Vertrag zu brechen. Dies ist sittenwidrig, namentlich, wenn es planmäßig wiederkehrend (OLG. Kiel in UnlW. 6 136 Fall Reklam) geschieht. (RG. 63 394 — Königs Kursbuch —, LG. Düsseldorf in UnlW. 3 43; vgl. Fuld in GewRschutz 07 95; v. Tuhr in DJZ. 07 282).

Als Zeichen derartigen planmäßigen Vorgehens ist es insbesondere anzusehen, wenn der Detaillist Geheimzeichen oder Kontrollmarken des Fabrikanten vorsätzlich systematisch beseitigt, um es auf diese Weise dem Fabrikanten unmöglich zu machen, festzustellen, durch die Vermittelung welches Zwischenhändlers er die Ware bezogen hat.

Hingegen ist die **Preisschleuderei** der Verkauf unter dem vorgeschriebenen Preise, als solche ohne Hinzutreten gravierender Umstände nicht als sittenwidrig angesehen worden (RG. in UnlW. 4 2; LG. I Berlin in UnlW. 4 57; OLG. Hamburg in HansGZ. 04 HBl. 151; SächsAnn. 28 279; so auch Kohler in ArchBürgR. 29 140). Anderer Ansicht OLG. Naumburg in UnlW. 3 138 und Rosenthal-Wehner 59 dann, wenn gerade solche Waren geschleudert werden, die das Publikum sonst viel teurer zu kaufen gewohnt ist und die Preisbemessung in diesem Falle im offenbaren Mißverhältnis zu der im Geschäft sonst üblichen steht.

Auf der anderen Seite aber kann es den Fabrikanten nicht versagt werden, wenn sie sich zusammenschließen, um derartige Unterbietungen zu verhindern. Über die hierbei einzuhaltenden Grenzen s. u. zu 4.

c) Unlauterkeit bei der Beschaffung der Ware. Nicht nur die Mittel, mit denen ein Gewerbetreibender seine Waren in Verkehr bringt, sondern auch die, mit denen er sie beschafft, können den guten Sitten zuwiderlaufen. Kohler in UnlW. 9 73 führt als solche Mittel an: Schmuggelei, Ausbeutung der Notlage, Förderung der Unzucht, Gewalt oder Betrug. Wenn er auch hinzufügt: Bedrückung der Arbeiterklasse, so wird man sich freilich gegenwärtig halten müssen, daß dieser Ausdruck sehr vieldeutig ist und daß das Urteil hierüber je nach dem Standpunkte außerordentlich verschieden ist. Immerhin wird es z. B. möglich sein, in einem Gewerbe, in dem ganz allgemein vereinbarte Tariflöhne gezahlt werden, das Verhalten eines einzelnen Arbeitgebers, der allein wesentlich niedrigere Löhne zahlt, als den guten Sitten zuwiderlaufend zu bezeichnen.

4. a) **Koalition, Monopol, Sperre.** Das Recht, sich zur Verfolgung ihrer Erwerbszwecke zu Verbänden, Kartellen, Ringen zusammenzuschließen, haben natürlich auch die Gewerbetreibenden. Die Mitglieder derartiger Verbände sind nicht verpflichtet, jedem den Beitritt zu gewähren. (Lobe, Bekämpfung 1 50.) Sie können auch die durch den Zusammenschluß erworbene Macht zu Zwecken des Wettbewerbs ausnutzen. Insbesondere steht es ihnen frei, bestimmte Abnehmer durch Gewährung von Rabatten zu bevorzugen (RG. 56 271) oder weitergehend den Abschluß von Verträgen mit bestimmten Personen abzulehnen, diese zu sperren oder zu boykottieren. Daß der zu einem an sich nicht unberechtigten Zweck verhängte Boykott nicht von vornherein den guten Sitten zuwiderläuft, ist dauernd von der Rechtsprechung, insbesondere auch vom Reichsgericht, ausgesprochen. (RG. 51 385, 56 279, 57 427, 60 104, 64 156 [für ärztliche Standesvereine]; vgl. Goldmann-Lilienthal 1 888; Crome, System 2, § 330 Nr. 2.) Er ist auch in seiner Zulässigkeit nicht auf das Gebiet der gewerblichen Lohn- und Interessenkämpfe beschränkt. (RG. in JW. 08, 38 und 09, 110.) Es ist auch nicht unzulässig, ihn durch die Presse oder Druckschriften der Öffentlichkeit mitzu-

teilen. (RG. 66 379; JW. 07 746; HansGZ. 07 Beibl. 34; SchlHolstAnz. 07 167.) Nur sind den Boykottmaßregeln nach der Richtung Grenzen gesetzt, daß sie nicht zum vollständigen Ruin des Gegners, zur Abschneidung jeder Erwerbsmöglichkeit oder zur völligen Lahmlegung seines Geschäftsbetriebes führen dürfen. (RG. 56 278 und bei Gruchot 52 1023; OLG. Dresden in SeuffArch. 62 398, vgl. S. 2.) Eine bloße Erschwerung des Geschäftsbetriebes widerstreitet den guten Sitten nicht (RG. in UnlW. 7 47), sie ist ja mit jedem Boykott selbstverständlich verbunden. Die Zulässigkeit des Boykotts und Streiks in Fällen, die außerhalb des geschäftlichen Wettbewerbes liegen, zu prüfen, kann hier nicht die Aufgabe sein.

Dieselben Grundsätze, die für die Ausübung einer durch Organisation erlangten Macht gelten, müssen auch Anwendung finden, soweit es sich um ein tatsächliches Monopol eines einzelnen Gewerbetreibenden handelt. Hier hat das Reichsgericht einmal in einem besonderen Falle, bei einem Schiffahrtsunternehmen, es als illoyal bezeichnet, wenn es lediglich zu dem Zwecke, eine unbequeme Konkurrenz zu unterdrücken, durch Ausnahmetarife die Interessenten zu schädigen unternimmt. (RG. 48 128.) Diese Entscheidung baut sich auf dem Gedanken auf, daß Unternehmungen in derartiger Monopolstellung, welche eine öffentliche Zweckbestimmung haben, einer Art Kontrahierungszwang unterliegen. (Vgl. Biermann, Rechtszwang zum Kontrahieren; IheringsJahrb. 32 266.) Die sehr vorsichtig abgefaßte Entscheidung hat eine Fortbildung und allgemeinere Anwendung noch nicht gefunden. Vielmehr hat das RG. am 6. März 1907 (UnlW. 7 112) den Seeschiffahrtsunternehmern das Recht zugesprochen, Kunden, die ein Konkurrenzunternehmen benutzen, von ihren Rabatten auszuschließen. Die weitergehenden Ansichten Fulds (Recht 06 1187) sind von der Judikatur bisher nicht akzeptiert.

b) Eine besondere Charakterisierung erfordern die Submissionskartelle. Unternehmer, die zur Teilnahme an einer Ausschreibung eines zu vergebenden Werkes aufgefordert sind, treffen untereinander die Abrede, daß einer von ihnen das niedrigste Gebot abzugeben habe, während die andern es überbieten müssen; der, welcher die Arbeit erhält, hat den unberücksichtigt Bleibenden eine gewisse Entschädigung zu zahlen. Derartige Abreden sind nicht schlechthin und regelmäßig sittenwidrig. Vielmehr können sie vom Standpunkt einer gesunden Wirtschaftspolitik Billigung verdienen, wenn ihr Ziel ist, eine allzu starke, durch die schrankenlose Konkurrenz herbeigeführte Herabdrückung der Preise zu verhindern. (RG. in JW. 08 296; UnlW. 7 168.) Auch gegen die Geheimhaltung ist nichts einzuwenden. Unsittlich wird eine derartige Abrede aber, wenn nur eine beschränkte Zahl von Unternehmern in der Weise aufgefordert werden, daß von vornherein dem Mindestfordernden der Zuschlag zugesichert wird, und wenn festgestellt wird, daß die verabredeten Gebote über die Grenzen der Angemessenheit hinausgehen. (RG. bei Warneyer, Erg. 08 50.) Weiter geht OLG. Hamburg in HansGZ. 07 Beibl. 53 und Degen, GewRSchutz 09 150.

5. **Eindringen in das Innere eines konkurrierenden Geschäftsbetriebes durch Annahme seiner Angestellten.** Der Erwerb fremder Geschäftsgeheimnisse ist nach den Spezialbestimmungen der §§ 17—20 nur unter bestimmten Voraussetzungen straf- und zivilrechtlich verfolgbar. Es kann auch keine Rede davon sein, nun etwa mit Hilfe der Generalklausel jeden Verrat von Geschäftsgeheimnissen, der dieser Voraussetzungen entbehrt, als sittenwidrig zu verfolgen; vgl. hierzu die Berichte d. deutsch. Vereins 68ff. u. 78ff. Insbesondere ist beim Mangel vertraglicher Bindung der Angestellte nach Lösung des Dienstvertrages zur Geheimhaltung auch unter dem Gesichtspunkte der guten Sitte nicht verpflichtet (RG. 65 339; JW. 07 252). Doch sind Fälle dieser Art beim Vorliegen ganz besonderer Umstände denkbar. In derartigen Fällen ist es auch unsittlich von dem Konkurrenten, die Arbeiter weg-

zuengagieren. Dies gilt allgemein, auch wenn es sich nicht um den Verrat von Geschäftsgeheimnissen handelt, sondern das Engagement der Angestellten das Mittel ist und wesentlich aus dem Grunde erfolgt, um durch sie sich in den Besitz der fremden Kundschaft zu setzen. (OLGRspr. Hamburg 12 112.) Ein noch ärgerer Verstoß liegt vor, wenn der Anstellungsvertrag mit der Abrede verbunden wird, daß die Angestellten während des Restes ihrer Dienstzeit in dem bisherigen Unternehmen dessen Kunden zum Übergange zu dem neuen bestimmen sollen, wofür ihnen eine Vergütung in Aussicht gestellt wird. (RG. in JW. 06 198.)

6. **Raterteilung.** Als eine sittenwidrige Handlung im Gebiete des geschäftlichen Verkehrs kann auch in Frage kommen die wissentlich falsche Erteilung eines Rates oder einer Auskunft. Sofern zwischen dem Auskunftserteilenden und dem, der sich die Auskunft erteilen läßt, ein Vertrag vorliegt, entscheidet dieser über die Haftung. Darüber hinausgehend hat die Judikatur aber auch eine Haftung desjenigen angenommen, der ohne vertragliche Bindung einem anderen einen Rat oder eine Auskunft in Kenntnis ihrer Falschheit und Bewußtsein möglicher Schädigung gibt. (Recht 07 1465; HansGZ. 04 53.) Wurde bisher die Haftung aus § 826 BGB. abgeleitet, so ist sie künftighin auf § 1 zu stützen. Ein besonderer Fall, der für das Gebiet des unlauteren Wettbewerbes vorzugsweise in Frage kommt, ist der, daß in einer Auskunft über einen früheren Angestellten einem Konkurrenten eine erhebliche Tatsache verschwiegen oder gar in unrichtiger Weise dargestellt wird. (DJZ. 05 697; WürttZ. 16 167; Degen in GewRschutz 09 137.)

7. **Lockartikel. Anreißertum.** Es verstößt an sich nicht gegen die guten Sitten, wenn jemand bestimmte Artikel zu einem besonders niedrigen Preise verabfolgt, um auf diesem Wege Kunden heranzuziehen, selbst wenn der Preis unter dem Einkaufs- oder Herstellungspreise bleibt. (KG. in UnlW. 4 97.) Anderer Ansicht Rosenthal-Wehner Note 46 für den Fall, daß die Preise dieser Lockartikel in offenbarem Mißverhältnis zu dem für ähnliche Waren in dem Geschäft sonst üblichen Preisen stehen. Dieser Ansicht ist nicht beizupflichten, da die Preisfeststellung Sache des einzelnen Gewerbetreibenden ist. So auch Kohler in ArchBürgR. 29 140. Stimmen die Preise, zu denen die fraglichen Artikel ausgelegt sind, nicht mit denjenigen überein, die tatsächlich verlangt werden, so liegt ein Verstoß gegen § 3 des Gesetzes vor (Siehe Anmerkung B. III. c. zum § 3.)

Das Anreißertum beim Gewinnen von Kunden, d. h. also die Verwendung besonders grober und aufdringlicher Mittel, kann in besonders gearteten Fällen als den guten Sitten zuwiderlaufend angesehen werden. (KG. in DJZ. 06 205.) Gerade dieser Begriff ist aber ungemein flüssig und es ist insbesondere schwer zu sagen, wo das nur ästhetisch in das ethisch Verwerfliche übergeht.

8. Ergänzung des Warenzeichen- und Urheberrechts. Die Generalklausel des § 1 ist auch geeignet, den unerfreulichen Wirkungen der formalen Natur des Warenzeichenschutzes vorzubeugen. Das eingetragene Warenzeichen kann ein Mittel werden, einen anderen in der Ausnutzung seiner Ideen zu hindern, für die er den Zeichenschutz nicht nachgesucht hat. Besonders die Ausstattung, die ein Kaufmann seiner Ware gibt, kann von einem anderen dadurch usurpiert werden, daß er sie sich als Warenzeichen eintragen läßt und sie nun dem Vorbenutzer untersagt. § 15 WarenZG. gibt hiergegen keinen Schutz. Verstößt die Eintragung aber nach der Art ihrer Erlangung gegen die guten Sitten, so hat die Judikatur und Literatur bisher auf Grund des § 826 BGB. Abhilfe geschaffen. (Vgl. RG. 66 236; JW. 07 507 u. 08 281; DJZ. 07 1146; LeipzZ. 07 655 u. 08 456; UnlW. 7 26 u. 167; Freund-Magnus, WarenZG. 206 u. 129; Osterrieth, Lehrbuch 378.) Ein solcher Verstoß liegt vor, wenn die Eintragung in der offenkundigen Absicht erfolgt,

den Waren des Eingetragenen das Aussehen der fremden Waren zu geben und diese so durch eine Täuschung des Publikums vom Markte zu verdrängen. Es muß aber diese subjektive Voraussetzung festgestellt werden. Darin allein, daß der eine Gewerbetreibende dem anderen bei der Eintragung zuvorkommt, liegt ein Verstoß gegen die guten Sitten nicht, auch wenn er wußte, daß der andere das Zeichen schon führte. War der Eintragende gutgläubig, so kann ihm sein Recht aus der Eintragung nicht genommen werden. (RG. in UnlW. 8, 134.)

Die Klage aus § 1 geht in diesem Fall auf Löschung des eingetragenen Zeichens.

Zur Ergänzung des **Urheberschutzes** kann die Generalklausel in besonders krassen Fällen dienen. So bei der Aneignung der fremden Aufnahme eines künstlerischen Vortrages (Grammophon). (OLG. Dresden GewRschutz 09, 237; vgl. LG. Leipzig ebenda 34 und Degen 141.) Hingegen ist der Nachdruck einer gesetzlich nicht geschützten Zeichnung oder eines Katalogs nicht schlechtweg als Verstoß gegen die guten Sitten anzusehen, sondern nur dann, wenn der Nachbildner dieselbe Zeichnung nur auf dem einen Wege der Benutzung der anderen Zeichnung herstellen konnte. (RG. in LeipzZ. 08 599; OLG. Darmstadt HessRspr. 7 90; GewRschutz 08 184; OLG. Kassel in SeuffArch. 60 15.) Wohl aber ist es sittenwidrig, wenn der, dem Abbildungen zur Herstellung eines Katalogs übergeben sind, diese für den Katalog eines anderen Auftraggebers, der ein Konkurrent des ersten ist, verwendet. (RG. in Recht 07 1403; HoldheimsMSchr. 08 109.) Vgl. hierzu jetzt § 18.

9. **Einzelfälle**, in denen Verstoß gegen die guten Sitten angenommen worden ist:

Abschluß von Scheinverträgen, um die in der Geschäftswelt bekannte Firma einer aufgelösten Gesellschaft zu erlangen. (Boenicke & Eichner, vgl. Marcus in UnlW. 5 26; Finger ebda. S. 1.)

Wahrheitswidrige Behauptung, die Warenhäuser drückten die Löhne ihrer Angestellten. (OLG. Posen in UnlW. 6 58.)

Der technische Leiter einer Fabrik, der nach seiner Stellung zu erfinderischer Tätigkeit verpflichtet war, läßt eine von ihm gemachte Erfindung durch seine Ehefrau zum Patent anmelden. Die Ehefrau wurde verurteilt, ihre Rechte aus dem Patent dem Eigentümer der Fabrik zu übertragen. (RG. in DJZ. 06 1209 und UnlW. 8 61.)

Ein Kaufmann verschafft sich und gibt aus Marken eines Rabattmarkenvereins, dem er nicht angehört. (OLG. Köln in UnlW. 5 118; vgl. Finger in UnlW. 8 182.)

Benutzung des Namens eines Dritten, z. B. in einem Anerkennungsschreiben, gegen dessen Verbot. (OLG. Hamburg in HansGZ. 05 Hbl. 73.)

Anmeldung eines Zeitungsnamens bei der Postanstalt, um dessen Benutzung einem anderen zu entziehen, wenn der Anmeldende selbst die Herausgabe einer so benannten Zeitung gar nicht beabsichtigt. (RG. 53 171.)

Einforderung einer Verkaufsofferte ohne Kaufabsicht, lediglich um den Verkäufer seine anderen Verkaufschancen zu nehmen. (OLG. Colmar in DJZ. 04 415.)

II. Geschäftlicher Verkehr.

Im geschäftlichen Verkehr muß die sittenwidrige Handlung begangen sein. Die Bestimmung, die in den §§ 16 und 18 wiederkehrt, schließt jede private Betätigung von der Regelung durch das Gesetz aus. Der geschäftliche Verkehr umfaßt alle Handlungen, die zum Zwecke des Erwerbs, sei es für sich, sei es für einen Dritten, vorgenommen werden. Der Begriff ist im weitesten Sinne zu nehmen. Auch die Tätigkeit von Behörden fällt darunter, wenn sie Erwerbscharakter hat, wie z. B. die Herausgabe eines amtlichen Blattes (Patentblatt). (RG. in UnlW. 1 94; a. A. **Lobe**, Bekämpfung 1 19.) Eine Handlung verliert diesen Charakter auch nicht dadurch, daß sie von einer Privatperson vorgenommen wird.

III. Zum Zwecke des Wettbewerbs

ist eine jede Handlung vorgenommen, die den Kundenkreis und Absatz des Handelnden oder eines Dritten beeinflussen soll.

Der Hauptfall wird der des **Wettbewerbs im eigenen Interesse** sein. Ein solcher liegt vor, „wenn der Täter in einen wirtschaftlichen Kampf mit anderen eintreten will, der darauf abzielt, den wirtschaftlichen Geschäftsbetrieb dieser anderen durch Schmälerung ihres Absatzes, durch Entziehung von Kunden oder sonstige geeignete Mittel zu beeinträchtigen und unproduktiver zu machen, gerade hierdurch aber dem eigenen Geschäftsbetrieb auf dem Markte des wirtschaftlichen Verkehrslebens eine größere Ausdehnung und gesteigerte Einträglichkeit zu verschaffen". (RGSt. 32 28.) Zum Beispiel: durch anonyme Mitteilungen an Inserenten einer Zeitung seitens des Verlegers einer anderen Zeitung. (RG. in Recht 02 132 Nr. 629.) Es ist aber nicht erforderlich, daß der Zweck war, das Absatzgebiet eines anderen zu schmälern. Es genügt, daß der Handelnde den Verlust eigener Kunden in seinem Geschäft verhindern will. (RG. 59 2, 60 190; JW. 04 563.)

Den **Beweis**, daß die Erklärung zu Zwecken des Wettbewerbs abgegeben ist, hat Kläger zu führen; ist der Täter ein Konkurrent, so wird sich meist aus dem Zusammenhang der Äußerung mit dem Verhältnis der Parteien zueinander dies ohne weiteres ergeben.

Der Umstand, daß neben dem Wettbewerb andere Zwecke, z. B. Abwehr gegen den Wettbewerb des Klägers, verfolgt werden, schließt die Anwendung des § 1 nicht aus, wohl aber der, daß lediglich ein wissenschaftlicher Zweck verfolgt wird (Fuld in UnlW. 6 128) oder eine scherzhafte Absicht vorliegt.

Der Hauptfall des Wettbewerbs im Interesse Dritter ist der des **Angestellten** für seinen Chef. Über die Haftung des Chefs s. § 13. Es ist auch nicht nötig, wenn es in der Regel auch der Fall sein wird, daß die Handlung zugunsten eines oder mehrerer Mitbewerber geschicht, der gesetzliche Schutz tritt auch ein, wenn sie zugunsten einer ganzen Gruppe von Konkurrenten erfolgt. (RG. 50 108.) Wohl aber kann von einem Vorgehen zum Zwecke des Wettbewerbs nicht mehr gesprochen werden, wenn ein Verband die Interessen des gesamten Gewerbes fördern will. Ein Interessenkampf ist nicht notwendig ein Wettbewerb. (RG. 56 277.) Ebensowenig kann bei einem Verleger, der sein Organ beiden Parteien in gleicher Weise zur Verfügung stellt (RG. in UnlW. 4 30), davon die Rede sein.

B. Folgen.

I. Allgemeines, insbesondere subjektive Voraussetzungen.

1. Gegen den, der die in § 1 behandelten sittenwidrigen Handlungen vornimmt, gibt das Gesetz zwei Klagen:

a) die Klage auf **Unterlassung**,

b) die auf **Schadensersatz**.

Es ist streitig geworden, ob für diese beiden Klagen ein **schuldhaftes Verhalten des Beklagten** als besondere, subjektive Voraussetzung notwendig sei. Die Mehrheit der Kommentatoren verneint diese Frage; so Finger 30, Rosenthal-Wehner 50. Die entgegengesetzte Anschauung hat Lobe eingehend zu begründen versucht (UnlW. 8 270ff. und in seinem Vortrag, gehalten im Deutschen Verein für den Schutz des gewerblichen Eigentums am 16. Dezember 1909). Lobe fordert für die Schadensklage fahrlässige oder vorsätzliche Beeinträchtigung der freien und unbehinderten Erwerbstätigkeit des Mitbewerbers.

Die Frage ist dadurch etwas kompliziert geworden, daß die Reichstagskommission, wie sich aus dem Bericht ergibt, keine ganz klare Vorstellung von ihr gehabt hat. (Vgl. namentlich S. 52, 53.) Insbesondere warf man den Tatbestand des § 138 BGB. mit dem der Generalklausel in unzulässiger Weise durcheinander. Die Antragsteller, die die gegenwärtige Fassung vorgeschlagen haben, waren auch der Ansicht, daß derjenige, der zu Zwecken des Wettbewerbs handle und auf diesem Gebiet eine Sittenwidrigkeit begeht, sich dieser doch bewußt sein müsse, da man sonst von einer Sittenwidrigkeit nicht sprechen könne. Auch wurde unwidersprochen die Behauptung aufgestellt, daß die gegenwärtige Fassung des Gesetzes von der offenbaren Annahme ausgeht, daß die Vornahme einer sittenwidrigen Handlung stets ein Verschulden in sich schließt. Diesem in der zweiten Lesung der Reichstagskommission eingenommenen Standpunkt gegenüber steht der der ersten Lesung, wonach die Voraussehbarkeit des Schadens bei Begehung der Handlung als Voraussetzung des Schadensersatzanspruches angesehen wurde. Die Fassung, die diesem Standpunkte entsprach, ist schließlich ausdrücklich abgelehnt worden. Es kann also von seiner Verwertung bei der Auslegung des Gesetzes keine Rede sein. Aber auch die durch die zitierten Äußerungen dargelegte Auffassung der Reichstagskommission in der zweiten Lesung hat in dem Gesetze einen adäquaten Ausdruck nicht gefunden. Nach feststehender Auffassung sind die Gesetzesmaterialien also auch in dieser Beziehung zur Auslegung nicht zu verwenden. Der Text des Gesetzes gibt aber nicht den geringsten Anhalt dafür, zwischen dem Unterlassungsanspruch und dem Schadensersatzanspruch in der Richtung des Verschuldens irgendeinen Unterschied zu machen. Vielmehr wird davon auszugehen sein, daß der Begriff des Handelns wider die guten Sitten dem § 826 BGB. entnommen ist, und daher ebenso zu verstehen ist, wie in jenem Gesetz. Daß er dort objektiv aufzufassen ist, ist aber unstreitig. Es kann auch keine Rede davon sein, daß etwa die besonderen Zwecke des WettbewG. eine andere Auffassung empfählen oder auch nur zuließen. Würde man als Klagevoraussetzung festsetzen, daß dem Täter das Sittenwidrige seiner Handlung zum Bewußtsein gekommen sei, so würden gerade die dem Gesetze entgehen, deren sittliches Empfinden am schwächsten ausgebildet ist. Dies kann natürlich nicht die Absicht des Gesetzes sein.

Was nun die spezielle Konstruktion Lobes anlangt, so hat auch sie im Gesetz keine Stütze. Sie ist auch unpraktisch, da nicht einzusehen ist, warum der Konkurrent bessergestellt sein soll, der bei der ihm zur Last fallenden sittenwidrigen Handlung nur an die Förderung seines eigenen Betriebes, nicht aber an die Beeinträchtigung der Erwerbstätigkeit seines Mitbewerbers gedacht hat, noch hat denken müssen. Überzeugend ist auch das Argument Lobes nicht, daß es unbillig sei, nur bei der Generalklausel keine subjektive Voraussetzung zu machen, während sie bei den einzelnen Tatbeständen des Gesetzes, die doch nur Beispiele für das in der Generalklausel ausgesprochene Prinzip seien, gefordert werden. Hier ist übersehen, daß die in den späteren Paragraphen behandelten Tatbestände nach der ausdrücklichen Absicht des Gesetzgebers eben nur dann als sittenwidrig anzusehen sind, wenn dem Handelnden Vorsatz oder Fahrlässigkeit zur Last falle. Übrigens fehlen diese Voraussetzungen ebenfalls im § 14 Abs. 1, worauf Rosenthal mit vollem Recht hinweist. (Vgl. UnlW. 8 290 u. Kommentar Note 7—17.)

3. **Welche von beiden zivilrechtlichen Klagen anzustellen ist, liegt in der Wahl des Klägers;** er kann jede von ihnen allein, er kann beide in gesonderten Prozessen, auch beide gemeinsam (§ 260 ZPO.) anstellen. Die Voraussetzungen beider

Klagen sind, abgesehen von der Aktivlegitimation (§ 13), insofern verschieden, als die Schadensersatzklage den Nachweis des Schadens verlangt und die Verjährungsfrist in einem anderen Zeitpunkt beginnt (§ 21 Abs. 2). Auch ihre Wirkungen sind, den gestellten Ansprüchen gemäß, durchaus anders geartet; es müssen daher beide besonders behandelt werden.

Da für beide Klagen die Voraussetzungen und Wirkungen verschieden sind, demgemäß gleiche Ansprüche nicht vorliegen, so steht der einen Klage, falls die andere schwebt, nicht der Einwand der Rechtshängigkeit, falls die andere entschieden ist, nicht der Einwand der Rechtskraft entgegen. (So hat das RG. in Bl. 01 259 für die Unterlassungsklage bei patentrechtlichen Ansprüchen entschieden.)

Eine Umwandlung der Unterlassungsklage in die Schadensersatzklage ist jetzt nach § 264 ZPO. zulässig. (Vgl. auch Seligsohn, Patentrecht 134.)

4. Ihrem **Rechtsgrunde** nach sind die zivilrechtlichen Ansprüche Forderungen aus einer durch das Gesetz als unerlaubt erklärten Handlung, es kommen also für die Frage der Täterschaft, Haftbarkeit Dritter usw. neben den Bestimmungen dieses Gesetzes die allgemeinen Grundsätze des Zivilrechtes über unerlaubte Handlungen (§§ 823 ff. BGB.) zur Anwendung. Für die Klagen auf Unterlassung weitergehend RG. in JW. 03 128.

II. Der Unterlassungsanspruch.

a) Allgemeines.

1. **Die Klage auf Unterlassung ist eine Leistungsklage**, da sie eine Verurteilung zu einem bestimmten Nichthandeln bezweckt und erreicht; sie ist daher nicht als Feststellungsklage im Sinne des § 256 ZPO. anzusehen. (So in Anerkennung allgemeiner Praxis RG. 25 378, ferner RG. 33 138 analog für § 13 WarenZG.) Es bedarf demnach nicht des Nachweises eines rechtlichen Interesses an der alsbaldigen Feststellung.

Wenn, bevor die in § 1 verbotene Tat begangen ist, ein Gewerbetreibender ein Interesse daran hat, alsbald festzustellen, daß die Tat dem § 1 widersprechen würde, kann vor der Unterlassungsklage die Feststellungsklage gegeben sein (so auch Fuld 53. A. A. Marcus in UnlW. 4 46, weil kein Rechtsverhältnis im Sinne des § 256 ZPO. vorläge); z. B. wenn ein Konkurrent Zirkulare mit nicht erlaubten Erklärungen drucken läßt. In diesem Falle lautet der Klageantrag: Beklagten zu verurteilen, anzuerkennen, daß er nicht berechtigt ist, die betreffende Handlung vorzunehmen. Für diese Klage ist nach § 256 ZPO. der Nachweis des Interesses an der alsbaldigen Feststellung notwendig.

Die Feststellungsklage kann auch begründet sein, wenn verbotene Erklärungen zwar vorlagen, aber beseitigt sind und Kläger aus der Tatsache der früheren Vergehen Rechte für sich herleiten will, die er zur Zeit noch nicht erheben kann. (Vgl. RG. in JW. 00 555.)

2. **Der Unterlassungsanspruch ist kein selbständiger Anspruch.** A. A. Marcus in UnlW. 2 114, 4 46. Er ist geknüpft an die Tatsache, daß Kläger, sofern es sich nicht um einen Verband zur Förderung gewerblicher Interessen handelt (§ 13), ein gleiches oder verwandtes Gewerbe betreibt. (Vgl. hierzu Wolff 17 ff.) Daraus folgt:

a) Der Anspruch kann nicht übertragen werden, weil sein Inhalt ein anderer wird, wenn ein Dritter ihn geltend macht. (§ 399 BGB.)

b) Er ist aus gleichen Gründen nicht pfändbar (§ 851 ZPO.) und nicht vererblich.

c) Er besteht nur so lange, als der Benachteiligte sein Gewerbe fortsetzt. Löst er sein Geschäft während der Dauer des Prozesses auf, so ist der Prozeß in der Hauptsache erledigt und es kann nur noch über die Kosten gestritten werden. Tritt die Auflösung nach Erlaß eines Urteils vor Einlegung des Rechtsmittels ein, so ist die Einlegung unzulässig. (Gaupp=Stein, Anm. II zu § 99.)

d) Mit dem Übergang des ganzen Geschäftes mit Aktiven geht der an den Betrieb des Gewerbes geknüpfte Anspruch auf Unterlassung auf den Erwerber über; der Übergang tritt mangels abweichender Bestimmung kraft Gesetzes ein, wenn der Erwerber das bisherige Geschäft unter derselben Firma fortführt. (HGB. § 25.) Der Erwerber kann daher auch gegen Handlungen, die vor dem Erwerbe durch ihn stattgefunden haben, Unterlassungsklage erheben. Schwebt zur Zeit des Überganges bereits ein Prozeß, so muß angenommen werden, daß seine Fortsetzung nicht möglich ist. Der bisherige Kläger kann in der Hauptsache nicht weiter verhandeln, weil er das Gewerbe nicht mehr betreibt; der Erwerber kann gemäß § 265 ZPO. nicht eintreten (so auch Fuld 57, a. A. Müller 55); es bleibt also nur Anstellung einer neuen Klage durch den Erwerber möglich. (Wolff 18 nimmt an, daß der Erwerber in den Prozeß eintritt und der bisherige Kläger wegen der Kosten Partei bleibt. Dies widerspricht aber § 265 ZPO., dessen Worte: „den geltend gemachten Anspruch abzutreten" sich entgegen Wolffs Auffassung auch auf den Fall des Überganges von Ansprüchen bei Fortführung eines Handelsgeschäftes beziehen; vgl. Gaupp=Stein, Anm. III zu § 265.)

e) Kommt der Inhaber des Gewerbes in Konkurs, so kann er, da er das Gewerbe nicht fortsetzt, einen Prozeß auf Unterlassung nicht anstellen; der Konkursverwalter kann, soweit er das Gewerbe fortsetzt, Prozesse anstellen und angestellte weiter verfolgen; soweit aber das Gewerbe nicht fortgesetzt wird, hat er diese Befugnis deswegen nicht, weil der Unterlassungsanspruch, als der Vollstreckung nicht unterliegend, nicht zur Konkursmasse gehört. (§§ 1, 10 KO.; ebenso Finger 81, Fuld 57, Wolff 18; dagegen Müller 61.) Nur, wenn der Anspruch auf Unterlassung zum Schutz gegen Vermögensgegenstände des Kridars treffende Äußerungen oder Handlungen erhoben ist, kann der Prozeß als ein den Wert der Ware und damit der Konkursmasse betreffender angesehen werden, in den der Verwalter gemäß § 10 KO. eintreten kann. (So implizite RG. 45 374, welches sogar das Bestreiten des Kridars gegen den Untersagungsanspruch eines anderen als einen von ihm erhobenen Anspruch auf unbeschränkte Ausübung eines Rechtes charakterisiert und dem Verwalter das Recht des Eintrittes gibt.)

b) Spezielle Voraussetzungen.

1. **Es ist notwendig, daß zur Zeit der Zustellung der Klage die Bedingungen des § 1 vorhanden sind.** Hat der Beklagte eine sittenwidrige Handlung unternehmen wollen, demnächst aber von ihr Abstand genommen, so ist ein Klagerecht auf Unterlassung nicht vorhanden. (Vgl. RG. in JW. 00 555.) Hat dagegen eine Veröffentlichung bereits stattgefunden, so genügt ihre Beseitigung und das private Versprechen, derartige Erklärungen zu unterlassen, nicht, da dann die Störung des Rechtes der anderen Gewerbetreibenden bereits eingetreten ist und der Öffentlichkeit gegenüber gewirkt hat; es ist daher trotz der Beseitigung Klage auf Unterlassung weiterer derartiger Erklärungen gegeben (OLG. Kiel bei Seuffert NF. 24 37, OLG. Dresden bei Poeschl 64; dagegen RG. in JW. 97 328, KG. in OLGRspr 2 162 und LG. Hamburg in Bl. 00 327, letzteres für Ansprüche aus dem Markenschutzgesetz; ferner Marcus in DJZ. 03 172), es sei denn, daß schon geraume Zeit vor Anstrengung der Klage der Beklagte von seiner rechtswidrigen Handlungsweise endgültig Abstand genommen hat. (OLG. Dresden in SächsRpflArch. 06 375.) Ebenso ist es

gleichgültig, wenn der Beklagte im Laufe des Prozesses die Erklärungen widerruft oder die unrichtige Tatsache wahr wird. (RG. in JW. 00 318. Über die Kosten im Fall des Anerkenntnisses vgl. zu k.)

Keine Voraussetzung der Klage ist die Besorgnis weiterer Beeinträchtigungen. (LG. Berlin I in UnlW. 1 179.) Gerade in diesem Punkte ist die Rechtsverfolgung auf Grund des Spezialgesetzes wesentlich erleichtert gegenüber den aus dem BGB. abgeleiteten Klagen. (A. A. Eltzbacher, Unterlassungsklage 179/181.) Doch ist der Beklagte mit dem Einwand zu hören, daß bereits zur Zeit der Klageerhebung jede Möglichkeit der Wiederholung dauernd ausgeschlossen war. (OLG. Hamburg in UnlW. 7 26; Recht 07 1274; ebenso Rosenthal-Wehner 40 und Finger 181.)

2. Ein persönliches oder vermögensrechtliches besonderes Interesse braucht der Kläger nicht nachzuweisen, sofern nur die Voraussetzungen des § 13 gegeben sind. In der Kommission wurde ein entsprechender Zusatz von dem Regierungsvertreter für wünschenswert erachtet. Dies wurde aber mit der Begründung abgelehnt, „daß gegenüber einer schikanösen Rechtsausübung BGB. § 226 genüge, und daß auch im übrigen die Praxis der Gerichte dazu gelangen werde, den **Maßstab eines vernüntigen Interesses** an die erhobenen Klagen zu legen. Es sei auch nicht anzunehmen, daß ohne wirkliches Interesse das Risiko einer Klage und der Kostentragung übernommen würde. Anderseits sei das Erfordernis eines sogenannten Interesses immer gefährlich, da an sich nach dem Gedanken des Gesetzes jeder Gewerbetreibende im Sinne des § 1 des Entwurfes Abs. 1 Satz 2 — jetzt § 13 — und auch die dort genannten Verbände klageberechtigt sein sollen, ohne daß ihnen der Nachweis eines konkreten Interesses aufgebürdet werden dürfe."

Diese Begründung wurde auf ausdrücklichen Wunsch der Regierungsvertreter in den Bericht aufgenommen.

3. Irgendwelche subjektiven Voraussetzungen auf seiten des Täters sind nicht aufgestellt. (S. B I 1.)

c) Berechtigter, Kläger.

Hierüber bestimmt § 13; s. die Anmerkungen zu diesem.

d) Täter, Beklagter.

1. Täter und zu verklagen ist jeder, der die sittenwidrige Handlung begangen hat, „mag er der Inhaber oder der Angestellte, Gehilfe, Reisende eines Geschäfts sein" (Begründung von 1896) oder mag er außerhalb des Geschäftes stehend zugunsten des Erwerbsgeschäfts eines anderen gehandelt haben, mag er im eigenen oder im fremden Interesse gehandelt haben. Neben dem Täter haftet der, auf dessen Willen die Tat zurückzuführen ist, sowie der Anstifter und der Gehilfe (§ 830 Abs. 2 BGB.; vgl. RG. 33 139) und derjenige, der für den Täter verantwortlich ist.

2. Täter wird in der Mehrzahl der Fälle der **Konkurrent** sein. Es ist aber nicht notwendig, daß der Handelnde ein eigenes Interesse wahrnimmt. (RGStr. 35 417.) Wer in sittenwidriger Weise Angestellte veranlaßt, unter Kontraktbruch bei ihrem bisherigen Arbeitgeber in den Dienst eines anderen zu treten, haftet ebenso, wie wenn er zum Eintritt in sein eigenes Geschäft auffordert.

3. Der **Angestellte** eines Kaufmanns, der die guten Sitten verletzt, haftet selbst. Der früher vielfach vertretene Satz, daß diese Haftung fortfällt, falls die Angestellten die Handlung lediglich unter dem Zwange ihres Brotherrn begehen, wird in dieser Allgemeinheit nur noch selten vertreten, so von Finger 17, der aber hinzusetzt, daß es ganz auf die Lage des Einzelfalls ankommt und eine Haftung als

Gehilfe neben dem Haupttäter unter Umständen eintreten kann. Man wird von einem Wegfall der Haftung nur dann sprechen können, wenn der Angestellte lediglich als Bote, ausführender Arbeiter, Kopist tätig ist (so jetzt auch Lobe, Bekämpfung 1 351), oder wenn ein direkter Zwang vorhanden ist, der die freie Willensbestimmung ausschließt. In anderen Fällen aber, in denen der Angestellte zwar auf Anordnung seines Chefs, aber nach eigener Selbstbestimmung handelt, haftet er, da es keinen allgemeinen Grundsatz gibt, der den Angestellten gestattet, andere zu schädigen, wenn es der Geschäftsherr befohlen hat.

4. Die hiervon verschiedene Frage, inwieweit der Geschäftsherr für Handlungen seiner Angestellten haftet, ist im § 13 behandelt.

5. **Mehrere Täter sowie Anstifter und Gehilfen haften als Gesamtschuldner** (§ 830 BGB.), ebenso haften die, deren Haftung in § 831 ausgesprochen ist. (§ 840 Abs. 1.) Werden diese zusammen verklagt, so liegt Streitgenossenschaft vor (§§ 59, 60 ZPO.), die aber keine notwendige im Sinne des § 62 ZPO. ist, da das Rechtsverhältnis jedem einzelnen gegenüber verschieden festgestellt werden kann. (OLG. Kolmar in DJZ. 99 340.)

6. **Erben haften wie der Erblasser**, da kein Grund vorhanden ist, von der allgemeinen Haftung der Erben (§ 1967 BGB.) in betreff der auf Unterlassung gerichteten Klage, die in dem Verhalten des Erblassers ihren Grund hat, eine Ausnahme zu machen. (Ebenso Müller 64; Fuld 52 a. A. Lobe, Bekämpfung 1 347; Finger 179; Eltzbacher 167).

7. Wenn bei einer **offenen Handelsgesellschaft** einer der vertretungsberechtigten Gesellschafter bei Ausübung einer für die Gesellschaft vorgenommenen Tätigkeit (Staub § 126 Anm. 4) eine der nach § 1 verbotenen Handlungen vornimmt, so kann sowohl er als auch die Gesellschaft auf Unterlassung in Anspruch genommen werden. (RG. 15 128; ebenso Lobe 1 352, Müller 65.)

8. **Juristische Personen, Vereine, Aktiengesellschaften** haften für die Handlungen ihrer gesetzlichen Vertreter, die in Ausführung der ihnen zustehenden Verrichtungen begangen sind (RG. in JW. 00 21 Nr. 37), neben diesen (§ 31 BGB). Lobe 354 lehnt die Passivlegitimation der als Organ handelnden Person ab. Nicht rechtsfähige Vereine haben zwar passive Parteifähigkeit gemäß § 50 ZPO., für sie gilt aber der Satz des § 31 BGB. nicht, so daß hier nur die wirklichen Täter oder Teilnehmer haften. So auch Fuld 50.

9. Durch den **Konkurs** des Beklagten tritt weder eine Unterbrechung des Verfahrens, noch eine Aufnahme durch den Verwalter ein, da der Prozeß nicht die Konkursmasse betrifft. (§ 240 ZPO.; § 11 KO; Jäger, Konkursordnung 94; ebenso RG. in Bl. 00 394; Fuld 51.) Der Prozeß bleibt daher gegen den Kridar anhängig (dagegen Müller 67). Der Kläger kann den Kostenerstattungsanspruch nicht zur Masse anmelden. (Fuld 51.)

Ist der Konkursverwalter selbst der Täter, so haftet er so wie jeder andere. (LG. München in UnlW. 5 70; Fuld 51.)

10. Ob der Täter Inländer oder Ausländer ist, ist gleichgültig.

e) Über Rechtshängigkeit und Rechtskraft vgl. A II c zu § 13.

f) Beweislast.

Der Kläger hat bei der Unterlassungsklage zu beweisen:

1. daß die Voraussetzungen des § 13 Abs. 1 bei ihm zutreffen,
2. daß der Beklagte eine dem § 1 zuwiderlaufende Handlung begangen hat.

Was die Vorlegung der **Handlungsbücher** betrifft, so kann sie der Kläger gemäß § 422 ZPO., § 810 BGB. nicht fordern, da diese nicht als gemeinschaftliche Urkunde anzusehen sind. Dagegen kann gemäß der das frühere Recht erheblich erweiternden Bestimmung des § 45 HGB. das Gericht in geeigneten Fällen die Vorlegung der Bücher fordern.

g) Klageantrag, Urteilstenor.

1. Der Antrag der Unterlassungsklage und demgemäß der Tenor des Urteils geht auf Unterlassung der sittenwidrigen Handlung. Es kann ferner beantragt werden, in das Urteil eine Strafandrohung aufzunehmen; Marcus in UnlW. 4 47 hält das Gericht zur Strafandrohung auch ohne Antrag für verpflichtet.

Auch kann der Schuldner auf Antrag des Gläubigers zur Bestellung einer Sicherheit für den durch fernere Zuwiderhandlung entstehenden Schaden auf bestimmte Zeit verurteilt werden. (§ 890 Abs. 3 ZPO.) Letzteres ist aber erst zulässig, nachdem die erste Verurteilung zur Geldstrafe oder Haft erfolgt ist, da die Sicherheitsleistung nur für fernere Zuwiderhandlungen bestellt wird. (Gaupp-Stein Anm. IV zu § 890 ZPO.)

2. Urteile auf Unterlassung sind auf Antrag für vorläufig vollstreckbar zu erklären (§ 709 Nr. 4 ZPO.), da es sich um vermögensrechtliche Ansprüche handelt. (RG. 40 413.) Wer aus dem vorläufig vollstreckbaren Urteil vollstreckt, haftet, falls das Urteil aufgehoben wird, für den entstandenen Schaden ohne Rücksicht auf Verschulden. (§ 717 ZPO.)

3. Über Veröffentlichung des Urteils vgl. zu § 23.

h) Sachliche Zuständigkeit, Wert des Streitgegenstandes.

1. **Zuständig** sind in erster Instanz, je nachdem das Objekt 300 — bzw. vom 1. April 1910 ab 600 — Mark übersteigt oder nicht, die Land- und Amtsgerichte. Für die bei letzteren schwebenden Sachen ist das Landgericht als Berufungsgericht letzte Instanz; gegen die von den Landgerichten in erster Instanz erlassenen Urteile ist Berufung an das Oberlandesgericht, gegen deren Urteile Revision an das Reichsgericht zulässig; letzteres jedoch nur, wenn das Objekt 2500 Mark übersteigt.

2. Sowohl für die Frage der sachlichen Zuständigkeit in erster Instanz als für die der Zulässigkeit der Revision ist die **Festsetzung des Streitgegenstandes** wichtig. Zunächst ist festzustellen, daß nach konstanter Praxis des Reichsgerichts der Unterlassungsanspruch als ein vermögensrechtlicher anzusehen ist (Z. 40 413, ferner RG. in UnlW. 1 127 und LG. Bochum in GewRschutz 99 363 gegen AG. Bochum in GewRschutz 01 243), daher für die Wertschätzung nicht § 10 GKG., sondern § 3 ZPO. maßgebend ist. Dieser bestimmt:

> Der Wert des Streitgegenstandes wird von dem Gericht nach freiem Ermessen festgesetzt.

Maßgebend für die Wertfestsetzung ist der Wert des durch die Klage festzustellenden Rechtsverhältnisses, d. h. bei der Unterlassungsklage der Wert, den die Unterlassung der beanstandeten Handlungen für den Kläger hat. Dieser Wert wird im allgemeinen dem Vorteil gleichkommen, den zu ziehen der Beklagte durch die Unterlassung verhindert wird (RG. in UnlW. 11 26, ferner in GewRschutz 98 156), und zwar gilt dies in gleicher Weise, wenn ein einzelner Gewerbetreibender, wie wenn ein Verein klagt. Den Wert hat das Gericht zu schätzen; es kann zur Feststellung sowohl eine beantragte Beweisanordnung, wie von Amts wegen die Annahme des Augenscheins und die Begutachtung durch Sachverständige anordnen. (§ 3 ZPO.) Zu berücksichtigen wird bei der Festsetzung des Wertes auch sein, in welcher Höhe Kläger die Strafandrohung für den Fall der Zuwiderhandlung bemißt, denn hierin dokumentiert er das Interesse, das er an der Verurteilung hat. Zuweilen wird in Betracht kommen, daß es sich um die für einen künftigen Schadensersatzprozeß bedeutsame Feststellung eines Elementes eines Ersatzanspruchs handelt. (RG. in JW. 07 528.)

i) Vollstreckung.

1. **Maßgebend ist § 890 ZPO.** (vgl. RG. 15 343). Dieser lautet:

„Handelt der Schuldner der Verpflichtung zuwider, eine Handlung zu unterlassen, oder die Vornahme einer Handlung zu dulden, so ist er wegen einer jeden Zuwiderhandlung auf Antrag des Gläubigers von dem Prozeßgerichte erster Instanz zu einer Geldstrafe bis zu 1500 Mark oder zur Strafe der Haft bis zu sechs Monaten zu verurteilen. Das Maß der Gesamtstrafe darf zwei Jahre Haft nicht übersteigen.

Der Verurteilung muß eine Strafandrohung vorausgehen, welche, wenn sie in dem die Verpflichtung aussprechenden Urteile nicht enthalten ist, auf Antrag von dem Prozeßgerichte erster Instanz erlassen wird.

Auch kann der Schuldner auf Antrag des Gläubigers zur Bestellung einer Sicherheit für den durch fernere Zuwiderhandlung entstehenden Schaden auf bestimmte Zeit verurteilt werden."

(Vgl. im einzelnen Gaupp-Stein zu § 890.)

Danach muß eine Strafandrohung vorhergehen, ehe die Vollstreckungsmaßregeln zur Anwendung kommen. Diese Androhung kann im Urteil enthalten sein (eine Androhung in einem gerichtlichen Vergleich steht der im Urteil nicht gleich (RG. 40 413), oder sie ist vom Gericht auf Antrag zu erlassen. Diese nach dem Urteil erfolgende Androhung ist bereits eine Maßregel im Zwangsvollstreckungsverfahren; der Schuldner ist gemäß § 891 ZPO. vorher zu hören; er hat gegen die Androhung das Rechtsmittel der sofortigen Beschwerde. (RG. 42 419.)

2. Eine **Zuwiderhandlung** gegen Urteil und Strafandrohung, die nach denselben erfolgt, rechtfertigt die Festsetzung der Strafe. Notwendig ist der Nachweis der Zuwiderhandlung; Glaubhaftmachung genügt nicht. (RG. in JW. 99 180 und KG. in UnlW. 1 79.) Das Gericht kann Beweise über die Behauptungen erheben. (Zit. RG. in JW. 99.) Es ist nur als eine Zuwiderhandlung aufzufassen, wenn ein verbotwidriges Zirkular gleichzeitig und auf Grund einer Entschließung an mehrere Personen versandt wird. (RG. in UnlW. 4 46.)

3. Auf das Verfahren zur Erzwingung der Unterlassung kommen in gewisser Weise strafrechtliche Grundsätze zur Anwendung. Eine Strafe ist nicht festzusetzen, wenn die Zuwiderhandlung dem Beklagten nicht zur subjektiven Verschuldung anzurechnen ist; eine solche liegt aber schon dann vor, wenn ihm das Verbot durch seine oder seines Vertreters Schuld nicht rechtzeitig zur Kenntnis gelangt ist (RG. 36 19); ferner, wenn weitere Zuwiderhandlungen zwar nicht direkt von ihm ausgehen, wohl aber mit seinem Wissen oder seinem Zutun erfolgen. (OLG. Braunschweig in GewRschutz 01 242.)

4. Ist eine Zuwiderhandlung nach erfolgter Strafandrohung erwiesen, **so setzt das Gericht die Strafe fest.** Ist bereits im Urteil oder in der Strafandrohung eine bestimmte Strafe angedroht, so gilt diese als Höchstbetrag; ob diese oder nach den Umständen des Falls eine geringere Strafe festzusetzen ist, bleibt dem Ermessen des Gerichts überlassen. (RG. 36 420.) Eine Umwandlung der Geldstrafe in Haft bei Uneinziehbarkeit ist unzulässig, es kann aber, wenn die Geldstrafe nicht zum Resultat führt, nachträglich Haft nach erfolgter Androhung beschlossen werden. (RG. 7 360.)

5. Gegen juristische Personen als solche ist Festsetzung von Geldstrafen zulässig. (RG. 43 407.)

6. Ist ein vorläufig vollstreckbares Urteil **aufgehoben** oder die Vollstreckung eingestellt, so kann auch wegen der vor dem Aufhebungsurteil begangenen Handlungen keine Strafe festgesetzt werden. (RG. 38 422, 43 396.)

k) Die Kosten

fallen dem anerkennenden Beklagten zur Last, weil die sittenwidrige Handlung ohne weiteres zur Klage Veranlassung gibt.

III. Schadensersatzanspruch.

a) Allgemeines.

1. **Im Gegensatz zum Unterlassungsanspruch ist der Anspruch auf Schadensersatz ein selbständiger.** „Der Anspruch auf Entschädigung ist ein mit der Existenz der betreffenden verletzenden Handlung wohlerworbenes, auf die Erben des Verletzten transmissibles Privatvermögensrecht des Verletzten." (RG. 16 15 für Ansprüche aus Patentverletzung, hier analog anzuwenden.) Es ist daher auch selbständig mit und ohne Übertragung des Gewerbes **übertragbar**; kann vom **Konkursverwalter** verfolgt werden und unterliegt der **Pfändung**. Gibt der Verletzte vor dem Rechtsstreit oder während desselben sein Gewerbe auf, so kann trotzdem der Anspruch eingeklagt oder fortgesetzt werden.

2. **Veräußert** ein Gewerbetreibender sein Geschäft mit allen Aktivis, so geht mangels entgegengesetzter Abrede der Anspruch mit über, denn er ist eine „im Betriebe begründete Forderung". (§ 25 HGB.; vgl. Staub Anm. 24 zu § 22; Lobe, Bekämpfung 1 373; dagegen Wolff 24.)

b) Kläger und Beklagter.

1. Die Aktivlegitimation bei der Schadensersatzklage aus § 1 wird im § 13 nicht behandelt. Es kommen daher die allgemeinen Grundsätze zur Anwendung, nach denen derjenige zur Anstrengung der Klage berechtigt ist, der einen Schaden erlitten hat. Es muß ein Gewerbetreibender in einem gleichen oder angrenzenden Geschäftszweig sein, weil nur ein solcher durch eine Wettbewerbshandlung geschädigt werden kann.

2. **Beklagter ist der Täter.** Hier gilt das zu II d, 1—3 und 5—8 Gesagte.

Dagegen finden bezüglich der **Haftung des Prinzipals für Handlungen seines Angestellten** nicht die Vorschriften des § 13 — ein entsprechender Antrag wurde in der Kommission abgelehnt — sondern die allgemeinen, im BGB. ausgesprochenen Grundsätze Anwendung. Hiernach ist die Haftung vorhanden, wenn Geschäftsherr und Angestellter die Handlung **gemeinsam** begangen haben (§ 830 Abs. 1 BGB.), ferner wenn der Geschäftsherr **Anstifter** oder **Gehilfe** ist. (§ 830 Abs. 2 BGB.) Der Begriff des gemeinschaftlichen Handelns und der Hilfeleistung ist aber dem Sinn und Zweck des Gesetzes entsprechend weiter zu nehmen, als dies im strafrechtlichen Sinne geschieht. Hier kommen die Sätze zur Anwendung, die die bisherige Rechtsprechung im Anschluß an den früheren § 1, jetzt § 3 entwickelt hat. Ein Geschäftsmann, der ein ohne sein Wissen erschienenes Inserat nachträglich gutheißt (RG. n JW. 99 545 Nr. 47), der ferner, in dessen Gegenwart und ohne dessen Widerspruch durch Dritte Behauptungen aufgestellt werden (OLG. München in GewRSchutz 98 156), oder der sich nicht darum bekümmert, welche Angaben in seinen Schaufenstern oder in seinem Laden von seinen Angestellten gemacht sind (OLG. Kiel in Seuffert N. F. 24 38), handelt seiner Verpflichtung ebenso zuwider, wie wenn er die Angaben selbst gemacht hätte. Daher macht Genehmigung, Geschehenlassen, Nichtanwendung der im Verkehr üblichen Sorgfalt nach § 1 haftbar für den entstandenen Schaden. (Vgl. RG. in JW. 03 128.)

Noch weiter geht die Haftung des Geschäftsherrn aus § 831 BGB. Nach diesem Paragraphen haftet der, der einen anderen zu einer Verrichtung bestellt, für den

Schaden, den der andere in Ausführung dieser Verrichtung einem Dritten widerrechtlich zufügt, es sei denn, daß der Geschäftsherr nachweisen kann, daß er bei der Auswahl der bestellten Person die im Verkehr erforderliche Sorgfalt beobachtet hat. Eine derartige Haftung ist z. B. anzunehmen, wenn ein Reisender auf seiner Reise sich eines unerlaubten Tricks bedient, etwa den Reisenden der Konkurrenzfirma an seinen Besuchen gewaltsam hindert. In diesen Fällen haftet der Chef direkt, es sei denn, daß er beweisen kann, er habe bei der Anstellung des Reisenden oder Verkäufers oder bei der Leitung der Verrichtung die übliche Sorgfalt angewendet. Zur „Leitung" gehört auch die Anweisung über das Verhalten bei Ausführung des Geschäfts. (Kohler in UnlW. 1 2; dagegen Wassermann in UnlW. 1 53.)

Dagegen ist nicht zuzugeben, daß die ordnungsmäßige Leitung erfordert, den Angestellten vertragsmäßig die Verpflichtung aufzuerlegen, unlautere Handlungen zu unterlassen. (So Fuld 293 und 286.) Kein Prinzipal ist verpflichtet, anzunehmen, daß sein Angestellter zu gesetzwidrigen Handlungen neigt.

c) Höhe und Beweis des Schadens.

1. Die Begründung zum Gesetz von 1896 führt aus:

„Über die Frage, ob ein Schaden entstanden ist und wie hoch sich derselbe beläuft, ist im Streitfalle vom Gericht nach Maßgabe des § 260 ZPO. zu entscheiden. Daß das Gericht bei der ihm obliegenden freien Würdigung aller Umstände auch die Verhältnisse des Verkehrslebens in Betracht zu ziehen hat, ist selbstverständlich und braucht nicht besonders ausgesprochen zu werden. Auch erscheint es nicht angängig, das nach den Prozeßordnungen den Gerichten zustehende freie Ermessen in der Zuziehung und Auswahl von Sachverständigen für den Bereich des Entwurfs durch bindende Vorschriften einzuschränken."

§ 260 (jetzt § 287 ZPO.) bestimmt:

„Ist unter den Parteien streitig, ob ein Schaden entstanden sei, und wie hoch sich der Schaden oder ein zu ersetzendes Interesse belaufe, so entscheidet hierüber das Gericht unter Würdigung aller Umstände nach freier Überzeugung. Ob und inwieweit eine beantragte Beweisaufnahme oder von Amts wegen die Begutachtung durch Sachverständige anzuordnen sei, bleibt dem Ermessen des Gerichts überlassen. Das Gericht kann anordnen, daß der Beweisführer den Schaden oder das Interesse eidlich schätze. In diesem Falle hat das Gericht zugleich den Betrag zu bestimmen, welchen die eidliche Schätzung nicht übersteigen darf.

Die Vorschriften über den Schätzungseid werden aufgehoben."

Ferner kommen in Betracht

§ 249 BGB.: „Wer zum Schadensersatze verpflichtet ist, hat den Zustand herzustellen, der bestehen würde, wenn der zum Ersatze verpflichtende Umstand nicht eingetreten wäre. Ist wegen Verletzung einer Person oder wegen Beschädigung einer Sache Schadensersatz zu leisten, so kann der Gläubiger statt der Herstellung den dazu erforderlichen Geldbetrag verlangen."

§ 251. „Soweit die Herstellung nicht möglich oder zur Entschädigung des Gläubigers nicht genügend ist, hat der Ersatzpflichtige den Gläubiger in Geld zu entschädigen. Der Ersatzpflichtige kann den Gläubiger in Geld entschädigen, wenn die Herstellung nur mit unverhältnismäßigen Aufwendungen möglich ist."

§ 252. „Der zu ersetzende Schaden umfaßt auch den entgangenen Gewinn. Als entgangen gilt der Gewinn, welcher nach dem gewöhnlichen Laufe der Dinge oder nach den besonderen Umständen, insbesondere nach den getroffenen Anstalten und Vorkehrungen, mit Wahrscheinlichkeit erwartet werden konnte."

§ 253. „Wegen eines Schadens, der nicht Vermögensschaden ist, kann Entschädigung in Geld nur in den durch das Gesetz bestimmten Fällen gefordert werden."

2. **Durch diese Bestimmungen wird an sich die Beweislast des Klägers im allgemeinen nicht verändert.** Er hat den Beweis zu führen, sowohl, daß eine die Bestimmungen des § 1 verletzende Handlung geschehen ist, als auch, daß Beklagter für diese hafte. Er hat ferner zu beweisen, daß ihm ein Schaden entstanden ist, daß zwischen der schädigenden Handlung und seinem Schaden ein Kausalzusammenhang besteht und wie hoch sein Schade ist. In betreff dieser letzteren Punkte aber ist nach der im § 287 gegebenen Regel, die allerdings bei deutschen Gerichten noch immer nicht die vom Gesetzgeber gewünschte und erstrebenswerte Anwendung gefunden hat, der Beweis erleichtert. Ein strikter Beweis dafür, daß gerade durch eine bestimmte Handlung ein Schade entstanden ist und welchen Umfang er hat, ist in den seltensten Fällen zu führen. „Man kann von dem Kläger nicht den apodiktischen Beweis von etwas, das überhaupt nicht apodiktisch bewiesen werden kann, verlangen. Es ist daher das Ergebnis der Beweisaufnahme nach allgemeiner Lebenserfahrung zu beurteilen" (LG. Augsburg in Bl. 94/95: oder wie es Dernburg (2 62) ausdrückt); „Der Richter ist befugt, sich an den Gesamteindruck zu halten, ihm müssen die Natur der Dinge und die praktischen Anforderungen des Lebens die leitenden Gesichtspunkte sein." Gerade bei einem Gesetz, nach dem die schädigende Handlung gegen so schwer faßbare Güter wie Kredit und Kundschaft gerichtet ist, muß das Ermessen des Richters den weitesten Spielraum haben, der Richter muß aber auch, wenn ihm das Gesetz eine solche weitgehende Befugnis gibt, von ihr ausgiebigsten Gebrauch machen.

Hingegen wird man nicht Marcus (UnlW. 2 115) beitreten können, daß unser Recht eine Vermutung kenne, wonach derjenige, der gegen ein zum Schutz bestimmter Interessen gegebenes Gesetz handele, als Verursacher des Schadens gilt, dessen Verhütung durch jenes Gesetz bezweckt war, so daß also nicht der Kläger die Verursachung, sondern der Beklagte das Nichtvorliegen des Kausalzusammenhanges zu beweisen hätte.

3. Soweit § 287 in Betracht kommt, hat der Richter seine Entscheidung **unter Würdigung aller Umstände** zu fällen. Es muß ihm anheimgestellt werden, ob und inwieweit er die von den Parteien angeführten Tatsachen für berücksichtigungswert erachtet oder ob er von Amts wegen eine Begutachtung durch Sachverständige oder eine eidliche Schätzung anordnen will. Keinesfalls kann er die Klageforderung wegen mangelnder Substanziierung zurückweisen, ohne die Schritte zu tun, die nach seinem Ermessen geeignet sind, ihm die für seine Entscheidung erforderlichen Grundlagen zu verschaffen; insbesondere hat er in vollem Umfange sich des richterlichen Fragerechts zu bedienen. Der Kläger wird gut tun, seinen Anspruch möglichst eingehend zu begründen und dem Richter das zu seiner Beurteilung nötige Material anzugeben; eine formelle Verpflichtung zur Substanziierung aber besteht nicht. (RG. 10 405, 25 78 usw.; vgl. auch Gaupp-Stein Anm. III zu § 287.)

4. Diese freie richterliche Würdigung erstreckt sich zunächst auf die Frage des ursächlichen **Zusammenhangs zwischen der schädigenden Handlung und dem Schaden.** (So allgemeine Ansicht, vgl. z. B. RG. 21 92.) Hierbei ist zu bemerken, daß nach früherer Praxis, die für die Bestimmungen des BGB., welche das Prinzip nicht geändert haben, ebenfalls gilt, zwar nur der Schaden zu ersetzen ist, der als eine wirkliche Folge der zum Ersatz verpflichtenden Tatsache erscheint, daß der Schaden aber ebensowenig eine notwendige Folge dieser Tatsache, als letztere die alleinige und ausschließliche Ursache des Schadens zu sein braucht. (Vgl. RG. 13 66, 29 140; RG. in ElsLothrJZ. 06 552 u. R. 08 Nr. 1547 u. Dernburg 2 76.) Dies ist gerade für das vor-

liegende Gesetz wichtig, da sich der zweifellose Beweis des Zusammenhangs meist schwer wird feststellen lassen. Wenn also z. B. ein Konkurrent sich der Preisschleuderei unter systematischer Verleitung zum Kontraktbruch schuldig macht und bei dem Kläger während dieser Zeit der Absatz zurückgegangen ist, wird der ursächliche Zusammenhang für dargetan zu erachten sein, ohne daß etwa bewiesen werden muß, daß Kunden des Klägers zum Beklagten gegangen sind.

5. **Vor allem tritt aber die Vorschrift des § 287 für die Frage der Höhe des Schadens in Kraft.** Nach den Vorschriften des BGB. ist, da bei den hier in Betracht kommenden Fällen von einer Wiederherstellung des früheren Zustandes (§ 249) kaum die Rede sein kann, eine Entschädigung zu fordern. (§ 251 BGB.) Als Schaden gelten zunächst die Aufwendungen, die zur Beseitigung der Folgen des rechtswidrigen Angriffes notwendig waren, etwa zur Herbeischaffung anderer Arbeiter an Stelle der unter Verletzung des Vertrages ausgetretenen (Lobe, Bekämpfung 1 379) oder zur Benachrichtigung der Kundschaft von der wahren Sachlage. (LG. Hirschberg bei Breslau 95 67 und Wolff 26.) Ferner aber ist zu ersetzen der entgangene Gewinn, sofern er nach dem gewöhnlichen Lauf der Dinge oder nach den besonderen Umständen mit Wahrscheinlichkeit zu erwarten war. (BGB. § 252.) Was also dem Kläger durch das Verhalten des Beklagten an Kundschaft, an notwendiger Herabsetzung seiner Preise, oder sonst verloren ist, ist ihm zu ersetzen, ohne daß es darauf ankommt, ob die schuldhafte Handlung unmittelbare oder mittelbare Veranlassung war. (Dernburg 74.) Erlangt der Richter auch nur im allgemeinen die Überzeugung, daß überhaupt irgendein Schaden entstanden ist, so muß er die Höhe nach freiem Ermessen festsetzen oder den Schätzungseid auferlegen. (RG. in JW. 04 156.) Er hat dabei jede nicht ganz entfernte Gewinnmöglichkeit zu berücksichtigen. (RG. 68 163.)

Dagegen kann Kläger nicht (wie Müller 69 II annimmt) in allen Fällen Herausgabe dessen verlangen, was Beklagter durch die unerlaubte Handlung erworben hat. Allerdings hat das Reichsgericht für das Gebiet des Urheber- und Patentrechts (vgl. RG. 35 70, 43 56; RGStr. 6 278) diesen Grundsatz ausgesprochen, und zwar aus dem Grunde, weil sich in diesen Fällen Beklagter durch Benutzung eines dem Kläger zustehenden Rechts bereichert hat. Dies ist aber bei den Vergehungen gegen § 1 nicht der Fall. (Ebenso liegt es bei § 3.)

6. Aus den zu Nr. 5 dargelegten Gründen kann daher auch nicht vom Beklagten **Rechnungslegung** über den von ihm erzielten Gewinn gefordert werden. (Vgl. das zu Nr. 5 zit. Erk. des RG. und Marcus in UnlW. I 19.)

7. Eine Minderung der Schadensersatzpflicht kann der Beklagte durch die Einrede **eigenen Verschuldens** des Klägers erreichen. Auch über diese Frage hat der Richter gemäß § 287 nach freier Überzeugung zu urteilen. (Gaupp-Stein Anm. II 3 zu § 287.)

Das BGB. bestimmt in § 254:

„Hat bei der Entstehung des Schadens ein Verschulden des Beschädigten mitgewirkt, so hängt die Verpflichtung zum Ersatze, sowie der Umfang des zu leistenden Ersatzes von den Umständen, insbesondere davon ab, inwieweit der Schaden vorwiegend von dem einen oder dem anderen Teile verursacht worden ist. Dies gilt auch dann, wenn sich das Verschulden des Beschädigten darauf beschränkt, daß er unterlassen hat, den Schuldner auf die Gefahr eines ungewöhnlich hohen Schadens aufmerksam zu machen, die der Schuldner weder kannte noch kennen mußte, oder daß er unterlassen hat, den Schaden abzuwenden oder zu mindern. Die Vorschrift des § 278 findet entsprechende Anwendung.“

Von einem solchen konkurrierenden Verschulden wird man z. B. sprechen können, wenn der Kläger den Gegner durch einen agent provocateur zu seinem Vorgehen gereizt hat.

8. **Der Antrag bei der Schadensersatzklage muß auf eine bestimmte Summe gehen,** oder es muß der Anspruch wenigstens so spezialisiert sein, daß die Identität des Schadens zweifellos ist und der Richter gemäß § 287 ZPO. denselben feststellen kann. (RG. 21 387; Recht 07 314 und JW. 09 196.) Eine Klage auf Schadensersatz „vorbehaltlich Feststellung" ist an sich unzulässig; es sei denn, daß die Voraussetzungen der Feststellungsklage vorliegen, wenn also z. B. Kläger den Schaden noch nicht feststellen kann, aber etwa durch Ablauf der Verjährungsfrist zur Klage genötigt wird.

9. Ein Antrag auf Zuerkennung von Schadensersatz für den Fall künftiger Schädigung ist unzulässig, da nur wegen bereits begangener Handlungen Ersatz zu leisten ist. (RG. in Recht 02 242 Nr. 1299 für § 14 WarenZG., aber auch hier gültig.)

§ 2.

Unter Waren im Sinne dieses Gesetzes sind auch landwirtschaftliche Erzeugnisse, unter gewerblichen Leistungen und Interessen auch landwirtschaftliche zu verstehen.

Vgl. Schneider, Zum Gesetzentw. in UnlW. 8 145.

Dieser Paragraph ist an Stelle des früheren Abs. 5 des § 1 getreten, nur daß die beiden Worte „und Interessen" hinzugefügt wurden. Die neue Stellung bringt klarer zum Ausdruck, daß diese Definition für das ganze Gesetz gelten soll. Sein Inhalt hat stets als selbstverständlich gegolten. Es ist unzulässig, aus ihm per argumentum e contrario zu schließen, daß irgendwelche andere Leistungen und Interessen nicht unter das Gesetz fallen.

§ 3.

Wer in öffentlichen Bekanntmachungen oder in Mitteilungen, die für einen größeren Kreis von Personen bestimmt sind, über geschäftliche Verhältnisse, insbesondere über die Beschaffenheit, den Ursprung, die Herstellungsart oder die Preisbemessung von Waren oder gewerblichen Leistungen, über die Art des Bezugs oder die Bezugsquelle von Waren, über den Besitz von Auszeichnungen, über den Anlaß oder den Zweck des Verkaufs oder über die Menge der Vorräte unrichtige Angaben macht, die geeignet sind, den Anschein eines besonders günstigen Angebots hervorzurufen, kann auf Unterlassung der unrichtigen Angaben in Anspruch genommen werden.

Inhaltsangabe.

Vorbemerkung.

Der jetzige § 3 gibt mit zwei Abweichungen den Inhalt des ersten Satzes des Abs. 1 des früheren § 1 wieder. Diese Abweichungen sind

1. Streichung der Worte „tatsächlicher Art" hinter „Angaben".
2. Einfügung der Worte „den Ursprung" nnd „die Menge der Vorräte".

Dem zweiten Satz des ersten Absatzes des alten § 1 entspricht jetzt § 13 Abs. 1, dem Abs. 2 jetzt § 13 Abs. 2, den Abs. 3 und 4 jetzt § 5, dem Abs. 5 jetzt § 2.

A. Prinzip.

§ 3 regelt die Unterlassungsklage gegen Ausschreitungen im Reklamewesen. Er ist das Resultat einer fortgesetzten Verschärfung der gesetzgeberischen Fassung. Das Gesetz von 1896 war über die Reichstagsvorlage namentlich insoweit fortgeschritten, daß es die — damals sogenannte — Generalklausel „geschäftliche Verhältnisse" in den Tatbestand einfügte, das gegenwärtige sucht namentlich durch Streichung der Worte „tatsächlicher Art" der unlauteren Reklame ein Verteidigungsmittel zu nehmen.

Aus der Begründung des Gesetzes von 1896 ist noch heute das Folgende beachtenswert:

„Das Verlangen nach gesetzgeberischem Einschreiten gegen unredliche Geschäftsgepflogenheiten ist hauptsächlich durch die zunehmenden Ausschreitungen auf dem Gebiete des Reklamewesens veranlaßt worden. Die hiergegen gerichteten Bestimmungen sind daher an die Spitze des vorliegenden Entwurfs gestellt.

Die Reklame ist ein im Geschäftsleben allgemein verbreitetes und als unentbehrlich geltendes Hilfsmittel zur Heranziehung von Kunden. Ihre Bedeutung beruht in der Neigung des Publikums, bei der Entschließung über den Erwerb von Waren und bei der Auswahl unter den verschiedenen Erwerbsgelegenheiten dem in augenfälliger und anpreisender Form sich kundgebenden Angebot Gehör zu schenken. Die Vermehrung der Verkehrsmittel, mannigfache Erleichterungen in der Benutzung derselben, die wachsende Ausbreitung des Zeitungswesens, die Entwickelung der polygraphischen Gewerbe haben mit anderen Umständen zusammengewirkt, um die Publizität geschäftlicher Ankündigungen zu erleichtern und hiermit deren Bedeutung für das Verkehrsleben zu erhöhen.

Solange die Reklame sich innerhalb der durch die Anforderungen von Treu und Glauben gezogenen Grenzen bewegt, ist kein Grund vorhanden, ihr Hindernisse in den Weg zu legen. Den Gewohnheiten und Bedürfnissen des heimischen und des internationalen Verkehrs entsprechend muß, — wie die Wahl der Form für geschäftliche Angebote, so auch die lobende Beurteilung der eigenen Waren oder Leistungen jedem Gewerbetreibenden freistehen."

Wenn die Begründung dann des weiteren ausführt, daß Anlaß und Möglichkeit des gesetzgeberischen Einschreitens nur dort vorliegt, wo „die Reklame zur Vorspiegelung unwahrer Tatsachen greift", so ist das gegenwärtige Gesetz von dieser Richtschnur um Einiges abgewichen (s. § 6). Hingegen ist auch jetzt gültig die folgende Auslassung:

„Es würde indessen über die Ziele des Gesetzes hinausgreifen, wenn man unwahre tatsächliche Angaben schlechthin wegen ihrer Unwahrhaftigkeit und ohne Rücksicht auf die Wirkung, welche sie im Verkehr ausüben können, zur Verantwortung ziehen wollte. Ein praktisches Bedürfnis zur Verfolgung besteht nur insoweit, als Unwahrheiten nach dem Gegenstande, auf den sie sich beziehen, geeignet sind, das Angebot als ein besonders günstiges erscheinen zu lassen und dadurch zum Nachteile redlicher Mitbewerber Kunden anzulocken."

2. Hierdurch wird folgendes als Absicht des Gesetzes festgestellt.

a) **Die Reklame als erlaubtes Hilfsmittel des Gewerbes und Handels wird anerkannt und die Benutzung in weitestem Umfange freigestellt.** Verboten ist nur die öffentlich erfolgende, unrichtige Angaben gebrauchende Reklame, die durch diese unrichtigen Angaben den Anschein eines besonders günstigen Angebots hervorrufen will. Es kann darüber gestritten werden, ob zum Begriff der Reklame, wie er historisch geworden ist, der Begriff der Öffentlichkeit gehört (so MM. Kohler 97), jedenfalls ist für das positive Recht des Gesetzes, soweit nur die Voraussetzungen des § 3 vorliegen, entgegen dem ersten Entwurf nur die für die Öffentlichkeit oder einen größeren Kreis von Personen bestimmte Reklame in Betracht zu ziehen.

Hingegen kann auch die nichtöffentliche Reklame ein Einschreiten dann herbeiführen, wenn sie den guten Sitten zuwiderläuft. Dann greift § 1 ein. Dieser ergänzt den § 3 auch dann, wenn keine Angaben, sondern Beurteilungen eigener Leistungen und Waren vorliegen, welche als sittenwidrig zu erachten sind.

b) Das Gesetz will nur solche Reklame verfolgen, die das Publikum irgendwie beeinflussen kann. Daraus geht hervor, daß für die Auslegung der Reklame stets maßgebend ist, **wie sie von demjenigen Publikum aufgefaßt wird, an das sie sich wendet.** Insbesondere ist zu fragen, wie dieses besondere Publikum die Ankündigung zu lesen pflegt, mit größerer oder geringerer Genauigkeit, und es wird hiernach zu entscheiden sein, ob die verschleierte undeutliche Form der Reklame Irrtümer nahelegt, die sie als dem § 3 zuwiderlaufend erscheinen lassen. (RG. 58 129 und 293; RG. in JW. 04 454 und in UnlW. 4 57 und 5 80.) Vgl. S. 27.

c) Ferner geht aus der Begründung und dem Gesetz hervor, **daß der Schutz dem Konkurrenten gegeben ist,** nicht dem konsumierenden Publikum (vgl. Fuld 79).

„Der Schutz des konsumierenden Publikums," sagt die Begründung, von 1896 „ist nicht der unmittelbare Zweck eines gegen den unlauteren Wettbewerb gerichteten Gesetzes, wenngleich Maßregeln, die in den gegenseitigen Beziehungen der Gewerbetreibenden Treu und Glauben zu befestigen bestimmt sind, mittelbar auch dem Interesse ihrer Abnehmer entgegenkommen werden."

Und ferner:

„Eine Klage im Sinne des § 1 — jetzt § 3 — steht nur dem Wettbewerber, nicht aber dem durch die trügerische Vorspiegelung geschädigten Käufer zu. Die Ansprüche des letzteren zu regeln, liegt nicht im Rahmen des Entwurfs. Maßgebend hierfür bleiben bis zur Verabschiedung des BGB. die zivilrechtlichen Bestimmungen der Landesgesetzgebungen."

3. Die strafrechtliche Ergänzung des § 3 bietet § 4, auf dessen Unterschiede von § 3 in den Anmerkungen zu § 4 eingegangen ist.

B. Voraussetzungen.

Ia) Öffentliche Bekanntmachungen.

1. **Der Begriff „öffentlich"** wird sehr vielfach in den Gesetzen, besonders auch im Strafgesetzbuch gebraucht. (Eine dem vorstehenden Paragraphen ähnliche Anwendung findet sich in § 40 Patentgesetz „öffentliche Anzeigen".) Mit Recht hat aber das Reichsgericht (Str. 1 357) darauf hingewiesen, daß der Begriff des Öffentlichen ein sehr mannigfaltiger ist, und es daher untunlich erscheint, aus der speziellen Bedeutung in einem Gesetzesparagraphen Schlüsse auf einen gleichsinnigen Gebrauch in anderen Gesetzen zu ziehen. Es ist daher der Begriff lediglich aus dem Gesetze selbst zu erklären.

Über den Begriff der Öffentlichkeit sagt die Begründung:

„Die Angaben müssen ferner in Gestalt von Bekanntmachungen, von Rundschreiben, Zirkularen, Plakaten, die auf der Straße, an den Schaufenstern, in den Läden usw. ausgehängt werden, oder in einer ähnlichen auf die Kenntnisnahme eines größeren Personenkreises berechneten Form für die Öffentlichkeit bestimmt sein. Es ist selbstverständlich, daß auch mündliche Angaben unter der Voraussetzung der Öffentlichkeit, z. B. bei Auktionen, unter den Begriff fallen."

2. **Alles also, was sich an das Publikum, d. h. an eine prinzipiell unbegrenzte Anzahl von Personen wendet, fällt unter das Gesetz,** so außer den oben angeführten Beispielen: verteilte Schriften, Inserate, Mitteilung durch Ausrufen, Mitteilungen in oder am Laden, im Schaufenster (über Schaufensterofferten vgl. UnlW. 1 47 u. 129), Reklamen an oder auf den Häusern, auf dem Straßenpflaster, an Theatervorhängen, an besonders in das Auge fallenden Punkten, selbst wenn sie nicht in der Nähe des Domizils der Gewerbetreibenden sind usw. Auch die Firma selbst kann der Inhalt einer derartigen gesetzwidrigen Ankündigung sein, wenn sie etwa durch Aufnahme von Ortsnamen eine bestimmte Bezugsquelle der Waren anzudeuten scheint; z. B. Solingen-Dortmunder Vereinsbrauerei. (RG. 58 137; UnlW. 4 11; R. 08 1510; GewArch. 8 524.) Bei Zeitungen ist es gleichgültig, ob dies allgemeine oder Fachzeitungen sind. (RGStr. 26 194.) Es ist auch nicht ausgeschlossen, daß die Bekanntmachung sich auf der Ware selbst befindet, z. B. wenn die Ware ein Preßerzeugnis ist, das veröffentlicht ist. So hat das OLG. München (in OLGRspr. 1 469) in der Bezeichnung einer Novelle als „autorisiert" eine Verfehlung gegen § 3 erblickt; ebenso wäre bei Mitteilungen auf einer im Schaufenster ausliegenden Ware zu entscheiden. (Anders für § 10 PatG.; RGStr. 25 78.) Ferner ist Aufdruck auf Sohlen von Stiefeln, die Personen zum Kauf offeriert werden, als Bekanntmachung angesehen. (LG. Berlin I in Bl. 01 10.) Ähnlich RG. in R. 06 318.

In einer zu § 14 G. v. 12. Mai 1894 ergangenen Entscheidung, die hier analog anzuwenden ist, hat das LG. Berlin I (Bl. 94/95 277) erkannt, daß Bierwagen, die Inschriften über die Art des verkauften Bieres haben, als Träger von Ankündigungen an das Publikum anzusehen sind.

Die Aufzählung wird stets unvollständig sein, weil die Reklame, deren Wirkung in steter Neuheit und steter Sensation besteht, täglich neue Formen erfindet, um sich bemerkbar zu machen.

Ob tatsächlich die Reklame vielen Personen bekannt wird oder nicht, ist gleichgültig; es kommt nach dem Wortlaut und Sinn des Gesetzes nur darauf an, ob Angaben in öffentlichen Bekanntmachungen, d. h. solche, die für die Öffentlichkeit bestimmt sind, gemacht werden, nicht ob auch die Öffentlichkeit von ihnen Kenntnis nimmt. (GewRSchutz 98 217.)

3. Da die Mitteilung der Tatsachen in öffentlichen Bekanntmachungen gemacht sein muß, so kommt bei Beurteilung nur dasjenige in Frage, **was in den Bekanntmachungen steht, nicht auch sonstige Umstände,** die außerhalb derselben liegen, z. B. hat das Reichsgericht (in JW. 98 368 Nr. 64) entschieden, daß für die Frage, ob die Anzeige eines „Totalausverkaufs" unrichtig sei, lediglich der Inhalt der Anzeige zugrunde zu legen ist; ebenso ist entschieden, daß, wenn im Prospekte einer Modenzeitung gewisse Vorteile angekündigt sind, im Blatte selbst aber ein Vermerk vorhanden ist, der anders lautet, dies gleichgültig ist, da der Prospekt zum Ankauf anreizt. (SächsOLG. 00 38.)

Daß die Bekanntmachung *von dem Gewerbetreibenden* selbst ausgeht, ist nicht nötig. Wohl aber muß er für sie verantwortlich sein. Die Verantwortung für die Handlungen seiner *Angestellten* regelt § 13. Ist ein anderer, etwa ein Verwandter, der Urheber, so wird man den Gewerbetreibenden dann nicht verantwortlich machen können, wenn die Veröffentlichung gegen seinen Willen erfolgt, auch von ihm nicht gebilligt ist. (RG. in JW. 98 545.) Verantwortlich ist er aber auch für die Richtigkeit der Angaben in dem *Anerkennungsschreiben* eines Dritten, das er zu Reklamezwecken veröffentlicht, selbst wenn er den Schreiber namhaft macht. (RG. in UnlW. 3 82 und JW. 04 342.)

Der Umstand, daß die Bekanntmachung *teilweise* Wahrheiten enthält, schließt das Merkmal der Unwahrheit nicht aus. (RGStr. 34 164; Schmid 296.)

4. Endlich ist die Frage zu untersuchen, **wann die Bekanntmachung als erfolgt und beendet** gilt. Es ist dies aus dem Grunde wesentlich, weil von der Feststellung die Beantwortung der weiteren Frage abhängt, ob die Bekanntmachung als die Bekundung über etwas Gegenwärtiges oder Künftiges anzusehen ist. Als Anfang der Bekanntmachung ist derjenige Zeitpunkt anzusehen, in dem das Publikum in der Lage ist, von der Bekanntmachung Kenntnis zu nehmen; also bei Inseraten der Tag der Ausgabe der Zeitung, bei Plakaten die Anheftung usw. Mit diesem Zeitpunkt endet aber die Bekanntmachung nicht. Wie das Reichsgericht (46 55) mit Recht ausführt, wirkt eine derartige für das Publikum bestimmte Bekanntmachung erfahrungsgemäß auf längere oder kürzere Zeit nach. Bei Plakaten endet die Bekanntmachung erst mit dem Entfernen; bei Inseraten mit dem Zeitpunkt, in dem erfahrungsgemäß die betreffende Nummer vom Publikum nicht mehr gelesen wird. Das Reichsgericht hat in dem speziellen Fall festgestellt, daß eine am 28. Februar erschienene Annonce über „Spezialtage" am 3., 4. und 5. März sich für diese Tage auf Gegenwärtiges bezog, falls das in Betracht kommende Publikum an diesen Tagen die fragliche Nummer erfahrungsgemäß noch gelesen hat.

Ib) Mitteilungen, die für einen größeren Personenkreis bestimmt sind.

1. Der Unterschied zwischen den „öffentlichen Bekanntmachungen" und den „Mitteilungen" liegt darin, daß bei ersteren, die sich an das Publikum als solches wenden, es eines weiteren Beweises dafür, daß sie für einen größeren Personenkreis bestimmt sind, nicht bedarf, dagegen bei Mitteilungen diese Bestimmung notwendig ist. Als **Mitteilungen** sind insbesondere Zirkulare, gleichviel ob sie gedruckt, mechanisch vervielfältigt oder geschrieben sind, anzusehen, ferner Prospekte, Listen, Kataloge, geschäftliche Mitteilungen usw.; auch *Jahresberichte von Gesellschaften*, insbesondere von Versicherungsgesellschaften gehören hierher. (LG. Dresden in GewRschutz 98 287.) Ebenso wie die öffentlichen Bekanntmachungen können auch die Mitteilungen auf der

Ware angebracht sein; so z. B. sind Etiketten dann als derartige Mitteilungen angesehen worden, wenn sie für größere Kreise bestimmt sind. (So Kohler in AP. 98 251; LG. Breslau bei Gareis 3 787; RG. in JW. 98 393; OLG. Hamburg bei Birkenbihl 32 Nr. 70; Finger 38, RG. in JW. 04 247; OLG. Hamburg in R. 07 1274; anders Müller 27.) Ist das Etikett verdeckt, so ist die Mitteilung nicht für einen größeren Personenkreis, sondern nur für den einzelnen Käufer bestimmt. (So OLG. Köln in UnlW. 6 105; a. A. Imhoff ebenda und Marcus in UnlW. 4 78.) In diesen Fällen wird allerdings wohl meist eine Verletzung von § 1 vorliegen.

2. Die **Bestimmung** der Mitteilungen **für einen größeren Personenkreis** ist wesentlich. Demgegenüber steht die private Reklame, die diesem Gesetz nur insoweit unterliegt, als sie den guten Sitten zuwiderläuft. (§ 1.) Es ist daher scharf zu unterscheiden zwischen Angaben gegenüber einer Allgemeinheit und gegenüber Einzelpersonen. (Vgl. OLG. Dresden in SächsOLG. 00 405.) Ob das eine oder andere der Fall ist, wird vielfach Tatfrage sein. Jedenfalls fallen auch Mitteilungen an einzelne Personen unter § 3, wenn sie bestimmt waren, verbreitet zu werden, z. B. wenn ein Kaufmann einzelnen Personen Mitteilungen zugehen läßt mit der Bitte, sie zu verbreiten. Oder, wenn ein Album, das nur in einem Exemplar vorhanden ist, jedem einzelnen Kunden zugesandt, von ihm aber wieder zurückverlangt wird. (RGStr. 40 131.) Verbreitet hingegen ein Empfänger eine Mitteilung aus freien Stücken, so versagt dieser Paragraph. So ist angenommen worden, daß Mitteilungen, die auf zur Verpackung der Ware an einzelne Käufer bestimmte Kuverts gedruckt waren, nicht verfolgbar sind, da sie nur Mitteilungen an einzelne bezwecken (UnlW. 1 141; vgl. HansGZ. 08 85); ebensowenig mündliche Mitteilungen an einzelne, selbst zahlreiche Kunden. (OLG. Stuttgart in WürttZ. 19 29.)

3. Auch Mitteilungen, die für das **Ausland** bestimmt sind, fallen unter § 3. Dies hat das Reichsgericht (bei Seuffert III. F. 1 308) entschieden. Ein in Deutschland geschriebener, nach dem Ausland gesandter Brief, der eine unerlaubte Handlung darstellt, begründet ein einheitliches Delikt, dessen Tatbestand sich örtlich an zwei verschiedene Punkte knüpft. Beide Orte sind Orte der Begehung. Falls daher auch nur einer dieser Orte in Deutschland liegt, kommt das deutsche Gesetz zur Anwendung. (Analog RG. 23 305; a. A. jedoch ohne Begründung Wassermann 20.)

II. Angaben.

a) Entstehungsgeschichte.

Die frühere Fassung des Gesetzes „Angaben tatsächlicher Art" hat von manchen Seiten Angriffe erfahren, weil sie die Gerichte zu einer tiftelnden, haarspaltenden Rechtsprechung nötige und eine Unsicherheit über das, was zulässig sei, zur Folge hat. In der wissenschaftlichen Erörterung haben sich Schmid in UnlW. 2 80, Lobe in GewRschutz 07 173, Wassermann ebenda 101, Fuld in UnlW. 7 84 für, Finger ebenda 94 und der Deutsche Verein z. Schutz d. gew. Eig. (Denkschr. 8) gegen die Streichung des Zusatzes ausgesprochen. Von den Gegnern der alten Fassung ist insbesondere die Entscheidung des Reichsgerichts (44 12), wonach die Bezeichnung „Hamburger Engroslager" nur ein subjektives Urteil enthalte, immer und immer wieder zum Ausgangspunkt der Kritik gemacht worden, auch in den Reichstagsverhandlungen. (Vgl. Bericht 9 und die Rede von Roeren, StenBer. 8502.)

Demgegenüber hatte die Begr. ausgeführt:

„Es kann zugegeben werden, daß in den ersten Jahren nach dem Inkrafttreten des Gesetzes die Urteile der unteren Gerichte bei der Auslegung der Bestimmungen in §§ 1, 4 durch eine nachsichtige Beurteilung eingewurzelter Geschäftsgepflogenheiten der Absicht des Gesetzes nicht immer gerecht geworden sind. Hierin ist aber in den letzten Jahren sowohl bei den oberen wie bei den unteren Instanzen ein entschiedener Wandel eingetreten. Es ist ein anerkannter Satz der heutigen Rechtsprechung, daß von der Vorschrift des Gesetzes die Angaben nicht nur dann getroffen werden, wenn sie reine Tatsachen enthalten, sondern auch schon dann, wenn sie tatsächlicher Art sind, also auch dann, wenn es sich um Urteile handelt, die auf bestimmten Tatsachen beruhen. Mehrfach hat das Reichsgericht ausgesprochen, daß das Gesetz auch auf Angaben, die sich in die Form subjektiver Urteile kleiden; Anwendung findet, sobald sich die Richtigkeit oder Unrichtigkeit des Behaupteten objektiv feststellen läßt, und ferner, daß bei der Beurteilung des Inhalts der Anpreisung nicht die Absicht oder die Auffassung des Täters, sondern die Auffassung des jedesmal in Betracht kommenden Publikums entscheidet. Auch Bezeichnungen wie „Billiger als die hiesige Konkurrenz", „Wesentlich herabgesetzte Preise", „Verkauf zu Fabrikpreisen", „Ältestes Reisebureau", „Von ersten Firmen bezogen", „Vollwertige Ware" usw. würden daher unzulässig sein, wenn die in der Bezeichnung enthaltenen Angaben unrichtig sind. Wie die Rechtsprechung ergibt, kann selbst der Ausdruck „beste" Ware in der Beziehung auf eine bestimmte Ware als Angabe tatsächlicher Art gelten, wenn im Handel darunter eine feste Qualität verstanden wird.

Ein Bedürfnis, die zulässige Reklame über diese Grenzen hinaus einzuengen, läßt sich nicht anerkennen. Eine solche Maßregel würde weder der modernen Entwickelung des Geschäftslebens Rechnung tragen, noch auch selbst den Interessen des redlichen Geschäftsmannes entsprechen, der in dem zunehmenden Wettbewerbe seine Waren oder Leistungen dem Publikum in gewohnter Form anpreisen will. Es wird nicht ohne Grund besorgt, daß eine Verschärfung der gegen die Reklame erlassenen Vorschriften schließlich der unlauteren Konkurrenz die Handhabe bieten würde, die schwächeren und ungeübteren Kreise der Erwerbsgenossen mit der Geltendmachung der erleichterten Rechtsbehelfe zu bedrohen."

Im gleichen Sinne hatte der Regierungsvertreter in der Kommission ausgeführt:

„Die Beibehaltung der Worte erscheine erwünscht, damit der Tatbestand der Vorschriften nicht zerfließt, vor allem die Grenze gegen rein reklamehafte Anpreisungen nicht verwischt wird." (Ber. 9.)

Diesem Standpunkt gegenüber machten die Wortführer der Mehrheit geltend:

„Die beiden Worte seien überflüssig. Eine rein marktschreierische Reklame, bloße Werturteile usw. würden auch beim Fehlen dieser Worte nicht unter § 1 — jetzt § 3 — fallen, weil dort immerhin ‚Angaben' verlangt werden. Der Begriff der ‚Angabe' fordere schon etwas Tatsächliches. Bloße Werturteile seien keine ‚Angaben'."

Dementsprechend entschied die Abstimmung in der Kommission (Ber. 10) und im Plenum (StenBer. 8507) für die gegenwärtige Fassung.

Hiermit ist eine starke Erweiterung des Kreises der verfolgbaren Handlungen eingetreten. Die Schranke gegenüber der erlaubten Reklame wird durch die folgenden Erwägungen zu ziehen sein. Nach der mitgeteilten Entstehungsgeschichte wurde davon ausgegangen, daß eine Angabe immer etwas Tatsächliches enthält. Eine Reklameäußerung ist also dann keine Angabe, wenn sie sich lediglich als subjektives Urteil gibt; z. B. „von unübertroffenem Wohlgeschmack", „hochherrschaftliche Wohnung", „schönste Lage", „Ersatz für" eine andere Ware. (OLG. Jena in GewRSchutz 98 313.) Die deutsche Stahlfederfabrikation sei noch nicht auf der Höhe der englischen. (RG. in UnlW. 9 29; vgl. LZ. 07 750.) Die Rechtsprechung hat unter dem bisherigen Recht das Hauptgewicht auf die Frage gelegt, ob die Richtigkeit der angegriffenen Äußerung objektiv nachprüfbar sei. (Vgl. RGStr. 24 387, 35 267; UnlW. 5 17.) Siehe die Erläuterungen zu § 14. Es ist anzunehmen, daß hieran trotz des abgeänderten Wortlauts im wesentlichen festgehalten wird. Auf der anderen Seite entbehrt die bloße Marktschreierei des Merkmals, daß sie geeignet sei, den Anschein eines besonders günstigen Angebotes hervorzurufen. (II c.) Vielmehr ist es für sie gerade charakteristisch, daß sie vermöge ihrer Fassung den Glauben ausschließt, die Tatsachen könnten ihr entsprechen. Darum wird man Ausdrücke wie „non plus ultra", „enorm billig", „spottbillig" (RG. in DJZ. 03 56), „noch nie dagewesen", „staunenerregend", „das beste Zahnmittel der Welt", „die haltbarsten Pneumatiks" (Lobe) auch nicht unter das gegenwärtige Gesetz bringen dürfen.

Sind diese Lobeserhebungen der eigenen Ware aber so gehalten, daß sie für ernst genommen werden müssen, dann wird das Gesetz Anwendung finden. (Vgl. RGStr. 33 442, wenn der „sehr billige" Verkauf motiviert ist mit Abreise des Besitzers.) Insbesondere wird dies bei Benennung der Qualität als prima, I, 00 usw. (vgl. auch Kohler in AP. 98 255) da der Fall sein, wo handelsüblich mit diesen Bezeichnungen bestimmte Qualitätsmerkmale verbunden sind. Wird im Verkehr mit dem Ausdruck Primabutter eine ganz besonders geartete Qualität bezeichnet, so ist die Bezeichnung einer anderen Sorte Butter als Prima eine falsche Angabe. So ist angenommen, daß „beste Terpentinseife" nicht nur lobender Zusatz, sondern feststehende Qualitätsbezeichnung ist (RG. in DJZ. 99 422), ferner, daß staunend billige Taxpreise einen Hinweis auf stattgehabte Taxierung enthalten. (RGStr. 35 235.) „Kaffee edlerer Sorten". (BayerOLG. in UnlW. 4 68.) „Schuhe prima Qualität". (RGStr. 36 430.)

In zahlreichen Fällen, in denen man bisher keine unlautere Reklame annahm, wird das Gesetz künftig anzuwenden sein. So bzgl. des bereits erwähnten Ausdruckes „Hamburger Exportlager". (RG. 44 12.) „Größte Buchbinderei und lithographische Anstalt." (DJZ. 00 523.) „Größtes Lager der Residenz." (JW. 97 476.) „Den bisherigen Methoden in jeder Weise überlegen." (GewRschutz 98 312, 01 236.) „Mittels des neuen Patentverfahrens hergestellt." (JW. 98 301.) „Verbreitetstes und beliebtestes Volksblatt in ganz Thüringen und Franken." (RG. in UnlW. 6 16.)

Bei Beurteilung der Frage, ob einer Bezeichnung eine bestimmte Bedeutung anhaftet, bezüglich wie sie zu verstehen und ob sie zur Täuschung geeignet ist, kommt es nach feststehender Praxis lediglich darauf an, **wie das konsumierende Publikum, und zwar speziell derjenige Teil desselben, für den die fragliche Reklame bestimmt ist, dieselbe versteht** (RG. 44 12, 58 129 und 293; RG. in JW. 00 635, 02 547, 04 454, 06 40 und in UnlW. 1 61, 5 17, 178; HansGZ. 08 Hbl. 9 und 85), und zwar ist auf das durchschnittliche Urteilsvermögen zu achten; deshalb ist es gleichgültig, ob ein Sachverständiger oder ein mit besonderer Kenntnis ausgestatteter Beobachter einen anderen Sinn erraten würde. Gegenüber dieser Auffassung tritt sogar unter Umständen der Wortlaut der Anzeige zurück, wenn auch in erster Linie von diesem auszugehen ist. (RGStr. 40 438.) Handelt es sich darum, daß eine Reklame bei mehr oder minder genauer Prüfung einen verschiedenen Sinn ergibt, so kommt es darauf an, für welche Leserkreise die Reklame bestimmt ist und wie diese Kreise die ihren Beruf betreffenden Reklameschriften zu lesen pflegen. (RG. 58 129 und 293; JW. 04 454.) Eine das übliche Maß übersteigende Prüfung ist nicht zu unterstellen. (RG. bei Bauer 8 68.) Es kommt vor, daß der Sprachgebrauch in gewissen Gewerbekreisen strenger ist als in anderen und dies ist zu berücksichtigen, z. B. beim Uhrmachergewerbe. (OLG. Dresden in GewRschutz 01 7.)

Demnach kommt es nicht darauf an, einen allgemein gültigen objektiven Maßstab anzulegen. (RG. in UnlW. 5 80.) Ebensowenig fällt die Meinung eines einzelnen

Mitglieds des Publikums ins Gewicht, wenn sie erkennbar der dort allgemein vertretenen Auffassung widerspricht. (RG. in UnlW. 4 57.)

Aus der bisherigen Judikatur sind die folgenden Entscheidungen auch für das neue Gesetz von Belang:

Es sind als Angaben tatsächlicher Art erachtet worden und künftighin als Angaben zu betrachten:

Die Erklärung, daß an bestimmten Tagen gewisse Waren zu herabgesetzten Preisen verkauft werden, da hierin außer der Erklärung des Willens die Ankündigung liege, daß die Waren zu derartigen Preisen verkauft werden würden (RG. 46 52); daß ein Geschäft einzige Verkaufsstelle sei (RG. 3 166 nach altem Recht). Auch Mitteilungen über geschäftliche Verhältnisse des Konkurrenten können als Angaben tatsächlicher Art über die eigenen Waren angesehen werden, wenn sich aus der Vergleichung beider die Absicht ergibt, die eigenen Waren unrichtig besonders günstig darzustellen (RG. in JW. 01 211 Nr. 14); „gegründet 1781" ist tatsächliche Angabe (RG. 24 17; JW. 05 247; LZ. 09 173; UnlW. 8 223; ebenso OLG. Dresden in DJZ. 99 364), ferner Verkauf wegen „Ehescheidung, zurückgegangener Verlobung" (Schwurgericht Nürnberg in GewRschutz 97 110) „unter dem Selbstkostenpreis" (GewRschutz 97 145 Anm.), „Waren bei einem Brande durch Wasser beschädigt" (LG. Essen in GewRschutz 98 157), „nur ein Preis" (LG. Nürnberg bei Poeschl 94), „Schuhwaren eigener Anfertigung" (KG. in DJZ. 3 311), „Übernahme weitestgehender Garantie" (OLG. Dresden in SächsOLG. 00 42). Stets ist das Verkaufen fremder Ware als eigener eine unrichtige Angabe (OLG. Dresden in GewRschutz 01 7), ebenso die Behauptung, eine Fabrik beschäftige eine bestimmte Anzahl Arbeiter, während die Arbeiter nicht in der Fabrik beschäftigt, sondern Handarbeiter oder Gefangene sind. (GewRschutz 98 218.) Der Verkauf von Paketen mit Nicht-Vollinhalt in einer Weise, die auf Vollzähligkeit deutet, zu einem geringeren Preise, ist eine derartig falsche Angabe, da der Anschein erweckt wird, die vollzählige Ware werde zu niederem Preise verkauft und Vollständigkeit bzw. Unvollständigkeit zur Beschaffenheit gehört. (Kohler in AP. 98 260.) Als falsche Angabe ist ferner zu betrachten die Behauptung, eine Ware habe große Aufnahme und Beifall gefunden (RGStr. in JW. 08 602), der reelle Wert einer Ware sei 4,95 Mk., weil hierdurch der Glaube erweckt wird, der Wert sei mit besonderer Genauigkeit festgestellt. (UnlW. 4 84; JW. 05 247; RGStr. 37 266.) Tatfrage ist, ob in der Bezeichnung System N. N. die Angabe zu finden ist, daß die Ware in besonderer Beziehung zu einem bestimmten Fabrikanten steht. (LZ. 08 782.)

Als im Fall der Unrichtigkeit unerlaubte Geschäftsreklamen führt Schmid (in GZ. 00 256) aus der Praxis noch an: Verkauf zu Engrospreisen, zu Einkaufspreisen; einziges Geschäft am Platze, das nicht vorschlägt; nur ein Preis; Verkauf wegen Todesfalls, Zwangsversteigerung; einziges Hotel in der Geschäftslage; on parle français usw.

10. Als Beispiele für **Auslegung gewisser Ausdrücke** seien angeführt: Stammhaus gegründet 1781 bedeutet eine Kontinuität des von dem Stammvater gegründeten und bis jetzt fortgesetzten Geschäfts. (RG. in JW. 98 392 Nr. 25.)

Fabrik im Gegensatz zu Handlung ist nicht in volkswirtschaftlichem oder technischem Sinne zu verstehen; für das kaufende Publikum ist Fabrik (im vorliegenden Fall eine Fahrradfabrik) die Anstalt, in der das Fahrrad hergestellt ist, im Gegensatz zur Handlung; nicht wie sonst im Gegensatz zum Handwerk. Es ist daher gleichgültig, ob die Herstellung in großem oder kleinem Umfange erfolgt. (OLG. Karlsruhe bei Bauer 7 266, anders für Handschuhfabrik, LG. Breslau in UnlW. 1 28; vgl. OLG. Karlsruhe in BadRspr. 08 26 und KG. in UnlW. 8 62 und 207). Fahrradmanufaktur kann nach der Auffassung des Publikums auch ein Geschäft sein, das lediglich die Teile zu fertigen Rädern zusammensetzt. (RG. in DJZ. 04 1185.)

An sich ist die Bezeichnung Fabrik nur gerechtfertigt, wenn ein Fabrizieren von Gegenständen durch Arbeitskräfte vorliegt, die in einem Abhängigkeitsverhältnis zu dem stehen, für den die Bearbeitung geschieht. (JW. 99 239 Nr. 44 und RG. 54 185; LZ. 09 679.) Zu diesen abhängigen Personen gehören auch Lohnweber, die auf eigenen Stühlen arbeiten. (JW. 01 657 Nr. 22.) Derjenige, der einen Artikel vom Erzeuger, wenn auch auf Grund eines Monopolvertriebsvertrages bezieht, darf sich nicht als Fabrikant bezeichnen. (LG. Berlin I bei Poeschl 62; vgl. Westheim in UnlW. 5 104.)

Seidenhaus ist nicht Angabe tatsächlicher Art, aus der etwa zu entnehmen ist, daß der Betreffende nur mit Seidenwaren handle oder eine Seidenfabrik besitze. (OLG. Dresden bei Poeschl 59.)

Partiewarengeschäft ist ein Geschäft, das in erster Linie sich mit Erwerb und Veräußerung von Partiewaren befaßt; es verliert den Charakter nicht dadurch, daß es im Fall zeitweiser Unmöglichkeit, solche Waren zu erhalten, aushilfsweise reguläre Waren veräußert. (LG. Dortmund in GewRschutz 01 238.)

Erstes deutsches Reisebureau kann doppelt verstanden werden. Soweit es „ältestes" bedeutet, ist es tatsächliche Angabe, soweit „bestes", erlaubtes Reklamelob. (LG. Berlin I in UnlW. 1 29.)

„Älteste süddeutsche Spezialfabrik für Pflüge" ist richtig, wenn andere Fabriken noch andere Fabrikationszweige betreiben, es sei denn, daß letztere so untergeordneter Art sind, daß sie nicht in Betracht kommen. (RG. in JW. 98 613 Nr. 49.)

Aus der „ersten Münchener Firma stammend" ist als unrichtige Angabe angesehen, wenn die Firma nicht zu den ersten zählt. (LG. München in RGewschutz 98 157.)

„Schwestergeschäfte" ist unrichtig, wenn nicht Filialen oder Zweiggeschäfte bestehen, sondern nur ein gewisser äußerer Zusammenhang vorhanden ist (LG. Halle in UnlW. 1 95); ebenso hat das Kammergericht (in GewRschutz 97 32) entschieden, daß die Erklärung „52 große Geschäfte in den ersten Städten" nur dahin gedeutet werden kann, daß der Inhaber zahlreiche Zweiggeschäfte oder Kaufhäuser habe; sie sei aber unrichtig, wenn er nur einer Vereinigung angehöre, die gemeinsam den Einkauf besorgt.

Als „Uhrmacher" kann sich nach dem Sprachgebrauch des Lebens und der betreffenden Kreise nur der bezeichnen, der eigenhändig Uhren anfertigt oder wenigstens fachmännisch bearbeiten kann und eine Ausbildung in diesem Handwerk genossen hat, die für dessen zuverlässige Ausübung Gewähr leistet, nicht aber der, der ohne diese Ausbildung mit Uhren handelt. (OLG. Dresden in GewRschutz 01 7.)

„Ballettmeister" ist der, der ein Ballett einüben kann. Es ist im allgemeinen weder ein Titel, noch ein Amt, ist auch als Angabe nicht anzusehen. (HansOLG. in Recht 00 196.)

„Fabrikpreis ohne Handelszuschlag" bedeutet nach volkswirtschaftlichen Begriffen den von Fabrikanten für die Herstellung angesetzten Preis, also ausschließlich des Geschäftsgewinns. Im gewöhnlichen Leben aber kann angenommen werden, daß unter Fabrikpreis der Preis verstanden wird, zu dem der Fabrikant an Alleinverbraucher verkaufen kann. (OLG. Stuttgart in OLGRspr. 2 285.) Im Uhrenhandel nennt das Publikum die Preise Originalfabrikpreise, welche der Fabrikant dem Zwischenhändler berechnet. (RG. in UnlW. 3 69.)

Die Anzeige, an Ausnahmetagen gelangen Waren zu niedrigeren Preisen zum Verkauf, ist unrichtig, wenn, ohne daß diese Beschränkung in der Annonce enthalten ist, nur einzelne Waren billiger verkauft werden. (OLG. Dresden bei Seuffert N. F. 25 403; vgl. über Spezialtage auch UnlW. 1 53.)

Die Bezeichnungen „Anstalt, Institut, Bank“ sind häufig zu dem Zweck gebrauchte Ausdrücke, um den Geschäften den Anschein besonderer Wichtigkeit zu geben Sie sind nur Aufputz, keine tatsächlichen Angaben. (OLG. Dresden in DJZ. 5 532; vgl. auch AD. 99 28.)

Konsumanstalt vgl. RGStr. 38 308 und Fuld in UnlW. 1 151.

„Spezialfabrik“ ist die Fabrik, die sich ausschließlich mit Herstellung gewisser Waren beschäftigt. (RG. in JW. 99 613.) „Spezialgeschäft“ ist ein solches, in dem der Betrieb auf bestimmte Spezialwaren aufgebaut ist. (OLG. Colmar in ElsLothrJZ. 06 1; vgl. OLG. Dresden in SächsRpflA. 06 377.) „Größtes Spezialhaus“ gilt nur als marktschreierische Anpreisung. (OLG. Dresden in DJZ. 02 440.) Die Bezeichnung „Hopfenbauverein“ seitens eines einzelnen Hopfenhändlers ist eine falsche Angabe, selbst wenn dem Händler durch Vertrag mit dem Verein die Führung des Titels gestattet ist. (AG. Nürnberg in UnlW. 1 142.) Ebenso ist entschieden bei der Bezeichnung „Gastwirtsbureau“ (RG. in UnlW. 1 76) und für „Magazin der Tischlermeister“. (AG. Posen in GZ. 01 266.) Kaffeerösterei ist ein Geschäft, in dem Kaffee geröstet wird, nicht eins, in dem nur gerösteter Kaffee verkauft wird. (ElsLothrJZ. 06 1.) Die Ausdrücke „koffeïnfrei, alkoholfrei“ werden vom Publikum cum grano salis verstanden, so daß ein völlig unschädlicher Kaffee- oder Alkoholzusatz nicht ausgeschlossen erscheint. (R. 08 Nr. 3898; UnlW. 8 113.)

„Generalagent“, „Generaldepositar“ einer Fabrik weist auf die Gesamtheit der von der Fabrik hergestellten Artikel, nicht aber auf die Ausschließlichkeit des Betriebes hin. Der Titel kann also auch gebraucht werden, wenn die Fabrik mehrere Depositare hat. (OLG. Hamburg in OLGRspr. 2 285.)

„Direkter Importeur“ ist der, der Waren im produzierenden Ausland aufkauft und als sein Eigentum für eigene Rechnung und Gefahr vom Ausland empfängt. (RG. in WW. 2 59.)

„Hamburger Importhaus“ bedeutet nur, daß das Geschäft einer Hamburger Importfirma auf irgendeine Weise die eigentliche letzte Bezugsquelle bildet. (RGStr. in JW. 05 352.)

In betreff der Bedeutung gewisser Warenbezeichnungen ist anzuführen:

Unter „Leinen zu staunenerregend billigen Preisen“ muß das Publikum Reinleinen, nicht Halbleinen verstehen. (RGStr. in JW. 04 127.) „Reinseidener Velour“. (RGStr. 40 438; GewArch. 8 342.)

Mit der Bezeichnung „Brunnen, Quelle, Sprudel, Sauerbrunnen“ verbindet man im allgemeinen den Begriff natürlicher Mineralwasser. (Bl. 3 245.) (Über die Bedeutung des Ausdrucks „natürlich kohlensaures Mineralwasser“ vgl. RG. in JW. 01 13 Nr. 20). „Natürliches Originalselters“ gilt im Verkehr als Wasser aus dem fiskalischen Brunnen zu Niederselters. (RG. in Bl. 97 200.)

Als „echter Harzer Sauerbrunnen“ darf nicht angekündigt werden reines Harzer Gebirgsquellwasser, dem Kohlensäure hinzugefügt ist. (UnlW. 7 29.)

Unter „Holländischem Bittern“ versteht man einen in Holland hergestellten Bittern (Bl. 98 15), unter Tafelhonig ein Naturprodukt. (UnlW. 7 68.) Apfelsaft ist eine durch Pressen aus frischen Äpfeln gewonnene Flüssigkeit, nicht eine aus getrockneten Äpfeln hergestellte wie Pomril. (JW. 06 577.)

Die Bezeichnung „trade mark“ enthält nicht die Angabe, daß die Ware englischen Ursprungs ist. (Bl. 1 311.)

Die Hinzusetzung eines Namens zu einem Präparat ist dann unrichtig, wenn der Betreffende die Ware weder erfunden noch empfohlen hat. (Bl. 3 246.)

Diese letzteren Beispiele sind zum Teil Entscheidungen des Patentamts über die Frage der Verwechselungsgefahr bei Warenzeichen; sie sind hier analog anzuwenden. (Vgl. auch Seitel, Die Praxis des Gesetzes zum Schutze der Warenbezeichnungen 249.)

11. Über **einzelne Untergebiete des Reklamewesens** sind folgende Entscheidungen zu bemerken:

a) Ausverkauf vgl. Seite 46, und zu §§ 6ff.

b) Bezeichnung als patentiert vgl. Seite 44,

c) im **Zeitungsgewerbe**.

Wenn eine Zeitung erklärt, sie erscheine in einer bestimmten Auflage, so kommt es nur darauf an, ob zur Zeit der Bekanntmachung diese Auflage erreicht ist; ob später vielleicht die Auflage erreicht wird, ist gleichgültig. Wird zur Zeit der Veröffentlichung die Auflage nicht erreicht, so liegt eine unrichtige Angabe vor und es kann auf Unterlassung geklagt werden. Wird später die Auflage erreicht, so ist Klage aus § 767 ZPO. zulässig. (RG. in JW. 01 212 Nr. 15.) Eine Zeitung darf sich nur dann als „gelesenste" bezeichnen, wenn sie die übrigen Zeitungen an Zahl der festen Abnehmer und an Stärke der Auflage überflügelt. (OLG. Braunschweig in UnlW. 2 89, ebenso RG. in UnlW. 3 53; JW. 04 102.) Die unter dem früheren Recht ergangene Entscheidung, daß die Behauptung, eine Zeitung sei das verbreitetste und beliebteste Volksblatt in einer bestimmten Gegend, nur als Anpreisung zu gelten habe (RG. in UnlW. 6 16), läßt sich unter dem jetzigen Gesetz nicht aufrechterhalten. Unter Nebenausgaben versteht der Zeitungsverkehr die im wesentlichen textlich mit der Hauptausgabe übereinstimmende Ausgabe für einen anderen Ort, nicht aber ein reines Annoncenblatt, das gratis verteilt wird. Es ist daher unrichtig, anzukündigen, eine Zeitung habe „mit Nebenausgaben" eine gewisse Auflage, wenn es sich um solche Annoncenblätter handelt. (RG. in UnlW. 5 119; R. 06 128.)

Bezeichnungen einer Zeitung als „Amtsblatt, Kreisblatt" usw. sind Angaben; ebenso Mitteilungen über das Alter der Zeitung. (Fuld in UnlW. 1 40.)

Eine Bekanntmachung im Prospekt einer Modenzeitung „Schnittmuster gratis verabfolgt" ist eine Angabe. Die Ankündigung der Gratislieferung ist streng auszulegen; als unentgeltlich ist eine Sendung nicht zu bezeichnen, wenn außer dem Ersatz der Portoauslagen noch eine weitere Vergütung beansprucht wird. (SächsOLG. 00 38.)

Wenn sich ein Blatt als „Organ für die amtlichen Bekanntmachungen" usw. bezeichnet, so ist das nach einem Erkenntnis des LG. Berlin I nicht unrichtig, wenn das Blatt die amtlichen Bekanntmachungen bringt, da mit der Bezeichnung nicht gesagt sei, daß die Behörde das Blatt als Organ benutze. (UnlW. 1 73.) Diese Entscheidung ist nicht zu billigen, da sie den Ausdruck „Organ" zu eng interpretiert, sie ist vom Kammergericht (UnlW. 2 12) aufgehoben. Schon der Abdruck amtlicher Bekanntmachungen an gleicher Stelle, wie dem von der Behörde benutzten Blatt, kann als unerlaubte Reklame angesehen werden. (SächsOLG. 00 48.) Es ist auch nicht zulässig, ohne Genehmigung derartigen Bekanntmachungen den Titel „Amtlicher Teil" vorzusetzen. (LG. Mainz in HessRspr. 5 98; vgl. Schäfer, GewRschutz 06 147.)

Über Füllinserate s. zu § 5. III. 3.

d) **Kurpfuscherei.** (Vgl. Küster in UnlW. 1 115 und Erlaß des preußischen Justizministers v. 27. XII. 01 in UnlW. 1 156; ferner Finger in UnlW. 2 45 und 4 33.)

Zahlreiche Entscheidungen haben dem Mißbrauch des Zahnarzttitels entgegengewirkt. „Approbiert", insbesondere „in Amerika approbiert", darf sich nur nennen, wer nach einer von ihm abgelegten, den deutschen Begriffen und Anforderungen entsprechenden staatlichen Prüfung die Approbation erlangt hat. (RG. in JW. 04 344 und 07 847.) Die Bezeichnung „in Amerika promovierter Doktor der Zahnheilkunde" oder „Dr. chir. dent." ist auch dann unrichtige Angabe, wenn der Betreffende von einem vorübergehend in Amerika bestandenen Institut, das einen Freibrief zur Erteilung von Doktordiplomen erhalten hatte oder überhaupt von einem Institut ohne öffentlich-rechtlichen Charakter den Titel erlangt hat. Denn das

Prädikat „Dr." wird als ein Titel aufgefaßt, der von einem ernstlich der Pflege der Wissenschaft gewidmeten Institut verliehen wird. Zeigt sich trotz der formellen Erteilung des Titels, daß sie von einem Schwindelunternehmen ausging, so fehlt die Berechtigung zur Führung. (RG. in JW. 00 447 Nr. 25, ebenso RG. in JW. 98 393 Nr. 26; RG. in UnlW. 3 81.) Gleichgültig ist dabei, ob etwa die deutsche Verwaltungsbehörde die Führung des Titels genehmigt hat; eine solche reine Verwaltungsmaßregel kann nicht in die durch das Wettbewerbsgesetz geschützten Privatrechte eingreifen. (RG. in UnlW. 3 64; JW. 04 135.) Ein approbierter praktischer Arzt darf sich nicht als „Zahnarzt" bezeichnen, wenn er nicht diese besondere Approbation hat. Aber auch die Ankündigung „praktischer Arzt, Spezialarzt für Zahn- und Mundkrankheiten" ist unzulässig, wenn das Publikum infolge der Art, wie der Anzeigende seine Zahnpraxis ausübt, sie dahin verstehen muß, daß er Zahnarzt sei. (RG. in UnlW. 6 191; LeipzZ. 07 141). „Geprüfter Zahntechniker" darf sich nicht nennen, wer nicht von einer staatlichen Behörde, sondern nur von einer Zahntechnikerinnung geprüft ist. (JW. 07 86; LeipzZ. 07 141.)

Unter „N . . . er zahnärztliche Klinik" verstehe das Publikum ein von der Stadt unterhaltenes oder doch überwachtes Unternehmen. (RG. in UnlW. 3 64.)

Über marktschreierische Anpreisungen eines Kurpfuschers vgl. RG. in JW. 01 327 und Finger in UnlW. 4 33. Die Rechtsprechung wird gerade in dieser Frage unter der Einwirkung des neuen Gesetzes wesentlich über die früher eingehaltenen Grenzen hinausgehen müssen. Insbesondere wird die Behauptung der Fähigkeit, gewisse Krankheiten zu heilen, regelmäßig als verfolgbare Angabe zu betrachten sein. Ebenso die Behauptung, die Kur sei sicher (RGStr. in UnlW. 2 84; JW. 03 226), oder der Hinweis auf „langjährige, bewährte Heilmethode" oder die Ankündigung einer absolut sicheren Diagnose.

e) **Im Versicherungswesen.**

Als Beispiele für falsche Angaben in Prospekten von Versicherungsgesellschaften führt das LG. Dresden (GewRschutz 98 287) an: Bei Angabe des Betrages, den vorhandene Staatspapiere und Kasse ergeben, die Erhöhung durch Zurechnung von Forderungen und Außenständen, bei Angabe des Betrags gezahlter Schäden, Berücksichtigung von Schäden, die nicht an Versicherte gezahlt sind. RG. in UnlW. 3 15 bei Zusammenziehung von Garantie- und Reservefonds, wenn die Garantiezeichner nicht Mitglieder der Gesellschaft zu sein brauchen.

f) **Hypothekenmakler:** Angaben über Kapitalien, die derselbe zu bestimmtem Zinsfuß zu verleihen habe, sind Angaben tatsächlicher Art. (RG. in UnlW. 1 126.)

b) Unrichtigkeit der tatsächlichen Angaben.

1. **Objektive Unrichtigkeit ist erforderlich und genügend.** Während der erste Entwurf mit den Worten begann „Wer es unternimmt, durch unrichtige Angaben usw.", wurde dies bereits im früheren Gesetz dahin geändert: „Wer . . . unrichtige Angaben tatsächlicher Art macht". In der ersten Fassung ist Gewicht auf die subjektive Seite gelegt; nach dem Wortlaut und Sinn des Gesetzes kommt es nur auf die objektive Tatsache der Unrichtigkeit an, ohne daß, soweit der Anspruch auf Unterlassung in Frage kommt (bei Schadensersatz und strafrechtlicher Verfolgung sind Spezialvorschriften in den §§ 13 und 4 gegeben), es von Bedeutung ist, ob der Täter dolos oder fahrlässig gehandelt hat. Selbst wenn er beweisen kann, daß er in gutem Glauben gewesen ist, gibt ihm dies einen Einwand gegen die Unterlassungsklage nicht. (RG. 46 54; ferner RG. in UnlW. 2 14.)

Demnach ist es gleichgültig, welchen Sinn der Täter seinen Angaben beigemessen hat. (RG. in JW. 02 547 Nr. 17; dagegen OLG. Hamm bei Poeschl 52.) Wie oben (S. 27) dargelegt ist, kommt es bei der Auslegung der gemachten Angaben auf die Ansicht des beteiligten Publikums an. Ist die Angabe in dessen Sinn unrichtig, so kommt nicht in Betracht, ob der Urheber der Angabe davon ausgehen konnte, daß sie anders verstanden werden würde. (RG. in UnlW. 2 14.) Besteht die Möglichkeit daß auch nur ein Teil des Publikums aus Mangel an Sachkunde die Unwahrheit nicht erkennt, so ist es belanglos, daß vielleicht der größere Teil die erforderliche Sachkunde hat. (RGStr. in JW. 04 480.)

2. Aus demselben Grunde findet das Gesetz Anwendung, selbst **wenn die falsche Angabe verschleiert ist.** Wenn eine Annonce fettgedruckt eine bestimmte Erklärung, dann aber in unauffälligem kleinen Druck Angaben enthält, die die erste Angabe beschränken, so ist zu untersuchen, ob das Publikum, bei dem besondere Aufmerksamkeit nicht vorauszusetzen ist, sich durch die Annonce konnte täuschen lassen. Ist dies der Fall, dann liegt eine falsche Angabe vor. (OLG. Breslau in GewRschutz 01 236; RG. in UnlW. 5 41.) So ist zwar ferner anzunehmen, daß das Publikum bei der Auffassung des Sinnes einer Annonce von der abstrakten Bedeutung der gebrauchten Worte ausgehen wird; haben aber Worte im Verkehr bereits eine andere konkrete Bedeutung angenommen, und konnte sie das Publikum so verstehen, so kann die Angabe dadurch eine falsche werden. (RG. in JW. 01 14 Nr. 21; JW. 02 547 Nr. 17.) Auch wenn ein Ausdruck gebraucht ist, der mehrfacher Deutung fähig ist, kommt es nur darauf an, ob ein erheblicher Teil des beteiligten Publikums diesen Ausdruck im falschen Sinn verstehen kann. (RG. in UnlW. 1 76.) Umgekehrt kann eine an sich unwahre Behauptung diesen Charakter verlieren, wenn ihr in der Auffassung des Publikums ihr tatsächlicher Inhalt abhanden gekommen ist, und sie zum Ausdruck eines allgemeinen Urteils geworden ist oder sich nach der veränderten tatsächlichen Bedeutung nicht mehr als unrichtig erweist. (RGStr. 40 440.)

Aus dem Gesagten folgt, daß selbst tatsächlich oder abstrakt richtige Angaben unter das Gesetz fallen, wenn sie nur von den Beteiligten falsch verstanden werden. Es genügt sogar, wenn trotz vollständiger Richtigkeit aller einzelnen Angaben sich aus der Zusammensetzung ein falsches Bild ergibt, wie z. B. in dem von Bachem-Roeren (S. 60) angeführten Fall, daß ein Pfandleiher unter besonderer Hervorhebung dieser seiner Eigenschaft Waren zum Verkauf anbietet. Hier können die Beteiligten annehmen, daß diese Waren verfallene Pfänder sind und es liegt eine unrichtige Angabe vor, wenn dies nicht der Fall ist.

Ebenso steht es mit Abkürzungen. So gilt die Bezeichnung der Ware mit D.R.P.a. oder DRPA als irreführend, da das Publikum darunter nicht „angemeldete", sondern erteilte Patente und das A etwa als „Abteilung" versteht. (So zu § 40 PatG. RG. in Bl. 98 144 und LG. Berlin I in Bl. 01 14.)

3. Ob die **Unterdrückung einer Tatsache** unter das Gesetz fällt, ist unter den Kommentatoren streitig. Nach dem Gesagten kann es keinem Bedenken unterliegen, die Irreführung, die durch Verschweigen richtiger Tatsachen geschieht, der gleichzustellen, die durch Vorspiegelung falscher Tatsachen erfolgt, ähnlich, wie dies in § 263 StGB. der Fall ist. Eine unrichtige tatsächliche Angabe macht nicht nur, der fälschlich erklärt, er sei Dr. der Zahnheilkunde, sondern auch der, welcher diese Tatsache richtig angibt, aber verschweigt, daß er von einem Schwindelinstitut den Doktortitel erlangt habe. Es wird sich überhaupt schwer die Grenze zwischen Fälschung und Unterdrückung wahrer Tatsachen ziehen lassen, da die Irreführung vielfach dadurch geschieht, daß bei an sich wahrheitsgemäßer Angabe wichtige Momente verschwiegen werden. Die Seite 29 angegebenen Beispiele erweisen, daß die Praxis sich auf derartige Unterscheidungen nicht eingelassen hat.

c) Geeignet, den Anschein eines besonders günstigen Angebots hervorzurufen.

1. **Nicht jede unrichtige tatsächliche Angabe gilt als unerlaubte Reklame.** „Es würde über die Zwecke des Gesetzes hinausgreifen, wenn man unwahre tatsächliche Angaben schlechthin wegen ihrer Unwahrhaftigkeit und ohne Rücksicht auf die Wirkung, welche sie im Verkehr ausüben können, zur Verantwortung ziehen wollte. Ein praktisches Bedürfnis zur Verfolgung besteht nur insoweit, als Unwahrheiten nach dem Gegenstand, auf den sie sich beziehen, geeignet sind, das Angebot als ein besonders günstiges erscheinen zu lassen und dadurch zum Nachteile redlicher Mitbewerber Kunden anzulocken." (Begründung von 1896.)

Selbstverständlich müssen nebst dem Anschein des Angebots die anderen Voraussetzungen des § 3 vorhanden sein. Es ist demnach gestattet, diesen Anschein durch Reklame hervorzurufen, wenn nur wahre Angaben gemacht werden, ebenso kann man selbst unwahre Tatsachen mit dem Anschein besonders günstigen Angebots mitteilen, wenn dies nicht durch öffentliche Bekanntmachungen oder durch Mitteilungen für einen größeren Kreis von Personen geschieht, es sei denn, daß etwa eine andere gesetzliche Vorschrift, insbesondere § 1 oder der Betrugsparagraph verletzt wird.

Im einzelnen ist folgendes hervorzuheben, wobei betont wird, daß die S. 28 ff. gegebenen Beispiele auch hier heranzuziehen sind, da die Gerichte in den meisten dort angeführten Fällen sich auch über die hier zu behandelnde Frage ausgesprochen haben.

2. Die Frage, was als ein **besonders günstiges Angebot** anzusehen ist, ist unter den Kommentatoren kontrovers (vgl. die Zitate bei Bachem u. Roeren 62). Jedenfalls ist nach Wortlaut des Gesetzes nicht anzunehmen, daß jedes Angebot genügt, das günstig, d. h. in irgendeinem Punkte besser als das Angebot der Konkurrenz ist. Nähme man dies an, so wäre das Wort „besonders" überflüssig. Dies Wort kann nur bedeuten, daß in irgendeiner Weise das günstigere Angebot zu einem das übliche übersteigenden, also zu einem nicht gewöhnlichen wird. Es ist also ein besonders günstiges Angebot dasjenige, welches die Konkurrenz im allgemeinen nicht gewährt.

Dagegen zwingt nichts zu der Annahme, daß ein erheblicher, außergewöhnlicher Nutzen in Aussicht gestellt sein muß. (So LG. Hamburg in UnlW. 2 37.; dagegen OLG. Dresden bei Poeschl 90.)

Die Reklame im Kleinhandel, die besonders getroffen werden sollte, operiert sehr häufig und gerade dann am gefährlichsten, wenn sie verhältnismäßig kleine Vorteile, Rabatte usw. unter Benutzung unwahrer Tatsachen anbietet. Es würde in einem großen Teil der Fälle die Wirkung des Gesetzes beseitigen, wollte man nur das Anpreisen bedeutenden Nutzens treffen.

Nur wenn der angepriesene Vorteil minimal und für den Käufer nicht ins Gewicht fallend ist, kann von der Verfolgung abgesehen werden. Es wird Tatfrage sein, die bei verschiedenen Waren verschieden zu beantworten ist, ob ein Vorteil als ein derartig unerheblicher und nicht zu beachtender anzusehen ist.

Wie auch sonst vielfach im Gesetz ist auch diese Bestimmung danach eine Frage der tatsächlichen Beurteilung jedes einzelnen Falles. Als Norm ist festzuhalten, daß ein besonders günstiges Angebot vorliegt, wenn Vorteile in Aussicht gestellt sind, die sonst im allgemeinen nicht gewährt werden, die jedoch an sich nicht ganz unbedeutend sind; daß es aber abgesehen hiervon gleichgültig ist, ob die Vorteile erheblich sind oder nicht. (Vgl. über diese Frage RG. bei Bauer 6 162: „wenn die Waren oder Leistungen des Anbietenden über das Gewöhnliche hervortretend angesehen werden"; ferner OLG. Dresden in GewRschutz 01 242: „besonders erheblich", „wirtschaftliche Vorteile", und RG. v. 4. III. 98 bei Bachem u. Roeren 63 und bei Birkenbihl 21 Nr. 1:

„ein Angebot, das dem Publikum in Aussicht stellt, es würde seinen Bedarf bei dem Anbietenden besser decken, als an anderer Stelle". JW. 03 226.)

3. **Was ein günstiges Angebot ist, entscheidet sich nach dem Urteil der im speziellen Fall beteiligten Kreise** (vgl. S. 27). Natürlich wird das Moment des Günstigen meist in der Preisbemessung liegen. Dem Käufer wird vorgespiegelt, daß er aus irgendwelchen Gründen billiger kauft als bei der Konkurrenz. Dieser Normalfall ist aber durchaus nicht der einzige. (Vgl. OLG. Hamburg in OLGRspr. 2 286.) Der Anschein kann in der Beschaffenheit der Ware (RG. in JW. 01 14 Nr. 20), in der Art des Verkaufs, z. B. Fingierung eines Schuldverhältnisses, durch welches eine Pfändung und Verkauf durch den Gerichtsvollzieher bewirkt wird (RGStr. 33, 326); ferner in der Gewähr der Fachkunde (RGStr. 40 127; SächsArch. 14 253), Anmaßung des Meistertitels (OLG. Dresden in GZ. 01 215, Bezeichnung eines Uhrenhändlers als „Uhrmacher") oder besonderer Geltung und Stellung des Anzeigenden (LG. Breslau in GewRschutz 98 157, „Hofjuwelier des Königs von Italien"), oder auch in der Bezeichnung als „Alleinfabrikant" (RG. in JW. 02 594 Nr. 20) liegen. Es kann eine weitergehende Garantie für Haltbarkeit als wirklich gewährt wird, vorgespiegelt werden (LG. München in GewRschutz 01 87), oder der Besitz eines Fabrikationsgeheimnisses (Recht 07 262; GewRschutz 07 202), oder von Filialen in anderen Städten (LG. Koburg in UnlW. 3 56) oder eines „amtlichen Schutzes". (OLGRspr. 7 176.) Oder es wird der Anschein erweckt, es werde eine besonders beliebte Ware angeboten. (RG. in UnlW. 8 154.) Auch die Herabsetzung von Leistungen des Konkurrenten kann diesen Anschein erwecken JW. 04 563. Überhaupt genügt es, wenn die Angaben solche sind, auf die im Verkehr besonderer Wert gelegt wird und die geeignet sind, das Urteil des kaufenden Publikums über Güte und Preiswürdigkeit der zu kaufenden Waren oder der Reellität und Vertrauenswürdigkeit des Anzeigenden zu beeinflussen. (RG. in JW. 98 392 Nr. 25.)

Hierbei sind auch die *Schwächen und Vorurteile* des Publikums der Beurteilung zugrunde zu legen. Wie das Reichsgericht in einer grundlegenden Entscheidung (RG. 58 285; JW. 04 540; DJZ. 04 866; UnlW. 5 94) betont hat, kommt es nicht nur auf zivilistische Gesichtspunkte an, sondern es sind alle jene durch *Gewöhnung und Herkommen*, vielfach auch durch Vorurteile bedingten, manchmal ganz eigenartigen, aber *gerade deshalb von der unlauteren Konkurrenz vorzugsweise ausgenutzten* Momente in Betracht zu ziehen, welche für den betreffenden Käuferkreis bei seiner Stellungnahme zu einem Angebot entscheidend sind.

Die Gerichte sind mit Recht in dieser Beziehung möglichst weit gegangen. (Vgl. auch die Entscheidungen S. 28ff.)

Hingegen ist *nicht* angenommen worden, daß der Anschein eines besonders günstigen Angebotes vorliege, wenn jemand behauptet, daß bestimmte Waren nur bei ihm zu beziehen seien (JW. 07 27), oder wenn jemand den zwar unrichtigen Anschein erweckt, er sei Mitglied eines Rabattvereins, gleichwohl aber selbst Rabattmarken verabfolgt (OLG. Köln in UnlW. 5 118; hier würde jedoch § 1 zur Anwendung kommen), oder wenn ein Privatmann sein Geschäft „Kölner Konsumanstalt" nennt. (OLG. Köln in UnlW. 3 55.) Die letztere Entscheidung ist mit Recht als bedenklich bezeichnet worden, weil das Publikum keinen Unterschied macht zwischen Konsumanstalt und Konsumverein, und weil es bei diesem gewisse Vorzüge, z. B. Billigkeit, vermutet.

4. **Die Angaben müssen geeignet sein, den Anschein zu erwecken.** Nicht nötig ist es, wie aus dem Worte „geeignet" hervorgeht, daß der Anschein erweckt oder jemand angelockt wird, die Tat ist vollendet mit dem Zeitpunkt der Veröffentlichung von an sich geeigneten Tatsachen. (OLG. Dresden bei Poeschl 64; RG. in JW. 06 496; GewRschutz 07 136; UnlW. 8 155.) Anderseits genügt aber auch nicht, daß

tatsächlich ein günstiges Angebot vorliegt, wenn nicht unrichtigerweise der Anschein eines solchen vorgespiegelt wird, z. B. wenn ein Warenhaus Originalfabrikate billiger verkauft als der Fabrikant. (KG. in UnlW. 1 73.)

Mit Recht wird (von Hauß 46; Müller 51; dagegen Finger 106; vgl. Stenglein Anm. 12 zu § 1 und RG. in UnlW. 2 66) hervorgehoben, daß selbst wenn das Angebot in Wirklichkeit so günstig ist, wie es angepriesen wird, dennoch das Gesetz eintritt, wenn falsche Tatsachen verbreitet sind. Das Gesetz wollte unwahre Reklame treffen. Diese liegt auch dann vor, wenn dem Publikum wirklich vorhandene Vorteile unter falscher Motivierung angekündigt werden. Wenn also z. B. fälschlich ein Verkauf als „Konkursmassenausverkauf" angekündigt ist, so nutzt es dem Anzeigenden nichts, wenn er auch nachweist, daß er zu denselben billigen Preisen verkauft hat, die bei Konkursausverkäufen üblich sind. (Ebenso RGStr. 35 235.) Vgl. jetzt auch § 6. Im gleichen Sinne: RG. in UnlW. 2 90; RGStr. in JW. 08 389; RGStr. 38 369, 39 169; OLG. Köln in UnlW. 6 75.

5. Die Angaben sind in ihrem Zusammenhang und unter Berücksichtigung etwa hinzutretender Umstände zu prüfen, die dem Publikum bekannt sind. Es ist nicht zulässig, eine Ankündigung in ihre einzelnen Bestandteile aufzulösen, bei jedem einzelnen die Geeignetheit, den Anschein e. b. g. A. zu erwecken, zu verneinen, und infolgedessen sie auch für das ganze Angebot abzulehnen. (RG. 66 177; JW. 07 494; LZ. 07 493; DJZ. 07 967.)

III. Über

a) Geschäftliche Verhältnisse.

1. Der erste Entwurf des früheren Gesetzes zählte als Gegenstände der Reklame folgende Angaben auf: „über die Beschaffenheit oder die Preisbemessung von Waren oder gewerblichen Leistungen, über die Bezugsquelle von Waren, über den Besitz von Auszeichnungen, über die Menge der Vorräte oder den Anlaß zum Verkauf". Der vom Bundesrat dem Reichstag vorgelegte Entwurf änderte dies dahin, daß Angaben über die Beschaffenheit, die Herstellungsart oder die Preisbemessung von Waren oder gewerblichen Leistungen, über die Art des Bezugs oder die Bezugsquelle von Waren, über den Besitz von Auszeichnungen, über den Anlaß oder Zweck des Verkaufes unter das Gesetz fallen sollten. Die Begründung verkannte nicht, daß diese Aufzählung nicht vollzählig ist. Sie führte aus:

„Es ist zuzugeben, daß die vorstehend erläuterte Aufzählung nicht alle Erscheinungsformen der unwahren Reklame umfaßt. Neben den namentlich aufgeführten Fällen gibt es noch andere geschäftliche Verhältnisse und Beziehungen, die in der Absicht, Käufer anzulocken, nicht selten zum Gegenstande unrichtiger Angaben gemacht werden. Als Beispiele seien genannt: die Menge der vorhandenen Vorräte, das Alter, die Ausdehnung, der Absatz eines Geschäfts, der Besitz von Zweigniederlassungen, von Dankschreiben und Anerkennungen.

Wenn der Entwurf von einer entsprechenden Erweiterung des Verzeichnisses abgesehen hat, so war hierfür die Erwägung bestimmend, daß falsche Angaben über die letztgenannten Tatsachen, obwohl auch sie den Stempel eines unredlichen Geschäftsgebarens an sich tragen können, doch im allgemeinen weniger bedenklich, weil für die Beurteilung eines geschäftlichen Angebots von minderem Gewicht sind. Der Entwurf will den Verkehr nur von solchen Mißbräuchen säubern, die sich erfahrungsgemäß für die redlichen Mitbewerber als besonders schädlich erwiesen haben. Nach diesem Gesichtspunkte ist auf die Gefahr hin, einzelne Fälle nicht zu treffen, in denen unter besonderen Verhältnissen eine Schädigung eintreten kann, der Tatbestand möglichst eng abgegrenzt. Dies dürfte den Wünschen der

Beteiligten im allgemeinen entsprechen; so ist bei der öffentlichen Erörterung des früheren Entwurfs von vielen Seiten der Wunsch geäußert worden, die Menge der Vorräte in der Aufzählung gestrichen zu sehen."

Es war danach die Beschränkung auf ganz bestimmte Tatbestände die ausdrücklich ausgesprochene Absicht des Entwurfs gewesen. Die Reichstagskommission und mit ihr der Reichstag hatten sich aber diesen Erwägungen nicht angeschlossen. Der Abgeordnete Roeren, dessen Ausführungen von dem Berichterstatter der Kommission als authentische Interpretation der neuen Bestimmung bezeichnet sind, beantragte die Hinzufügung der Generalklausel: „über geschäftliche Verhältnisse", indem er die Einschränkungen des Entwurfs als verderblich bekämpfte. „Der Gegenstand, auf den sich die Angabe beziehe, sei nebensächlich, wesentlich sei nur, daß die Angabe unwahr und zur Irreführung des Publikums geeignet sei." (Näheres bei Bachem und Roeren 57.) Demgemäß wurde in der endgültigen Fassung des früheren Gesetzes in § 1 die Generalklausel eingeschaltet und die einzelnen Beispiele mit „insbesondere" hinzugefügt.

In der Reichstagskommission, die über die **Novelle** beriet, wurde der Versuch gemacht, die einzelnen Beispiele zu streichen und nur die allgemeine Klausel zu behalten, daß die Angaben sich auf geschäftliche Verhältnisse beziehen müßten. Begründet wurde dies damit, daß die Aufzählung von Beispielen „zu einer einengenden Auslegung des Gesetzes" führe. Die entgegengesetzte Anschauung verwies gerade darauf, daß Beispiele dem Richter eine gewisse sichere Richtschnur gäben und eine mißbräuchliche Ausdehnung (wie beim groben Unfug des StGB.) verhinderten. Zudem sei die Beibehaltung praktisch, weil die ganze bisherige Literatur und Rechtsprechung sich an die Beispiele des alten § 1 geknüpft habe. Diese auch von der Regierung vertretene Ansicht behielt die Oberhand. (Bericht 7 und 8.) Als weitere Beispiele wurden „Ursprung" und „Menge der Vorräte" hinzugefügt.

Die Beispiele sind in doppelter Beziehung wesentlich; einesteils geben sie dem Richter Anhaltspunkte für die Beurteilung, anderenteils ist bei ihnen authentisch deklariert, daß in den besonders hervorgehobenen Fällen unter allen Umständen die dort hervorgehobenen Angaben solche über geschäftliche Verhältnisse sind. Wenn z. B. ein Gewerbetreibender mitteilt, daß er einen Betrag in der Lotterie gewonnen habe, und infolgedessen imstande sei, seine Waren gegen bar und daher mit besonders hohem Rabatt zu beziehen, sie demgemäß auch billiger als die Konkurrenz zu verkaufen, so ist dies als eine Angabe über Preisbemessung, falls sonst die Voraussetzungen des Gesetzes vorliegen, zu verfolgen, obgleich in der Angabe des Lotteriegewinnes an sich nicht eine Angabe über geschäftliche Verhältnisse enthalten zu sein braucht.

2. **Wo dagegen eines der besonders bezeichneten Beispiele nicht in Frage kommt, ist zu untersuchen, ob die gemachte Angabe eine solche über geschäftliche Verhältnisse ist.** Der Begriff ist so weit wie möglich zu interpretieren. Die einzige Begrenzung liegt im Begriff „geschäftlich". Die Angaben müssen also zum Geschäft direkt oder indirekt in Beziehung stehen. (Vgl. die Definition bei Hauß 41.) Alles, was auf das Geschäft selbst, auf die Person des Inhabers im Hinblick auf diese seine Eigenschaft, auf die verkauften Waren sich bezieht, ist Angabe über geschäftliche Verhältnisse. Was sich auf die Person des Inhabers als solche bezieht, kann eine solche Angabe enthalten, wenn die Angaben über die Person derart gemacht sind, daß das Publikum daraus ein besonders günstiges Angebot in betreff der Waren folgern kann (so in betreff der Erklärung eines Kaufmanns, daß er eine Erbschaft gemacht habe, Fuld 107; dagegen Wolff 31, der Angaben über personelle und familiäre Angelegenheiten unter allen Umständen ausscheiden will). Auch rein wissenschaftliche, etwa historische Darstellungen können unter den Begriff der geschäftlichen Verhältnisse fallen, wenn sie das Alter eines Geschäfts, eine geschäftliche Erfindung oder dergl. betreffen,

namentlich, wenn sie in einem Schriftstück stehen, das zu Geschäftszwecken versandt wird. (RG. im Recht 07 262.)

3. Die **Praxis** hat entsprechend dem Zweck der eingefügten Bestimmung von dem Begriff den weitgehendsten Gebrauch gemacht, so daß die von den ersten Kommentatoren des Gesetzes gehegten Zweifel über den Umfang des Begriffes jetzt als beseitigt gelten können. Aus den S. 28 f. zitierten Erkenntnissen sind als Beispiele hervorzuheben:

Als Angaben über geschäftliche Verhältnisse gelten: Behauptung der Befähigung des Inhabers zu gewerblichen Leistungen, Bezeichnung als Fabrikant, Uhrmacher usw., Erklärung, daß das Geschäft das einzige mit besonderen Eigenschaften, das älteste am Platze sei, daß es Filialen oder Schwestergeschäfte habe (RG. in UnlW. 2 90), daß das Geschäft seitens eines Vereins betrieben werde, ferner Angaben über das Gründungsjahr (vgl. v. Boenigk in UnlW. 5 51), über Beziehung zu früheren bewährten Geschäften (RG. in UnlW. 4 74), Bezeichnung des Geschäftes als Fabrik; Benennung der Zahl der beschäftigten Arbeiter oder der gebrauchten Geschäftswagen (R. 05 199); bei einer Zeitung Angabe über Höhe der Auflage oder über den Jahrgang (RG. in UnlW. 5 68); Bezeichnung als Kreisblatt oder als Organ für amtliche Bekanntmachungen. Ebenso fallen Angaben über Atteste, Bescheinigungen usw., auch ihr Abdruck in abgeänderter Form (RG. in UnlW. 4 16) unter diese Bestimmung.

Angaben über persönliche Beziehungen des Inhabers, die Bedeutung für seine geschäftliche Qualifikation haben wie Lehrer, Schüler, „früherer Sozius" usw. sind nach obigen Ausführungen Angaben über geschäftliche Verhältnisse, sie sind daher, wenn sie unrichtig sind und die sonstigen Voraussetzungen des § 3 vorhanden sind, nach diesem zu verfolgen. (Lobe 55; Finger 99.) Sind die Angaben wahr, so kann, selbst wenn der Gewerbetreibende sich derart ohne Erlaubnis dessen, als dessen Schüler usw. er sich bezeichnet, benennt, nach § 3 nicht eingeschritten werden, da dieser Paragraph nur unrichtige Angaben verfolgt; ob nach § 16 vorgegangen werden kann, ist dort zu untersuchen. (Vgl. zu § 16 A. III.)

b) Beschaffenheit, Ursprung, Herstellungsart.

1. Die Begründung von 1896 führt aus:

„Falsche Angaben über die Beschaffenheit von Waren oder gewerblichen Leistungen bilden eines der häufigsten und wirksamsten Mittel zur Heranziehung von Kunden. Wenn beispielsweise halbseidene Stoffe unter der Bezeichnung als reinseidene zu einem Preise ausgeboten werden, der dem wirklichen Werte der halbseidenen Ware entspricht, so ist diese Art der Ankündung geeignet, das berechtigte Interesse von Mitbewerbern, welche eine solche Täuschung verschmähen, in demselben Maße zu beeinträchtigen, wie sie in den Kreisen der minder erfahrenen Konsumenten die Kauflust anregt. In Fällen dieser Art versagt die Betrugsbestimmung des Strafgesetzbuchs, wenn der durch die falsche Vorspiegelung in einen Irrtum versetzte Käufer einer Vermögensbeschädigung nicht ausgesetzt war. Den Angaben über die Beschaffenheit von Waren oder gewerblichen Leistungen sind Angaben über die Herstellungsart gleichzustellen; es ist beispielsweise für die Würdigung einer Ware oft von erheblichem Einfluß, ob sie als Natur- oder als Kunstprodukt, als eigenes oder fremdes Erzeugnis, als Hand- oder Fabrikarbeit bezeichnet wird."

2. **Der Begriff „Beschaffenheit"**, der sich auch im Warenzeichengesetz (§ 4, § 13) findet, **umfaßt alle Angaben über die Natur der Ware und Leistungen und deren äußere und innere Eigenschaften.** (RGStr. 33 442: Die „Beschaffenheit" einer

Ware umfaßt alle deren Eigenschaften, körperliche wie unkörperliche, die bei der Würdigung ihrer Brauchbarkeit in Betracht kommen.) Den Begriff des **Ursprungs** hat die Novelle hinzugefügt; die Begründung der Regierungsvorlage führt aus, daß durch ihr die Tier- und Pflanzenzüchter gegen die mißbräuchliche Bezeichnung solcher Waren geschützt werden sollen, die nicht der ursprünglichen Züchtung entstammen, sondern Abarten sind, oder überhaupt einen ganz anderen Ursprung haben. Der Begriff „**Herstellungsart**“ enthält alles, was sich auf das Verfahren zur Herstellung bezieht. Eine genaue Abgrenzung gegen den Begriff „Beschaffenheit“ ist nicht zu geben, auch nicht notwendig, da beide Begriffe gleicherweise dem Gesetz unterstehen.

3. Zur **Beschaffenheit** gehört außer den einzelnen Eigenschaften auch die Brauchbarkeit, die Echtheit im Gegensatz zu Surrogaten, ferner der Name, soweit aus ihm eine Eigenschaft zu schließen ist, ebenso Bezeichnungen, die besondere Qualität ausdrücken, soweit solche Bezeichnungen nicht lediglich Urteile oder marktschreierische Anpreisungen enthalten. (Vgl. S. 27 u. Kohler in AP. 98 251.) Über die Frage, wann derartige Bezeichnungen als Angaben über Beschaffenheit anzusehen sind, können die Entscheidungen des Patentamts zu § 4 des Warenzeichengesetzes analog herangezogen werden, jedoch ist hierbei immer zu berücksichtigen, daß durch die Bestimmungen in § 4 jenes Gesetzes schon jede Störung oder Beunruhigung des Verkehrs verhindert werden soll, während § 3 auf dem Prinzip beruht, daß nur wirklich falsche Angaben über die Beschaffenheit und Herstellungsart haftbar machen. Dies vorausgeschickt, hat das Patentamt u. a. die Bezeichnung bezüglich den Zusatz Eichel bei Kakao, Cuvée (Verschnitt) bei Schaumwein, Weldleß (ungeschweißt) bei Stahlrohren, Terpentin für Britannia und Zinnwaren, Zephir-Sammet für Sammete, Wellenbadschaukel für Badewannen, Doppelseife für Seifen, Staffelrad für Fahrräder für Beschaffenheitsangaben erklärt. (Weitere Beispiele bei Geitel 230 ff.; Osterrieth in UnlW. 7 110, 130 u. 152 und Rhenius, Kommentar zum WarenZG. Anm. 14 zu § 4; Freund-Magnus 63.) Über die Bezeichnung „Originalstoffwäsche“ R. 06 812. „Leinen vierfach“ RG. 58 280. Werden derartige Bezeichnungen fälschlich gebraucht, so fallen sie, vorausgesetzt, daß die sonstigen Bedingungen des § 3 vorhanden sind, unter das Gesetz.

Das KG. hat (GewRschutz 08 356) in Übereinstimmung mit Lindenberg (DJZ. 06 626) auch die Bezeichnung „patentiert“ für eine Beschaffenheitsangabe angesehen. Vgl. S. 45.

Auch die äußere Ausstattung der Ware kann Beschaffenheit sein, wenn nach den Anschauungen des Verkehrs die Ausstattung, Verpackung, Verzierung der Ware als etwas Wesentliches für die Ware anzusehen ist.

4. Zur **Herstellungsart** gehören Angaben über die fabrikmäßige Herstellung, die Fabrikation durch erprobte tüchtige Arbeiter unter selbständiger Kontrolle (JW. 08 602), über Handarbeit, Gefängnisarbeit, Herstellung im eigenen Hause (JW. 04 480), ferner die Erklärung fremder Ware für selbst hergestellte (ebenda), die Bemerkung, daß die Ware nach dem System, dem Rezept, an einem bestimmten — für sein Verfahren bekannten — Ort hergestellt sei. Bringt eine Baufirma, unter deren Inhabern kein Architekt sich befindet, an einem von ihr errichteten Bau ein Firmenschild an, auf welchem die Bezeichnung „Architekten“ zugefügt ist, so wird hierin eine falsche Herstellungsangabe gefunden. (OLG. Celle UnlW. 7 112.) Übrigens ist der Ausdruck Architekt nicht etwa den akademisch Gebildeten vorbehalten. (Vgl. KG. in OLGRspr. 13 422.) Das RGStr. hat in JW. 08 602 es auch als eine derartige falsche Angabe erklärt, wenn jemand in einer Preisliste eine große Anzahl von Fabrikaten aufführt, obwohl er nur den allerkleinsten Teil herstellt und herstellen kann. Ferner ist mit Rücksicht darauf, daß auch literarische Werke dem Gesetz unterliegen (s. Einl.) die Bemerkung bei einem Adreßbuch: „einzig nach amtlichen Quellen bearbeitet“, als Her-

stellungsangabe anzusehen. (RG. in JW. 98 212 Nr. 30.) Die Warenbezeichnung „Apis“ bzw. „Neptune“ Kyriazi frères erweckt den Anschein, als würden Waren der Firma Kyriazi in Kairo angepriesen. (KG. in UnlW. 7 173.) Apis und Neptune ohne den weiteren Zusatz sind Freizeichen. (PatABeschw. in UnlW. 8 23.)

5. Als **Beispiele** für die Anwendung der Begriffe können aus den S. 28f. zitierten Entscheidungen dienen: Schuhwaren eigener Anfertigung, Bezeichnung fremder Waren als eigene, Angaben über Wirkung des Röstprozesses auf Eigenschaften des Kaffees, Verkauf von Paketen mit nicht vollständigem Inhalt als vollinhaltliche, Bezeichnung „Brunnen, Quelle, Sauerbrunnen“ für nicht natürliche Mineralwässer usw. (Typische Beispiele für falsche Beschaffenheitsangaben bei Stegemann 14ff.)

6. Eine falsche Beschaffenheits- oder Herstellungsangabe kann, wenn es sich um **Nahrungs- oder Genußmittel** handelt, der Bestrafung gemäß Gesetz vom 14. V. 79 unterliegen. Eine Bestrafung nach diesem Gesetz schließt die Geltendmachung der Rechte nach § 3 nicht aus, da das Gesetz vom 14. V. 79 lediglich Strafgesetz ist, ferner aber § 3 den Schutz des Konkurrenten bezweckt, dessen Rechte nicht dadurch ausgeschlossen werden, daß die Handlung außerdem strafbar ist. (Roeren 69; Finger 50.) Nähme man dies nicht an, so käme man zu dem widersinnigen Resultate, daß der Seidenhändler einen Konkurrenten verfolgen kann, der Halbseide als Ganzseide verkauft, nicht aber der Butterhändler den, der verfälschte Butter als gute in den Verkehr bringt.

7. Ebensowenig wird die Anwendung des § 3 ausgeschlossen, wenn die Handlung, die nach § 3 verfolgt werden soll, sich als Betrug darstellt. Liegt ein solcher vor, so hat der Geschädigte die nach dem bürgerlichen Recht (§§ 823ff. BGB.) ihm zustehenden Rechte; daneben und unabhängig davon bleiben die Rechte des Konkurrenten des § 3 dieses Gesetzes bestehen.

(Über die strafrechtlichen Fragen vgl. zu § 4.)

8. Über falsche **Ortsbezeichnungen**, die unter Umständen auch als Beschaffenheitsangaben anzusehen sind, vgl. zu § 5.

c) Preisbemessung.

1. Als **Beispiele für Angaben über Preisbemessung** führt die Begründung zum früheren Gesetz an, wenn Waren als unter dem Einkaufspreis erhältlich ausgeboten werden (vgl. OLG. Stuttgart in GewRschutz 99 363), oder wenn etwa in den Auslagen der Schaufenster billigere Preise zur Ankündigung gelangen, als sie tatsächlich in Rechnung gestellt werden. (RG. in JW. 05 507.) Sind die ausgelegten Waren Ausnahmestücke, so muß dies deutlich kundgegeben werden. (SeuffArch. 61 59.) Ferner gehören hierher alle Angaben über Engrospreise, Fabrikpreise (OLGRspr. Stuttgart 2 285; Recht 03 109; UnlW. 3 68), Rabatte, Prozente, Abzahlungsbedingungen, Stundungen, Gratiszugaben oder sonstigen Vergütungen, Bons usw.; auch Erklärungen, daß die Preise infolge gewisser Umstände niedriger gestellt werden können. Überhaupt liegt eine Angabe über Preisbemessung dann vor, wenn die behaupteten Vorkommnisse oder Zustände den Schluß nahelegen, mit Rücksicht auf sie sei der Preis für den Abnehmer besonders vorteilhaft angesetzt. (RG. in DJZ. 03 56.) Von den Seite 28 gegebenen Beispielen sind zu erwähnen: „Unter Selbstkostenpreis“, „Übernahme von Garantie“, „Ausnahmetage“ (OLG. Dresden in SeuffArch. 55 403), „Gratislieferung von Schnittmustern zu einer Modenzeitung“. Ferner z. B. die Annonce: „Trauerhüte 50 Pf., jeder Käufer erhält einen Kinderschulhut gratis“ (KG. bei DJZ. 00 398) und „zu staunend billigen festen Taxpreisen“ (weil dort die Vornahme einer Taxe behauptet wird, RGStr. 35 235). Hiermit übereinstimmend ist es auch für eine falsche Angabe

angesehen worden, wenn der „reelle Wert" einer Ware nach Pfennigen genau angegeben wurde (RGStr. 37 267), während die Bemerkung „reeller Wert" 4—5 Mk. als reines Urteil und Marktschreierei gilt. (RGStr. in JW. 03 147.)

Von einer **Preisermäßigung** darf man dann nicht sprechen, wenn sie nur gegenüber einem besonders erhöhten Preis vorgenommen ist. (RG. in UnlW. 2 76.)

Kündigt ein Geschäft einen besonders billigen Lockartikel „für die Eröffnungswoche, solange der Vorrat reicht" an, so braucht es nicht jedem Kunden größere Quantitäten abzugeben. (KG. in UnlW. 4 98; GewRschutz 06 54.)

Eine Täuschung in betreff der Preisbemessung liegt auch z. B. vor, wenn annonciert wird, dem Inhaber seien infolge Akkordes die Hälfte seiner Schulden erlassen, er könne daher auch die Waren zum halben Preise abgeben, und festgestellt wurde, daß die früheren Preise gefordert worden sind, allerdings auch geringere Angebote angenommen wurden. Das Inserat erweckte den Anschein, daß die ausgeworfenen Preise um die Hälfte reduziert seien, ohne daß es eines Feilschens bedurfte, was der Wirklichkeit nicht entsprach. (KG. in GewRschutz 99 126.)

2. **Die Preisbemessung selbst unterliegt vollständig dem Belieben des Verkäufers**, es ist lediglich seine Sache, die Preise zu bestimmen; ob er gewisse Waren (sog. Fang- oder Lockartikel, Hauß 42) unter dem Einkaufspreise anbieten darf, ist zu § 1 S. 6 erörtert.

d) Waren und gewerbliche Leistungen.

1. Es ist bereits in d. Einl. hervorgehoben, daß das Gesetz auf **alle Gewerbetreibenden im weitesten Sinne**, also auch auf diejenigen, die Kunst, Wissenschaft, Technik zum Zweck oder zum Nebenzweck des Erwerbes ausüben, Anwendung findet. In Konsequenz dieser Ausführung ist auch der Begriff von Ware und gewerblicher Leistung im weitesten Sinne auszulegen. „Jedes Erzeugnis, das Gegenstand des Handels sein kann, ist Ware; jede wirtschaftlich abzuschätzende Leistung gewerblich" (RG. in JW. 97 212 Nr. 30) oder wie das Kammergericht (in DJZ. 98 250) definiert: „Ware ist jedes Erzeugnis, das aus einem auf Gewinn abzielenden Unternehmen im Bereiche der Produktion oder des Handels in den wirtschaftlichen Verkehr gebracht wird". Alles, was die Gewerbetreibenden in dem (Einl. zu V) bestimmten Sinne erwerbsmäßig produzieren oder leisten, ist Ware oder gewerbliche Leistung. Nur amtliche oder zu rein idealen Zwecken produzierte Waren oder Leistungen kommen nicht in Betracht. Im übrigen fällt das ganze Gebiet menschlicher Tätigkeit von dem Ewigkeitsbilde des berühmten Künstlers, dem Drama des klassischen Dichters bis zum Pfennigverkauf des Trödlers, unter das Gesetz.

3. **Landwirtschaftliche Erzeugnisse und Leistungen** unterliegen nach ausdrücklicher Bestimmung (§ 2) dem Gesetz.

e) Art des Bezugs, Bezugsquellen.

1. Als Angaben über **Art des Bezugs** erwähnt die Begründung z. B., daß die Ware direkt und ohne Zwischenhändler, in Eis verpackt, in der Originalverpackung des Erzeugungsorts, durch Karawane (Tee) bezogen sei. Die Judikatur hat als solche Angaben angesehen: „die Ware entstamme einem übernommenen Fabriklager" RGStr. 36 430, „direkter Importeur" UnlW. 2 59. Auch hier ist die Abgrenzung gegen Beschaffenheit, Herstellungsart, Bezugsquelle, Anlaß und Zweck des Angebots oft sehr schwierig; aber auch hier ist eine strikte Abgrenzung wegen der gleichen Wirkung aller derartigen Angaben und wegen der Generalklausel nicht nötig.

2. **Der Ausdruck „Bezugsquelle" umfaßt alle Herkunftsbezeichnungen** und zwar begrifflich sowohl Herkunft von bestimmten Personen (z. B. ein Bild von einem

Maler, ein Möbelstück hergestellt von einem Künstler, Bier von einem bestimmten Produzenten, RG. in JW. 98 393 Nr. 27), als auch aus bestimmten Erwerbsgelegenheiten (z. B. Domänenbutter, RGStr. 1 269, ferner: direkt ohne Zwischenhändler) und endlich aus bestimmten Orten. Nach der Begründung von 1896 soll sich aber der Begriff nur auf Ursprungsangaben nicht geographischen Charakters erstrecken. Diese führte aus:

„Der Begriff „Bezugsquelle" soll sich auf Ursprungsangaben nicht geographischen Charakters erstrecken. Die fälschliche Verwendung von Ortsnamen in geschäftlichen Ankündigungen ist bereits durch § 16 WarenZG. in einem dem Bedürfnis des redlichen Verkehrs genügenden Umfange eingeschränkt worden; bei dem gegenwärtigen Anlaß kann es sich nur noch darum handeln, Täuschungen entgegenzuwirken, wie solche durch anderweitige falsche Hinweise auf die Herkunft von Waren (z. B. Domänenbutter — aus einem Konkurse, einem Nachlasse herrührend — direkt ohne Zwischenhändler) häufig versucht werden."

§ 16 WarenZG. bestimmt:

„Wer Waren oder deren Verpackung oder Umhüllung, oder Ankündigungen, Preislisten, Geschäftsbriefe, Empfehlungen, Rechnungen o. dgl. fälschlich mit einem Staatswappen oder mit dem Namen oder Wappen eines Ortes, eines Gemeinde- oder weiteren Kommunalverbandes zu dem Zweck versieht, über Beschaffenheit und Wert der Waren einen Irrtum zu erregen, oder wer zu dem gleichen Zweck derartig bezeichnete Waren in Verkehr bringt oder feilhält, wird mit Geldstrafe von einhundertfünfzig bis fünftausend Mark oder mit Gefängnis bis zu sechs Monaten bestraft.

Die Verwendung von Namen, welche nach Handelsgebrauch zur Benennung gewisser Waren dienen, ohne deren Herkunft bezeichnen zu sollen, fällt unter diese Bestimmung nicht."

Es ist zunächst die für die Auslegung des Gesetzes sehr wichtige Frage zu untersuchen, ob die Ansicht der Begründung, daß als „Bezugsquelle" Bezeichnungen geographischen Charakters nicht getroffen werden, richtig ist. Der größte Teil der Kommentatoren schließt sich dieser Ansicht an, meist allerdings nur unter Hinweis auf die Begründung; eine Minderzahl (Finger 68, Lobe, Gesetz 61, Wolff 29, M. M. Kohler 107, Osterrieth 34, ferner Kent 15, Rosenthal 80, jetzt auch Fuld 119) widerspricht und zwar mit Recht. Zunächst spricht der Wortlaut des Gesetzes gegen die Beschränkung. Nicht nur der ganz allgemeine Begriff „Bezugsquelle", der, ohne dem Worte Zwang anzutun, nicht mit der Einschränkung: soweit nicht geographische Angaben in Betracht kommen, interpretiert werden kann, sondern auch die Hinzufügung des früheren Abs. 3, jetzigen § 5 Abs. 1 des Gesetzes spricht für den Willen des Gesetzgebers deutlich genug. Es bedarf gar nicht des Hinweises darauf, daß nachträglich die Generalklausel aufgenommen ist, da auch ohne diese das Gesetz nicht zur Einschränkung zwingt. Spricht also demnach der Wortlaut des Gesetzes nicht gegen die hier vertretene Ansicht, so ist ferner zu untersuchen, ob § 16 WarenZG. wirklich einen jede andere Bestimmung ausschließenden Charakter hat. Erwägungen, wie sie M. M. Kohler 107 anstellt, daß § 16 sehr eng gefaßt ist und z. B. Anwendung von Ländernamen usw. nicht umfaßt, können hier nicht in Betracht kommen. Denn wenn § 16 die betreffende Materie ausschließlich regeln wollte und geregelt hat, so ist eben kein Raum für weitergehende Bestimmungen in anderen Gesetzen. Der Grund, aus dem § 16 nicht eingreift, ist lediglich der, daß er entgegen der Behauptung der Begründung ausschließlichen Charakter nicht hat. Zuzugeben ist, daß das G. v. 12. V. 94, soweit es sich um eingetragene Warenzeichen handelt, einen ausschließlichen Charakter hat. (RG. 36 14 und die dort zitierten Entscheidungen, vgl. jedoch 48 239.) Es hat diesen

Charakter, weil ein Institut, das der Warenzeichen, umfassend geregelt ist und keinen Raum für Hinzufügungen anderer Gesetze bietet. Dem entspricht auch die gegenwärtige Fassung des § 16 dieses Gesetzes. Aus diesem Rahmen heraus fallen aber § 15 und § 16 des WZG. Sie sind nach der Begründung dazu bestimmt, gewissen Mißbräuchen des unlauteren Wettbewerbs vorzubeugen, indem zugleich der Vertreter der Regierung in Aussicht stellte, demnächst einen umfassenden Gesetzentwurf einzubringen. Es wird also nicht eine Materie, ein Rechtsgebiet, abschließend in diesem Paragraphen behandelt, sondern es werden einzelne besonders hervortretende Mißstände vorweggenommen und das weitere allgemeiner Regelung vorbehalten. Tritt dann diese allgemeine Regelung ein, wie es durch G. v. 27. V. 96 geschehen ist, so hat dies seiner Bestimmung nach die Befugnis, auch in das vorweggenommene Gebiet einzugreifen. Wenn die Novelle vom 7. Juni 1909 im § 16 die Anwendung auf die in den §§ 1 und 15 WarenZG. geregelten Warenzeichen und Ausstattungen ausdrücklich ausschließt, so kommt dort derselbe Gedanke zum gesetzgeberischen Ausdruck.

Demnach fallen geographische Bezeichnungen unter den Begriff Bezugsquellen (ebenso RG. v. 19. XII. 99 bei A. 00 330, allerdings ohne Angabe von Gründen, vgl. auch RG. 38 170, dagegen OLG. Hamburg bei Seuffert N. F. 23 273).

3. **Der Begriff „Bezugsquelle“** in örtlicher Beziehung ist weitergehend als der in § 16 WarenZG. gebrauchte Begriff „Ort“. Er umfaßt, außer Ortsnamen auch Länderbezeichnungen, Angabe über Bezirke usw. Ob die Bezugsquelle eine deutsche oder ausländische ist, ist gleichgültig, da § 28 des Gesetzes hier nicht in Betracht kommt. (Vgl. Kent 455.)

4. Ob für die Herkunftsbezeichnung eines Fabrikats der Ort der H e r s t e l l u n g oder der der H e r k u n f t d e s R o h s t o f f s entscheidend ist, muß in jedem Einzelfall geprüft werden.

5. Diese Bestimmung findet eine s e h r w e s e n t l i c h e E i n s c h r ä n k u n g im **§ 5 Abs. 1** des Gesetzes, der sich auf die **Herkunftsbezeichnung als Sortennamen** bezieht.

f) Besitz von Auszeichnungen.

1. Die Begründung von 1896 führt folgendes aus:

„Auch das fälschliche Berühmen mit dem B e s i t z v o n A u s z e i c h n u n g e n ist in diesem Zusammenhange zu nennen. Das Strafgesetz bedroht in § 360 Ziff. 8 nur denjenigen mit Übertretungsstrafen, welcher unbefugt einen Orden usw. trägt oder Titel und Würden annimmt. Die hin und wieder vorkommende unberechtigte Verwendung einer Ordensabbildung zu geschäftlichen Zwecken ist straffrei. Vor allem aber bedarf es eines Schutzes gegen den mit gewerblichen Auszeichnungen betriebenen Schwindel. Mag auch, wie von einzelnen Sachverständigen behauptet wird, die Wertschätzung der von Ausstellungen und ähnlichen Veranstaltungen, von gewerblichen Vereinen oder Versammlungen verliehenen Medaillen und Diplome im Abnehmen begriffen sein, so bleibt doch noch immer die Zahl derer erheblich, welche in einer solchen Auszeichnung eine Gewähr für die Güte der Waren eines Gewerbetreibenden erblicken wollen.“

In der Theorie besteht Streit, ob der **Begriff der „Auszeichnung“** weiter („alles, was einen Gewerbetreibenden vor den anderen Konkurrenten heraushebt“, Lobe, Gesetz 54 und Bekämpfung 1 311, ebenso Daniel 117 und auch Biberfeld in GewRSchutz 96 276, Rosenthal-Wehner 80) oder enger („von zuständigen Behörden oder Personen verliehene Anerkennung“, Finger 85, ebenso M. M. Kohler, Damm in RG. 97 282 und die meisten Kommentatoren) zu verstehen ist. Mit Rücksicht auf den Wortlaut: „Besitz“ von Auszeichnungen, sowie auf die Beispiele, die in der Begründung gegeben sind und welche den Willen des Gesetzgebers deutlich erkennen lassen, ist der engeren Auffassung der Vorzug zu geben. Auch die Praxis (vgl. KG. in DJZ. 00 302 und die Entscheidungen, daß die Behauptung eines Patents nicht eine Erklärung über den Besitz von Auszeichnungen enthält), hat sich im allgemeinen dieser Ansicht angeschlossen. (Die Entsch. in RGStr. 30 412 steht nicht entgegen, da es sich dort um ein von der Behörde verliehenes Prädikat handelt und die Worte „das Gesetz unterscheidet in keiner Weise verschiedene Arten von Auszeichnungen" nur in dem Sinne, daß es sich um verliehene Prädikate, also Auszeichnungen im engeren Sinne handelt, zu verstehen sind.)

Im übrigen ist zu bemerken, daß die Frage der weiteren oder engeren Auslegung für § 3 unerheblich ist, da Auszeichnungen im weiteren Sinne (z. B. Patente, Empfehlungen, nicht verliehene Titel usw.) als Angaben über geschäftliche Verhältnisse aufzufassen sind (vgl. S. 36), also unter allen Umständen unter das Gesetz fallen. Sie ist es jetzt auch für § 4, nachdem in diesen die Generalklausel der geschäftlichen Verhältnisse durch die Novelle eingefügt ist.

2. **Unrichtig** sind die Angaben über den Besitz von Auszeichnungen, **wenn der Erklärende nicht berechtigt ist, die Auszeichnung zu führen.** Entscheidend hierfür ist die Verleihungsurkunde. (RG. 63 259; JW. 06 403.) Berechtigt ist derjenige, dem sie verliehen ist. Wer als Gehilfe eine Auszeichnung erworben hat, darf sie auch als Meister führen. (OLG. Frankfurt in Recht 07 1333.) Ist die Verleihung eine persönliche, so haftet sie an der Person und kann nicht übertragen werden; ein anderer kann sie auch nicht mit Einwilligung dessen, dem sie verliehen ist, gebrauchen. Ist die Auszeichnung einer Firma erteilt, so gehört sie dieser und nicht den einzelnen Inhabern; sie geht unter, wenn die Firma erlischt, kann aber mit dem Geschäft, (DJZ. 06 204,) jedoch nicht mit einer Abteilung (RG. in UnlW. 4 74) übertragen werden, soweit nicht die Erteilungsurkunde dies verbietet. (Lobe 53.) Über das Verhältnis zwischen Mutter- und Tochtergesellschaften vgl. RG. in HansGZ. 07 Hbl. 59. Ist die Auszeichnung für bestimmte Waren erteilt, so darf sie nicht für andere, ist sie für die Gesamtleistung gegeben, nicht für einzelne Waren verwendet werden, wenn der Anschein erweckt wird, sie sei gerade für diese zugeteilt worden. (RG. in UnlW. 1 180: ein Fabrikant erhielt eine Medaille für die beste Gesamtleistung und veröffentlichte: I. Preis: Kultivatorenkonkurrenz; abweichend OLG. Hamburg in UnlW. 6 122, wenn das beste und wertvollste Produkt der Firma als preisgekrönt bezeichnet wird. OLG. 14 419.)

Nicht berechtigt ist ferner der, der eine ihm entzogene Auszeichnung weiterführt oder der einen höheren Grad der Auszeichnung behauptet, als ihm erteilt ist.

Berechtigt, eine Auszeichnung zu führen, ist der, der sie erhalten, nicht etwa der, der sie in Wirklichkeit verdient, aber nicht bekommen hat. (OLG. Dresden in GewRschutz 01 278.)

3. Als **Beispiele** sind anzuführen außer den in den Motiven angegebenen Diplomen und Medaillen, Bezeichnungen als Hoflieferant (als solcher darf man sich nur, wenn der Titel verliehen ist, bezeichnen; nicht etwa, wenn an den betreffenden Hof etwas geliefert ist, oder wenn ein Anerkennungsschreiben erteilt ist; LG. Breslau in GewArch. 98 157), als Dr. oder Professor (SchöffG. Erfurt in GewRschutz 98 287) oder als diplomierter Ingenieur (Fuld in UnlW. 2 34), nicht aber die Beilegung des Titels als „gerichtlicher Sachverständiger" (KG. in DJZ. 00 302), ferner Benutzung von Wappen von Fürsten und Staaten. (Lobe 54, Finger in UnlW. 3 40, vgl. § 16 WarenZG.) Der Gebrauch des kaiserlichen Adlers auf Waren und Etiketten ist gestattet, jedoch ist die Form eines Wappenschildes ausgeschlossen. (Erl. v. 16. III. 72; Bek. v. 11. IV. 72.) Die Bezeichnung „k. k. privilegiert" in Verbindung mit einer Abbildung des österreichischen Adlers hat das Reichsgericht (Str. 30 412) als Auszeichnung angesehen. Anerkennungen, Briefe,

Atteste gelten nicht als Auszeichnungen, können aber unter die Generalklausel als Angaben über geschäftliche Verhältnisse fallen (s. S. 38).

4. **Die Bezeichnung eines Gegenstandes als „patentiert" gilt**, wie oben dargelegt, **nicht als Anmaßung einer Auszeichnung**, weil es sich nicht um Vergleich zwischen mehreren Leistungen handelt nnd das Patent bei dem Vorhandensein gesetzlicher Voraussetzungen erteilt werden muß (so Damme in GewRschutz. 97 282, Seligsohn, Patentrecht 84 und 426, Kohler, Handbuch des deutschen Patentrechts 930, Daniel 117 und die meisten Kommentatoren; dagegen Lobe in SächsArch. 7 27). Jedoch fällt die Bezeichnung unter die Generalklausel des § 3. In dieser Beziehung berührt sich das Gesetz mit § 40 PatG. Letzteres bestimmt:

„Mit Geldstrafe bis zu eintausend Mark wird bestraft:

1. wer Gegenstände oder deren Verpackung mit einer Bezeichnung versieht, welche geeignet ist, den Irrtum zu erregen, daß die Gegenstände durch ein Patent nach Maßgabe dieses Gesetzes geschützt seien;
2. wer in öffentlichen Anzeigen, auf Aushängeschildern, auf Empfehlungskarten oder in ähnlichen Kundgebungen eine Bezeichnung anwendet, welche geeignet ist, den Irrtum zu erregen, daß die darin erwähnten Gegenstände durch ein Patent nach Maßgabe dieses Gesetzes geschützt seien."

Wenn auch § 40 nur strafrechtliche Verfolgung anordnet, so ist doch aus ihm ebenfalls die Gewährung des zivilrechtlichen Schutzes auf Unterlassung abzuleiten (RG. in JW. 96 709 Nr. 56, 01 13 Nr. 18; ferner nach der allgemeinen Bestimmung der GewO. § 1, RG. 45 59). Insoweit der Tatbestand beider Gesetze vorliegt, kann aus beiden vorgegangen werden. § 40 ist aber enger als § 3. Unter ersteren fällt nicht die Berühmung mit einem ausländischen Patent oder mit einem Gebrauchs- oder Geschmacksmuster, ferner nicht die Erklärung, daß ein Patent angemeldet sei. Alle diese Tatsachen können aber Gegenstand des § 3 sein.

Im einzelnen ist zu bemerken:

Wie der Anschein erweckt wird, daß ein Gegenstand patentiert ist, ist gleichgültig (Seligsohn 424); es genügen die Worte: „patentiert", DRP. „pat.", „Patentlampen" (RGStr. 26 192) usw. Daß die Hinzufügung der Buchstaben DRGM. (Deutsches Reichs-Gebrauchsmuster) die Irrtumserregung nicht ausschließt, hat das Reichsgericht (in dem zit. Erk. Str. 26) angenommen. Die Bezeichnung „patentamtlich geschützt" oder „Kaiserliches Patent Nr. X" ist eine falsche, selbst wenn ein auch vom Patentamt erteilter Gebrauchsmusterschutz vorliegt, da das Publikum an das Bestehen eines Patentschutzes glauben kann (LG. Berlin I und KG. in Bl. 00 166 und SchöffG. Straßburg in Bl. 02 46; RGStr. 38 244, 41 81); besondere Begleitumstände können freilich diesen Irrtum ausschließen, wie in dem vom RG. behandelten Fall in UnlW. 8 39, in welchem von der Anklage aus § 40 PatG. freigesprochen wurde. Die Bezeichnung „patentiert" ist irreführend, wenn das Patent schon erloschen ist (OLG. Hamburg in UnlW. 6 192; 7 146) oder wenn nur Auslandspatente, aber kein deutsches Patent vorliegt (SchöffG. Dresden in Bl. 97 287), ebenso unter gleicher Voraussetzung die Bezeichnung „in den meisten Staaten patentiert (LG. Zwickau in Bl. 07 339). Die Bezeichnung „gesetzlich geschützt" wird vom Publikum im allgemeinen auf die Ware bezogen; ist daher nur die Ausstattung geschützt, so liegt eine unrichtige Angabe vor. (Patentamt in Bl. 00 204.) Die Bezeichnung mit einem gültigen und daneben mit mehreren erloschenen Patenten unterliegt der Strafandrohung des § 40 nicht (RGStr. 28 14), kann aber die Anwendung des § 3 begründen. Unzulässig ist es, ein Zeichen deswegen als „gesetzlich geschützt" zu bezeichnen, weil in einem Prozeß die Befugnis, es zu führen, erstritten worden ist. (RG. in UnlW. 4 80.)

Sehr häufig ist die Angabe: „DRP.a." oder „DRPA." (d. h. angemeldet). Dies ist mehrfach als irreführend erachtet worden, da das Publikum nicht weiß, was A. bedeutet, und darunter eine Abteilung des Patentamts verstehen kann. (LG. Berlin 1 in Bl. 01 14; RG. in Bl. 98 144.)

5. Es wird vielfach über das Überhandnehmen des **Ausstellungs- und Medaillenschwindels** geklagt. Neben großen Ausstellungen werden Scheinausstellungen, oder es werden selbständige Ausstellungen veranstaltet, die auf die Anziehung spekulieren, die Ausstellungsmedaillen für große Kreise des Gewerbestandes haben. (Vgl. von Boenigk in UnlW. 1 82 und Lienau in UnlW. 6 61 ff. mit umfangreichem Tatsachenmaterial.) Die Rechtsprechung legt diesem Mißbrauch gegenüber das Hauptgewicht darauf, daß der Auszeichnung wesentlich sei das Merkmal des Verliehenseins. Dies ist aber nur da vorhanden, wo von zuständiger Seite (Behörde, Gesellschaft, Verein oder Privatperson) nach wirklicher Prüfung eine ernstgemeinte Anerkennung für die Güte der Ware oder Leistung ausgesprochen worden ist. (RGStr. 41 163; JW. 08 603.) Das ist natürlich nicht der Fall, wenn eine Ausstellungsleitung fast einen jeden Aussteller prämiiert, oder gar die Prämiierung schon bei der Einladung zur Teilnahme in Aussicht stellt. Die Entscheidung ist hier also nach denselben Gesichtspunkten zu treffen, wie gegenüber den von Schwindeluniversitäten verliehenen Doktortiteln (vgl. S. 32). Im besonderen ist die Rechtsprechung gegen solche Auszeichnungen vorgegangen, die den Eindruck erwecken, als stammten sie von einer der weltbekannten Ausstellungen (Berlin 1896, Düsseldorf 1903), während sie von unbekannten Unternehmern erteilt sind, die in der gleichen Stadt im gleichen Jahr eine in der Öffentlichkeit unbeachtete Ausstellung veranstaltet haben. (RG. in UnlW. 6 138, JW. 07 317.)

g) Anlaß oder Zweck des Verkaufs.

1. Sehr häufig werden unrichtige Angaben über **Anlaß und Zweck des Verkaufs** zur Täuschung des Publikums verwendet. Als Beispiele führt die Begründung an: „wegen Aufgabe des Geschäfts", „wegen Abbruchs des Hauses", „Fortzugshalber", „anläßlich des Ankaufs einer Konkursmasse", Erklärung, daß es sich um „gelegentliche" Verkäufe von Privatpersonen handelt, daß „Ware durch Wasser oder Feuer beschädigt", daß sie durch „strafbare Handlungen" erworben sei (vgl. typische Fälle bei Stegemann 34 ff. und die Beispiele S. 28).

2. Bei weitem die wichtigsten unter diesen Begriff gehörenden Fälle sind durch die Novelle Gegenstand besonderer gesetzlicher Regelung in den §§ 6—10 geworden, nämlich der **Ausverkauf**, insbesondere der **Konkursmassenverkauf**.

3. Es bleiben daher für den § 3 jetzt nur minder häufige Arten falscher Ankündigungen übrig, wie die des Privatgelegenheitsverkaufes, die auch dann irreführend ist, wenn sie keine näheren Angaben über den konkreten Anlaß enthält. (RGStr. 39 169; JW. 06 799; a. A. KG. in DJZ. 05 412), oder einer Versteigerung, während tatsächlich ein freihändiger Verkauf vorliegt. (Fuld 129; vgl. UnlW. 7 68.)

h) Menge der Vorräte.

1. Diese Kategorie ist eine Neuerung der Novelle, geschaffen von der Reichstagskommission. (Bericht 10.) Die bisherige Praxis hat dergleichen Angaben als solche über geschäftliche Verhältnisse behandelt.

2. Als Vorrat wird man nur die Waren bezeichnen können, die der Gewerbe-

treibende zu seiner unmittelbaren Verfügung hat, die er also in seinem Geschäftslokal, seinem Lager aufbewahrt. Er darf nicht die Waren, die ihm sein Lieferant zur Verfügung stellt, mitzählen. Kündigt hingegen jemand eine Ware „so lange der Vorrat reicht" zu einem besonders billigen Preise an, so liegt eine falsche Angabe dann nicht vor, wenn er zwar keinen eigentlichen Vorrat besitzt, aber mit einem Lieferanten eine besondere Vereinbarung getroffen hat, die ihn ermöglichte, den betreffenden Artikel sich sofort zu verschaffen. (RG. in UnlW. 8 63.) Denn hier ist über die Größe des Vorrats überhaupt nichts ausgesagt. (A. M. Finger 96.)

C. Folgen der Verletzung des § 3.

1. Gegen den, der entgegen den Bestimmungen des § 3 unrichtige Angaben macht, gibt das Gesetz drei Rechtsbehelfe:

a) die Klage auf Unterlassung (§ 3),

b) die Klage auf Schadensersatz (§ 13 Abs. 2),

c) die strafrechtliche Verfolgung (§ 4).

Über b und c sind die Erläuterungen zu den daneben bemerkten Paragraphen zu vergleichen.

2. Die Unterlassungsklage ist zu § 1 erläutert. Hier ist nur noch zu bemerken: Voraussetzung des Anspruchs ist nur, daß der Täter die Angaben, so wie sie objektiv gemacht sind, **vorsätzlich** gemacht hat. Weder ist nötig, daß er die Unrichtigkeit der von ihm angegebenen Tatsachen kannte oder daß er sie fahrlässigerweise nicht gekannt hat, noch braucht er sich des Vorliegens der übrigen Tatbestandsmerkmale des § 3 bewußt gewesen zu sein. (RG. in UnlW. 2 13; ferner SächsOLG. 00 40; RG. in JW. 01 13 Nr. 20, 02 369 Nr. 35; RG. 46 51.) Der Beklagte kann sich daher selbst nicht mit der bewiesenen Behauptung, daß er guten Glaubens gewesen und daß er die Unrichtigkeit der von ihm gemachten Angaben gar nicht hätte erkennen können, entschuldigen.

Dies gilt aber nur von der Unterlassungsklage, für die Schadensklage stellt § 13 die entgegengesetzte Voraussetzung auf.

3. Über die Aktivlegitimation für die Unterlassungsklage trifft § 13 Abs. 1 Bestimmung.

§ 4.

Wer in der Absicht, den Anschein eines besonders günstigen Angebots hervorzurufen, in öffentlichen Bekanntmachungen oder in Mitteilungen, die für einen größeren Kreis von Personen bestimmt sind, über geschäftliche Verhältnisse, insbesondere über die Beschaffenheit, den Ursprung, die Herstellungsart oder die Preisbemessung von Waren oder gewerblichen Leistungen, über die Art des Bezugs oder die Bezugsquelle von Waren, über den Besitz von Auszeichnungen, über den Anlaß oder den Zweck des Verkaufs oder über die Menge der Vorräte wissentlich unwahre und zur Irreführung geeignete Angaben macht, wird mit Gefängnis bis zu einem Jahre und mit Geldstrafe bis zu fünftausend Mark oder mit einer dieser Strafen bestraft.

Werden die im Abs. 1 bezeichneten unrichtigen Angaben in einem geschäftlichen Betriebe von einem Angestellten oder Beauftragten gemacht, so ist der Inhaber oder Leiter des Betriebs neben dem Angestellten oder Beauftragten strafbar, wenn die Handlung mit seinem Wissen geschah.

Inhaltsangabe.

A. Prinzip. Verschärfung durch die Novelle.

1. Die Frage, ob neben dem zivilrechtlichen Schutz auch eine **strafrechtliche Sühne** für besonders schwere Verfehlungen in das Gesetz aufzunehmen sei, wurde vor und bei Beratung des Gesetzes von 1896 lebhaft erörtert. Mit Rücksicht auf die Gemeinschädlichkeit gewisser Vergehungen und „weil sich der unlautere Wettbewerb nach den Mitteln, die er anwendet, und nach den Zwecken, die er verfolgt, in zahlreichen Fällen als eine gröbliche Verletzung der die Grundlagen des geschäftlichen Verkehrs bildenden Prinzipien von Treu und Glauben und somit als ein Bruch der allgemeinen Rechtsordnung darstellt, der vom sittlichen Standpunkt kaum milder zu beurteilen ist als Betrug, strafbarer Eigennutz oder Untreue" (Begründung), war für gewisse Fälle Bestrafung im Gesetz vorgeschrieben worden.

2. Die allgemeine Neigung zur Verschärfung des Vorgehens gegen den unlauteren Wettbewerb, die das Charakteristische der Novelle ist, hat sich auch dieser strafrechtlichen Bestimmung zugewandt. Im Gesetz von 1896 bestanden mehrere Unterschiede im objektiven Tatbestande für das zivil- und das strafrechtliche Vorgehen. Die Novelle hat diese beseitigt, so daß er hier wie dort der gleiche ist. Die Regierungsvorlage fügte die Klausel der gesetzlichen Verhältnisse ein und drohte auch gegen bildliche Darstellungen, die falsche Angaben enthalten, strafrechtliches Vorgehen an. (Jetzt § 5 Abs. 2.) Die in § 3 neu eingefügten Kategorien („Ursprung" und „Menge der Vorräte") finden sich auch hier. Schließlich hat gegen den lebhaften Widerspruch der Regierung und einer Minorität auf Antrag Roerens das Plenum des Reichstags bei der zweiten Lesung auch die Schranke beseitigt, daß die strafbaren Angaben tatsächlicher Art sein müssen. (StenB. 8507.) Begründet wurde dieser Schritt im wesentlichen mit den Erfahrungen, die bei der zivilrechtlichen Verfolgung gemacht worden sind. Vgl. insbesondere die Rede Roerens. (StenB. 8500 ff.) Bei der weittragenden Bedeutung, die gerade diese Änderung hat, und der großen Gefahr einer über das Ziel schießenden kriminellen Verfolgung sei aber hier darauf hingewiesen, daß auch Roeren betont:

> „Als unwahr können eben nur Angaben tatsächlicher Art bezeichnet werden, also Angaben, die konkrete, tatsächliche Vorgänge oder Verhältnisse zum Gegenstande haben, während Angaben nicht tatsächlicher Art, also bloße **Urteile**, die auf rein subjektiver Auffassung beruhen, niemals ‚unwahr' sein können, sondern höchstens als unrichtig bezeichnet werden können." (8501.)

Und anderseits:

„Eine **bloß marktschreierische** Reklame wird in keinem Fall von dem Gesetz getroffen. . . . Denn das Gesetz verlangt ausdrücklich, daß die Reklame geeignet sein muß, das Publikum zu täuschen.“ (StenB. 8506.)

Die Novelle hat weiter die Strafandrohung verschärft und im Zusammenhang damit die frühere Bestimmung über das Rückfallvergehen beseitigt sowie den Abs. 2, betreffend die kriminelle Haftung für Angestellte, hinzugefügt.

3. Somit bestehen nur noch hinsichtlich des subjektiven Tatbestandes **Unterschiede** zwischen §§ 3 und 4. Sie sind im wesentlichen die folgenden:

a) Nur die **wissentlich** unwahre Angabe macht strafrechtlich verantwortlich.

b) Es genügt nicht, daß die Angabe geeignet ist, den Anschein besonders günstigen Angebots hervorzurufen, es muß auch die **Absicht** des Täters hierauf gehen.

c) Die Angaben müssen wissentlich **zur Irreführung geeignet** gemacht sein.

B. Das Vergehen gegen § 4.

I. Objektive Erfordernisse.

1. Die Angaben müssen in **öffentlichen Bekanntmachungen** oder in **Mitteilungen**, welche für einen größeren Kreis von Personen bestimmt sind, gemacht sein. Dies wörtlich dem § 3 entsprechende Erfordernis ist hier in gleicher Weise, wie dort, auszulegen. (Vgl. S. 23ff.; über Vergehen gegen § 4 durch die Presse vgl. S. 57.)

2. **Die Angaben müssen unwahr sein.** Wie aus der vorstehend wiedergegebenen Stelle der Roerenschen Rede ersichtlich ist, ging der Reichstag bei seiner Beschlußfassung davon aus, daß zwischen „unrichtig“ und „unwahr“ immerhin ein gewisser Unterschied besteht, insofern als man ein Urteil zwar als „unrichtig“, aber niemals als „unwahr“ bezeichnen kann. Jene fallen also keinesfalls unter § 4. Im übrigen gilt das zu § 3 Ausgeführte. (Vgl. S. 32.)

Zu bemerken ist, daß die **Angaben** unwahr sein müssen. Entsprechen diese der Wahrheit und ist eine Täuschung des Publikums nur durch anderweitige Vorkehrungen bewirkt worden, z. B. durch irreführende Anordnung der Waren, so liegt ein Vergehen gegen § 4 nicht vor. (RGStr. 34 163.) Bei der gegenwärtigen Fassung des Gesetzes wird aber fast stets anzunehmen sein, daß auch diese anderweitigen Vorkehrungen als Angaben im Sinne der §§ 4 und 5 aufzufassen sind.

3. **Es müssen Angaben vorliegen.** Auch hier gilt alles das S. 25ff. Gesagte, insbesondere die Abgrenzung gegen Urteile (vgl. zu § 14) und marktschreierische Anpreisungen. Bildliche Darstellungen und sonstige Veranstaltungen sind jetzt durch § 5 Abs. 2 den Angaben gleichgestellt. Siehe die dortigen Erläuterungen.

4. **Die Angabe muß zur Irreführung geeignet sein.** Da die Irreführung des Publikums nach den ersten Worten des § 4 darin besteht, daß der Anschein eines besonders günstigen Angebots hervorgerufen werden soll, so sind die Worte „zur Irreführung geeignet“ dem Sinne nach gleichbedeutend mit den § 3 gebrauchten: „geeignet, den Anschein eines besonders günstigen Angebots hervorzurufen“. (Vgl. Finger 120, Schmid 308, ferner die Erläuterungen S. 34ff.) Ob die Irreführung erreicht ist, ist gleichgültig; es genügt, wenn die Angaben hierzu geeignet waren. (OLG. Hamburg in GA. 46 63.) Bei der Prüfung dieser Frage haben aber geschäftliche Mißbräuche auszuscheiden. Die Gewöhnung an straflose Übertreibungen in der Reklame ist zur Verteidigung nicht geeignet, wenn die sonstigen Voraussetzungen des § 4 gegeben sind. RGStr. 36 377.

5. Die Angaben müssen sich beziehen auf:
a) geschäftliche Verhältnisse (vgl. S. 36),
b) Beschaffenheit, Ursprung und Herstellungsart (vgl. S. 38),
c) Preisbemessung (vgl. S. 40),
d) Art des Bezugs und Bezugsquelle (vgl. S. 41),
e) Besitz von Auszeichnungen (vgl. S. 43),
f) Anlaß und Zweck des Verkaufs (vgl. S. 46),
g) Menge der Vorräte (vgl. S. 46).

Hervorzuheben ist, daß infolge der Einführung des allgemeinen Begriffs der geschäftlichen Verhältnisse jetzt auch die falsche Erklärung über den Besitz von privaten Anerkennungsschreiben und die über den Tatbestand des § 40 hinausgehende Patentanmaßung strafbar ist. (Vgl. S. 45.)

II. Realkonkurrenz, fortgesetzte Handlung.

1. Liegt nur **eine** Verbreitung einer unwahren Tatsache vor, so begründet dies nur den Tatbestand **einer** strafbaren Handlung. Die Ansicht von Müller (S. 94), daß so viel Delikte vorliegen, als Gewerbegenossen geschädigt sind, entspricht nicht dem Gesetze, das den Tatbestand der Schädigung nicht mit in seine Vorschrift aufgenommen hat. Bestraft wird lediglich die Verbreitung unwahrer Tatsachen, nicht die Verletzung eines oder mehrerer Gewerbetreibenden. (Anders § 15 „eines andern", § 17 „eines Geschäftsbetriebs".) Der Umstand, daß jeder Konkurrent klagen kann, ist eine zivilrechtliche Besonderheit, die für die strafrechtliche Frage gleichgültig ist. (So Lobe Gesetz 158, M. M. Kohler 120.)

2. Wird durch eine Handlung § 4 in **verschiedener Beziehung** verletzt, z. B. wenn sich die Reklame auf Preisbemessung und zugleich auf die Art des Bezugs bezieht, so liegt auch nur **eine** strafbare Handlung vor. Das Gesetz enthält nicht einen Mischtatbestand in dem Sinne, daß verschiedene Delikte, die inneren Zusammenhang nicht haben, in eine Vorschrift gebracht sind; § 4 umschließt vielmehr ein einheitliches Vergehen, das durch unwahre Angaben über verschiedene im Gesetz aufgeführte Gegenstände vollendet wird. Auch hier ist davon auszugehen, daß die Verbreitung der Unwahrheit bestraft wird; ob die unwahre Angabe sich auf einen Gegenstand oder mehrere bezieht, ist gleichgültig. (So Lobe, Gesetz 158, Müller 94; dagegen M. M. Kohler 120.)

3. Es wird bei den Vergehen gegen § 4 sehr häufig vorkommen, daß der Täter die Handlung nicht einmal, sondern **mehrfach hintereinander** begeht; das Inserat z. B. wird wochenlang veröffentlicht; das Zirkular wird an verschiedenen Tagen verschickt usw. Ob hierbei eine mehrfache Verletzung des Strafgesetzes durch verschiedene selbständige Handlungen vorliegt, in welchem Fall auf eine Gesamtstrafe zu erkennen ist (§ 74 StGB), oder ob eine **fortgesetzte Handlung** anzunehmen ist, die als einheitliches Delikt nur die einmalige Bestrafung erfordert, ist vom Richter zu entscheidende Tatfrage. Das Reichsgericht definiert das fortgesetzte Vergehen als eine Reihe einzelner selbständiger Handlungen, von denen jede einzelne den vollen Tatbestand der Gesetzesverletzung enthält und die, weil aus einem und demselben verbrecherischen Entschlusse entflossen, als eine strafrechtliche Einheit anzusehen ist (RGStr. 15 371, 4 189, 39 146); es faßt die mehrfachen Handlungen dann als eine Tat zusammen, wenn unter den Einzelhandlungen ein derartiger tatsächlicher und geistiger Zusammenhang besteht, daß der natürlichen Auffassung des Sachverhaltes nach keine Handlung als eine selbständige, sondern nur jede der nachfolgenden Handlungen als eine Fortsetzung der vorausgehenden erscheint. (RGStr. 9 427; vgl. auch Olshausen Anm. 6ff. zu § 73.) Voraussetzung ist immer die Einheitlichkeit des Entschlusses. (Vgl. auch RG. 49 21.)

Gibt ein Gewerbetreibender den Auftrag, eine Annonce zehnmal in einer Zeitung oder gleichzeitig in mehreren Blättern zu veröffentlichen, so liegt ohne Zweifel ein fortgesetztes Vergehen vor; läßt er sie erst einmal, dann nach einiger Zeit auf Grund besonderen Auftrags noch einmal veröffentlichen, so ist es Sache der tatsächlichen Feststellung, ob die zweite Handlung demselben Vorsatz wie die erste entsprungen ist, oder ob, weil der Gewerbetreibende etwa erkannt hat, daß die erste Annonce durch unzweckmäßige Art der Veröffentlichung nicht gewirkt hat, er einen erneuten Versuch machen will. Auch der Umstand, daß heut eine Annonce mit Angaben über Preisbestimmung, morgen über Herstellungsart veröffentlicht wird, macht durchaus nicht notwendig die beiden Handlungen zu selbständigen Vergehen. (So jetzt auch Müller 95.) Hat der Gewerbetreibende den Entschluß gefaßt, durch eine dauernde Inserierung dem Publikum unwahre Tatsachen, und zwar an dem einen Tage durch Bezugnahme auf die eine Eigenschaft der Ware, an dem anderen durch Bezugnahme auf eine andere Eigenschaft mitzuteilen, so ist der Entschluß und die Handlung einheitlich; es liegt darum nur ein Vergehen vor.

Niemals ist dagegen ein fortgesetztes Vergehen anzunehmen, wenn der Täter nach erfolgter Verurteilung in einem Fall sein Treiben fortsetzt, selbst wenn dies auf Grund früher gefaßten Entschlusses beruht. (RGStr. 20 317.) Dagegen kann von einer Fortsetzung des Treibens dann nicht gesprochen werden, wenn das nach der ersten Verurteilung erschienene Inserat schon vor dieser aufgegeben war und der Angeklagte nur verabsäumt hat, es rechtzeitig zu widerrufen. Hier deckt ihn die Rechtskraft des früheren Urteils. (RGStr. 36 43.)

III. Subjektive Voraussetzungen.

1. **§ 4 verlangt Vorsatz,** d. h. das Wissen und Wollen sämtlicher Deliktsmerkmale. (Olshausen Anm. 16 zu § 59, Calcer 159 und die Ausführungen bei M. M. Kohler 111.) Das Gesetz hat drei Grade der Verantwortung: die unrichtige Angabe, selbst wenn sie ohne Verschulden für wahr gehalten wird, gibt das Recht zur Unterlassungsklage; wer die Unrichtigkeit kannte oder kennen mußte, haftet auf Schadensersatz; wer sie gekannt hat, ist strafbar. Bei Fahrlässigkeit tritt daher wohl Schadensersatzpflicht, nicht aber Bestrafung ein.

Die Versuche, bei der Neuredaktion des Gesetzes die fahrlässige falsche Reklame zu bestrafen, sind gescheitert. Die Begründung des Regierungsentwurfs führte das Folgende für den ablehnenden Standpunkt an:

„Eine derartige Erweiterung des Strafschutzes erscheint durch die bisherigen Erfahrungen nicht ausreichend gerechtfertigt, auch stehen dem Vorschlage schwerwiegende Bedenken allgemeiner Art entgegen. Die Leichtigkeit, das Strafverfahren in Bewegung zu setzen, würde auf der einen Seite einen Anreiz zu leichtfertigen Denunziationen schaffen und zu einer nicht erträglichen Beunruhigung auch des redlichen Geschäftsverkehrs führen, anderseits die Initiative der durch den unlauteren Wettbewerb bedrohten Kreise, wie sie das zivilrechtliche Verfahren erfordert, mehr und mehr verkümmern lassen und der Entwickelung einer weitherzigen zivilrechtlichen Rechtsprechung ein Hindernis bereiten. Es kommt hinzu, daß auch auf verwandten Gebieten nur bei Vorsatz und Absicht die strafrechtliche Verantwortlichkeit begründet wird, so bei unbefugter Aneignung fremder Namen, Marken oder Ausstattungen, im Falle der Verwendung falscher Ursprungsbezeichnungen usw. Das Gebiet der unlauteren Reklame bietet keine Gesichtspunkte, welche es erfordern, über diese Grundsätze hinauszugehen. Im Gegenteile mahnt die Unbestimmtheit und die wechselnde Mannigfaltigkeit der hier in Betracht kommenden Tatbestände zu einer vorsichtigen Abgrenzung des Strafschutzes in diesem Punkte."

Der Vorsatz muß alle Tatbestandsmerkmale umfassen. (§ 59 StGB.)

2. **Daneben erfordert das Gesetz die Absicht** (Calker 190), **den Anschein eines besonders günstigen Angebots hervorzurufen,** ähnlich wie in § 263 StGB. die Absicht rechtswidrigen Vermögensvorteils gefordert ist. Der Wille des Täters muß daher nach der ausdrücklichen Vorschrift des Gesetzes darauf gerichtet sein, einen derartigen Anschein hervorzurufen; ob der Erfolg eintritt, ist gleichgültig. (RGStr. 35 376.)

Wenn der Täter zwar nicht die Absicht, den Anschein hervorzurufen, hatte, aber immerhin mit der Möglichkeit, daß ein solcher Anschein hervorgerufen würde, rechnete (**dolus eventualis**), so kann Bestrafung nach § 4 nicht eintreten. Das besondere Hervorheben der Absicht neben dem sonst erforderlichen strafrechtlichen Vorsatz erweist, daß das Gesetz das Motiv des Handelns in den strafrechtlichen Tatbestand aufnehmen wollte, und daß, wenn der Täter dies Motiv nicht gehabt hat, ein Vergehen nach § 4 nicht vorliegt. Es ist daher ein auf diesen Zweck gerichtetes absichtliches Handeln nötig, welches durch das Bewußtsein der Möglichkeit nicht ersetzt wird. (Ebenso für den in dieser Beziehung gleichliegenden Fall des § 263 StGB., RGStr. 27 219.)

3. Ferner stellt das Gesetz das Erfordernis auf, daß der Täter die Angaben **wissentlich,** und zwar sowohl in betreff der Unwahrheit als in betreff der Täuschungsmöglichkeit („zur Irreführung geeignet") gemacht hat. In betreff beider Voraussetzungen muß das Wissen vorhanden sein.

Der Ausdruck „wissentlich" hat dieselbe Bedeutung wie die im Strafgesetzbuch (§§ 164 und 187) gebrauchten Worte „wider besseres Wissen". (Schmid 308, M. M. Kohler 114.) Der Täter muß das Bewußtsein haben, daß die von ihm verbreitete Tatsache falsch und zur Irreführung geeignet ist. Auch hier ist die Frage zu entscheiden, ob **dolus eventualis** genügt, ob also, wenn der Täter zwar nicht weiß, daß seine Angabe falsch ist, aber die Möglichkeit, daß sie es ist, sich vergegenwärtigt und sie trotzdem verbreitet (vgl. RGStr. 33 5), Strafbarkeit vorliegt. Die Mehrzahl der Schriftsteller ist für die Bejahung; Lobe, Gesetz 150 Anm. 28, Daniel 118 Anm. 2 sind entgegengesetzter Ansicht. Ersteren ist beizutreten. Zwar geht für die Auslegung der §§ 164 und 187 StGB. die allgemeine Ansicht dahin, daß, wo die Worte „wissend" oder „wider besseres Wissen" gebraucht sind, der allgemeine Grundsatz, daß dolus eventualis dem dolus gleichsteht, nicht zutrifft. (Vgl. Olshausen Anm. 6 zu § 59, ferner RGStr. 18 88, 23 153.) Es ist hier nicht zu untersuchen, ob diese Ansicht richtig ist, für das Gebiet des Patentrechts (in der alten Fassung des Gesetzes, die nur Wissentlichkeit bestrafte) und Markenschutzrechtes geht das Reichsgericht von der entgegengesetzten Ansicht aus. (RGStr. 15 38, 6 277, 14 418.) Mit Rücksicht darauf, daß die dort dargelegten Gründe auch für § 4 zutreffen, daß auch hier im Gegensatz zu § 3 wissentlich nur die Bedeutung hat, die Fahrlässigkeit auszuschließen, daß endlich die Begründung den Ausdruck dahin erläutert, daß der Täter sich „der Unwahrheit bewußt war", wird man sich auch für § 4 der Ansicht anschließen, daß der, der die Möglichkeit der Unwahrheit voraussieht und sich ihrer bewußt war, ebenso behandelt wird, wie der, der die Unwahrheit gekannt hat. Es entspricht dies auch dem Prinzip des Gesetzes, das sicherlich nicht die Absicht hatte, den, der leichtsinnig Behauptungen auf die von ihm erkannte Gefahr hin, daß sie unrichtig sind, verbreitet, zu schützen. Diesen Standpunkt hat das Reichsgericht in seiner Entscheidung JW. 07 565 gebilligt.

4. Ist der Täter im **Irrtum über tatsächliche Voraussetzungen** des Gesetzes oder über andere Rechtssätze als die strafrechtlichen Vorschriften, so hat er die Tat nicht wissentlich begangen. (§ 59 StGB.; Calker 200.) Wenn z. B. der Täter annimmt, daß ihm die Auszeichnung, die er zu haben behauptet, erteilt sei, oder daß sie zwar seinem Angestellten gegeben, ihm aber als Geschäftsinhaber rechtlich zustehe, so liegt strafrechtlicher dolus nicht vor. Dagegen ist es ohne Einfluß auf seine Bestrafung,

wenn er die von ihm begangene Handlung für nicht strafbar erachtet hat. (Calker 159; RGStr. 20 199.) Bedenklich ist die Entscheidung des Reichsgerichts, daß, wenn der Täter irrtümlich annimmt, ein Ortsname sei zum Gattungsnamen geworden, dies die Strafbarkeit nicht ausschließe, da dies kein tatsächlicher Irrtum sei. (DJZ. 99 66.) Der Irrtum, daß man eine Ortsangabe gebrauchen dürfe, weil sie nicht Herkunft, sondern Beschaffenheit bezeichne, ist ebenso tatsächlicher Natur, wie der Irrtum, daß die Ware wirklich aus dem angegebenen Orte sei. (So auch Fuld 153.)

5. Aus dem Gesagten folgt: Zu bestrafen ist nach § 4 der, welcher **vorsätzlich** in **Kenntnis** aller Tatumstände und in der **Absicht**, den Anschein eines besonders günstigen Angebots hervorzurufen, unwahre und zur Irreführung geeignete tatsächliche Angaben über die in § 4 bezeichneten Verhältnisse in der dort bezeichneten Art macht. Der Kenntnis, daß die Tatsachen unwahr und zur Irreführung geeignet sind, steht das Bewußtsein der Möglichkeit gleich.

Das Gericht hat über die Frage, ob diese Voraussetzungen vorliegen, nach freier, aus dem Inhalt der Verhandlungen geschöpften Überzeugung zu urteilen, ohne an feste Beweisregeln gebunden zu sein. (StPO. § 260.)

IV. Täter, Mittäter, Anstifter, Gehilfe. Haftung für Angestellte (Abs. 2).

1. Es ist bereits S. 12 hervorgehoben, daß zivilrechtlich **Täter nicht nur der Konkurrent** ist, sondern jeder, der den Tatbestand der §§ 1 und 3 verletzt; ebenso verhält es sich in betreff der strafrechtlichen Verantwortung, da auch hier, wie in § 3, ganz allgemein gesagt ist: „Wer" . . . Angaben macht. (Vgl. RGStr. 35 417 und JW. 03 147 Nr. 56.)

Kraft der ausdrücklichen Bestimmung des Abs. 2 tritt aber neben den nach den allgemeinen Lehren des Strafrechts haftbaren Personen, den Täter, Mittäter, Anstifter und Gehilfen auch der Straftaten seines Angestellten wissentlich zulassende Prinzipal.

2. **Die Begriffe der Mittäterschaft** (vgl. RGStr. 14 29), **Anstiftung, Beihilfe bestimmen sich nach den §§ 47—49 StGB.** Für jeden, der hiernach in Frage kommt, ist nach den bezeichneten Paragraphen und nach § 59 nötig, daß er wissentlich tätig ist und alle strafbaren Tatumstände kannte. Der Geschäftsherr z. B., der seinen Reisenden nur anstiftet, einem bestimmten Kunden eine unwahre Tatsache mitzuteilen, ist nicht strafbar, wenn der Reisende die Tatsache öffentlich verbreitet; ebensowenig liegt eine Beihilfe vor, wenn jemand eine Tatsache, die ein anderer öffentlich verbreitet, einer einzelnen Person mitteilt. (Sächs. OLG. 00 405.)

Handlungsgehilfen, Agenten usw., die auf Geheiß ihres Chefs die Verbreitung der von letzterem gemachten unwahren Angaben bewerkstelligen, werden, wenn sie die Unwahrheit kennen, als Gehilfen strafbar sein; Täter ist in diesem Fall der Geschäftsherr. Wer nur Boten- oder sonstige tatsächliche Dienste, z. B. Ankleben der Zettel besorgt, wird nur dann strafbar, wenn er die Unwahrheit sowie die sonstigen Tatbestandsmerkmale kannte. Nicht die Handlung der Verbreitung an sich, sondern die wissentliche Verletzung des Gesetzes begründet die Strafbarkeit. Der Umstand dagegen, daß die Angestellten nur im Auftrag ihres Chefs handeln, macht sie nicht straflos, da jeder für die von ihm begangene strafbare Handlung verantwortlich ist.

3. **Juristische Personen**, die zivilrechtlich haftbar gemacht werden können (s. S. 13), **können als solche nicht bestraft werden**, ebensowenig Firmen, offene Handelsgesellschaften usw. Es haftet strafrechtlich der Firmeninhaber, der Gesellschafter, das Vorstandsmitglied, das die Tat begangen hat. Eine Bestrafung der anderen

Vorstandsmitglieder oder Gesellschafter tritt nur in so weit ein, als sie als Mittäter oder Teilnehmer bei der Tat beteiligt sind. Es muß jedem seine Kenntnis aller Tatumstände bewiesen werden; eine strafrechtliche Vermutung, daß der eine Gesellschafter von der Tat des anderen gewußt hat, gibt es nicht. (RGStr. 5 109.)

4. **Die strafrechtliche Haftung für die Tat des Angestellten.**

Abs. 2 des § 4 ist eine Schöpfung der Reichstagskommission. Die Regierung hatte es abgelehnt, den Prinzipal für Handlungen seines Angestellten aus anderen als den allgemeinen strafrechtlichen Gesichtspunkten haften zu lassen. Die Begründung, S. 13, sagt:

„Es ist darauf hingewiesen, daß in der Praxis mehrfach Freisprechungen haben erfolgen müssen, weil sich ergab, daß die nach § 4 strafbaren Handlungen von Angestellten vorgenommen waren, während dem Geschäftsherrn selbst Vorsatz und Absicht nicht nachgewiesen werden konnten. Man wünscht deshalb eine Regelung dahin, daß der Geschäftsherr oder jeder andere, der die Tätigkeit eines Angestellten zu beaufsichtigen hat, neben diesem der öffentlichen Bestrafung unterliegt, wenn er bei Anwendung der erforderlichen Sorgfalt die von dem Angestellten zugunsten des Geschäfts vorgenommene Handlung hätte verhindern können. Der Entwurf hat weder das Bedürfnis, noch die Zweckmäßigkeit einer derartigen Bestimmung anerkennen können. In einer solchen Vorschrift würde ein dem allgemeinen Strafrechte bisher unbekannter Grundsatz aufgestellt werden. Von Angestellten eines Geschäftsbetriebs können bedeutend schwerere Delikte als das im § 4 bezeichnete, und zwar gleichfalls im vermeintlichen Interesse des Geschäfts, begangen werden; gleichwohl hat die Gesetzgebung keinen Anlaß genommen, den Geschäftsinhaber wegen fahrlässigen Versäumens der Aufsicht strafrechtlich verantwortlich zu machen. Es ist zwar auf die Bestimmung im § 151 der Gewerbeordnung hingewiesen, welcher von der Haftung des Gewerbetreibenden und der Betriebsleiter bei Übertretungen polizeilicher Vorschriften handelt, allein diese Bestimmung kann zum Vergleiche nicht herangezogen werden, weil sie eine auf das Gebiet der Gewerbepolizei beschränkte Sondervorschrift darstellt, während es sich hier um das weite Gebiet der unlauteren Reklame und um Vergehenstrafen handelt. Es muß vielmehr auch für das Wettbewerbgebiet genügen, wenn derjenige strafrechtlich zur Verantwortung gezogen werden kann, welcher im eigenen oder fremden Interesse vorsätzlich die unrichtigen Angaben macht, sowie jeder, der an solcher Handlung als Mittäter, Anstifter oder Gehilfe nach allgemeinen Grundsätzen beteiligt ist. Diese Voraussetzungen können auch bei dem Prinzipale zutreffen; dann wird er strafrechtlich zu verfolgen sein. Im übrigen aber muß die Inanspruchnahme des Geschäftsherrn für Handlungen des Angestellten grundsätzlich dem Wege der Zivilklage überlassen bleiben."

Bei der Reichstagskommission aber schlug die Erwägung durch, daß es dem Geschäftsherrn nicht möglich sein solle, „sich herauszureden" und daß der Angestellte nicht allein herhalten solle, für Handlungen, die auf dem Willen des Prinzipals beruhten und eigentlich dessen Handlungen seien (Bericht 14). Das letztere Argument übersieht freilich die Haftung für Anstiftung und Gehilfenschaft.

Haftbar ist nach Abs. 2 der **Inhaber** oder **Leiter** der Betriebs. Inhaber des Betriebes ist der Unternehmer, der, auf dessen Namen das Geschäft geht, insbesondere auch der handelsgerichtlich Eingetragene. In allen Fällen aber, in denen nicht eine Einzelperson, sondern eine juristische Person der Geschäftsinhaber ist, kann von deren strafrechtlichen Haftung nicht die Rede sein (s. o. 3). Für diese Fälle und auch für den Fall, daß der Inhaber aus persönlichen Gründen der tatsächlichen Geschäftsleitung fern steht, ist als haftbar der Leiter des Betriebs anzusehen. So z. B., wenn das Geschäft auf den Namen der Frau von dem Ehemann betrieben wird. Als

Leiter des Betriebs ist nur der anzusehen, dem der ganze Betrieb untersteht und nicht nur eine Abteilung.

Verantwortlich ist der Inhaber oder der Leiter, also nicht beide gleichzeitig.

Der Inhaber oder Leiter muß von der Tat seines Angestellten wissen. Die analoge Bestimmung des § 151 GewO. lautet:

> Sind bei der Ausübung des Gewerbes polizeiliche Vorschriften von Personen übertreten worden, welche der Gewerbetreibende zur Leitung des Betriebs oder eines Teils desselben oder zur Beaufsichtigung bestellt hat, so trifft die Strafe diese letzteren. Der Gewerbetreibende ist neben denselben strafbar, wenn die Übertretung mit seinem Vorwissen begangen ist .....

An Stelle des hier verwandten Ausdrucks „Vorwissen", dessen Übernahme der Vertreter des Reichsjustizamts empfahl, hat die Reichstagskommission den Ausdruck „Wissen" gesetzt, weil dies der „immerhin weitere Begriff" sei (Bericht 15). Trotzdem wird man nicht annehmen dürfen, daß zwischen beiden Tatbeständen in dieser Richtung ein erheblicher Unterschied bestehe. Denn das Wissen, für das der Prinzipal bestraft wird, muß zu einer Zeit bestanden haben, zu der er die Handlung des Angestellten noch verhindern konnte, also vor ihrer Vollendung. Das Wissen muß sich auf alle Elemente der Handlung des Angestellten beziehen, die sie zu einer strafbaren machen.

Angestellte sind die Personen, die mit dem Geschäftsinhaber einen Dienstvertrag abgeschlossen haben. In der Ausdrucksweise des § 17 umfaßt der Begriff Angestellte, Arbeiter und Lehrlinge. Der Unterschied in der Ausdrucksweise beider Gesetzesstellen ist ohne sachliche Bedeutung, da im Sinne des § 4 Abs. 2 kein Unterschied unter den verschiedenen Kategorien zu machen ist. Vielmehr weist der Zusatz „und Beauftragten" darauf hin, daß die Grenzen für die Personengruppen, deren Handlungen der Betriebsleiter ev. zu vertreten hat, weit zu ziehen sind. Welcherart der Auftrag ist, ob er sich auf die eine Handlung speziell bezog, oder ob er generell erteilt war, fällt nicht ins Gewicht. Nur darauf ist Wert zu legen, daß das Anstellungs- oder Auftragsverhältnis geschäftlicher Natur sein muß.

V. Vollendung der Tat.

1. Die nach § 4 strafbare Handlung ist **vollendet** und demgemäß strafbar, wenn die sämtlichen gesetzlichen Tatbestandsmerkmale verwirklicht (Calcer 265), d. h. wenn die strafbaren Angaben in der in § 4 bezeichneten Weise gemacht sind. Sie sind es, wenn die Zeitung, in der die Reklame enthalten ist, erschienen ist (RGStr. 33 327; UnlW. 4 92), wenn das Plakat an allgemein zugänglicher Stelle angeheftet ist usw. Auf die Tatsache der Kenntnisnahme durch das Publikum kommt es nicht an; es genügt die öffentliche oder für einen größeren Personenkreis bestimmte Verbreitung, also die Möglichkeit, daß das Publikum Kenntnis nehmen kann.

2. **Versuch ist nicht strafbar** (§ 43 Abs. 2 StGB.); alle Handlungen also, die der Ausführung selbst vorhergehen, z. B. der Auftrag an einen Boten, die Zirkulare zu verbreiten, die Übersendung des Inserats in die Druckerei, begründen, wenn die Ausführung aus irgendeinem Grunde unterbleibt, die Strafbarkeit nicht.

VI. Strafe.

1. Das bisherige Gesetz drohte für die erste Tat nur Geldstrafe bis zu 1500 Mk., für die Rückfallstat neben oder statt der Geldstrafe Haft oder Gefängnis bis zu sechs Monaten an. Darüber war schon der Entwurf aus den nachfolgenden Gründen hinausgegangen.

„Eine . . . Verschärfung der Strafvorschrift wird durch die Wahrnehmung gerechtfertigt, daß die von den Gerichten verhängten Strafen in der Mehrzahl der bekanntgewordenen Fälle niedriger ausgefallen sind, als der Schwere der begangenen Rechtsverletzungen entsprach. Es ist anzunehmen, daß die neue Vorschrift dazu beitragen wird, den Rechtsschutz gegenüber der geflissentlichen Verletzung der gesetzlichen Vorschriften wirksamer zu gestalten und der Achtung vor dem Gesetz in jenen Kreisen stärkere Geltung zu verschaffen, deren Handlungsweise durch die Höhe der angedrohten Strafe beeinflußt wird." (Begr. 12.)

Die Reichstagskommission ging noch insofern weiter, als sie von vornherein Geld- und Freiheitsstrafe nicht nur alternativ, sondern auch kumulativ androhte. Der Richter hat jetzt die Wahl, ob er Geld oder Gefängnisstrafe oder beides zugleich verhängen will.

2. Eine **nicht beizutreibende** Geldstrafe ist in Gefängnis umzuwandeln. (§ 28 StGB.) Über die Art der Umrechnung der Geld- in Freiheitsstrafen vgl. § 29 Abs. 1 StGB. Der Höchstbetrag der an Stelle der Geldstrafe tretenden Gefängnisstrafe ist ein Jahr. (§ 29 Abs. 2 StGB.)

3. Neben der Strafe kann auf **Einziehung** oder Unbrauchbarmachung von Gegenständen, die zur Begehung des Vergehens gebraucht oder bestimmt sind, erkannt werden. (§§ 40—42 StGB.)

4. Über Veröffentlichung des Urteils s. zu § 23, über Verfahren, Antrag und Zuständigkeit zu § 22, über Buße § 26.

VII. Verjährung.

1. Die **Strafverfolgung** verjährt gemäß § 67 StGB. für das Vergehen gegen § 4 in fünf Jahren. Die Verjährung beginnt mit dem Tage, an dem die Handlung, d. h. das Zugänglichmachen der unwahren Tatsachen an die Öffentlichkeit (vgl. S. 23) begangen ist. Liegt ein fortgesetztes Delikt vor (vgl. S. 50), so beginnt die Verjährung aller, also auch der ersten Handlungen mit dem letzten Akte der als Einheit aufgefaßten Handlung. (RGStr. **35** 270 und **10** 203.)

Über die Verjährung der durch die Presse begangenen Delikte vgl. § 22 PreßG.

2. Die Verjährung der **Vollstreckung** rechtskräftig erkannter Strafen beginnt mit dem Tage der Rechtskraft des Urteils und dauert, wenn auf Geldstrafe bis zu 150 Mk. erkannt ist, zwei, sonst fünf Jahre.

VIII. Idealkonkurrenz mit Betrug.

Insoweit durch die § 4 verletzende Handlung ein anderes Strafgesetz mit verletzt ist (**Idealkonkurrenz**), kommt nur das Gesetz zur Anwendung, das die schwerste Strafe verhängt. (§ 73 StGB.) Vor allem wird eine derartige Konkurrenz mit dem **Betruge** oder Betrugsversuche stattfinden. (§ 263 StGB.; vgl. Gumbel, Der Betrugsparagraph und seine Ergänzung durch das Gesetz zur Bekämpfung des unlauteren Wettbewerbs.) Beide Vergehen unterscheiden sich vor allem einesteils dadurch, daß beim Betrug das Vermögen eines anderen beschädigt wird, während weder Vermögensbeschädigung noch deren Absicht zu den Voraussetzungen des § 4 gehört; anderenteils, daß bei ersterem die Absicht, sich einen rechtswidrigen Vermögensvorteil zu verschaffen, vorliegen muß, während § 4 nur die Absicht der Irreführung voraussetzt; endlich wird tatsächlich der Betrug sich meist gegen den Konsumenten richten, während § 4 den Schutz des Konkurrenten bezweckt. Trotzdem ist Konkurrenz möglich. Wer eine wollene Ware öffentlich als seidene anpreist und zu dem Preise der seidenen verkauft, begeht durch dieselbe Handlung beide Delikte. Der Umstand, daß das Vergehen gegen § 4 schon durch die öffentliche Anzeige vollendet wird, während der Betrug erst mit dem Augenblick des Verkaufes vollendet ist, hindert diese Annahme nicht. Es kommt darauf an, ob das Tun ein einheitliches ist (RGStr. **25** 149, **11** 357); und auch der Umstand, daß verschiedene Rechtsgüter verletzt werden, kommt dieser Identität der Handlung gegenüber nicht in Betracht. (RGStr. **32** 138 und Olshausen Anm. 20 zu § 73.)

In diesen Fällen tritt daher Bestrafung nach § 263 StrGB. ein. Ist wegen Betruges eine derartige Handlung bestraft, so ist damit gemäß obigen Grundsätzen das Vergehen gegen § 4 konsumiert.

C. Bestrafung bei Zeitungsreklamen.

1. Besondere Vorschriften über die Strafbarkeit der Vergehen gegen § 4, **die durch die Presse begangen sind,** vor allem also durch Inserate in Zeitungen, sind nicht gegeben. Insoweit es sich daher um nicht periodische Druckschriften handelt, sind Verfasser, Redakteur, Drucker, Verleger, Verbreiter nach allgemeinen Grundsätzen zu bestrafen. Jeder der bezeichneten Personen ist danach ihre Kenntnis sämtlicher Tatumstände des § 4 besonders nachzuweisen; gelingt dies, so können sie als Täter oder Teilnehmer bestraft werden.

2. Auch bei **periodischen Druckschriften,** d. h. denen, die in monatlichen oder kürzeren, wenn auch unregelmäßigen Fristen erscheinen (§ 7 PreßG.), bleiben an sich die allgemeinen Grundsätze maßgebend. Auch hier können die zu 1 bezeichneten Personen unter den dort aufgeführten Bedingungen als Täter und Teilnehmer bestraft werden. Nur gilt eine preßrechtliche Besonderheit: Für den Inhalt einer periodischen Druckschrift haftet der **verantwortliche Redakteur** (über den Begriff vgl. Born S. 91 ff; RGStr. **36** 215), wenn nicht durch besondere Umstände die Annahme seiner Täterschaft ausgeschlossen ist. Liegen derartige besondere Umstände vor, z. B. wenn er tatsächlich verhindert war, vor der Veröffentlichung von dem Inserat Kenntnis zu nehmen (RGStr. **1** 14), nicht aber (wie Müller 99 meint), wenn er den Verfasser genannt hat (RGStr. **2** 28), so kann er die Haftbarkeit ablehnen. Diese Umstände müssen auch einen Eventualdolus ausschließen, d. h. der verantwortliche Redakteur darf sich nicht als möglich vorgestellt und im voraus gebilligt haben, es werde ein Beitrag mit in bestimmter rechtlicher und tatsächlicher Hinsicht strafbarem Inhalt veröffentlicht werden. (RGStr. **39** 88; JW. **06** 795.) Wird das Vorliegen besonderer Umstände aber nicht erwiesen, dann ist er an sich für den Inhalt der Zeitung verantwortlich und kann aus § 4 in Anspruch genommen werden; es muß ihm dann aber noch der Beweis der Kenntnis der Tatumstände des § 4 geführt werden. Die Ansicht von Finger (112), daß gemäß § 20 PreßG. der Redakteur den Gegenbeweis führen müsse, widerspricht dem § 59 StGB., den der Redakteur auch für sich in Anspruch nehmen kann. (RGStr. **10** 229.) Sie führt auch zu dem in der Praxis ungeheuerlichen Resultat, daß, wenn ein Redakteur in seine Zeitung ein Inserat über einen Ausverkauf aufnimmt, das sich als wahrheitswidrig herausstellt, er als Teilnehmer haftet, wenn er nicht den für ihn fast immer unmöglichen Beweis führt, daß er die Unrichtigkeit nicht gekannt habe.

Im übrigen haftet der Redakteur nur für den Inhalt, nicht für einen etwa irreführenden Titel einer Zeitschrift, da für diesen nur der Verleger haftbar ist. (RG. in DJZ. **98** 250.)

3. § 21 PreßG. bestimmt für alle Druckschriften, daß der verantwortliche Redakteur, Verleger, Drucker und der, welcher die Druckschrift gewerbsmäßig vertreibt oder verbreitet, wegen **Fahrlässigkeit** zu bestrafen sind, soweit sie nicht nach § 20 (und, wie für den vorliegenden Fall zu ergänzen ist, nach § 4 dieses Gesetzes) als Täter oder

Teilnehmer haften. (Vgl. JW. 08 388). Die Haftung fällt für sie fort, wenn sie die Anwendung der pflichtgemäßen Sorgfalt oder Umstände nachweisen, die diese Anwendung unmöglich gemacht haben. Die bezeichneten Personen können sich aber von der Strafbarkeit durch Benennung des Verfassers oder Einsenders oder eines Vormannes befreien. (Näheres § 21, 2 PreßG.)

Dies ist ein dem Preßgesetz eigentümliches Fahrlässigkeitsdelikt (RGStr. 13 319), das lediglich nach den im Preßgesetz enthaltenen Normen zu beurteilen ist. Selbstverständlich schließt die Bestrafung des Redakteurs usw. wegen Fahrlässigkeit nicht die Bestrafung der sonstigen Täter aus § 4 aus.

4. Wird das Vergehen gegen § 4 durch die Verbreitung von Druckschriften begangen, so **verjährt** die Strafverfolgung in sechs Monaten. Daß diese Vorschrift auf § 4 Anwendung findet, hat das Reichsgericht mit Recht mehrfach (Str. 35 270, vgl. auch 35 376) angenommen.

D. Polizeiliche Maßregeln.

Es regelt sich nach den landesgesetzlichen Bestimmungen, ob und inwieweit die **Polizei** berechtigt ist, vorbeugende und andere Maßnahmen gegen § 4 verletzende Handlungen zu treffen. In Preußen ist diese Befugnis durch § 10 II 17 ALR. gewährt. (Über Bayern, Baden und Hessen vgl. Hauß 62). Daß durch diese Bestimmungen das Recht gewährt ist, tunlichst Straftaten zu verhüten, hat das Reichsgericht (Str. 13 44) anerkannt. Danach steht der Polizei das Recht zu, falls ihr beabsichtigte oder in der Ausführung begriffene Vergehen gegen § 4 zur Kenntnis kommen, vorbeugende Maßnahmen zu treffen, z. B. Plakate, deren Inhalt § 4 widerspricht, zu beseitigen und sonstige Ankündigungen zu verhindern. (So allgemeine Ansicht, vgl. Müller 82)

§ 5.

Die Verwendung von Namen, die im geschäftlichen Verkehre zur Benennung gewisser Waren oder gewerblicher Leistungen dienen, ohne deren Herkunft bezeichnen zu sollen, fällt nicht unter die Vorschriften der §§ 3, 4.

Im Sinne der Vorschriften der §§ 3, 4 sind den dort bezeichneten Angaben bildliche Darstellungen und sonstige Veranstaltungen gleich zu achten, die darauf berechnet und geeignet sind, solche Angaben zu ersetzen.

Inhaltsangabe.

I. Vorbemerkung.

§ 5 bringt in etwas veränderter Form und mit etwas erweitertem Inhalte dasselbe, was die Absätze 3 und 4 des früheren § 1 enthielten. Die wesentlichste sachliche Änderung ist die, daß die Gleichsetzung der bildlichen Darstellungen mit den textlichen Angaben auch auf den strafrechtlichen Tatbestand ausgedehnt ist.

II. Herkunftsbezeichnungen als Sortennamen.

1. In § 16 WarenZG. befindet sich die Bestimmung, daß die Verwendung von Namen, die **handelsgebräuchlich nicht als Herkunftsangaben** anzusehen sind, nicht unter das Gesetz fällt. Bei der Beratung des Wettbewerbgesetzes wurde die Aufnahme der gleichen Bestimmung beantragt und durchgesetzt, obgleich mit Recht deren Überflüssigkeit hervorgehoben wurde. (Bachem u. Roeren 85.) Besteht im Publikum nicht die Meinung, daß z. B. Wiener Würste aus Wien stammen, sondern wird damit nur eine gewisse Beschaffenheit der Ware ausgedrückt, so wird durch die Bezeichnung keine unrichtige Angabe über geschäftliche Verhältnisse, insbesondere nicht über die Bezugsquelle gemacht, da eben bei dem Ausdruck niemand an den Ursprungsort, sondern an die Qualität denkt.

2. Die frühere Fassung sprach von einem Handelsbrauch, der über den Sinn der Bezeichnung entscheide. Jetzt heißt es statt dessen „im geschäftlichen Verkehr". Diese Änderung ist jedoch, wie die Begründung S. 14 ergibt, lediglich formeller Natur und darauf zurückzuführen, daß die Worte „oder gewerblicher Leistungen" eingeschaltet wurden. Nach wie vor kommt es darauf an, daß in den Kreisen des Publikums, an welches sich die Ankündigung wendet, die Anschauung besteht, der Name deute nicht auf die Herkunft der Ware. (RG. in UnlW. 1 44 u. 60 und in A. 00 331; UnlW. 8 20; Bl. 00 328; 02 32; RGStr. 36 60 und 377, 40 288.) Mißbräuchliche Gewohnheiten im Kreise der Produzenten, die noch nicht dem konsumierenden Publikum bekanntgeworden sind, sind nicht als Handelsgewohnheiten anzusehen. (Vgl. analog RGStr. 25 117; 14 428.) Dagegen kann man nicht, wie Fuld 167 einen Gebrauch, der im übrigen den Erfordernissen des § 5 entspricht, aus subjektiven Gründen als Mißbrauch unberücksichtigt lassen. Das von ihm zitierte Erkenntnis RGStr. 36 61 rechtfertigt eine solche Verallgemeinerung nicht. Es ist speziell auf die Verhältnisse im Weinhandel zugeschnitten und behandelt Fragen, die inzwischen durch das WeinG. v. 7. IV 09 (s. u.) ihre Erledigung gefunden haben.

3. **Die Herkunftsbezeichnung muß zum Gattungsnamen gewisser Waren geworden sein.** Das, was von einer bestimmten Ware der Warengattung gilt, kann nicht ohne weiteres auf andere übertragen werden. Wenn z. B. auch angenommen ist, daß Karlsbader Salz natürliche und künstliche Produkte in sich schließt, so gilt dies noch nicht für andere Bezeichnungen, z. B. Pralinées de Karlsbad. (RG. in Bl. 98 268.)

4. Ob Herkunftsbezeichnungen zu Gattungsnamen geworden sind, wird oft zweifelhaft sein; der Richter hat, soweit er nicht aus eigener Kenntnis entscheiden kann (vgl. das Erkenntnis des OLG. Colmar bei Birkenbihl 41 Nr. 96 über Straßburger Gänseleberpastete), durch Gutachten von Sachverständigen, Handelskammern usw. den Gebrauch der beteiligten Kreise festzustellen.

5. Ist die Herkunftsbezeichnung zum **Gattungsnamen**, zur Sortenbezeichnung geworden, so fällt die Anwendung der §§ 3 und 4 nur insofern fort, als die fälschliche Bezeichnung des Herkunftsortes nicht verfolgt werden kann. Wohl aber kann der Gattungsname eine bestimmte Beschaffenheit dokumentieren; in diesem Fall liegt, wenn die Ware nicht die in der Bezeichnung liegenden Eigenschaften hat, eine falsche Angabe über die Beschaffenheit vor. Unter „Thorner Pfefferkuchen", „Schweizer Käse" versteht der Verkehr Waren gewisser Art mit bestimmten Eigenschaften. Haben sie diese Eigenschaften nicht, so liegt die Täuschung in der Angabe über die Beschaffenheit.

6. Werden **täuschende Zusätze** zu den Gattungsnamen gemacht, die erkennen lassen sollen, daß die Ware wirklich aus dem betreffenden Orte stammt, z. B. „echt"

oder sonstige Bezeichnungen, Zusätze usw., so treten die Ausnahmebestimmungen des Gesetzes nicht ein, da dann eine wirkliche Herkunftsbezeichnung vorliegt. (Kent 472 Nr. 766). Besonders gilt dies von Zusätzen, die sich äußerlich als Firmenbezeichnung geben oder den Namen einer Person enthalten, z. B. Bock y Ca in Verbindung mit Havana (RGStr. in JW. 07 565; UnlW. 8 13) oder die Verwendung einer — vielleicht gar nicht existierenden — französischen Firma für Kognak (UnlW. 7 26) oder die Anbringung des Thorner Wappens auf Thorner Pfefferkuchen. (Bl. 10 24.)

7. Es sind nicht nur geographische Bezeichnungen, die diesen Wandel durchmachen. Auch die Namen bestimmter Fabrikanten können allmählich zu Sortennamen werden, indem dem Publikum der ursprüngliche Zusammenhang verloren geht. Dies ist z. B. festgestellt worden bei Liberty-Seide. (RG. 69 311.) In solchem Fall liegt auch keine Verletzung des Namensrechtes jenes Fabrikanten vor.

8. Aus der Literatur, der Praxis des Patentamts und der Gerichte werden in betreff häufig vorkommender Fälle folgende Beispiele angeführt, die aber mit Rücksicht auf den Wechsel der Anschauungen sowie darauf, daß die beteiligten Kreise nicht immer dieselben sind, nur relativen Wert haben:

Bei der Beratung des WarenZG. sind u. a. folgende Bezeichnungen als Gattungsnamen angesehen: Berliner Blau, Schweinfurter Grün, Thorner Pfefferkuchen (vgl. aber Bl. 10 24), Schweizer Käse, Westfälischer Schinken, Braunschweiger Wurst, Teltower Rüben, Aachener Printen, Mainzer Sauerkraut, Kognak, Wiener Würste usw., ferner Jauersche Würste, Königsberger Marzipan, Harzer Käse, Italienischer Salat.

Im einzelnen:

Bier (Paul Dehn: Erlaubte und unerlaubte Bierbezeichnungen in GewRschutz 96 240). In betreff dieses liegt eine ziemlich abschließende Entwickelung für die hauptsächlich in Betracht kommenden Bierarten vor. Als bayerisches Bier gilt im Verkehr das nach bayerischer Art gebraute, so daß dies zum Gattungsnamen geworden ist. Bei Münchener Bier ist die Entwickelung noch nicht so weit gediehen; es gilt im deutschen Verkehr noch als Herkunftsbezeichnung (für Hamburg angenommen in JW. 02 593 Nr. 19; UnlW. 2 41; PatA. in Bl. 98 33 u. 135), während z. B. für überseeischen Verkehr (in A. 00 331) das Reichsgericht festgestellt hat, daß in der Bezeichnung lediglich Gattungsname liegt. Daß Angaben wie Löwenbräu, Tucher, Hofbräu usw. keine Gattungsnamen geworden sind, ist unzweifelhaft. Der Ausdruck Münchener Bräu bedeutet die örtliche Herkunft, weil der Zusatz „Bräu" auf die Produktion in München hindeutet. (PatA. in Bl. 98 135.) Bei „Pilsener Bier" nimmt die Praxis jetzt an, daß es noch Herkunftsbezeichnung ist (OLG. Hamburg in UnlW. 5 18; RGStr. 36 131), doch kann der Name auch bei nicht in Pilsen gebrautem Bier dann gebraucht werden, wenn aus deutlichen Zusätzen zweifelsfrei sich ergibt, daß es nicht in Pilsen hergestellt ist, daß also das Wort nur als Gattungsname in dem Sinne von „nach Pilsener Art gebraut" verstanden wird. (PatA. in Bl. 97 74; RG. in UnlW. 1 44; OLG. Hamburg in OLGRspr. 3 272); „Urquell" gilt im Publikum als dem „Bürgerlichen Brauhaus" in Pilsen eigentümlich und ist deshalb Herkunftsangabe (UnlW. 8 106); damit kann „Pilsener Urbräu" verwechselt werden. (DJZ. 08 824.) Dortmunder Bier ist Herkunftsangabe (OLG. Köln in UnlW. 4 12; RG. 58 136).

Selterwasser ist hingegen Gattungsname, doch die Bezeichnung „natürliches original Selters" gilt im Verkehr als Wasser aus dem fiskalischen Brunnen von Niederselters. (RG. in Bl. 97 200.) Harzer Sauerbrunnen ist Herkunftsangabe. (UnlW. 7 29.)

Für **Tabak und Zigarren** ist bei den Beratungen des WarenZG. hervorgehoben, daß „Pariser Schnupftabak", ferner Bezeichnungen wie „Havanna-", „Amsterdam-", „Kubazigarren" Sortenangaben geworden sind. In betreff des Wortes „Havanna-" und „Kubazigarren" dürfte dies zu bezweifeln sein. (Lobe, Gesetz 69, Kent 477, Stenglein Anm. 8 zu § 1, Wassermann 46, Fuld 174.) Ägyptische Zigarette ist Herkunftsangabe und zwar für solche Zigaretten, die in Ägypten hergestellt sind (PatA. in UnlW. 8 103; Mitteil. d. Handelskammer Berlin, Jahrg. 6 17; RG. in SeuffBl. 07 738), auch wenn auf der Packung deutsche Ortsnamen stehen. (KG. in UnlW. 7 172.) Ein Zigarettenfabrikant erweckt durch den seinem Namen auf den Zigarettenpaketen beigefügten Zusatz „de Constantinople" den Anschein, als seien die Zigaretten in Konstantinopel fabriziert. (RG. in UnlW. 7 87.)

Gnadenfreier Pfefferminzküchel gilt noch als Herkunftsbezeichnung. (LG. Breslau bei Gareis 3 791.)

Hallesche Zichorie gilt als Gattungsname für eine gewisse fettreiche Ware. (RG. in Bl. 98 38.)

Bullrich-Salz ist lediglich Synonym für natron bicarbonicum, ohne daß an das Fabrikat gerade des ursprünglichen Herstellers gedacht wird. (RG. in UnlW. 1 138.)

Wörrishofener ist als Gattungsname für Waren anzusehen, die im Sinne der Vorschriften Kneipps hergestellt sind. (OLG. Karlsruhe in DIZ. 3 475.) Über Kneippkaffee KG. in UnlW. 1 174.

Bei dem Namen **Liebig** hat das OLG. Hamburg (in GewRschutz 98 314) dahingestellt gelassen, ob derselbe zu einer Qualitätsbezeichnung für Fleischextrakt geworden ist; jedenfalls knüpft sich an diesen Namen eine Gemeingut gewordene Erfindung. In der Benutzung dieses Namens allein mit deutlicher Hervorhebung der Bezugsquelle ist daher das Gesetz nicht verletzt.

Im **Teppichhandel** hält Fuld (UnlW. 6 102) die Bezeichnung „orientalischer Teppich" für eine Gattungsbezeichnung, während die speziellen Bezeichnungen wie „Buchara-" oder „Perser-Teppich" Herkunftsangaben sind.

Von Spirituosen gelten „Nordhäuser" und „Kuraçao" als Gattungsnamen (vgl. Fuld UnlW. 4 32 und Komment. 176).

9. Für **Wein, Schaumwein und Kognak** kommen die nachfolgenden Bestimmungen des WeinG. v. 7. IV. 09 in Betracht.

(Geographische Bezeichnungen.)

§ 6.

Im gewerbsmäßigen Verkehr mit Wein dürfen geographische Bezeichnungen nur zur Kennzeichnung der Herkunft verwendet werden.

Die Vorschriften des § 16 Abs. 2 WarenZG. v. 12. V. 94 (RGBl. 441) und des § 1 Abs. 3 UnlWG. v. 27. V. 96 (RGBl. 145) (jetzt § 5 des geltenden Gesetzes) finden auf die Benennung von Wein keine Anwendung. Gestattet bleibt jedoch, die Namen einzelner Gemarkungen oder Weinbergslagen, die mehr als einer Gemarkung angehören, zu benutzen, um gleichartige und gleichwertige Erzeugnisse benachbarter oder nahegelegener Gemarkungen oder Lagen zu bezeichnen.

(Benennung bei Verschnitten.)

§ 7.

Ein Verschnitt aus Erzeugnissen verschiedener Herkunft darf nur dann nach einem der Anteile allein benannt werden, wenn dieser in der Gesamtmenge überwiegt und die Art bestimmt; dabei findet die Vorschrift des § 6 Abs. 2 Satz 2 Anwendung. Die

Angabe einer Weinbergslage ist jedoch, von dem Falle des § 6 Abs. 2 abgesehen, nur dann zulässig, wenn der aus der betreffenden Lage stammende Anteil nicht gezuckert ist.

Es ist verboten, in der Benennung anzugeben oder anzudeuten, daß der Wein Wachstum eines bestimmten Weinbergsbesitzers sei.

Die Beschränkungen der Bezeichnung treffen nicht den Verschnitt durch Vermischung von Trauben oder Traubenmost mit Trauben oder Traubenmost gleichen Wertes derselben oder einer benachbarten Gemarkung und den Ersatz der Abgänge, die sich aus der Pflege des im Fasse lagernden Weines ergeben.

(Schaumweinbezeichnung.)

§ 17.

Schaumwein, der gewerbsmäßig verkauft oder feilgehalten wird, muß eine Bezeichnung tragen, die das Land erkennbar macht, wo er auf Flaschen gefüllt worden ist; bei Schaumwein, dessen Kohlensäuregehalt ganz oder teilweise auf einem Zusatze fertiger Kohlensäure beruht, muß die Bezeichnung der Herstellungsart ersehen lassen. Dem Schaumwein ähnliche Getränke müssen eine Bezeichnung tragen, welche erkennen läßt, welche dem Weine ähnlichen Getränke zu ihrer Herstellung verwendet worden sind. Die näheren Vorschriften trifft der Bundesrat.

Die vom Bundesrate vorgeschriebenen Bezeichnungen sind auch in die Preislisten und Weinkarten sowie in die sonstigen im geschäftlichen Verkehr üblichen Angebote mit aufzunehmen.

(Kognak.)

§ 18.

Trinkbranntwein, dessen Alkohol nicht ausschließlich aus Wein gewonnen ist, darf im geschäftlichen Verkehr nicht als Kognak bezeichnet werden.

Trinkbranntwein, der neben Kognak Alkohol anderer Art enthält, darf als Kognakverschnitt bezeichnet werden, wenn mindestens $^1/_{10}$ des Alkohols aus Wein gewonnen ist.

Kognak und Kognakverschnitte müssen in 100 Raumteilen mindestens 38 Raumteile Alkohol enthalten.

Trinkbranntwein, der in Flaschen oder ähnlichen Gefäßen unter der Bezeichnung Kognak gewerbsmäßig verkauft oder feilgehalten wird, muß zugleich eine Bezeichnung tragen, welche das Land erkennbar macht, wo er für den Verbrauch fertiggestellt worden ist. Die näheren Vorschriften trifft der Bundesrat.

Die vom Bundesrat vorgeschriebenen Bezeichnungen sind auch in die Preislisten und Weinkarten sowie in die sonstigen im geschäftlichen Verkehr üblichen Angebote mit aufzunehmen.

III. Bildliche Darstellungen und sonstige Veranstaltungen.

1. **Abs. 2 des Paragraphen enthält eine Erweiterung des Begriffs der „Angaben".** Die Begründung von 1896 sagt hierüber:

„Sie (d. h. die Reklame) benutzt zu diesem Zweck auch bildliche oder sonstige Darstellungen. So findet man nicht selten in den Schaufenstern die Abbildung von Arbeitsgeräten, z. B. eines Webstuhls, oder von Fabrikanlagen in der Absicht angebracht, bei dem Publikum den Irrtum zu erregen, daß der Besitzer des Geschäfts die ausgelegten Waren selbst oder in der bildlich dargestellten Fabrik erzeuge. Solche Veranstaltungen können das kaufende Publikum über die Güte des Angebots in gleichem Maße irreführen, wie unwahre Angaben, die sich in Worte kleiden; sie sind daher im Schlußabsatz des § 1 den Angaben tatsächlicher Art gleichgestellt."

Es sind danach die bildlichen Darstellungen und Veranstaltungen nicht ohne weiteres den tatsächlichen Angaben gleichgeachtet; sie müssen vielmehr a) subjektiv darauf berechnet, b) objektiv geeignet sein, die Angaben zu ersetzen.

2. Als **bildliche Darstellungen** sind außer den in der Begründung herangezogenen Beispielen besonders Ausstellungsmedaillen auf Zirkularen, die den Glauben erwecken sollen, daß die Ware bei Ausstellungen prämiiert sei (SächsOLG. 99 117; UnlW. 3 54), ferner symbolische Darstellungen, verbreitete Zeichen für Waren (Osterrieth 40) usw. anzusehen. Die Frage, ob derartige Bilder geeignet sind, den Anschein besonders günstigen Angebots zu erwecken, ist nach deren Wirkung auf das in Frage kommende konsumierende Publikum (vgl. S. 27) zu prüfen. Gerade bei diesen bildlichen Darstellungen ist der Phantasie oft freier Lauf gelassen und wird das Publikum schon an sich die darin enthaltenen Behauptungen auf das richtige Maß zurückführen. Man pflegt den Bildern bei Jahrmarktsbuden, bildlichen Reklamen über Wirkungen von irgendwelchen kosmetischen Mitteln keinen übertriebenen Wert beizulegen. Der Richter wird sich daher immer fragen müssen, ob wirklich in derartigen Fällen der Anschein günstigen Angebots gegeben ist. Wird diese Frage verneint, so ist die bildliche Darstellung als solche nicht zu verfolgen; nicht ausgeschlossen ist aber, daß sie als Erläuterung daneben vorhandener wörtlicher Angaben herangezogen werden kann. (RGStr. 30 413; ebenso SächsOLG. 99 119.)

Für die Frage, ob eine bildliche Darstellung **geeignet** ist, tatsächliche Angaben zu ersetzen und den Anschein günstigen Angebots hervorzurufen, können die Entscheidungen des Patentamts sinngemäß verwendet werden, die sich über die Frage der Täuschungsgefahr beim Markenschutz verbreiten.

So ist dort angenommen worden, daß die Darstellung eines Butterfasses durch einen Margarinehändler, das Bild einer Biene durch einen Syruphändler die Gefahr einer Täuschung begründe. (Diese und andere Entscheidungen bei Seitel, Markenschutz 249 ff.; Freund-Magnus 235.)

3. **Veranstaltungen sind „in die äußere Erscheinung tretende Kundgebungen".** (RG. in JW. 01 255 Nr. 16.) Der Gesetzgeber hat absichtlich einen möglichst weiten Begriff genommen, um alle die Fälle der Reklame zu treffen, die sich nicht als mündliche, schriftliche oder bildliche charakterisieren lassen. Alles, was nach außen in die Erscheinung tritt, fällt, wenn hierdurch fälschlicherweise der Anschein besonders günstigen Angebots hervorgerufen wird, und wenn es darauf berechnet und geeignet ist, tatsächliche Angaben zu ersetzen, unter das Gesetz, so z. B. wenn dem Verkauf das Ansehen einer Auktion auch ohne besondere Ankündigung gegeben wird (Müller 80), wenn die Ausstattung eines Ladens einen Trauerfall markiert (Lobe 50), wenn ein Gewerbetreibender in einem großen Laden verkauft, der anscheinend mit Ware gefüllt ist, während in Wirklichkeit nichts vorhanden ist, wenn ein Händler durch seine Tracht eine bestimmte Herkunft andeutet (Finger 129) usw. Die Praxis hat anscheinend von der weiten Ausdehnung des Begriffs noch wenig Gebrauch gemacht; im wesentlichen wird nur bei Reklame im *Zeitungswesen* mit dem Begriff „Veranstaltungen" operiert. So ist angenommen, daß der Abdruck öffentlicher Bekanntmachungen in gleicher Weise, wie sie das Organ der Behörden bringt, als eine derartige Veranstaltung anzusehen ist. Das Publikum lege erhebliches Gewicht darauf, welches Blatt Behörden zu ihren Publikationen benutzen, es liege daher in der Vorspiegelung, ein derartiges Organ zu sein, ein Anschein besonders günstigen Angebots.

Vor allem aber ist der Begriff bei den sogenannten „*Füllinseraten*" verwendet. Eine Zeitung druckt Inserate aus einer anderen Zeitung ab. Diese Veranstaltung kann die tatsächliche Angabe ersetzen, die Inserate seien der Zeitung in Auftrag gegeben, und sie kann den Anschein besonders günstigen Angebots enthalten, da das Publikum annimmt, eine Zeitung mit viel Inseraten habe auch eine besonders große Verbreitung. (So RG. in JW. 01 255 Nr. 16, dagegen LG. Berlin I in UnlW. 1 72, aufgehoben durch KG. in UnlW. 2 10, welches sich auf den Standpunkt des RG. stellt.)

Ob ein einmaliger Abdruck genügt oder ob er eine gewisse Zeit hindurch fortgesetzt werden müsse, ist tatsächliche Frage. Die Entscheidung hängt davon ab, ob der betreffende Leserkreis schon in einem Abdruck ein besonders günstiges Angebot sieht. (Verneint in einem speziellen Fall von LG. Hamburg in UnlW. 2 37.)

4. Besteht die bildliche Darstellung in einem eingetragenen Warenzeichen, so kann von unlauterem Wettbewerb keine Rede sein. (RG. in UnlW. 4 82.)

5. Im Gegensatz zu dem bisherigen Rechtszustand macht sich der Verbreiter solcher bildlichen Darstellungen jetzt auch strafrechtlich haftbar.

Vorbemerkung zu den §§ 6 bis 10.

§§ 6 bis 10 handeln von der Ankündigung von Ausverkäufen. Das frühere Gesetz hatte eine besondere Bestimmung über Ausverkäufe nicht, wohl aber verfolgte man falsche Ankündigungen von Ausverkäufen gemäß §§ 1 und 4 des früheren Gesetzes als unrichtige Angaben über Anlaß und Zweck des Verkaufs. Da das Gesetz einen Anhalt nicht gab, so war die Praxis eine sehr schwankende, insbesondere war es zweifelhaft, inwieweit Nachschübe von Waren dem Begriff des Ausverkaufs widersprächen. Das Reichsgericht hat am 21. September 1897 (RGSt. 30 256) einen beschränkten Nachschub von Waren zugelassen. Es sagt, daß der Begriff eines Ausverkaufs nicht ausgeschlossen sei, wenn im Einzelfalle nach Gelegenheit der Umstände sogenannte Nachschiebungen einzelner oder auszuverkaufender Warenposten im geringen Umfange stattfänden. Auf Grund dieses in seiner Bedeutung überschätzten Reichsgerichtserkenntnisses hat die Praxis vielfach Nachschübe schlechthin und ohne besondere Beschränkung freigegeben und damit natürlich dem Mißbrauch Tür und Tor geöffnet. (Näheres über die sich an das Reichsgericht anschließende Praxis, die nach den Bestimmungen des neuen Gesetzes nicht mehr von Bedeutung ist, vgl. Leander in UnlW. 5 133; ferner besonders das Erk. des RG. v. 15. IX. 07 in UnlW. 7 178 und RGSt. 37 178.)

Da weder spätere Entscheidungen der Gerichte, noch von Amts wegen unternommene Versuche, das Publikum über den Sinn des reichsgerichtlichen Urteils aufzuklären, vermocht hatten, eine befriedigende Rechtsausübung herbeizuführen, vielmehr die Klagen über die groben Mißbräuche und mangelhaften Rechtsschutz nicht verstummten (Begründung 14), so hat man sich genötigt gesehen, in das neue Gesetz besondere Bestimmungen über den Ausverkauf aufzunehmen.

Diese sind, abgesehen von den aus dem Zusammenhang herausgenommenen Bestimmungen in § 6, betr. die Konkursmassenausverkäufe, in den §§ 7 bis 10 enthalten.

§ 7 enthält eine Vorschrift über die Ankündigung des Ausverkaufs sowie die Befugnisse der höheren Verwaltungsbehörde; § 8 die strikte Vorschrift des Verbots des Vorschiebens und Nachschiebens von Waren; § 9 definiert den Begriff des Ausverkaufs und stellt besondere Bestimmungen über Saison- und Inventurausverkäufe auf und § 10 enthält die Strafbestimmungen.

§ 6.

Wird in öffentlichen Bekanntmachungen oder in Mitteilungen, die für einen größeren Kreis von Personen bestimmt sind, der Verkauf von

Waren angekündigt, die aus einer Konkursmasse stammen, aber nicht mehr zum Bestande der Konkursmasse gehören, so ist dabei jede Bezugnahme auf die Herkunft der Waren aus einer Konkursmasse verboten.

Zuwiderhandlungen gegen diese Vorschrift werden mit Geldstrafe bis zu einhundertfünfzig Mark oder mit Haft bestraft.

Inhaltsangabe.

I. Entwickelung.

Seit sich der Begriff des unlauteren Wettbewerbes gebildet hat, hat er ein Hauptanwendungsgebiet im Ausverkaufswesen gefunden. Gerade hier haben sich besondere Mißstände gezeigt, und es war das Bestreben der beteiligten Kreise, diese Auswüchse im Ausverkaufswesen zu beseitigen. Das bisherige Gesetz hatte besondere Bestimmungen über Ausverkäufe nicht. Die Praxis hat die Vorschriften der §§ 1 und 4 des bisherigen Gesetzes auch auf Ankündigung von Ausverkäufen angewendet. Eine besondere Art, die vor allem zu Klagen Anlaß gab, war die Ankündigung der Konkursausverkäufe. Wie von Ausverkäufen überhaupt, so spricht das bisherige Gesetz auch nicht von Konkursausverkäufen. Auch hier waren lediglich die allgemeinen Bestimmungen des Gesetzes maßgebend.

Dem allgemeinen Wunsch der Interessenten folgend, hat der Gesetzgeber in das neue Gesetz spezielle Bestimmungen über Konkursausverkäufe aufgenommen und diese an die Spitze der Bestimmungen über das Ausverkaufswesen (§§ 6 bis 10) gestellt. Schon der Entwurf brachte eine besondere Bestimmung, indem er in § 5 vorschlug:

> „Öffentliche Bekanntmachungen oder Mitteilungen, die für einen größeren Kreis von Personen bestimmt sind, über den Verkauf von Waren, die aus einer Konkursmasse herrühren, müssen klar erkennen lassen, ob die zum Verkaufe gestellten Waren noch zum Bestande der Konkursmasse gehören oder sich bereits in anderer Hand befinden.
>
> Wer vorsätzlich in der Ankündigung den Anschein hervorruft, daß Waren, die nicht für Rechnung der Konkursmasse verkauft werden, noch zum Bestande der Konkursmasse gehören, wird mit Geldstrafe bis zu fünftausend Mark oder mit Gefängnis bis zu einem Jahre bestraft.
>
> In Ansehung des Anspruchs auf Unterlassung und auf Schadensersatz finden die Vorschriften der §§ 1, 2 Anwendung."

Diese Vorschrift ist in der Begründung damit motiviert, daß vielfache Beschwerden über die schwindelhaften Konkurswarenausverkäufe laut geworden seien und daß das bisherige Gesetz zur sicheren Bekämpfung derartiger trügerischer Ankündigungen nicht ausreiche; dagegen wird in der Begründung der Wunsch der Beteiligten, bei der Ankündigung des Verkaufs von Waren, die aus einer Konkursmasse stammen, die sich aber in dritter Hand befinden, die Herkunft aus der Konkursmasse schlechtweg zu verbieten, abgelehnt, weil dann auch Angaben verboten würden, die tatsächlichen Verhältnissen entsprechen.

Die Reichstagskommission stellte sich auf einen anderen Standpunkt und nahm den Paragraphen in der jetzt Gesetz gewordenen Fassung an mit der Motivierung, daß Waren, die nicht mehr zum Bestande der Masse gehören, keine Konkursmassewaren seien. Es ist aber mit Rücksicht darauf, daß es sich nunmehr lediglich um eine reine Polizeivorschrift handele, die strenge Strafdrohung des Entwurfs herabgemindert worden.

Damit ist eine besondere Gesetzesbestimmung geschaffen worden, die eine Ankündigung von Waren verbietet, die aus einer Konkursmasse stammen, aber nicht mehr zum Bestande der Konkursmasse gehören, wenn in dieser Ankündigung eine Bezugnahme auf die Herkunft der Waren aus der Konkursmasse sich befindet. Verboten ist demnach lediglich die Ankündigung. Ob die Ankündigung Wahres oder Falsches enthält, ist nur insofern von Belang, als bei Ankündigung von Falschem neben § 6 auch andere Paragraphen in Betracht kommen können; auch wenn die Ankündigung der Wahrheit entspricht, tritt Strafbarkeit ein.

Der innere Grund des Verbots ist, daß der Gesetzgeber schon in der Tatsache, daß die Ankündigung auf die Herkunft aus der Konkursmasse hinweist, eine Täuschung des Publikums sieht. Das gewöhnliche Publikum bevorzugt Konkursverkäufe um dieser ihrer Eigenschaft willen als Einkaufsgelegenheit vor dem gewöhnlichen Einkauf selbst in anerkannt billigen Geschäften deshalb, weil erfahrungsgemäß der Konkursverwalter im Interesse einer möglichst schnellen Veräußerung der Masse, die Waren zu jedem annehmbaren Preise losschlägt. (Vgl. RGSt. 38 371.) Den Umstand, daß das Publikum hierbei zwischen Verkäufen, die der Konkursverwalter selbst und solchen, die ein Dritter, nachdem er das Lager gekauft hat, vornimmt, nicht unterscheidet, soll nach der Absicht des Gesetzes sich der Erwerber der Konkursmasse nicht zunutze machen. Es sollen Konkursmassenausverkäufe als solche nur stattfinden, wenn die Waren sich noch im Besitz der Konkursmasse befinden.

II. Tatbestandsmerkmale.

1. **Ankündigung des Verkaufs von Waren aus einer Konkursmasse.** Erstes Tatbestandsmerkmal ist Ankündigung des Verkaufs von Waren aus der Konkursmasse.

Die Ankündigung muß in öffentlichen Bekanntmachungen oder in Mitteilungen, die für einen größeren Kreis von Personen bestimmt sind, erfolgen.

Es sind dies dieselben Worte, wie in § 3 und es wird zur Erläuterung auf diesen Paragraphen und die Anmerkungen hierzu verwiesen. Angekündigt muß der Verkauf sein. Verkauf ist im weitesten Sinne zu verstehen; es fallen darunter auch Tauschverträge, öffentliche Versteigerungen, Zwangsverkäufe. Zweifelhaft kann sein, ob die Ankündigung, daß Gegenstände aus einer Konkursmasse als Gratiszugabe gegeben werden, unter § 6 fällt. (Rosenthal Anm. 13 zu § 6.) An sich ist § 6 als strafrechtliche Norm strikt zu interpretieren und kann unter Verkauf die Hingabe einer Schenkung nicht verstanden werden. Liegt also in Wirklichkeit eine Gratiszugabe vor, d. h. wird die Ware zu einem an sich angemessenen Preise verkauft, so fällt die Ankündigung von Gratiszugaben nicht unter § 6; wenn dagegen der Kaufpreis derartig bemessen ist, daß von einer Gratiszugabe nicht die Rede sein kann, so findet § 6 Anwendung.

2. **Herkunft der Waren.** Nach dem Gesetz müssen die Waren aus einer Konkursmasse stammen. Es ist gleichgültig, ob dies eine in- oder ausländische Konkursmasse ist. Jedoch ist im letzteren Falle ein wirklicher Konkurs oder ein nach dem ausländischen Gesetze erfolgendes, dem deutschen Konkurs gleichstehendes Verfahren nötig.

Konkursmasse ist nach § 1 der Konkursordnung das gesamte einer Zwangsvollstreckung unterliegende Vermögen des Gemeinschuldners, das ihm zur Zeit der Eröffnung des Verfahrens gehört. Gegenstände, die nicht gepfändet werden können, gehören nicht zur Konkursmasse.

Da Tatbestandsmerkmal der Umstand ist, daß die Waren aus einer Konkursmasse stammen, so ist der Fall, daß eine Ankündigung eines Konkursausverkaufs erfolgt, dann nicht nach § 6 strafbar, wenn die Waren überhaupt nicht aus einer Konkursmasse stammen. Dieser schwerere Fall gegen § 6 fällt unter § 4 des Gesetzes, soweit dessen sonstige Voraussetzungen vorhanden sind.

Die Waren, deren Verkauf angekündigt wird, dürfen nicht mehr zum Bestande der Konkursmasse gehören, d. h. es muß entweder der Konkurs beendet sein, oder der Verwalter muß die Waren bereits veräußert haben; es ist danach die Ankündigung eines Konkursmassenausverkaufs nur zulässig, solange sich die Waren bei der Konkursmasse als solche befinden.

Wenn der Verwalter selbst die Waren ausverkauft, indem er den Anschein erweckt, als wenn die Konkursmasse noch im Eigentum der Waren wäre, obgleich er diese bereits an einen Dritten verkauft hat, so würde eine Ankündigung derartigen Verkaufs unter § 6 fallen, weil in diesem Falle die Ankündigung des Verkaufs von Waren erfolgt, die nicht mehr zum Bestande der Konkursmasse gehören; also kann auch der Konkursverwalter sich der Übertretung des § 6 schuldig machen.

3. **Bezugnahme auf die Herkunft.** Verboten ist die Bezugnahme auf die Herkunft der Waren. Es darf also aus der Ankündigung in keiner Weise hervorgehen, daß die betreffenden Waren aus einer Konkursmasse stammen. Ankündigungen wie: „Verkauf aus der Konkursmasse X", „Verkauf zu Konkurspreisen", „Konkursware", „Verkauf nach Erledigung des Konkursverfahrens" usw. fallen unter § 6, dagegen würden Bezeichnungen wie: „so billig wie Konkursware" (dagegen Fuld Anm. V zu § 6 und Rosenthal Note 12 zu § 6) nicht unter das Gesetz fallen, weil in dieser Ankündigung nur eine Eigenschaft des Preises der Waren bezeichnet, in keiner Weise aber der Anschein erweckt wird, daß die Waren aus einer Konkursmasse stammen: es könnte in diesem Falle nur § 4 verletzt sein.

Ebenso ist eine Ankündigung wie: „billiger Verkauf zur Vermeidung des Konkurses" nicht strafbar.

Verboten ist nur die Bezugnahme auf die Herkunft der Waren aus der Konkursmasse. Ankündigungen daher, die sich auf Herkunft der Waren aus einer Liquidationsmasse beziehen, fallen im allgemeinen nicht unter § 6, es sei denn, daß die Ankündigung so gefaßt ist, daß sie in den Kreisen, auf die sie wirken soll, als Ankündigung eines Konkursverkaufs angesehen wird, wenn also z. B. der Erwerber eines Konkurslagers in demselben Geschäfte, in dem das im Konkurs befindliche Geschäft bisher betrieben war, einen Verkauf der aus der Konkursmasse übernommenen Waren als zu den Preisen der gerichtlichen Liquidation oder ähnlich ankündigt, so wird anzunehmen sein, daß ein nicht zu kritisches Publikum hierin die Bezugnahme auf die Eigenschaft der Waren als aus der Konkursmasse stammend erblicken kann; immerhin sind hier lediglich die Umstände maßgebend.

Im übrigen ist es natürlich gleichgültig, ob der Ausdruck Konkursmasse gebraucht wird. Ausdrücke wie Gant, Krida usw. fallen selbstverständlich unter das Gesetz.

Nicht verboten ist an sich der Verkauf und die Ankündigung des Verkaufs in den Räumen des in Konkurs befindlichen Geschäfts oder unter der Firma dieses Geschäfts, falls der Käufer diese rechtmäßig erworben hat.

III. Rechtsfolgen.

1. **Strafrechtliche.** Wie bereits hervorgehoben ist, hat die Kommission die Vorschrift des § 6 als reine Polizeivorschrift betrachtet. Die Strafverfolgung tritt von Amts wegen ein (§ 22), Antrag ist daher nicht nötig.

Die Bekanntmachung des Urteils regelt § 23.

2. **Zivilrechtliche Folgen.** Diese regelt der § 13, der allgemein bei Verletzungen des § 6 einen Unterlassungsanspruch und bei vorsätzlicher oder fahrlässiger Handlung auch einen Schadensersatzanspruch gibt. Die Bestimmung über die Haftung der Angestellten in Abs. 3 des § 13 gilt auch für den § 6.

IV. Verhältnis zu § 4.

Alle Fälle, in denen Waren objektiv nicht aus einer Konkursmasse stammen, fallen nicht unter § 6, wie oben nachgewiesen ist. Für diese Fälle, sowie den Fall, daß der Konkursverwalter Konkursmassenausverkäufe ankündigt, gilt § 4, soweit im übrigen dessen Voraussetzungen zutreffen. Danach sind auch bei Konkursmassenausverkäufen, soweit deren Ankündigung berechtigt ist, unwahre Angaben nach § 4 strafbar. Auch der Konkursverwalter darf daher, wenn er einen Konkurswarenausverkauf ankündigt, nur wirkliche Konkurswaren verkaufen. (Vgl. RG. in JW. 03 146—154.) Es gilt auch für diese Verkäufe die Vorschrift des § 7 und die des § 8, der Vorschübe und Nachschübe verbietet. Die Urteile der Gerichte daher, die früher für Konkursmassenausverkäufe Nachschübe von geringen Quantitäten Ware, die nicht zum Konkurse gehörten, zuließen, sind für das jetzige Gesetz nicht anwendbar. Dagegen steht nichts im Wege, daß der Konkursverwalter neben seinem Konkurswarenausverkauf auch andere Waren mit verkauft, wenn dies nur in der Ankündigung in einer Weise kenntlich gemacht wird, daß der Teil des Publikums, auf den die Ankündigung wirken soll, hierdurch nicht getäuscht wird. (Vgl. hierüber RGStr. 38 370; ferner in UnlW. 5 41 und 70 und 2 90.)

§ 7.

Wer in öffentlichen Bekanntmachungen oder in Mitteilungen, die für einen größeren Kreis von Personen bestimmt sind, den Verkauf von Waren unter der Bezeichnung eines Ausverkaufs ankündigt, ist gehalten, in der Ankündigung den Grund anzugeben, der zu dem Ausverkauf Anlaß gegeben hat.

Durch die höhere Verwaltungsbehörde kann nach Anhörung der zuständigen gesetzlichen Gewerbe- und Handelsvertretungen für die Ankündigung bestimmter Arten von Ausverkäufen angeordnet werden, daß zuvor bei der von ihr zu bezeichnenden Stelle Anzeige über den Grund des Ausverkaufs und den Zeitpunkt seines Beginns zu erstatten sowie ein Verzeichnis der auszuverkaufenden Waren einzureichen ist. Die Einsicht der Verzeichnisse ist jedem gestattet.

Inhaltsangabe.

I. Entwickelung.

Über die Art, wie man dem unlauteren Ausverkauf entgegenzutreten hätte, war man verschiedener Ansicht. Insbesondere gingen, wie die Begr. S. 15 ausführt, die Wünsche in Interessentenkreisen zum Teil weit auseinander.

Es machten sich vielfach Bestrebungen geltend, die darauf abzielten, den Mißständen im Ausverkaufswesen durch eine polizeiliche Reglementierung abzuhelfen. In dieser Beziehung gingen die Vorschläge dahin, daß die Ausverkäufe unter behördliche Aufsicht gestellt würden und zwar derart, daß die Behörde von Fall zu Fall die Voraussetzung des Ausverkaufs prüfen und über seine Zulassung sowie über seine Dauer zu befinden habe. Auch wurde vorgeschlagen, die Aufsicht über die Ausverkäufe Vertrauenspersonen aus dem Handelsstande zu übertragen. Beide Systeme aber wurden von der Regierung nicht angenommen. Es wurde mit Recht geltend gemacht, daß den Wünschen, die darauf hinausliefen, die Zulässigkeit der Ankündigung eines Ausverkaufs von einer polizeilichen Genehmigung abhängig zu machen, schon wegen der Verschiedenheit des Anlasses, der Arten und der Formen der Ausverkäufe nicht stattgegeben werden könne. Die Übertragung der Aufsicht auf Personen aus dem Handelsstande scheitere schon in der Schwierigkeit einer solchen Regelung außerhalb der großen Städte, da hierbei meist der Erwerbsgenosse in die Lage kommen werde, über die geschäftlichen Maßnahmen seines Konkurrenten zu befinden. Ferner spreche gegen die behördliche Überwachung der Gesichtspunkt, daß die genehmigten Ausverkäufe in den Augen des Publikums leicht zu einem täuschenden Ansehen gelangen können, und schließlich wurde vor allem hervorgehoben, daß, da der Ausverkauf selbst eine unter Umständen unentbehrliche Form des Warenabsatzes sei, dem redlichen Kaufmann nicht zugemutet werden könne, für einen solchen Ausverkauf eine polizeiliche Genehmigung einzuholen.

Demgemäß hat sich der Entwurf und auch das Gesetz darauf beschränkt, für die Ankündigung des Ausverkaufs die Angaben des Grundes vorzuschreiben und ferner eine Anordnung der höheren Verwaltungsbehörde vorzubehalten, daß vor der Ankündigung des Ausverkaufs eine Anzeige erstattet und ein Verzeichnis der auszuverkaufenden Waren einzureichen sei.

Durch diese beiden Maßregeln, von denen die erste (§ 7 Abs. 1) obligatorisch ist, die zweite (§ 7 Abs. 2) erst dann in Geltung tritt, wenn die höhere Verwaltungsbehörde die Anordnung trifft, glaubt man, den Auswüchsen des Ausverkaufswesens genügend entgegengetreten zu sein.

II. Begriff des Ausverkaufs.

Es besteht an sich kein Zweifel darüber, daß der Ausverkauf als solcher eine in keiner Weise verbotene oder schädliche Form des Warenverkaufs ist. Alle Faktoren waren darüber einig, daß, wie die Begründung es ausdrückt, der Ausverkanf an sich keine unlautere Wettbewerbshandlung darstellt, sondern unter Umständen eine ganz unentbehrliche Form des Warenabsatzes ist und daß dies für die kleinen Betriebe in dem gleichen Maße gelte, wie für die großen. Dem redlichen Kaufmann könne nicht zugemutet werden, die polizeiliche Genehmigung einzuholen, wenn er seinen Warenbestand oder einen Teil desselben ausverkaufen wolle.

Es ist eine schwierige Aufgabe der Gesetzgebung, diese nützlichen und gebotenen Ausverkäufe von den schwindelhaften Übervorteilungen des Publikums, die unter der Flagge des Ausverkaufs segeln, derart zu trennen, daß die Interessen des redlichen Handelsstandes geschützt werden, anderseits das Publikum aber vor betrügerischen Anpreisungen bewahrt wird. Die Mittel, die das neue Gesetz zu diesem Zwecke angewendet hat, sind Angabe des Grundes bei der Ankündigung des Ausverkaufs (§ 7 Abs. 1), Befugnisse der höheren Verwaltungsbehörde über Anzeigeerstattung und Einreichung eines Verzeichnisses (§ 7 Abs. 2), absolutes Verbot vom Vorschieben und Nachschieben (§ 8) und Abgrenzung des allgemeinen Begriffs des Ausverkaufs gegen besonders zu schützende Arten (Saison- und Inventurausverkauf, § 9), endlich Festsetzen von Strafen gegen den, der den formellen Bestimmungen des Gesetzes zuwiderhandelt, sowie Unterlassungs- und Schadensersatzklage gegen den, der die materiellen Bestimmungen nicht beachtet.

Es ist zunächst der Begriff des Ausverkaufs festzustellen. Die unter dem früheren Gesetz aus den Motiven entnommene Definition, die das Reichsgericht (RGStr. 30 259) annimmt und die auch sonst durchweg in Theorie und Praxis akzeptiert wurde — als „Veräußerung der vorhandenen Betriebe zum Zwecke der Beendigung, sei es des Geschäftsbetriebes, sei es des Verkaufs einer gewissen Warengattung" — paßt heute nicht mehr vollständig. Nach den jetzigen Bestimmungen muß man den Ausverkauf definieren als „Ausschüttung von Vorräten zum Zwecke der Beendigung, sei es des Geschäftsbetriebes im ganzen, sei es der Räumung eines bestimmten Warenvorrats aus dem vorhandenen Bestande".

In dieser Begriffsbestimmung liegt, daß auch Teilausverkäufe unter den Begriff des Ausverkaufs fallen, daß der Ausverkauf sich nur auf den vorhandenen Bestand bezieht, also Nachschübe ausgeschlossen sind und daß eine Ausschüttung, also eine Erledigung eines bestimmten Teiles des Lagers beabsichtigt wird.

Daß der Ausverkauf den Käufern gewisse Vorteile bieten muß, ist nach dem jetzigen Gesetz, in dem die Bestimmungen des Ausverkaufs aus der allgemeinen Vorschrift des früheren § 1, jetzt § 3, herausgenommen sind, nicht mehr in den Begriff aufzunehmen.

Über die nähere Abgrenzung vgl. § 9 Abs. 1 und Anmerkungen hierzu.

III. Angabe des Grundes.

1. **Allgemeines.** Das Gesetz schreibt für die Ankündigung eines Ausverkaufs in öffentlichen Bekanntmachungen oder in Mitteilungen, die für einen größeren Kreis von Personen bestimmt sind (über dieses letztere vgl. Anm. zu § 3), die Ankündigung des Grundes vor, der zu dem Ausverkauf Anlaß gegeben hat. Die Begründung motiviert dies damit, daß bei dieser Vorschrift die Ankündigung von Verkäufen unter der Firma eines Ausverkaufs in den Fällen nicht mehr möglich ist, in denen der Verkäufer einen solchen Grund überhaupt nicht anführen kann, und ferner werde der Zwang zur Angabe des Grundes dazu beitragen, den für den redlichen Handel besonders schädlichen gewerbsmäßigen Veranstaltungen des Ausverkaufs entgegenzuwirken, da fortan ohne Angabe eines den Tatsachen entsprechenden Grundes zum Ausverkauf die Ankündigung eines solchen überhaupt nicht mehr zulässig sein werde.

Schließlich sei anzunehmen, daß durch die neue Vorschrift den beteiligten Kreisen und den zuständigen Behörden die Nachprüfung des in der Ankündigung angegebenen Sachverhalts und die etwaige Verfolgung unrichtiger Angaben erleichtert werde.

Nötig ist lediglich die Ankündigung des Grundes und zwar des Grundes, der zum Ausverkauf Anlaß gegeben hat. Diese Fassung zeigt, daß der richtige Grund angegeben werden muß, denn der unrichtige Grund ist nicht der, der zum Ausverkauf Anlaß gegeben hat. Es steht daher die Angabe eines unrichtigen Grundes der Nichtangabe eines Grundes gleich, und wird auch diese gemäß § 10, in dem derselbe Wortlaut steht, bestraft.

2. **Einzelne Gründe.** Der angegebene Grund muß, wie die Begründung erklärt, ein solcher sein, daß er nach der Auffassung des Verkehrs den Verkauf von Waren in der forcierten Form eines Ausverkaufs rechtfertigt. Die Begründung hält für zulässig:

Ausverkauf wegen Aufgabe des Geschäfts,
Ausverkauf des Zigarrenlagers, wegen Aufgabe dieses Geschäftszweiges,
Ausverkauf des durch Wasserschaden betroffenen Warenvorrates usw.

Dagegen weist es mit Recht rein reklameartige Bezeichnungen wie:

Ausverkauf für die Reise,
Ausverkauf von Einsegnungsgarderobe

usw. zurück. Angaben letzterer Art gelten daher nicht als Angaben des nach § 7 notwendigen Grundes und werden gemäß § 10 bestraft.

IV. Anordnungen der höheren Verwaltungsbehörde.

1. **Allgemeines.** § 7 Abs. 2 bestimmt, daß die höhere Verwaltungsbehörde anordnen kann, daß vor der Ankündigung des Ausverkaufs eine Anzeige erstattet sowie ein Verzeichnis einzureichen ist. Nach der Begründung verfolgt diese Vorschrift den Zweck, den beteiligten Kreisen sowie den gerichtlichen Behörden die Prüfung darüber zu erleichtern, ob zum Einschreiten auf Grund der Vorschriften des Entwurfes die Voraussetzungen gegeben sind. Es wird ferner in der Begründung hervorgehoben, daß es in der Natur der Sache liege, daß die Verpflichtung zur Anzeige nicht schlechthin und in allen Fällen Platz greifen kann. Das Bedürfnis werde nicht nur in den verschiedenen Teilen des Reiches, in Stadt und Land, sondern auch in bezug auf die einzelnen Arten des Ausverkaufs durchaus verschieden sein. Gerade deshalb sei keine allgemeine Anordnung in das Gesetz aufgenommen, sondern die Befugnis der höheren Verwaltungsbehörde übertragen, die in der Lage sein werde, nach Maßgabe der örtlichen und sachlichen Verhältnisse zu prüfen, ob eine solche Anordnung angezeigt sei. Dieser Behörde soll auch überlassen bleiben, zu befinden, für welche Arten der Ausverkäufe die Anordnung gelten soll und bei welcher Stelle die Anzeige zu erstatten sei.

Demnach ist, wie auch in der Kommissionsberatung wiederholt betont worden ist, die Behörde gewählt, weil generelle Anordnungen bei der Verschiedenartigkeit der Verhältnisse nicht möglich seien. Ist dies aber der Fall, so muß auch der Behörde die Möglichkeit gegeben sein, die Anordnungen selbst, die sie trifft, zu differenzieren.

Es kann daher der Ansicht von Fuld (§ 7 Anm. VI) nicht beigepflichtet werden, der davon ausgeht, daß die Verwaltungsbehörde nicht die Möglichkeit hat, die Anzeigepflicht ohne die Pflicht zur Einreichung des Verzeichnisses zu bestimmen.

Wenn auch der Wortlaut ein zweifelsfreies Resultat nicht ergibt, spricht der oben dargelegte Zweck und Sinn des Gesetzes dafür, daß die Verwaltungsbehörde je nach Lage der Sache das eine oder das andere oder beide Pflichten auferlegen kann.

Über die Frage, in welcher Weise die höheren Verwaltungsbehörden Anordnung zu treffen haben, vgl. Jacubowsky in UnlW. 9 48.

2. **Anzeigepflicht.** Die Anzeige erfolgt bei der von der Verwaltungsbehörde bezeichneten Stelle. Der Inhalt der Anzeige ist im Gesetz angegeben; es genügt die Angabe des Grundes des Ausverkaufs, für den natürlich die Vorschriften des § 7 Abs. 1 gelten und des Zeitpunktes des Beginnes.

Da die Anzeige „zuvor" erfolgen muß, so muß die Anzeige vor der Ankündigung bei der Behörde eingegangen sein. Wenn dies auch nicht ausdrücklich vorgeschrieben ist, so muß doch, dem Sinne des Gesetzes nach, eine schriftliche Anzeige, unterschrieben von dem, der für den Ausverkauf verantwortlich ist, verlangt werden.

3. **Verzeichnis.** Eine große Erschwerung des Ausverkaufs ist die Anfertigung eines Verzeichnisses, falls die Verwaltungsbehörde von dem ihr nach dem Gesetz übertragenen Recht Gebrauch macht. Der Gesetzgeber war sich durchaus nicht im Zweifel darüber, daß das Erfordernis eines Verzeichnisses die Ausverkäufe erschwert. Es ist diesem Bedenken zum Teil durch die Ausnahme des § 9 Abs. 2 betr. die Saison- und Inventurausverkäufe Rechnung getragen worden. Im übrigen aber blieb man bei dem Verzeichnis, weil es die beste Kontrolle und den besten Schutz gegen anredliche Ausverkäufe gebe. Man wollte, wie in der Kommission ausdrücklich ausgesprochen wurde, durch die Forderung des Verzeichnisses absichtlich eine gewisse Erschwerung der Ausverkäufe schaffen.

Was das Verzeichnis betrifft, so muß es spezialisiert sein, da es sonst seinen Zweck verfehlt. Bis zu welchem Grade diese Spezialisierung geht, hängt von der Anordnung der höheren Verwaltungsbehörde ab, der auch in dieser Beziehung freie Hand zu lassen ist. Selbstverständlich müssen die Angaben richtig sein; auf unrichtige Angaben ist die Strafe des § 10 Nr. 2 gesetzt.

Es ist nicht nötig, daß nur eigene Waren angegeben werden, nur muß, falls fremde Waren mit zum Ausverkauf genommen werden, z. B. wenn ein Kommissionär Kommissionsgut ausverkauft, dies ausdrücklich gesagt werden, da, wenn ein Kaufmann einen Ausverkauf ankündigt, man allgemein der Ansicht sein wird, daß er nur seine eigenen Waren ausverkauft, daher die Verwendung fremder Waren ohne Angabe in der Ankündigung als eine falsche Angabe anzusehen ist.

Die Einsicht des Verzeichnisses ist jedermann gestattet, also insbesondere auch allen Konkurrenten, wie dies in der Kommission ausdrücklich festgestellt worden ist. Beschränkungen, die seitens einzelner Kommissionsmitglieder beantragt worden sind, sind abgelehnt. Es sei gerade der Zweck der Bestimmung, daß die Konkurrenten die Verzeichnisse einsehen können, und gerade hierdurch werde unzulässigem Nachschub entgegengetreten.

V. Rechtsfolgen.

1. Übertretungen des § 7 bestraft § 10.

2. Über Klage auf Unterlassung vgl. § 13 Abs. 1. Obgleich in diesem Paragraphen der § 7 nicht besonders hervorgehoben ist, ist die Klage auf Unterlassung zweifellos sowohl aus allgemeinen Grundsätzen gegeben, als weil § 10 in § 13 erwähnt ist, und dieser sich auf § 7 zurückbezieht.

3. Dasselbe gilt von der Schadensersatzklage, die sich nach § 13 Abs. 2 Satz 2 richtet.

§ 8.

Mit Gefängnis bis zu einem Jahre und mit Geldstrafe bis zu fünftausend Mark oder mit einer dieser Strafen wird bestraft, wer im Falle der Ankündigung eines Ausverkaufs Waren zum Verkaufe stellt, die nur für den Zweck des Ausverkaufs herbeigeschafft worden sind (sogenanntes Vorschieben oder Nachschieben von Waren).

Inhaltsangabe.

I. Begriff und Entwickelung.

Der § 8 verdankt der oben dargestellten Praxis der Gerichte unter der Herrschaft des alten Gesetzes seine Entstehung. Es war mit dem Nachschub von Waren bei Ausverkäufen ein derartiger Unfug getrieben worden, daß man sich zu einem völligen Verbot des Nachschiebens und Vorschiebens von Waren entschlossen hat. Der Umstand, daß gewisse Fälle vorkommen können, in denen ein Nachschub von Waren gerechtfertigt ist, z. B. wenn sich am Lager von Waren, die im Dutzend verkauft werden, nur elf Stück, von Handschuhen nur ein Handschuh für eine Hand befindet, erscheinen dem Mißbrauch gegenüber, der mit dem Nachschub getrieben wurde, als unerheblich. In der jetzigen Fassung tritt auch in den Fällen, in denen an sich der Nachschub ein materiell und ökonomisch berechtigter ist, das Verbot des § 8 ein. Es ist jetzt jede Komplettierung des Lagers unter allen Umständen verboten.

II. Vorschieben und Nachschieben von Waren.

Vorschub von Waren ist nach der Begründung die „mißbräuchliche Ergänzung des Lagers vor der Ankündigung". Nachschub ist „Herbeischaffung von Waren nach der Ankündigung". Der begriffliche Unterschied ist der, daß das nachträgliche Herbeischaffen der Waren und Hineinbringen in den Ausverkauf unter allen Umständen verboten ist, der Vorschub nur, wenn die Bestellung und die Herbeischaffung lediglich zur Benutzung beim Ausverkauf erfolgt. Es kann natürlich der Kaufmann nie gehindert werden, sein Lager zu vervollständigen. Er verletzt nur dann den § 8, wenn er in der Absicht, einen Ausverkauf zu machen, zu diesem Ausverkauf das Lager komplettiert. Dies ergibt sich aus dem Worte „nur" in § 8. Wenn also z. B. das Lager eines Kaufmanns durch Brandschaden gelitten hat, und der Kaufmann in der Absicht, dieses zum Teil verdorbene Lager auszuverkaufen, zur Vervollständigung dieses verdorbenen Lagers Waren hinzukauft, liegt verbotener Nachschub vor.

Aus diesem Begriff des Gesetzes ergibt sich auch die Lösung der Streitfrage, ob Waren, die zur Zeit der Ankündigung des Ausverkaufs bereits in Auftrag gegeben waren, unter den § 7 fallen. Die Begründung bejaht dies mit Recht dann, wenn die Bestellung von vornherein für den Zweck der Verwertung der Waren in der Form des Ausverkaufes erfolgt, während in sonstigen Fällen dem redlichen Besteller der Mitverkauf der nachträglich eingehenden Waren nicht wohl werde verwehrt werden können. Man wird dies aus den Umständen entnehmen müssen, da ein strikter Beweis sich in vielen Fällen schwer wird erbringen lassen, ob der Auftrag zu einer Zeit erfolgte, als der Kaufmann bereits mit der Absicht umging, einen Ausverkauf zu machen, und ob die Waren zur Verwertung in diesem Ausverkauf zur Bestellung gegeben worden sind.

§ 9.

Der Ankündigung eines Ausverkaufs im Sinne des § 7 Abs. 2 und des § 8 steht jede sonstige Ankündigung gleich, welche den Verkauf von Waren wegen Beendigung des Geschäftsbetriebs, Aufgabe einer einzelnen Warengattung oder Räumung eines bestimmten Warenvorrats aus dem vorhandenen Bestande betrifft.

Auf Saison- und Inventurausverkäufe, die in der Ankündigung als solche bezeichnet werden und im ordentlichen Geschäftsverkehr üblich sind, finden die Vorschriften der §§ 7 und 8 keine Anwendung. Über Zahl, Zeit und Dauer der üblichen Saison- und Inventurausverkäufe kann die höhere Verwaltungsbehörde nach Anhörung der zuständigen gesetzlichen Gewerbe- und Handelsvertretungen Bestimmungen treffen.

Inhaltsangabe.

I. Einschränkung des Begriffs des Ausverkaufs.

In der Reichstagskommission war beantragt worden, folgende Bestimmung hineinzufügen: „Der Bezeichnung eines Ausverkaufs wird jede andere Bezeichnung gleichgeachtet, die auf eine besonders günstige, außergewöhnliche Kaufgelegenheit hinweist.“ Dieser Antrag wurde abgelehnt. Sowohl in der Begründung wie in der Kommission ist als zweifellos festgestellt worden, daß Verkäufe, die lediglich zu günstigen, auch außergewöhnlichen Bedingungen erfolgen, nicht hierdurch allein als Ausverkäufe zu gelten haben. Die Begründung führt aus, daß auf Verkäufe von Waren im laufenden Geschäfte, wobei irgendwelche Vorteile, sei es billiger Preis, sei es eine bequeme Auswahl oder ähnliches angepriesen wird, nur die allgemeinen Vorschriften des Gesetzes Anwendung finden. Demnach sind Ankündigungen, wie: „Restertage“, „Sondertage“, „Weiße Woche“, „Billige Tage“, „Ausnahmetage“ usw. nicht als unter § 9 fallend anzusehen.

Soweit hierbei unrichtige Angaben gemacht werden, kann § 4 zur Anwendung kommen, es ist auch nicht ausgeschlossen, daß § 1 bei derartigen Veranstaltungen, wenn sie in einer Weise erfolgen, daß sie den guten Sitten widersprechen, Anwendung findet.

II. Wesen des Ausverkaufs.

1. **Allgemeines.** Es ist oben der Begriff des Ausverkaufs festgestellt. § 9 Abs. 1 hat den Zweck, diesen Begriff dadurch sicherzustellen, daß dem eigentlichen Ausverkauf alle gleichartigen Manipulationen gleichgestellt werden. Er enthält die positive Bestimmung, daß der Ankündigung des Ausverkaufs die Ankündigungen gleichstehen, die in Abs. 1 bezeichnet sind und damit auch die negative Feststellung, daß die Ankündigung von Verkäufen, die diesen Begriff nicht haben, der Ankündigung des Ausverkaufs nicht gleichstehen. Gerade dieser letzte Punkt ist, da das Gesetz in dieser Beziehung den Wünschen eines Teiles der Gewerbetreibenden nicht entsprochen hat, besonders hervorzuheben.

2. **Wahl des Ausdruckes.** Nach der Begründung ist die Wahl des Ausdruckes in der Ankündigung unerheblich, „falls diese dem Sinn nach dahin geht, daß einer der in § 9 Abs. 1 bezeichneten Tatbestände vorliege". Als Bezeichnung, die dem Ausverkauf gleichsteht, führt die Begründung an: „Totalausverkauf", „Räumungsverkauf", „Schneller und billiger Verkauf"; ferner Bezeichnungen wie: „Räumungspreise", „Nur noch kurze Zeit" usw. Es sollen alle verschleierten Ausverkäufe genau so behandelt werden wie Ausverkäufe.

Da, wo Waren wegen Beendigung des Geschäftsbetriebes, wegen Aufgabe einer einzelnen Warengattung oder Räumung eines bestimmten Warenvorrats aus dem vorhandenen Bestande verkauft werden, liegt ein Ausverkauf vor, mag er bezeichnet sein wie er wolle.

3. **Teilausverkauf.** Nach dem Wortlaut des Gesetzes ist es jetzt zweifellos, daß Teilausverkäufe genau so zu behandeln sind, wie Gesamtausverkäufe. Zum Begriff des Teilausverkaufs ist die *Aufgabe einer einzelnen Warengattung* oder *die Räumung eines bestimmten Warenvorrats* nötig. Während der Begriff der Warengattung eine bestimmte Einheitlichkeit voraussetzt, ist dies bei den Warenvorräten nicht der Fall, so daß also weder eine begriffliche noch räumliche Ausscheidung in irgendeiner Weise nötig ist.

Es liegt also ein Teilausverkauf auch vor, wenn der Kaufmann etwa nur sagt, daß die in einem bestimmten Zimmer befindlichen Waren ausverkauft werden, oder aber, wenn er sagt, daß die Leinenvorräte ausverkauft werden sollen, obgleich letztere nicht örtlich von den übrigen Waren getrennt sind. Man kann demnach im allgemeinen sagen, daß, soweit nur der Begriff des Ausverkaufs sonst vorhanden ist, das, was ausverkauft werden soll, begrifflich gleichgültig ist.

4. **Rabattpreise.** Sehr häufig wird veröffentlicht daß an gewissen Tagen oder zu gewissen Zeiten oder auch allgemein Rabatte oder Zugaben gegeben werden. Es war in der Kommission der Antrag gestellt worden, die Ankündigung derartiger Rabattgewährungen der Ankündigung des Ausverkaufs gleich zu erachten. Es wurde dem entgegengehalten, daß die Zusicherung von Rabattgewährung mit der Ankündigung eines Ausverkaufs nichts Gemeinsames habe und wurde darum der Antrag fallen gelassen. Demnach fallen derartige Ankündigungen nicht unter § 9, wohl aber ev. unter § 4 und § 1. Dasselbe gilt von *Lockartikeln*, deren Ankündigung ebenfalls nicht als eine Ankündigung des Ausverkaufs anzusehen ist, sondern nur den allgemeinen Bestimmungen unterliegt. (Vgl. zu § 1.)

III. Saison- und Inventurausverkauf.

1. **Entwickelung.** Der zweite Entwurf des Gesetzes hat die *Saison- und Inventurausverkäufe*, die der erste Entwurf nicht besonders berücksichtigte, von den all-

gemeinen Bestimmungen über Ausverkäufe ausgenommen. Die Begründung führt aus, daß auf diese Arten der Ausverkäufe der Satz, daß der Ausverkauf unter Umständen eine unentbehrliche Form des Warenabsatzes sei, besonders Anwendung finde. Sie sollen die Räumung von Waren von verminderter Absatzfähigkeit in forcierter Form herbeiführen, um das Lager für neue, den Bedürfnissen des Konsums entsprechende Ware frei zu machen. Schon ihre weite Verbreitung und ihre regelmäßige Wiederkehr in bestimmten Zeitabschnitten oder in gewissen Zeiten des Jahres läßt die Annahme berechtigt erscheinen, daß es sich hier um Formen des Ausverkaufs handelt, auf welche die Vorschriften des Entwurfs nicht ohne weiteres Anwendung finden können.

In der Kommission fand die im wesentlichen dem jetzigen Gesetze entsprechende Fassung des Entwurfs viele Gegner. Es wurde insbesondere gewünscht, daß gesetzlich Zeit und Dauer der Ausverkäufe festgesetzt würden. Es geschah dies zu dem ausgesprochenen Zwecke, um diese Ausverkäufe auf ein vernünftiges Maß zu beschränken. Schließlich aber siegte doch der im Entwurf ausgesprochene Gedanke, nicht ein für allemal reglementarische Festsetzungen zu treffen, sondern derartige Festsetzungen den höheren Verwaltungsbehörden je nach Notwendigkeit zu überlassen. Dies wurde schon deswegen als richtig erachtet, weil auch hier Verschiedenheiten vorhanden waren, die sich durch gesetzliche Bestimmungen schwer einheitlich regeln ließen.

2. **Begriff.** An sich sind Saison- und Inventurausverkäufe ebenfalls Ausverkäufe. Sie unterscheiden sich nur durch den Zweck von den anderen Ausverkäufen. Inventurausverkäufe pflegen nur einmal im Jahre, Saisonausverkäufe mehrfach stattzufinden. Mehr und mehr bürgert sich in den einzelnen Geschäftszweigen die Gewohnheit ein, zu bestimmten Fristen oder an bestimmten Tagen die Ausverkäufe vorzunehmen. Das Gesetz weist darauf hin, daß nur dann die Ausnahmebestimmungen auf Saison- und Inventurausverkäufe Platz greifen, wenn diese im ordentlichen Geschäftsverkehr üblich sind.

Nach einer Erklärung des Regierungsvertreters in der Kommission, der beizutreten ist, sind sie dann üblich, wenn der redliche Verkehr sie anerkannt hat. Hierfür geben die herrschenden Handelsgebräuche und die bereits bestehenden und anscheinend sich mehrenden Berufsgruppen in verschiedenen Städten ausreichend Anhalt. Es ist anzunehmen, daß nach dem Erlaß des Gesetzes sich mehr und mehr derartige Vereinigungen bilden werden, so daß der Begriff der Üblichkeit festere Gestalt gewinnt.

3. **Befugnisse der höheren Verwaltungsbehörde.** Während der Entwurf den höheren Verwaltungsbehörden nur die Befugnis gab, über Zeit und Dauer der Inventur- und Saisonausverkäufe zu bestimmen, soll jetzt über Zahl, Zeit und Dauer der üblichen Verkäufe Bestimmung getroffen werden. In erster Linie also hat die höhere Verwaltungsbehörde festzustellen, was übliche Ausverkäufe sind; denn nur über diese hat sie Bestimmungen zu treffen. Im übrigen soll sie nach freiem Ermessen nach Anhörung der zuständigen gesetzlichen Gewerbe- und Handelsvertretungen, die obligatorisch ist, ihre Bestimmung erlassen. Ob diese Bestimmungen für einzelne Gewerbezweige getrennt oder allgemein gefaßt werden, kann zweifelhaft sein. Mit Rücksicht aber darauf, daß bei der Verschiedenheit der in Betracht kommenden Verhältnisse gerade die gesetzliche Reglementierung abgelehnt und dafür die Bestimmung der höheren Verwaltungsbehörde eingesetzt ist, muß angenommen werden, daß letztere auch berechtigt ist, für einzelne Geschäftszweige Bestimmung zu treffen. (Vgl. hierüber Grunow in UnlW. 9 23.)

4. **Rechtsfolgen.** Zuwiderhandlungen gegen die von der höheren Verwaltungsbehörde getroffenen Bestimmungen werden nach § 10 bestraft. Unterlassungsklage ist gemäß § 13 zulässig, ebenso Schadensersatzklage, da im § 13 zwar nicht § 9, wohl aber § 10 zitiert ist.

§ 10.

Mit Geldstrafe bis zu einhundertfünfzig Mark oder mit Haft wird bestraft:

1. wer der Vorschrift des § 7 Abs. 1 zuwider es unterläßt, in der Ankündigung eines Ausverkaufs den Grund anzugeben, der zu dem Ausverkauf Anlaß gegeben hat;
2. wer den auf Grund des § 7 Abs. 2 erlassenen Anordnungen zuwiderhandelt oder bei Befolgung dieser Anordnungen unrichtige Angaben macht;
3. wer den von der höheren Verwaltungsbehörde auf Grund des § 9 Abs. 2 Satz 2 getroffenen Bestimmungen zuwiderhandelt.

Die Erläuterung hierzu findet sich bei den einzelnen hier erwähnten Paragraphen.

§ 11.

Durch Beschluß des Bundesrats kann festgesetzt werden, daß bestimmte Waren im Einzelverkehre nur in vorgeschriebenen Einheiten der Zahl, des Maßes oder des Gewichts oder mit einer auf der Ware oder ihrer Aufmachung anzubringenden Angabe über Zahl, Maß, Gewicht, über den Ort der Erzeugung oder den Ort der Herkunft der Ware gewerbsmäßig verkauft oder feilgehalten werden dürfen.

Für den Einzelverkehr mit Bier in Flaschen oder Krügen kann die Angabe des Inhalts unter Festsetzung angemessener Fehlergrenzen vorgeschrieben werden.

Die durch Beschluß des Bundesrats getroffenen Bestimmungen sind durch das Reichs-Gesetzblatt zu veröffentlichen und dem Reichstage sogleich oder bei seinem nächsten Zusammentritte vorzulegen.

Zuwiderhandlungen gegen die Bestimmungen des Bundesrats werden mit Geldstrafe bis zu einhundertfünfzig Mark oder mit Haft bestraft.

Inhaltsangabe.

Vorbemerkung.

§ 11 ist im wesentlichen eine Reproduktion des früheren § 5. Statt des Ausdrucks „Länge" ist der umfassendere „Maß" getreten. Die Verordnungsgewalt des

Bundesrats ist insofern erweitert, als er jetzt auch bezüglich des Orts der Erzeugung und des Orts der Herkunft Bestimmungen treffen darf. Weitergehende Vorschläge der Regierung, wonach auch die Angaben über die Beschaffenheit vorgeschrieben werden konnten, fanden keine Mehrheit.

A. Allgemeines.

1. Soweit ein Gewerbetreibender unrichtige Angaben über Beschaffenheit der Ware oder über Preisbemessung macht, treten bei dem Vorhandensein der sonstigen Voraussetzungen §§ 3 und 4 des Gesetzes ein; soweit er dies in der Absicht tut, sich einen rechtswidrigen Vermögensvorteil zu verschaffen, kann Betrug (§ 263 StGB.) vorliegen. Nun ist aber noch ein Fall denkbar, der keine dieser Vorschriften verletzt, dennoch aber sich als unlauter darstellt, wenn ein Gewerbetreibender Ware in einer Packung oder einer Aufmachung verkauft, die im Verkehr ein bestimmtes Gewicht oder ein Mengeverhältnis zu haben pflegt, und zwar zu einem geringeren Gewicht oder Verhältnis und zu einem entsprechend niedrigeren Preise. Hierdurch ist der Käufer nicht geschädigt, denn er erhält zwar weniger, aber zu einem billigeren Preise, wohl aber schädigt dies Verhalten den Konkurrenten, indem es den Anschein einer Preisermäßigung erweckt, die in Wirklichkeit nicht vorliegt. Über den Mißbrauch, der sich in dieser Beziehung eingebürgert hat, sagt die Begründung zum früheren Gesetz:

„Auf einzelnen Verkehrsgebieten, insbesondere im Handel mit Garn und mit Bier hat sich die Gepflogenheit herausgebildet, durch eine für den Konsumenten schwer bemerkbare Verkleinerung des im Einzelverkehr sonst üblichen Mengenverhältnisses den irreführenden Anschein einer Preisermäßigung hervorzurufen und hierdurch zum Schaden derjenigen Gewerbsgenossen, welche zu solchen Mitteln nicht greifen, Kunden heranzuziehen.

Der Kleinhandel mit wollenen und baumwollenen Strickgarnen und mit Zephyrgarnen vollzieht sich allgemein nach dem Gewicht, jedoch in der Weise, daß die abzugebende Menge nicht in jedem Falle zugewogen, sondern zum Verkaufe in kleinen Abteilungen (Bunde, Strähne usw.), welche eine gewisse Gewichtsmenge darzustellen pflegen, bereitgehalten wird. Die Einheit für die Gewichtsbestimmung bildet meist das Pfund, welches früher regelmäßig in 10 Unterabteilungen zu 50 g eingeteilt wurde. Im Hinblick auf diese den Kunden bekannte Geschäftsgewohnheit sind zahlreiche Geschäftsleute dazu übergegangen, aus dem Pfund anstatt 10 Bunde deren 12, 13 oder selbst 14 herzustellen, und diese Bunde unter Verschleierung des Mindergewichts zu Preisen abzugeben, die scheinbar günstiger sind als die Preise, welche der an der alten Einteilung festhaltende reelle Kaufmann stellt. Die Quantitätsverschleierung vollzieht sich nicht selten auch in der Weise, daß der Bezeichnung von Garn nach Maß oder Gewicht ausländische Mengeneinheiten zugrunde gelegt werden. In vielen Fällen verbindet sich mit diesen Formen des unlauteren Wettbewerbes auch eine Schädigung des Publikums."

2. **Hiergegen richtet sich die Vorschrift des § 11.** Dieser bestimmt aber nicht, wie es die anderen Paragraphen des Gesetzes tun, den strafrechtlichen Tatbestand, sondern er bildet nur eine Ermächtigung an den Bundesrat in bestimmten Grenzen Verordnungen zu erlassen, deren Übertretung die in § 11 näher bezeichneten Folgen nach sich zieht. Als Grund hierfür führt die frühere Begründung an:

„Vorschriften der hier in Frage kommenden Art würden indessen trotz ihres nahen Zusammenhanges mit den sonstigen, auf die Bekämpfung des unlauteren Wettbewerbes abzielenden Anordnungen in einem Gesetze, welches allgemein verbindliche Grundsätze aufstellen will, nicht ihre richtige Stelle finden. Sie werden für den Verkehr mit bestimmten Waren und zwar für jede Gattung derselben unter Berücksichtigung ihrer besonderen Beschaffenheit und der einschlägigen Handelsgewohnheiten, technische Einzelheiten zu regeln und den schnell wechselnden Bedürfnissen des Verkehrs zu folgen haben. Diese Umstände weisen auf den Weg der Verordnung hin; der Entwurf beschränkt sich darauf, die hierfür bisher fehlende gesetzliche Grundlage zu schaffen. Es ist nicht anzunehmen, daß der Bundesrat von der ihm zugewiesenen Befugnis zum Erlaß entsprechender Anordnungen anders als in den Grenzen des praktischen Verkehrsbedürfnisses und nach eingehender Prüfung der Verhältnisse, wobei auch die Anhörung der beteiligten Kreise in Betracht kommt, Gebrauch machen wird."

3. Die Verletzung der in § 11 gegebenen Vorschrift stellt sich als eine **gewerbepolizeiliche Übertretung** dar. (M. M. Kohler 77, 141.) Aus welcher Absicht die Verordnung übertreten wird, ist bei ihrem polizeilichen Charakter gleichgültig; der Hauptfall wird der sein, in dem zur Schädigung des Konkurrenten gehandelt wird; es genügt aber auch die lediglich aus Nachlässigkeit ohne schädigende Absicht und ohne stattgehabte Schädigung erfolgte Nichtbeobachtung einer vom Bundesrat erlassenen Verordnung. Das Gesetz bzw. der Bundesrat stellt Normen für die Art des Inverkehrbringens gewisser Waren auf, um der Möglichkeit der Täuschung entgegenzutreten; wer diese Vorschriften verletzt, ist aus der Tatsache der Verletzung strafbar.

4. **§ 11 ist im Gegensatz zu den anderen Bestimmungen des Gesetzes kein Antragsdelikt;** er enthält lediglich strafrechtliche Bestimmungen; eine zivilrechtliche Verfolgung begründet er nicht. (A. A. Marcus UnlW. 2 115.)

B. Verordnungsrecht des Bundesrats.

1. Der **Bundesrat hat das Recht** („kann"), Verordnungen im Sinne des § 11 innerhalb der durch das Gesetz bestimmten Schranken zu erlassen. Eine Delegation der Befugnisse an andere Behörden ist im Gesetz nicht erwähnt, daher ausgeschlossen. Wohl aber ist der Erlaß derartiger Verordnungen durch Reichsgesetzgebung (nicht durch Landesgesetzgebung) ebenso zulässig, wie Abänderung oder Aufhebung vom Bundesrat erlassener Verordnungen, einesteils, weil Gesetz der Verordnung vorgeht, anderenteils, weil die durch Gesetz dem Bundesrat gegebene Befugnis jederzeit durch ein anderes Gesetz ganz oder teilweise zurückgenommen werden kann. (So M. M. Kohler 143.)

2. Voraussetzung der Rechtsgültigkeit der Verordnung ist nach Abs. 3 des § 11 unter analoger Anwendung des Art. 2 der Reichsverfassung **Veröffentlichung im Reichsgesetzblatt.** Die verbindliche Kraft beginnt mit dem vierzehnten Tage nach dem Ablauf des Tages der Ausgabe des Reichsgesetzblattes in Berlin.

3. Ferner ist die Verordnung dem **Reichstag** gemäß Abs. 3 zur Kenntnisnahme (ein Antrag, dies zur Genehmigung zu tun, ist ausdrücklich abgelehnt worden) vorzulegen. Diese Vorlegung ist lediglich eine den Bundesrat bindende Vorschrift; für die Rechtsgültigkeit der Verordnung selbst ist sie ohne Einfluß.

4. Das Recht der Verordnung schließt auch das Recht der **Abänderung** und **Aufhebung** erlassener Verordnungen in sich. So hat der Bundesrat die von ihm erlassene Vd. v. 20. XI. 00 durch Vd. v. 17. XI. 02 geändert. (S. 84.)

5. Die **Gerichte** haben die formellen Voraussetzungen, den Erlaß durch den Bundesrat, Veröffentlichung im Reichsgesetzblatte, ferner materiell das verfassungsmäßige Zustandekommen im Bundesrat (so Kohler 145, Müller; dagegen Finger) und die Frage, ob der Bundesrat sich innerhalb der ihm durch § 11 gesteckten Schranken gehalten hat, zu prüfen. Die Prüfung, ob die Verordnung dem Reichstag vorgelegt und ob sie zweckmäßig ist, steht den Gerichten nicht zu.

C. Inhalt der Verordnungen.

I. Allgemeines.

1. Gemäß dem Zwecke des Gesetzes ist dem Bundesrat eine dreifache Ermächtigung gegeben:

a) Festsetzung, daß für gewisse Waren Verkauf nur in vorgeschriebenen **Einheiten**,

b) daß er nur mit einer auf der Ware oder Aufmachung anzubringenden **Angabe** erfolgen soll,

c) daß für **Bier** in Flaschen oder Krügen die Angabe des **Inhalts** vorgeschrieben werden kann. „Durch die alternative Fassung der Vorschrift" (zu a und b) „soll es selbstverständlich nicht ausgeschlossen werden, im Bedarfsfall die beiden in Frage kommenden Anordnungen zu verbinden, dergestalt, daß eine bestimmte Ware nur in bestimmten Mengeneinheiten und, mit einer Angabe der Menge versehen, zum Einzelverkehr zugelassen wird." (Begründung.) Eine derartige Verbindung findet sich in der Vd. v. 4. XII. 01. (S. 84.)

2. Als **Beispiele** der in Frage kommenden Waren führt die Begründung Garn, Bier, Schokolade, Zucker, Bindfaden, Seife, Stearinkerzen, Stahlfedern an. Zu erwähnen sind noch Posamentierartikel. (Vgl. auch Stegemann, Typische Fälle 68.) Selbstverständlich ist die Aufzählung keine vollständige; sowie sich im Verkehr ein Mißbrauch bei dem Verkauf bestimmter Waren herausbildet, kann der Bundesrat auf Grund des § 11 eingreifen.

3. Die Verordnung darf sich nur auf **bestimmte Waren** beziehen; es können daher keine allgemeinen für den gesamten Handelsverkehr geltenden Bestimmungen gegeben werden; ebensowenig Verordnungen für ganze Warenklassen, z. B. Posamentierartikel, Kolonialwaren usw.

4. Beschränkt soll nur der **Einzelverkehr** werden. Die frühere Begründung sagt hierüber:

„Quantitätsverschleierungen sind nur auf Abnehmerkreise berechnet, die nicht gewöhnt oder nicht in der Lage sind, die Menge der empfangenen Ware nachzuprüfen. Es liegt kein Bedürfnis vor, die Herstellung der Ware, den Verkehr zwischen der Herstellungsstelle und dem Großhändler, zwischen diesem und dem Kleinhändler oder den Export nach dem Auslande an die Innehaltung bestimmter Mengeneinheiten oder an die Bezeichnung der Menge zu binden. Der Anwendungsbereich der zu erlassenden Vorschriften beschränkt sich daher auf den Einzelverkehr im Inlande, worunter aber auch die Abgabe von Bier in einzelnen Fässern an die Gastwirte zu verstehen ist. Auf der anderen Seite versteht es sich von selbst, daß die in den inländischen Einzelverkehr gelangenden Waren ausländischen Ursprungs von den Vorschriften betroffen werden."

Der Begriff „Einzelverkehr" deckt sich nicht mit dem des „Kleinhandels" in der Gewerbeordnung, da letzterer auch den Betrieb des Wiederverkäufers umfaßt, Einzelverkehr aber nach der allgemeinen Auffassung nur die Abgabe an den Konsumenten bedeutet. Ob diesem größere oder kleinere Quantitäten geliefert werden, ob der Veräußerer Fabrikant oder Wiederverkäufer ist, ist gleichgültig. (Hauß 66, Müller 90.)

5. Ferner soll nur (auch für Abs. 2) der **gewerbsmäßige Verkauf und Feilhalten** beschränkt werden.

a) **Gewerbsmäßig** ist eine Handlung, die sich auf einen dauernden Erwerb richtet; nötig ist also der Wille des Handelnden, eine fortgesetzte auf Erwerb gerichtete Tätigkeit auszuüben. An sich genügt hierzu eine einzige Handlung, wenn sie den auf Wiederholung gerichteten Erwerbswillen betätigt. (RGStr. 4 186, 12 391.) Nicht fällt darunter die geschenkweise oder aus anderen als Erwerbsgründen erfolgte Abgabe an einzelne Personen, ebensowenig der vereinzelte nicht mit der Fortsetzungsabsicht erfolgte Verkauf.

b) **Verkaufen und Feilhalten.** (Vgl. §§ 12, 14, 16 WarenZG., § 4 PatG.) Verkaufen ist allgemein als Übertragung der Ware im gewerblichen Verkehr zu verstehen, ohne daß es auf den juristischen Begriff des „Kaufs" ankäme. Es genügt auch Tausch oder Hausierhandel. Notwendig ist aber, daß die Übertragung perfekt geworden ist. (RGStr. 11 241.) Feilhalten dagegen liegt vor, wenn in der Absicht des Verkaufs die Ware äußerlich erkennbar zugänglich gemacht wird. (RGStr. 4 275, 11 242.) Nicht nötig ist, daß dem Publikum im allgemeinen gegenüber das Angebot erfolgt; es kann auch in einem begrenzten Kreise geschehen. (RGStr. 14 436.) Erforderlich ist dagegen die Bereitstellung zum Verkauf; Hinschaffen in das Verkaufslokal, Aufbewahrung in den Lagerräumen ist noch kein Feilhalten. (RGStr. 25 242.)

II. Festsetzung von Einheiten.

1. Der Entwurf enthielt den allgemeinen Ausdruck: „Mengeneinheiten", so daß die Bestimmung auch auf Hohlmaße, z. B. Bierflaschen, Anwendung finden konnte. Auf Grund vielfacher Petitionen wurde dies in die jetzige Fassung, die Hohlmaße ausschließt, umgeändert; in der dritten Lesung aber wurde Abs. 2 für Bier in Flaschen und Krügen zugefügt.

2. Nur **Einheiten** von **Zahl, Maß** oder **Gewicht** können festgesetzt werden, und zwar ist für Maß und Gewicht das G. v. 17. VIII. 68 maßgebend. So ist für Garne in der Bek. v. 20. XI. 00 für wollene und halbwollene Garne eine Gewichtseinheit, für baumwollene diese oder eine Längeneinheit, für Kerzen nach der Bek. v. 4. XII. 01 nur Gewichtseinheit zugelassen. Selbstverständlich können verschiedene Einheiten, z. B. Packungen zu 500, 330, 250 g (Bek. v. 4. XII. 01 § 2) bestimmt werden.

3. Daß die Festsetzung derartiger Einheiten vorgesehen ist, wird in der früheren Begründung wie folgt motiviert:

> „Es würde im allgemeinen genügen, die Angabe der Menge auf der Ware oder ihrer Verpackung vorzuschreiben. Da jedoch einzelne Waren, namentlich auch Garn, im Detailverkehr in so geringen Mengen abgegeben zu werden pflegen, daß für eine deutlich erkennbare Quantitätsangabe genügender Raum nicht vorhanden ist, so muß für solche Fälle der — übrigens auch in auswärtigen Staaten beschrittene — Ausweg ins Auge gefaßt werden, den Verkehr an gewisse Mengen- (Gewichts- oder Maß-) Einheiten zu binden."

III. Angabe auf der Ware oder Aufmachung.

1. Der Bundesrat kann auch festsetzen, daß Zahl, Maß oder Gewicht der Ort der Erzeugung und der Ort der Herkunft auf der **Ware** oder deren **Aufmachung** anzubringen sind.

2. **Aufmachung** ist ganz allgemein als alles das zu verstehen, das irgendwie in Verbindung mit der Ware, sei es zum Zweck des Transports, der Konservierung (vgl. RGStr. 21 218), der Aufbewahrung, oder zu Ausstattungszwecken, gebracht ist. Der Begriff ist demnach weiter, als der im WarenZG. mehrfach gebrauchte der „Verpackung und Umhüllung".

IV. Bier in Flaschen und Krügen.

1. Die Fassung des Abs. 2 ist keine zweifelsfreie; es ist aber nach der Stellung im Gesetz anzunehmen, daß die allgemeinen Vorschriften des Abs. 1 auch für Abs. 2

maßgebend sind. Berechtigt ist auch hier der **Bundesrat**; Voraussetzung der **gewerbsmäßige** Verkauf. (M. M. Kohler 147.)

2. Die Verordnung des Bundesrats kann sich nur auf den Verkehr mit **Bier** beziehen, wie § 11 Abs. 2 ausdrücklich hervorhebt. Der Begriff des Bieres ist ein zweifelhafter. Mit Müller 107 und Finger 142, M. M. Kohler 147 ist anzunehmen, daß eine weite Auslegung geboten erscheint; der Begriff ist nicht in rein technischem, sondern in dem in Konsumentenkreisen üblichen Sinne zu nehmen, so daß der Bundesrat auch über den Verkehr mit Surrogaten verordnen kann. Jedenfalls ist anzunehmen, daß, wenn eine Verordnung ergeht, in derselben der Begriff definiert werden wird.

3. **Nur der Verkehr in Flaschen oder Krügen fällt unter das Gesetz**, nicht der Ausschank in Gläsern oder der Verkauf in Fässern. Flaschen oder Krüge sind in dem G. v. 20. VII. 81 als Gefäße mit verengtem Halse bezeichnet. Es ist nicht angängig, diese Definition, wie es die meisten Kommentatoren tun, ohne weiteres auch für § 11 maßgebend zu erklären. Dort ist die Begriffsbestimmung lediglich für Gefäße zur „Verabreichung" der Getränke in Wirtschaften und zur Feststellung des Abstands des Füllstrichs vom oberen Rande gegeben; hier handelt es sich im Gegenteil um Verkauf, bei dem der Normalfall ist, daß der Verbrauch nicht sofort geschieht. Flaschen und Krüge sind daher hier als Gefäße zu bezeichnen, in denen Bier aufbewahrt zu werden pflegt; ob das Gefäß einen verengten Hals hat oder nicht, ist gleichgültig.

Ebenso ist der Unterschied, den das Gesetz v. 20. VII. 81 zwischen offenen und verschlossenen Gefäßen macht, nicht zu übernehmen, da § 11 in keiner Weise auf diesen Unterschied hindeutet. (So Müller 107, M. M. Kohler 147, dagegen Kahn 67, Fuld 246.) Zuzugeben ist allerdings, daß sich für den Verkehr in offenen Gefäßen ein Bedürfnis zur Beschränkung kaum zeigen, der Bundesrat daher wohl nicht eine derartige Verordnung erlassen wird, immerhin schließt das Gesetz dieselbe nicht aus.

5. Vorgeschrieben ist die **Angabe des Inhalts** und zwar muß dieselbe auf oder an der Flasche oder dem Kruge sich befinden; weder Eichung ist nötig, noch, wie in Abs. 1, eine bestimmte Mengeneinheit.

6. Wesentlicher Bestandteil der Verordnung, dessen Fehlen sie ungültig macht (dagegen Müller 108), ist die Festsetzung **angemessener Fehlergrenzen**. (§ 3 Gesetz v. 20. VII. 81.)

D. Die Zuwiderhandlungen gegen § 11.

1. Wie bereits bemerkt, ist die Tat als **Übertretung** im Sinne des § 1 StGB. anzusehen, die einen **Antrag nicht** erfordert. **Versuch** und **Beihilfe** sind straflos. (§§ 43, 49 StGB.)

2. **Täter** ist der, welcher verkauft oder feilhält, d. h. im allgemeinen der Herr des Geschäfts, in dem der Verkauf stattfindet, soweit die Übertretung auf seinen Willen oder seine Fahrlässigkeit zurückzuführen ist. Da es sich um ein gewerbepolizeiliches Delikt handelt, tritt, wenn die Übertretung von dem Betriebsleiter begangen ist, eventuell Bestrafung nach § 151 Abs. 1 GewO. ein.

3. **Subjektive Voraussetzung der Tat ist Vorsatz oder Fahrlässigkeit**, jedoch kommt auch hier § 59 StGB. in Betracht, so daß straflos bleibt, wer das Vorhandensein von Tatumständen nicht kannte; so kann z. B. der Chef, der dem Angestellten eine gesetzwidrig nicht mit einer Angabe versehene Ware zum Verschenken gibt, während sie dieser verkauft, nicht bestraft werden.

4. Für den **objektiven Tatbestand** geht die Begründung davon aus, daß sich der Zuwiderhandlung auch der schuldig macht, der, wenn die Angabe einer Menge

angeordnet ist, nicht die tatsächlich vorhandene Menge angibt. Nach dem Wortlaut kann dies auch nicht zweifelhaft sein. Ist vorgeschrieben, daß Stearinkerzen nur unter Angabe der Gewichtsmenge, oder daß Bier nur unter Angabe des Inhalts verkauft werden soll, so muß das wirkliche Gewicht, der wirkliche Inhalt angegeben werden. Wer 1 Kilogramm angibt und nur $^3/_4$ Kilogramm verkauft, gibt das Gewicht der verkauften Ware ebensowenig an, wie der, der gar kein Gewicht angibt.

Im übrigen kommt es, da § 11 eine positive polizeiliche Vorschrift enthält, nur darauf an, ob die Voraussetzungen erfüllt sind. Ist eine bestimmte Angabe auf Ware oder Aufmachung vorgeschrieben, so ist der strafbar, der sie unterläßt, selbst wenn er dem Käufer ausdrücklich mündlich die Angabe macht. Ist eine Mengeneinheit bestimmt, so wird auch der bestraft, der in einer geringeren Menge verkauft, aber den Käufer hierauf aufmerksam macht. (Mittler 186 ff.) Wesentlich ist nur, daß die Angabe nicht gemacht oder unrichtig ist, oder daß der Verkauf nicht zu den vorgeschriebenen Einheiten erfolgt; ob dies zur Übervorteilung geschieht, ob der Käufer getäuscht wird, ist gleichgültig.

5. **Vollendet** ist die Übertretung mit dem Feilhalten oder dem Verkauf.

6. Die **Strafe** ist Geldstrafe bis zu 150 Mk. oder Haft. Nicht beizutreibende Strafe ist in Haft umzuwandeln. (§ 29 StGB.) **Einziehung** findet, da eine ausdrückliche Bestimmung fehlt und § 40 StGB. sich nur auf Verbrechen und Vergehen bezieht, nicht statt.

7. Die Strafverfolgung **verjährt** in drei Monaten vom Tage der begangenen Handlung. (§ 67 StGB.)

8. Eine **Bekanntmachung** der Verurteilung findet nicht statt, wohl aber kann eine Veröffentlichung des freisprechenden Urteils angeordnet werden. (S. § 23.)

E. Bisher ergangene Verordnungen.

1. Über den Kleinhandel mit **Garn** ist die Verordnung vom 20. XI. 00 ergangen:

§ 1.

Zum Einzelverkauf aufgemachte baumwollene, wollene und halbwollene Garne aller Art dürfen nur in bestimmten Einheiten des Gewichts und unter Angabe der Gewichtsmenge im Einzelverkehr gewerbsmäßig verkauft oder feilgehalten werden, baumwollene Garne bis zur Gesamtlänge von 100 m jedoch auch in bestimmten Einheiten der Länge und unter Angabe der Länge.

Die Vorschriften dieser Verordnung finden keine Anwendung

a) auf Garne, die zum Zweck der Fertigstellung von halbfertigen Waren in Verbindung mit diesen feilgehalten werden;

b) auf baumwollene Nähgarne, die auf Holzrollen aufgemacht sind;

c) auf Garne, die dem Käufer zugemessen oder zugewogen werden.

§ 2.

Als Mengeneinheiten werden zugelassen:

a) Gewichtseinheiten zu 1, 5, 10, 20 und 50 g oder zu einem Vielfachen von 50 g;

b) Längeneinheiten für baumwollene Garne zu 5, 10, 20, 30 usw. bis 100 m.

Die Vereinigung mehrerer Mengeneinheiten ist nur insoweit zulässig, als sie zusammen eine zulässige Mengeneinheit darstellen.

§ 3.

Als Gewicht gilt das Trockengewicht der Garne ohne Umhüllung, Einlage usw. (Nettogewicht) und ohne Beschwerung, soweit diese nicht durch die Fabrikation bedingt ist, nebst einem Normalfeuchtigkeitszuschlage, der bei Baumwollgarn $8^1/_2$, bei halbwollenen Garnen (sogenannten Mischgarnen) 10, bei Kammgarn $18^1/_4$ und bei Streichgarn 17 Hundertteile des Trockengewichts beträgt.

§ 4.

Das Gewicht darf nicht um mehr als 3 Prozent bei Mengen über 50 g, 5 Prozent bei Mengen von 10 bis 50 g und 10 Prozent bei Mengen von 1 oder 5 g, die Länge darf nicht um mehr als 5 Prozent bei Längen von 10 bis 100 m, und 10 Prozent bei Längen von 5 m hinter den angegebenen Beträgen zurückbleiben.

§ 5.

Das Gewicht ist in Grammen, die Länge in Metern anzugeben. Die Angaben sind an der Ware selbst oder an ihrer Aufmachung, Verpackung oder Umschließung leicht erkennbar anzubringen.

Bei Vereinigung mehrerer Stränge im Gesamtgewicht bis zu 50 g genügt es, wenn die Gewichtsangabe auf der gemeinsamen Verpackung angebracht ist, bei Mengen über 50 g ist sie auf jedem einzelnen Stücke anzubringen. Garne in Knäueln, sowie Garne, welche nach der Länge verkauft werden, müssen stets mit einer Mengeangabe versehen sein.

Vorstehende Bestimmungen treten mit dem 1. Januar 1903 in Kraft.

2. Diese ist durch Bekanntmachung vom 17. XI. 02 wie folgt **abgeändert:**

In der Bekanntmachung, betreffend Bestimmungen für den Kleinhandel mit Garn, vom 20. November 1900 (RGBl. 1014) wird § 1 Abs. 2 wie folgt abgeändert:

Die Vorschriften dieser Verordnung finden keine Anwendung

a) auf Garne, die zum Zwecke der Fertigstellung von halbfertigen Waren in Verbindung mit diesen feilgehalten werden;

b) auf baumwollene Nähgarne, die auf Holzrollen oder auf Papierhülsen (Pappkops) aufgemacht sind;

c) auf Garne, die dem Käufer zugemessen oder zugewogen werden.

3. Ferner ist eine Bekanntmachung vom 4. XII. 01 über den Kleinhandel mit **Kerzen** ergangen.

§ 1.

Packungen mit Stearin- und Paraffinkerzen sowie mit Kerzen, die überwiegend aus diesen Stoffen hergestellt sind (Kompositionskerzen), dürfen im Einzelverkehr nur in bestimmten Einheiten des Gewichts und unter Angabe der Gewichtsmenge gewerbsmäßig verkauft oder feilgehalten werden.

§ 2.

Als Einheit für das Rohgewicht der Packungen werden 500 Gramm, 330 Gramm und für Packungen, bei welchen die einzelne Kerze 25 Gramm oder weniger wiegt, auch 250 Gramm zugelassen.

§ 3.

Das Reingewicht der in den Packungen enthaltenen Kerzen muß bei einem Rohgewichte

von 500 Gramm mindestens 470 Gramm,
von 330 Gramm mindestens 305 Gramm,
von 250 Gramm mindestens 225 Gramm
betragen.

§ 4.

Auf der Außenseite der Packungen ist sowohl das Rohgewicht als das Reingewicht in leicht erkennbarer Weise anzugeben. Die Angabe ist in Gramm oder in Bruchteilen von Kilogramm auszudrücken.

§ 5.

Weder das Rohgewicht noch das Reingewicht darf um mehr als 10 Gramm hinter dem angegebenen Betrage zurückbleiben.

§ 6.

Diese Vorschriften treten mit dem 1. Januar 1903 in Kraft.

4. Hierzu ist folgendes preußische **Ministerialreskript** veröffentlicht:

Es ist zu erwarten, daß nach dem zum 1. Januar 1903 bevorstehenden Inkrafttreten der Bekanntmachung vom 4. Dezember 1901 (RGBl. 01 494) 1. betreffend den Kleinhandel mit Kerzen, aus den Kreisen des verbrauchenden oder des mitbewerbenden Publikums oder auch von Amts wegen durch die Polizei häufig Beanstandungen und Denunziationen wegen Übertretung der Vorschriften durch die Verkäufer erfolgen werden. Soweit es sich dabei um Zuwiderhandlungen formaler Natur — unvorschriftsmäßige oder unvollständige Aufschriften — handelt, wird die Feststellung des Tatbestandes keine Schwierigkeiten bereiten. Voraussichtlich wird aber meistens der wirkliche Roh- und Reingewichtswert der Packungen authentisch festzustellen sein. Hierzu dürften die polizeilichen und gerichtlichen Behörden nicht immer imstande sein, da bei der Enge der festgesetzten Fehlergrenzen eine Nachprüfung, welche auf einer der im Handelsverkehr üblichen, wenn auch geeichten Handelswage vorgenommen wird, unter Umständen nicht genügend zuverlässige Ergebnisse liefern kann. Hat z. B. eine Packung, welche 500 g wiegen soll, also nach der Verordnung mindestens 490 g wiegen muß, ein tatsächliches Gewicht von 492 g, so ist es nicht ausgeschlossen, daß eine Nachwägung auf einer gewöhnlichen Handelswage, welche noch innerhalb der im Verkehre zulässigen Grenzen richtig ist, einen Wert von 487 g ergibt. In einem solchen Falle würde der Verkäufer zu Unrecht bestraft werden, in dem entgegengesetzten Falle würde er selbst bei einer erheblichen Übertretung der Vorschriften straffrei ausgehen können.

Sie wollen daher die Ihnen nachgeordneten, zur Mitwirkung bei der Strafverfolgung berufenen Organe der Polizei darauf hinweisen, daß es im Interesse einer zweifelfreien Ermittelung des Tatbestandes liegt, zur Ausführung der Prüfungen technisch geschulte und mit den nötigen feineren Hilfsmitteln versehene Personen heranzuziehen. Als solche würden in erster Linie die Eichbeamten in Betracht kommen. Die überwiegende Zahl der Eichämter hat die Befugnis zur Eichung von Handelsgewichten und ist daher mit den erforderlichen empfindlicheren Wagen und genaueren Gewichten ausgerüstet, um die in Rede stehenden Wägungen mit der nötigen Sicherheit vorzunehmen.

Um den Eichbeamten für diese Tätigkeit die nötige Weisung zu geben und eine zuverlässige und — auch hinsichtlich der Gebührenerhebung — einheitliche Durchführung des Prüfungsgeschäftes sicherzustellen, habe ich, der Minister für Handel und Gewerbe, die beigefügte Anleitung zur Feststellung des Roh- und Reingewichtes von Packungen mit Kerzen erlassen. Insoweit andere Sachverständige, etwa beeidete Chemiker oder Apotheker, zu den Gewichtsfeststellungen berufen werden, würde auch diesen die Anleitung nützliche Fingerzeige bieten.

Der Minister des Innern. Der Minister für Handel und Gewerbe.
An die Herren Regierungspräsidenten
und den Herrn Polizeipräsidenten in Berlin.

Anlage.

Anleitung zur Feststellung des Roh- und Reingewichts von Packungen mit Kerzen nach Maßgabe der Bekanntmachung vom 4. Dezember 1901. (RGBl. 01 494.)

§ 1. Die zur Gewichtsfeststellung bestimmten Kerzen sind in oder mit ihrer handelsmäßigen Aufmachung gut verpackt mit einem Begleitscheine, welcher

die Bezeichnung und den Zustand der Packung (Nummer, Zeichen, ungeöffnet oder geöffnet u. dgl.), die Angabe der Kerzensorte (Stearin-, Paraffin-, Kompositionskerzen) und den Namen des Einsenders

enthalten muß, an die mit der Untersuchung zu betrauende Eichbehörde einzusenden; sie werden hier mit den Angaben des Begleitscheins in ein fortlaufend numeriertes Untersuchungsregister eingetragen. Falls die Packung schon einmal geöffnet war, wird der Zustand der Umhüllung möglichst genau vermerkt.

§ 2. Zur Bestimmung des Rohgewichts wird die Packung in ihrer handelsmäßigen Aufmachung auf der Eichamtswage Nr. 3 austariert (siehe Instruktion zur Eichordnung, Abschn. IV, 4d). Werden nunmehr an Stelle der Packung Normalgewichte auf die Wage gelegt, bis dieselbe wieder einspielt, so ist das Rohgewicht gleich der Summe der erforderlichen Normalgewichte.

§ 3. Nach erfolgter Bestimmung des Rohgewichts (§ 2) wird die Umhüllung gelöst und sorgfältig aufbewahrt, hierauf aber das Reingewicht der Kerzen, also ihr Gewicht ohne die handelsmäßige Aufmachung in gleicher Weise bestimmt, wie das Rohgewicht.

§ 4. Zur Kontrolle ist zum Schluß das Gewicht der Umhüllung zu ermitteln. Weicht dieses Ergebnis von der Differenz der beiden ersten Zahlen (Rohgewicht weniger Reingewicht) ummehr als 1 kg ab, so sind die beiden letzten Wägungen — des Reingewichts und der Umhüllung — zu wiederholen und danach das Endresultat festzustellen.

§ 5. Bei Packungen zu 250 g ist außerdem das Gewicht von zwei einzelnen Kerzen zu bestimmen.

§ 6. Als Normalgewichte dienen die Gebrauchsnormale für Handelsgewichte von 500 g bis 1 g und von 500 mg an abwärts Präzisionsgewichte.

Die einzelnen Gewichtsfeststellungen haben auf 0,1 g zu erfolgen oder sind auf 0,1 g abzurunden.

§ 7. Die Wägungsergebnisse sind einzeln unter Angabe der Zehntelgramme in das Register einzutragen; in einer besonderen Spalte ist zu vermerken, ob hiernach die Packung vorschriftsmäßig war oder nicht.

§ 8. Über das Resultat der Untersuchung wird eine amtliche Bescheinigung ausgestellt, die außer den Angaben des Begleitscheines und der Nummer des Untersuchungsregisters das Rohgewicht, das Reingewicht und deren Abweichungen von ihren Sollgewichten, den Vermerk, ob hiernach die Packung vorschriftsmäßig war oder nicht, und schließlich den Betrag an Untersuchungsgebühren enthalten soll.

§ 9. Die Gebühr für Untersuchung einer Packung beträgt 1 Mark. Für eine Abschrift der amtlichen Prüfungsbescheinigung sind 0,20 Mark zu entrichten.

§ 12.

Mit Gefängnis bis zu einem Jahre und mit Geldstrafe bis zu fünftausend Mark oder mit einer dieser Strafen wird, soweit nicht nach anderen Bestimmungen eine schwerere Strafe verwirkt wird, bestraft, wer im geschäftlichen Verkehre zu Zwecken des Wettbewerbes dem Angestellten oder Beauftragten eines geschäftlichen Betriebs Geschenke oder andere Vorteile anbietet, verspricht oder gewährt, um durch unlauteres Verhalten des Angestellten oder Beauftragten bei dem Bezuge von Waren oder gewerblichen Leistungen eine Bevorzugung für sich oder einen Dritten zu erlangen.

Die gleiche Strafe trifft den Angestellten oder Beauftragten eines geschäftlichen Betriebs, der im geschäftlichen Verkehre Geschenke oder andere Vorteile fordert, sich versprechen läßt oder annimmt, damit er durch unlauteres Verhalten einem anderen bei dem Bezuge von Waren oder gewerblichen Leistungen im Wettbewerb eine Bevorzugung verschaffe.

Im Urteil ist zu erklären, daß das Empfangene oder sein Wert dem Staate verfallen sei.

Inhaltsangabe.

Lit.: Schmid in UnlW. 9 163: Der gesetzliche Schutz gegen Angestelltenbestechung; Konze: Das Bestechungswesen in Handel und Verkehr; Stark: Die Bestechung von Angestellten in Handel und Gewerbe in den strafrechtlichen Abhandlungen (von Lilienthal) Heft 95.

I. Prinzip und Entwickelung.

1. Das in § 12 enthaltene **Schmiergelderverbot** war im früheren Gesetz nicht vorhanden. Mit Rücksicht darauf, daß aus der Entwickelung des gesetzgeberischen Gedankens viel für die Auslegung dieser schwer zu interpretierenden Bestimmung gewonnen werden kann, muß zunächst auf die Entwickelung dieser Gesetzesvorschrift eingegangen werden.

Weder der erste noch der zweite Entwurf des Gesetzes regelt die Frage der Bestechung von Angestellten. Die Begründung zum Entwurf rechtfertigt dies damit, daß bei den amtlich veranlaßten Erhebungen von der großen Mehrzahl der befragten Handelsvertretungen und Vereine die Notwendigkeit des Erlasses besonderer strafrechtlicher Vorschriften auf diesem Gebiete zurzeit verneint worden sei. Die Auffassung dieser Kreise gehe im allgemeinen dahin, zunächst noch weitere Erfahrungen abzuwarten und die Bekämpfung des Übels inzwischen der Selbsthilfe und der ausgiebigeren Benutzung der bestehenden Rechtsbehelfe zu überlassen.

Bei der Beratung der Reichstagskommission dagegen zeigte sich allseitiges Einverständnis darüber, daß Strafbestimmungen nötig seien. Es wurde ausgeführt, daß unser ganzes Erwerbsleben, insbesondere Industrie und Landwirtschaft, unter dem immer mehr um sich greifenden Übel der Angestelltenbestechung leide; die weitesten Kreise des Volkes würden eine gesetzliche Regelung für eine Erlösung von einem schleichenden Übel betrachten. Es wurden zunächst in der Kommission zwei Anträge, die die aktive und passive Bestechung von Angestellten unter Strafe stellten, eingebracht und es herrschte Einverständnis darüber, daß die Strafandrohung gegen den Bestechenden in erste Linie zu stellen sei. Obgleich anerkannt wurde, daß eine richtige Abgrenzung gegenüber den oft auch ganz unbedenklichen Gefälligkeiten und Vergütungen sehr schwierig sei, war in dem ursprünglichen der Kommission eingereichten Entwurf irgendeine Beschränkung in dieser Beziehung nicht vorhanden. Man wollte, wie in der Kommission ausgeführt wurde, ein Fanal in der gesetzlichen Bestimmung errichten und von Staats wegen erklären, daß die Gewährung von Schmiergeldern etwas Sittenwidriges sei.

Die Kommission, vollständig mit dem Gedanken der Antragsteller einverstanden, beauftragte die Redaktionskommission, den Vorschlag zu redigieren, und diese hat die Bestimmung im wesentlichen so entworfen, wie sie sich jetzt im § 12 darstellt, nur daß die Worte „durch unlauteres Verhalten" fehlten. Auch sie ging davon aus, daß der Bestechende in erster Linie strafbar sei.

Diesem Vorschlage gegenüber führte der Vertreter der Regierungen aus, daß die Entscheidungen über das Erlaubte und Nichterlaubte bei dieser Frage noch weit auseinandergingen. Die Formulierung bestimmter Normen habe daher große Schwierigkeiten; einerseits dadurch, daß die Sicherheit des einzelnen eine genaue Abgrenzung des unter Strafe gestellten Strafbestandes erfordere und anderseits vermieden werden müsse, daß der Umgehung des Gesetzes Tür und Tor geöffnet werde.

Wolle man bestimmte Normen aufstellen, so müsse eine Abgrenzung zwischen den harmlosen Zuwendungen und solchen Geschenken, die ihrem Treu und Glauben widersprechenden Charakter nach unbedenklich Strafe verdienen, erfolgen. Bei den Vorschlägen der Redaktionskommission, die die Gewährung und das Anbieten von Vorteilen schlechthin und ohne Unterschied unter Strafe stelle, fehle die Einschränkung, die in dem zum Vorbilde genommenen englischen Gesetze (Act for the better prevention of corruption, gültig seit 1. I. 07) in dem Tatbestandmomente des „corruptly" gegeben sei. (If any agent corruptly accepts or obtains . . . . ., if any person corruptly gives or agrees to give . . . . to any agent . . . .) Es wurde daher vorgeschlagen, eine Strafe nur eintreten zu lassen, wenn eine Benutzung pflichtwidrigen Verhaltens des Angestellten vorliege.

Dem gegenüber blieb die Mehrheit der Kommission bei der Zustimmung zu den Vorschlägen der Redaktionskommission und nahm die Bestimmung in der von dieser vorgeschlagenen Fassung an.

In der zweiten Lesung wurde der Vorschlag gemacht, in den Paragraphen die Worte „durch unlauteres Verhalten" hineinzubringen. Der Regierungsvertreter führte aus, daß, nachdem der Antrag abgelehnt sei, nur Benutzung pflichtwidrigen Verhaltens unter Strafe zu stellen, die Einfügung des Begriffs der Unlauterkeit bezwecke, den Bedenken Rechnung zu tragen, ohne den Boden, auf den die Kommission sich gestellt habe, zu verlassen. Würde die Fassung der ersten Lesung gewählt werden, so sei diese unannehmbar und würde daher das Zustandekommen des Gesetzes gefährden. Diesen Ausführungen gemäß nahm die Kommission das Gesetz in der jetzt gestellten Fassung an. (Näheres über die Entwickelung Schmid in UnlW. 9 1).

2. **Allgemeine Grundsätze.** Aus der dargelegten Entwickelung zeigt sich, welche Absicht der Gesetzgeber mit der Gesetzesbestimmung gehabt hat. Soweit diese Absicht im Gesetz niedergelegt ist, soweit also der Wortlaut des Gesetzes dem nicht widerspricht, kann sie zur Auslegung des Gesetzes herbeigezogen werden. Es ergeben sich hiernach folgende allgemeine Grundsätze:

a) Allseitig wurde als die Absicht der Bestimmung anerkannt, in erster Linie den Bestechenden zu strafen und nur in zweiter Linie den Angestellten, der sich habe bestechen lassen. Wenn auch die Strafbestimmungen für beide Fälle die gleichen sind, kann der gesetzgeberische Gedanke bei der Strafabmessung berücksichtigt werden.

b) Es ist insbesondere in den letzten Beratungen allseitig anerkannt worden und zwar auch seitens des Vertreters der Regierungen, daß es sich bei der Bestimmung nicht um ein Vergehen handle oder zu handeln brauche, welches der Angestellte gegen den Prinzipal begehe, sondern daß der Paragraph ein Konkurrenzvergehen bestrafe. Es ist hervorgehoben worden, daß entgegen der Bestimmung über Beamtenbestechungen es ganz gleich sei, ob der Angestellte pflichtwidrig handle oder nicht. Es ist nach der jetzigen Fassung nur nötig, daß ein unlauteres Verhalten bezweckt werde oder vorhanden sei; dieses unlautere Verhalten aber könne sich ebensogut gegen den Prinzipal, wie gegen den dritten Konkurrenten richten. Dieser Auffassung entspricht auch der Umstand, daß der § 12 Teil eines Gesetzes gegen den unlauteren Wettbewerb ist. Es ist also die Frage der Angestelltenbestechung ebenfalls unter diesem Gesichtspunkt zu betrachten. Es folgt daraus einerseits, daß eine Bestechung, die nicht zu Zwecken des Wettbewerbes geschieht, oder die keine unlauteren Zwecke hat, nicht unter das Gesetz fällt, anderseits, daß eine Bestechung, die zu unlauteren Zwecken zum Wettbewerbe geschieht, auch strafbar ist, wenn eine Pflichtwidrigkeit gegen den Prinzipal nicht vorliegt. Es soll durch die Fassung dieser Bestimmung die Abgrenzung gegen unschuldige Trinkgelder usw. gegeben werden. Bei der Dehnbarkeit des Begriffes „unlauter" wird diese Abgrenzung oft große Schwierigkeiten machen.

c) Mit Absicht ist die Bestimmung den Vorschriften des Strafgesetzbuches über Beamtenbestechungen zum Teil auch dem Wortlaut nach nachgebildet. Es kann daher unbedenklich das, was die Praxis zur Interpretation der betreffenden Bestimmung über die Bestechung herbeigetragen hat, auch hier verwendet werden.

II. Allgemeine Vorschriften für Abs. 1 und 2.

1. **Geschäftlicher Verkehr** (vgl. §§ 1, 16, 18 des Gesetzes). Zu dem geschäftlichen Verkehr, der in dem weitesten Sinne zu verstehen ist, gehört auch hier die Geschäftsverbindung mit den sogenannten höheren Gewerbetreibenden, dem Arzt, dem Rechtsanwalt, dem Patentanwalt, dem Apotheker, dem Techniker usw. (Ebenso Fuld 253).

Den Gegensatz zum geschäftlichen Verkehr bildet der Privatverkehr, der damit ausdrücklich aus der gesetzlichen Bestimmung ausscheidet. (Vgl. Schmid in UnlW. 9 43.)

Ein Dienstmädchen, das vom Bäcker, Schlächter usw. gewisse Vorteile erhält, ist deswegen nicht strafbar, weil sie nicht Angestellte oder Beauftragte eines Geschäftsbetriebes ist; der Bäcker und Schlächter ist es deswegen nicht, weil er das Geschenk nicht einem Angestellten oder Beauftragten eines Geschäftsbetriebes gibt; an sich wäre die Zuwendung im Geschäftsverkehr erfolgt.

2. **Angestellter und Beauftragter** (vgl. § 4).

a) Es ist ausdrücklich in der Kommission festgestellt worden, daß auch Agenten als Beauftragte im Sinne des Gesetzes anzusehen sind. Ebenfalls fallen selbstverständlich der Direktor einer Aktiengesellschaft, der Geschäftsführer einer Gesellschaft m. b. H. unter diese Bestimmung des Paragraphen.

b) Beauftragter ist sowohl der, der einen Einzelauftrag hat, als der, der für einen Geschäftszweig, oder auch generell beauftragt ist.

3. **Zu Zwecken des Wettbewerbes** (vgl. zu § 1 und § 14).

Es ist nicht nötig, daß die Handlung lediglich zu Zwecken des Wettbewerbs geschieht; es fällt auch eine Handlung unter das Gesetz, bei der einem Angestellten Vorteile gegeben werden, einesteils um ihn für eine besondere Tätigkeit zu belohnen, anderseits aber, um den Wettbewerb zu fördern.

Eigentlich ist im § 12 die besondere Bezeichnung „zu Zwecken des Wettbewerbes" deswegen überflüssig, weil die Handlung geschehen muß, um eine Bevorzugung zu erlangen, es aber im Begriff der Bevorzugung liegt, daß eine Bewerbung gegenüber einem anderen, also ein Wettbewerb stattfindet. Es ist demnach im Gesetze zwiefach, sowohl durch die Worte „zu Zwecken des Wettbewerbes als durch den Begriff der Bevorzugung, darauf hingewiesen, daß nur Handlungen strafbar sind, die zum Zweck des Konkurrenzkampfes geschehen, insbesondere also, um sich Kunden zu verschaffen oder Kunden dem Mitbewerber abwendig zu machen oder ihm sonst zu schädigen. Dies erweist, daß dies Moment unter allen Umständen auf das genaueste zu prüfen ist und daß Strafbarkeit nur bei Vorhandensein dieses Tatbestandmerkmales eintritt.

4. **Geschenke oder andere Vorteile.** Es sind dieselben Worte wie in § 331 ff. StGB. gebraucht. Durch die weite Fassung soll einer Umgehung vorgebeugt werden, wie in der Kommission ausdrücklich festgestellt wurde. Man muß daher unter Vorteilen alle freiwilligen Leistungen verstehen, die den Angestellten zugewendet werden. Es ist nicht nötig, daß der Angestellte dauernd bereichert wird, es genügt, wenn die Vorteile auch nur vorübergehender Natur sind. (Vgl. RGStr. 9 166.)

Die Vorteile brauchen nicht direkt dem Angestellten gegeben zu sein, das Gesetz greift auch Platz, wenn die Vorteile dritten Personen gewährt werden, z. B. wenn Kindern, Ehefrauen, anderen nahen Verwandten des Angestellten geschenkt wird. (Vgl. RGStr. 1 405.)

Diese mittelbare Bestechung fällt aber nur dann unter das Gesetz, wenn die Geschenke dem Dritten gewährt werden, um hierdurch auf den Willen des Angestellten einzuwirken. Es ist daher nötig, daß der Angestellte von diesem Geschenke Kenntnis erhält und daß der Geber beabsichtigt oder es wenigstens als möglich sich vorstellt, daß der Angestellte die Kenntnis von diesem Geschenk erhalte. Das Erkaufen der Fürsprache der Mittelsperson, ohne daß der Beschenkte von den Vorteilen erfährt, ist keine Gewährung von Vorteilen an den Angestellten, fällt daher nicht unter das Gesetz. (Vgl. RGStr. 13 396.)

5. **Bezug von Waren oder gewerblichen Leistungen.** Über Waren und gewerbliche Leistungen vgl. § 3 S. 41.

Die Fassung „bei dem Bezuge von Waren und gewerblichen Leistungen" in § 12 stammt von der Redaktionskommission. Ursprünglich war beantragt, folgende Fassung zu wählen: Wer . . . . dafür, daß er Waren oder andere gewerbliche Leistungen eines Konkurrenten bevorzugt . . . . annimmt. — In einem besonderen Paragraphen sollte gesagt sein, daß die gleiche Strafe den trifft, der Vergütung usw. dafür fordert, daß er Beanstandungen hinsichtlich gelieferter Waren oder gewerblicher Leistungen unterläßt oder beseitigt. Ähnlich war die Fassung bei der aktiven Bestechung.

Die jetzt gewählten Worte sollen einen möglichst umfassenden Sinn haben. Das Wort „Bezug" soll sich nicht allein auf die Bestellung, sondern auch auf die Lieferung und Prüfung erstrecken. Es umfaßt jede Bevorzugung bei der Bestellung, milde Handhabung bei der Prüfung und Beanstandung, Übersehen von Fehlern; es umfaßt aber auch z. B. Mitteilung von Angeboten der Konkurrenz, damit Gelegenheit gegeben wird, diese zu überbieten; Mitteilung von Tatsachen betreffend die Prüfung, die an sich den Offerenten nicht mitgeteilt werden dürfen, überhaupt alles, was geeignet ist, dem einen einen Vorteil vor dem anderen Konkurrenten zu verschaffen. (Schmid in UnlW. 9 44.)

6. **Zweck der Bestechung.** Im Absatz 1 des § 12 ist gesagt, daß die Gewährung usw. der Geschenke geschehen müsse, um durch unlauteres Verhalten des Angestellten eine Bevorzugung zu erlangen. Entsprechend heißt es im Absatz 2: die Annahme usw. der Geschenke erfolgt seitens des Angestellten, damit er durch unlauteres Verhalten einem anderen eine Bevorzugung verschafft.

Wie oben dargelegt ist, ist das Tatbestandsmerkmal der Spekulation auf die Unlauterkeit durch die Regierung eingefügt worden, und zwar sollte, wie mehrfach ausdrücklich hervorgehoben worden ist, eine „Einschränkung" des strafrechtlichen Tatbestandes erfolgen. Die Einschaltung ist keine glückliche und erschwert das Verständnis des Gesetzes.

Das Wort „unlauter" soll nach der Begründung des Vertreters der verbündeten Regierungen sinngemäß dasselbe bedeuten wie das englische „corruptly". Das Wort „unlauter" ist der Gesetzessprache bisher fremd und findet sich nur in der Überschrift des Gesetzes über den unlauteren Wettbewerb. Es fehlt über die Frage, was unter „unlauter" zu verstehen ist, daher bisher jedes Material. Wort- und sinngemäß kann es nichts anderes bedeuten, als den seit langem in dem Gesetz eingebürgerten Begriff des Handelns gegen Treu und Glauben; es bezeichnet ein illoyales, an sich nicht rechtswidriges, wohl aber rechtsmißbräuchliches Verhalten. Der § 1 des Gesetzes hat generell alle Handlungen, die gegen die guten Sitten verstoßen, mit zivilrechtlichen Folgen belegt. Der § 12 nimmt aus dem weiten Tatbestande des § 1 ein besonderes Handeln gegen die guten Sitten, nämlich die Annahme oder Gewährung von Geschenken in einer gegen die guten Sitten verstoßenden Weise heraus und stellt diese unter den Schutz des Strafrechts. In betreff der Anwendung des Begriffs ist folgendes hervorzuheben:

a) Nach § 12 soll das Gewähren und die Annahme von Geschenken strafbar sein

   α) wenn es zum Zweck der Bevorzugung geschieht, und

   β) wenn auf ein gegen die guten Sitten verstoßendes, also unlauteres Verhalten des Angestellten spekuliert wird.

   Hieraus folgt als äußerst wichtiger Grundsatz, der auch der Absicht der verbündeten Regierungen bei der Einfügung des Wortes unlauter entspricht, daß an sich Gewähren und Annahme von Geschenken zum Zwecke der Bevorzugung im Wettbewerb nicht ohne weiteres unlauter ist; denn wäre dies der Fall, wäre die Zufügung des Wortes unlauter unnötig. Es ist also bei jedem Falle, in dem die sonstigen Tatbestandsmerkmale des § 12 vorhanden sind, noch besonders zu untersuchen, ob die Absicht vorliegt, ein Handeln gegen die guten Sitten zu veranlassen.

b) Unlauter bedeutet nicht dasselbe wie pflichtwidrig. Eine Pflichtwidrigkeit des Angestellten liegt vor, wenn der Angestellte gegen den Willen oder das Interesse des Prinzipals handelt, also z. B. wenn er Geschenke nimmt und durch die Geschenke sich veranlaßt sieht, einen Konkurrenten, der minderwertige Ware bietet, zu bevorzugen. Ein solches Verhalten wird wohl stets unlauter sein, aber es füllt den Begriff nicht aus. Unlauterkeit kann auch vorliegen, wenn dem Prinzipal kein Schade geschehen soll, ja selbst, wenn der Prinzipal von der Bestechung Kenntnis hat und sie billigt. Diese Auslegung ist in der Kommission von allen Seiten gebilligt worden, sie entspricht auch dem Wortlaut und dem bewußten Gegensatz zu den strafgesetzlichen Bestimmungen. Das Delikt des § 12 ist eben ein Konkurrenzdelikt. Um den Tatbestand zu erfüllen, genügt es also, wenn eine Unlauterkeit gegen den Konkurrenten vorhanden ist, ohne daß es nötig ist, daß eine solche gegen den Prinzipal geschieht.

c) Der Begriff Unlauterkeit soll den Tatbestand abgrenzen zwischen „harmlosen und nicht anfechtbaren Geschenken zur Förderung des Warenumsatzes und zur glatten Erledigung der Geschäfte" gegen Geschäfte, „die ihrem Treu und Glauben widersprechenden Charakter nach, unbedenklich Strafe verdienen". (KomBer.) Da, wie oben nachgewiesen ist, die Unlauterkeit im Geschenkegeben und -nehmen allein nicht zu finden ist, so wird man eine andere Grenze machen müssen, um zwischen harmlosen und strafbaren Geschenken zu unterscheiden.

Hier ist es der Begriff der guten Sitten, der für die Unterscheidung zu verwerten ist. Was in den beteiligten Kreisen als loyal und Verkehrsgewohnheit gilt (KomBer.), ist nicht unlauter, nicht gegen die guten Sitten. Zu bemerken ist dabei allerdings, daß, wie das Reichsgericht mit Recht ausspricht, Geschäftspraktiken, die zwar gehandhabt werden, aber von vornherein als unsittlich anzusehen sind, auch durch öftere Handhabung nicht sittlich werden. (Vgl. RGStr. 48 125.) Man wird daher nur dann Gewähren und Annahme von Geschenken für nicht unlauter ansehen, wenn eine Verkehrsgewohnheit vorliegt, die dem Anstandsgefühl der beteiligten Kreise nicht widerspricht. Es ist nicht zu leugnen, daß, wie überhaupt der Begriff der guten Sitten ein von der Verkehrsauffassung abhängiger, nicht leicht zu bestimmender Begriff ist, so auch hier in vielen Fällen die Begriffsbestimmung schwer fallen wird. Dieser Mangel ist im vorliegenden Falle um so bedenklicher, als es sich um eine strafrechtliche Bestimmung handelt; es wird viel von dem Taktgefühl der Gerichte abhängen, die stets darauf Rücksicht nehmen müssen, daß der Begriff „unlauter" ausdrücklich deswegen eingefügt ist, um verhältnismäßig harmlose Geschenke, insbesondere solche, die in den beteiligten Kreisen eingebürgert sind und nicht als unsittlich empfunden werden, von der Bestrafung auszuschließen. Eine einschränkende Interpretation wird dem Willen und Zweck des Gesetzes hier am besten entsprechen.

Bei der Frage, was unter das Gesetz fällt, sind unter Beachtung obiger Grundsätze die Gewohnheitsmäßigkeit derartiger Geschenke in den betreffenden Geschäftszweigen, die Unbedeutenheit der Geschenke, deren Charakter als Gelegenheitsgeschenke usw. in Betracht zu ziehen. Alles dies bewirkt nicht ohne weiteres Straflosigkeit; es kann aber zur Ermittelung des

Charakters der Geschenke als nicht den guten Sitten widersprechend herangezogen werden.

d) Es muß die Absicht vorliegen, durch Hingabe oder Annahme des Geschenkes auf den Willen des Angestellten einzuwirken. Für die aktive Bestechung ist der erkennbar gemachte Wille nötig, daß der Angestellte für den Vorteil die Bevorzugung eintreten läßt (vgl. RGStr. 37 172), dagegen ist eine ausdrückliche Hervorhebung dieser Absicht nicht nötig; konkludente Handlungen genügen. (Vgl. RGStr. 26 424 und 11 219.)

e) Daraus folgt, daß Bestechung nur für künftige Handlungen erfolgen kann; eine Belohnung für geschehene Handlungen fällt nicht unter § 12 (vgl. RGStr. 19 208; dagegen RGStr. 2 129); es sei denn, daß die Belohnung vorher versprochen ist. Zu bemerken ist hierbei, daß auch hierbei Ausdrücklichkeit nicht notwendig ist; das Versprechen kann aus dauernder Übung geschlossen werden. Wer vielfach dem Angestellten, der ihn bevorzugt, Geschenke gibt, nachdem die Bevorzugung eingetreten ist, läßt schließen, daß er auch für die künftige Bevorzugung Geschenke geben wird.

f) Schließlich muß die Einwirkung auf den Willen derart sein, daß eine „Bevorzugung" bezweckt wird. Es muß also beabsichtigt sein, dem Geschenk den Charakter des Äquivalents für die Bevorzugung zu geben. (Vgl. RGStr. 2 131, 36 68.) Was aus anderen Motiven, z. B. Dankbarkeit, Entschädigung für getane Leistungen, Aufmunterung für besonderen Fleiß usw. gegeben wird, fällt nicht unter das Gesetz.

III. Besondere Vorschriften.

1. Aktive Bestechung.

a) Anbieten, versprechen, gewähren.

Anbieten und versprechen sind einseitige Handlungen, während das Gewähren eine Mitwirkung des anderen Teiles voraussetzt. Das Angebot braucht nicht ausdrücklich zu sein. (Vgl. RGStr. 26 424, 4 421.) Ebensowenig braucht das Versprechen oder der Gegenstand dessen, was versprochen ist, bestimmt zu sein. (Vgl. RGStr. 23 141.) Es ist gleichgültig, ob der Angestellte vorher sich zur Leistung des Dienstes, den der Bestechende von ihm verlangt, erboten hat. (Vgl. RGStr. 37 172.)

Voraussetzung beim Anbieten und Versprechen ist, daß das Angebot bzw. das Versprechen zur Kenntnis des Angestellten, für den es bestimmt ist, gelangt, da sonst der auf das Vergehen gerichtete Wille nicht zur rechtlichen Existenz gelangt (Vgl. RGStr. 26 426; dagegen Fuld 268 Anm. 3.)

b) Vollendung beim Angebot und Versprechen.

Das Vergehen ist vollendet, wenn die Tatsache des Angebots zur Kenntnis des Angestellten gekommen ist; aber auch nur die Tatsache, nicht etwa ist es nötig, daß der Zweck der Bestechung oder überhaupt der Umstand, daß er bestochen werden soll, dem Angestellten zum Bewußtsein kommt. Es genügt, daß er das Angebot als solches erfährt. Ein Entgegenkommen seinerseits ist in keiner Weise zur Vollendung notwendig. (Vgl. RGStr. 26 426.) Ebensowenig ist für den Tatbestand des Vergehens ein Erfolg erforderlich. (Vgl. RGStr. 37 172 und 4 101.)

Das Gewähren ist mit der Übernahme des Geschenkes seitens des Angestellten vollendet.

c) Über die Anstiftung vgl. RGStr. 37 172, 13 181, 36 66.

2. Passive Bestechung.

a) Fordern, sich versprechen lassen, annehmen.

Auch hier ist Ausdrücklichkeit nicht nötig; die Begriffe in ihrer gewollten Allgemeinheit umfassen jede Kundgebung des Wunsches nach einem Vorteil, ebenso jede Annahme eines solchen; jedoch muß die Forderung einen Inhalt haben, der den Charakter des geforderten Vorteils als ein von dem Angestellten verlangten Äquivalents zum Ausdruck bringt. Fordert der Angestellte unter der Behauptung einer der anderen Person obliegenden Verpflichtung, so würde § 12 nicht zur Anwendung kommen. (Vgl. RGStr. 31 391.)

Die Annahme ist auch durch eine Mittelsperson möglich, natürlich nur dann, wenn der Angestellte Kenntnis erhält. Eine Annahme eines Geschenks kann auch den Umständen nach in einem Nichtzurückschicken liegen.

b) Vollendet ist auch hier das Vergehen mit der Forderung, mit dem Sichversprechenlassen und mit der Annahme. Irgendein Erfolg ist auch hier nicht notwendig.

IV. Prozessuales.

1. Über den Antrag vgl. § 22, ebenda auch über die Legitimation zum Strafantrag.
2. Betreffs der Privatklage vgl. § 22 Abs. 3.
3. Über die Zuständigkeit im Falle der Privatklage vgl. § 22 Abs. 4.
4. Über die Veröffentlichung des Urteils vgl. § 23.
5. Über die Verjährung der Zivilklage § 21.
6. Über einstweilige Verfügungen § 25.

V. Strafe.

Die „anderen Bestimmungen", nach denen schwerere Strafen verwirkt sein können, sind insbesondere Untreue, Betrug und bei der aktiven Bestechung auch Beleidigung. Die Untreue trifft nur den Fall, daß Bevollmächtigte über Forderungen des Auftraggebers absichtlich zum Nachteil verfügen. Auch Betrug wird sich nur ausnahmsweise konstruieren lassen. (Vgl. hierüber Stark 16ff.)

VI. Zivilrechtliche Folgen.

1. Nach § 13 kann im Falle des § 12 auf Unterlassung geklagt werden, ebenso nach § 13 Abs. 2 auf Schadensersatz; die Haftung von Angestellten regelt sich nach § 13 Abs. 3.

2. Die in der Kommission ausgesprochene Ansicht, daß Bestechung, die nicht strafrechtlich unter den § 12 falle, weil sie nicht unlauter sei, doch nach § 1 zivilrechtlich zu verfolgen sei, ist unrichtig. Der Tatbestand des § 1 geht, was die Bestechung betrifft, nicht weiter als der des § 12, § 1 umfaßt Handeln im geschäftlichen Verkehr zu Zwecken des Wettbewerbes gegen die guten Sitten, § 12 Bestechung im geschäftlichen Verkehr zum Zwecke des Wettbewerbes mit Benutzung der Unlauterkeit, also wie oben nachgewiesen, ebenfalls gegen die guten Sitten. Geschenke, die demnach nicht unter § 12 fallen, also, wie oben näher dargelegt, Gelegenheitsgeschenke usw. in gewissen Fällen, fallen daher auch nicht unter § 1. Es ist aber gegen diese Geschenke auch nicht etwa aus § 138 Abs. 1 BGB. vorzugehen, denn, da die Materie der Bestechung von Angestellten in diesem Gesetze ausschließlich geregelt ist, kommen daneben für diese Frage andere Gesetze nicht in Betracht.

3. Die Annahme von Bestechungsgeldern seitens des Angestellten wider Willen oder ohne Wissen des Chefs wird im allgemeinen als wichtiger Grund zur sofortigen Entlassung anzusehen sein.

VII. Verfallserklärung.

1. Der dritte Absatz des § 12 ist dem § 335 StGB. nachgebildet, der seinerseits eine Erweiterung des § 40 StGB. darstellt. Die Bestimmung ist obligatorisch, das Gericht muß daher über die Verfallserklärung erkennen. Voraussetzung der Verfallserklärung ist, daß etwas empfangen ist. Das, was gefordert oder angeboten ist, ist nicht als verfallen zu erklären (vgl. RGStr. 11 101, 22 270); jedoch gilt alles das als empfangen, was in den Gewahrsam des Angestellten gekommen ist, gleichviel, ob er es angenommen hat oder nicht, also auch, wenn er gar nicht den Willen gehabt hat, das Geschenk anzunehmen. (Vgl. RGStr. 15 348.)

Die Feststellung des Urteils muß so bestimmt sein, daß die Vollziehung in Richtung auf einen bestimmten Gegenstand verfügt werden kann. (Vgl. RGStr. 37 173, 31 392.) Ebenso ist der Wert zahlenmäßig festzustellen. Da die Erklärung, wie es im Gesetz heißt, nur im Urteil zu erfolgen hat, ist eine Nachholung unzulässig; ist sie übergangen, so kann durch Rechtsmittel die Nachholung verfolgt werden.

2. Zweifelhaft ist das Verhältnis dieser Bestimmung zu den Vorschriften des Bürgerlichen Rechts. In der Abhandlung in UnlW. 8 263 führt Potthoff aus, daß nach § 61 HGB. und § 817 BGB. der Chef den Angestellten zur Herausgabe der empfangenen Vermögensvorteile zwingen könne. Dem widerspricht Rauter in UnlW. 9 23, indem er ausführt, daß der Chef weder aus diesen Bestimmungen, noch sonst ein Recht habe, die Bestechungsgelder für sich in Anspruch zu nehmen. Beide Meinungen sind unrichtig. Nicht aus § 817 BGB., sondern aus §§ 675, 667 BGB. ist der Prinzipal berechtigt, die Herausgabe der Bestechungsgelder zu verlangen. (Vgl. Staubs Komm. z. HGB., 8. Aufl., Anm. 46 zu § 59.)

Mit Rücksicht darauf, daß das Gesetz über den unlauteren Wettbewerb das jüngere ist und daß beide Bestimmungen nebeneinander nicht bestehen können, ist anzunehmen, daß, soweit im Urteil erklärt ist, daß das Empfangene oder sein Wert dem Staate verfallen ist, der Chef nicht das Recht hat, seinerseits Herausgabe zu verlangen; hat allerdings der Chef, bevor eine derartige Verfallerklärung eingetreten ist, von dem Angestellten die Herausgabe erlangt, dann ist anzunehmen, daß eine Verfallerklärung nicht mehr zulässig ist; denn dann ist das Empfangene auf Grund eines gesetzlich zustehenden Rechts dem Angestellten schon von anderer Seite weggenommen worden, so daß eine Verfallerklärung des Objekts entbehrte. Die entgegenstehende Ansicht würde dazu führen, daß der Angestellte zweimal zu zahlen hat, was sicherlich nicht im Sinne des Gesetzes liegt.

§ 13.

In den Fällen der §§ 1, 3 kann der Anspruch auf Unterlassung von jedem Gewerbetreibenden, der Waren oder Leistungen gleicher oder verwandter Art herstellt oder in den geschäftlichen Verkehr bringt, oder von Verbänden zur Förderung gewerblicher Interessen geltend gemacht werden, soweit die Verbände als solche in bürgerlichen Rechtsstreitigkeiten klagen können. Auch können diese Gewerbetreibenden und Verbände denjenigen, welcher den §§ 6, 8, 10, 11, 12 zuwiderhandelt, auf Unterlassung in Anspruch nehmen.

Zum Ersatze des durch die Zuwiderhandlung entstehenden Schadens ist verpflichtet:

1. wer im Falle des § 3 die Unrichtigkeit der von ihm gemachten Angaben kannte oder kennen mußte. Gegen Redakteure, Verleger, Drucker oder Verbreiter von periodischen Druckschriften kann der Anspruch auf Schadensersatz nur geltend gemacht werden, wenn sie die Unrichtigkeit der Angaben kannten;
2. wer gegen die §§ 6, 8, 10, 11, 12 vorsätzlich oder fahrlässig verstößt.

Werden in einem geschäftlichen Betriebe Handlungen, die nach §§ 1, 3, 6, 8, 10, 11, 12 unzulässig sind, von einem Angestellten oder Beauftragten vorgenommen, so ist der Unterlassungsanspruch auch gegen den Inhaber des Betriebs begründet.

Inhaltsangabe.

Vorbemerkung.

§ 13, eine Neuerung der Reichstagskommission, regelt drei Fragen.

1. Die Aktivlegitimation bei der Unterlassungsklage. — Abs. 1.
2. Die subjektiven Voraussetzungen des Schadensersatzanspruches. — Abs. 2.
3. Die Unterlassungsklage gegen den Betriebsinhaber bei Verstößen des Angestellten. — Abs. 3.

Er bildet seinem Wortlaut nach die Ergänzung zu den §§ 1, 3, 6, 8, 10, 11, 12, findet aber eine Erweiterung durch die Vorschriften der §§ 14 Abs. 3 u. 16, Abs. 4.

A. Die Aktivlegitimation bei der Unterlassungsklage.

I. Stellung im System der Unterlassungsklage des Gesetzes.

1. Das Gesetz gibt eine Unterlassungsklage in folgenden Fällen:
   1. Verstoß gegen die guten Sitten. — § 1.
   2. Unwahre Reklame. — § 3.
   3. Falscher Konkursmassenverkauf. — § 6 in Verbindung mit § 13 Abs. 1.

4. Vor- oder Nachschieben von Waren. — § 8; mangelhaft angekündigter Ausverkauf — § 7 und 9 in Verbindung mit § 13 Abs. 1.
5. Quantitätsverschleierung. — § 11 in Verbindung mit § 13 Abs. 1.
6. Schmiergelder. — § 12 in Verbindung mit § 13 Abs. 1.
7. Üble Nachrede. — § 14.
8. Verletzung des Namen- und Firmenrechtes. — § 16.

Wie sich aus dieser Übersicht ergibt, findet in einer Reihe von Fällen (zu 3—6) die spezielle Strafvorschrift der einzelnen Paragraphen eine allgemeine zivilrechtliche Ergänzung durch die Einführung der Unterlassungsklage des § 13. Nicht anwendbar ist dieser Paragraph hingegen in den beiden letzten Fällen — §§ 14, 16 und 18 —, weil hier der Verstoß sich nicht gegen die große Menge der Konkurrenten, sondern ausschließlich gegen einzelne richtet, die deswegen auch allein die Legitimation zur Klage haben.

2. Über Inhalt und Ziel der Unterlassungsklage vgl. die Ausführungen zu § 1, S. 10ff.

II. Die Aktivlegitimation

ist in Übereinstimmung mit dem früheren § 1 Abs. 1 so geregelt, daß die Klage als subjektiv beschränkte Popularklage bezeichnet werden kann.

Zur Anstrengung der Unterlassungsklage sind zwei Gruppen befugt:
a) Gewerbetreibende gleicher oder verwandter Art,
b) Verbände zur Förderung gewerblicher Interessen.

a) Gewerbetreibende gleicher oder verwandter Art.

1. Den Anspruch auf Unterlassung kann **der Gewerbetreibende, der Waren oder Leistungen gleicher oder verwandter Art herstellt oder in den geschäftlichen Verkehr bringt,** erheben. Dieser Anspruch ist, wie die Begründung von 1896 hervorhebt, an den Nachweis eines besonderen rechtlichen Interesses nicht geknüpft, insbesondere auch nicht an einen erheblichen Umfang des Umsatzes. (RG. in UnlW. 2 90 und SächsArch. 14 52.) Der Umstand, daß jemand Konkurrent im Sinne des Gesetzes ist, genügt, um ihn zur Klage zu legitimieren. Dagegen gibt das Gesetz dem Käufer und Konsumenten ein Recht nicht. Diese haben lediglich die ihnen nach dem bürgerlichen Recht zustehenden Befugnisse auf Rücktritt oder Preisminderung usw. wegen Mängel, Betruges usw. Auch §§ 823ff. BGB. kann ihnen zur Seite stehen. Im einzelnen ergibt sich über die Aktivlegitimation folgendes:

2. **Gewerbe ist im weitesten Sinne zu interpretieren** (vgl. Einleitung; RGStr. 36 108, 37 173), nur muß die Tätigkeit, wenn sie als gewerblich aufgefaßt werden soll, auf Gewinn gerichtet sein (daher „in den geschäftlichen Verkehr bringt"); geschieht sie unentgeltlich, aus Wohltätigkeit oder nur für den eigenen Bedarf, so liegt kein Gewerbe vor, deshalb sind Konsumvereine (G. v. 12. VIII. 96), die nur an ihre Mitglieder verkaufen dürfen, und Kasinos, Kantinen, eingetragene Genossenschaften (G. v. 1. V. 89, vgl. Wolff 48) nicht als Gewerbetreibende im Sinne dieses Gesetzes anzusehen. Ebenso Rosenthal-Wehner 19.

Der Betrieb eines verbotenen Gewerbes gewährt den Schutz des Gesetzes nicht.

3. **Das Gewerbe muß betrieben werden** und zwar, wie aus den Worten „der . . . . . herstellt oder in Verkehr bringt" hervorgeht, ist nur der berechtigt, der es selbständig betreibt. Weder der Angestellte, noch der Direktor einer Gesellschaft hat das Recht, wohl aber der Kommissionär, der Agent (GewRschutz 01 87 Anm.), ferner auch der Generalvertreter einer ausländischen Firma, soweit er in

seinen eigenen Interessen geschädigt ist. (OLG. Hamburg in GewRschutz 98 83.) Zustimmend Finger 170. Bezüglich der Bezirksagenten vgl. Marcus R. 06 1248. Selbstverständlich können auch juristische Personen Gewerbetreibende sein und dann die Rechte aus § 13 ausüben.

4. Die Waren oder Leistungen müssen **hergestellt** oder in den **geschäftlichen Verkehr gebracht** werden. Unter den ersteren Begriff fallen alle Produzenten und zwar sowohl fabrik- als handwerksmäßige. Der Ausdruck „in den Verkehr bringen", der sich ähnlich auch in §§ 12 und 14 WarenZG. und § 4 PatG. befindet, bedeutet jeden Eintritt in den Verkehr durch die Tätigkeit des Gewerbetreibenden (RGStr. 11 242), jede Handlung, durch welche die Ware oder Leistung auf Grund eines im Gewerbebetriebe abgeschlossenen Rechtsgeschäfts in das Eigentum eines anderen übertragen wird. (RG. 13 425.) Wenn auch im vorliegenden Gesetz der Ausdruck „feilhalten", den die anderen bezeichneten Vorschriften haben, nicht ausdrücklich mitgebraucht ist, so ist nicht zu bezweifeln, daß auch das Angebot der Waren und Leistungen als Gewerbebetrieb im Sinne des Gesetzes anzusehen ist. (Finger 170; Kahn 43.)

5. **Der Ort des Gewerbebetriebes ist gleichgültig.** (Über Ausland vgl. Einl. Nr. VI.) Das Gesetz enthält eine räumliche Beschränkung nicht, so daß z. B. ein Gewerbetreibender in Berlin gegen einen in Dresden wohnhaften Klage erheben kann. Es folgt dies daraus, daß, soweit es sich um gleiche oder verwandte Gewerbe handelt, ein Nachweis eines besonderen Interesses nicht gefordert wird.

6. Der Gewerbebetrieb des Klägers muß Waren oder Leistungen **gleicher oder verwandter Art** umfassen, wie die sind, in betreff deren unrichtige Angaben gemacht worden sind. Es kommt auf die objektive Tatsache des Gewerbebetriebes in derartigen Waren an; ob sich der Kläger fälschlich anders bezeichnet, ist gleichgültig (RG. in JW. 99 447 Nr. 43: ein Goldwarenhändler hatte sich als Fabrikant bezeichnet); ebenso ob die gleichen oder verwandten Waren zu gleichen oder geringeren Preisen abgegeben werden (RG. in JW. 99 706 Nr. 22), oder ob der Konkurrent einzelne Warensorten vertreibt, die der andere nicht hat. (SächsArch. 14 733 u. 52.)

Die Legitimation ist auch dann gegeben, wenn der eine Konkurrent nur Leistungen, der andere nur Waren anbietet. (RGStr. 37 173.)

Der Begriff **„verwandter Art"** ist weitergehend als der in § 5 WarenZG. gebrauchte Ausdruck „gleichartig"; es sind daher die hierzu ergangenen Entscheidungen des Patentamts (vgl. Geitel 268) insoweit heranzuziehen, als Waren, die dort als gleichartig bezeichnet sind, sicherlich als verwandt angesehen werden müssen. Als solche hat das Patentamt z. B. erklärt: Echte Gold- und Silberwaren mit unechten, Rauchtabak und Zigarren, ferner z. B. deutschen und französischen Champagner, dänischen Sprit und sonstige Likörfabrikate (OLG. Hamburg bei Seuffert N. F. 23 277), echten importierten Jamaikarum und deutschen Jamaikarum-Verschnitt (RG. in UnlW. 2 90), Apparate und deren einzelne Teile, z. B. Schreibmaschinen und Farbbänder (PatA. in Bl. 02 28). Waren, die als Genußmittel dienen (Branntwein), sind nicht gleichartig mit Waren, die bestimmungsmäßig technischen Zwecken dienen (Brennspiritus), selbst wenn in Ausnahmefällen eine Benutzung der letzteren Art Ware zu Genußzwecken stattfindet. (OLG. Hamburg in A. 01 153.) Ebenso reicht der Umstand, daß beide Waren aus gleichem Stoff sind, nicht aus, um sie als gleichartig zu bezeichnen. (Gummikämme und Gummilineale Bl. 02 197.) Der Zahnarzt ist gegenüber dem Zahntechniker legitimiert. (RG. in JW. 07 86 und GewRschutz 07 202.)

Es wird nicht so sehr auf technische oder chemische Verwandtschaft zu sehen sein, wie darauf, ob nach der Anschauung im Handel und Verkehr eine Gleichartigkeit als bestehend angenommen wird. (RG. in Bl. 01 264 u. 265.)

b) Verbände zur Förderung gewerblicher Interessen als Kläger.

1. Die Unterlassungsklage soll an sich nur den Konkurrenten schützen, will aber, wie das ganze Gesetz, auch im öffentlichen Interesse den Auswüchsen des Wettbewerbs entgegentreten. Sie ist daher (im Gegensatz zur Klage auf Schadensersatz), nicht lediglich dem einzelnen Mitbewerber gegeben, sondern es sollen zur Klage auch die parteifähigen **Verbände zur Förderung gewerblicher Interessen** befugt sein und zwar, wie die Begründung von 1896 ausführt, „ohne Unterscheidung, ob ein solcher Verein den Schutz des durch die Reklame betroffenen Gewerbezweiges sich zur besonderen Aufgabe macht oder Ziele allgemeiner Art verfolgt". Vgl. RG. bei SeuffBl. 69 421.

2. **Der Verein muß die Fähigkeit haben, als solcher klagen zu können, also parteifähig sein.** (§ 50 ZPO.) Parteifähigkeit setzt Rechtsfähigkeit voraus.

a) Rechtsfähig sind auch die **juristischen Personen**, denen durch Gesetz oder staatliche Verleihung (§ 22 BGB.) Rechtsfähigkeit gegeben ist, ferner Vereine, deren Zweck nicht auf einen wirtschaftlichen Geschäftsbetrieb gerichtet ist, falls sie in das Vereinsregister eingetragen sind. Als solche Vereine sind die anzusehen, die lediglich zur Förderung gewerblicher Interessen oder zur Bekämpfung des Wettbewerbs gebildet sind (Wolff 51), so daß in betreff dieser Vereine das Klagerecht durch Eintragung in das Vereinsregister gegeben ist. Daß ein Verein vorzugsweise ideale Ziele verfolgt, beseitigt seine Legitimation nicht. (RG. im Arch. f. StrafR. 52 82.)

b) Kraft gesetzlicher Vorschrift haben Rechtsfähigkeit die Innungen (§ 86 GewO. v. 26. VII. 00), die gemäß ihrer Bestimmung „zur Förderung der gemeinsamen gewerblichen Interessen" (§ 81) aus § 1 vorgehen können; ferner die Innungsverbände und Innungsausschüsse, falls ihnen die Parteifähigkeit ausdrücklich verliehen ist (§ 101 Abs. 3, § 104g GewO.), und die Handwerkskammern. (LG. Freiburg in UnlW. 3 36 und Fuld in UnlW. 3 48; a. A. LG. Bayreuth ebenda.)

c) Eingeschriebene Hilfskassen haben zwar Parteifähigkeit (§ 5 G. v. 7. IV. 76), sie bezwecken aber nicht die Förderung gewerblicher Interessen, sondern nur Unterstützung für den Fall der Krankheit; ihnen steht daher das Klagerecht nicht zu. (So jetzt auch Finger 175; a. A. Rosenthal-Wehner 121.)

d) Erwerbs- und Wirtschaftsgenossenschaften, die gemäß § 1 G. v. 1. V. 89 die Förderung des Erwerbes oder der Wirtschaft ihrer Mitglieder bezwecken, erfüllen die Bedingungen des § 1. Sie deswegen auszuschließen, weil sie nur die Interessen ihrer Mitglieder fördern (Wolff 50), findet im Gesetz keinen Anhalt.

e) Die auf der Arbeiterschutzgesetzgebung beruhenden Verbände wie Berufsgenossenschaften und Krankenkassen verfolgen keine gewerblichen Interessen, sind daher hier nicht klageberechtigt. (So Finger 83; Stephan 46; dagegen Osterrieth 44.)

f) Was die Handelskammern und Gewerbe- bzw. Handwerkskammern betrifft, so ging anfangs die allgemeine Ansicht dahin, daß sie nicht zur Klage berechtigt sind, weil sie Korporationen des öffentlichen Rechts sind. (So alle Kommentatoren außer Schmid 301; Osterrieth 44.) Der Ansicht muß auch beigetreten werden, da öffentliche Behörden — und um solche handelt es sich bei den Kammern nie als Verbände angesehen werden können, vielmehr unter letzteren nur private Vereinigungen zu verstehen sind. In neuerer Zeit aber geht durch Literatur und Praxis das Bestreben, den Handelskammern das Recht der Klage einzuräumen. Fuld (in UnlW. 1 142 und Kommentar 59), Dove (UnlW. 2 18), Stegemann (2 19) sprechen sich dafür aus, indem sie sich darauf berufen, daß die Handelskammern ebenfalls der Förderung gewerblicher Zwecke dienen. Ferner hat das OLG. Karlsruhe (GewRschutz 01 243) den Handelskammern des badischen Rechts und das Reichsgericht in einer beiläufigen Bemerkung den preußischen Handelskammern die Klagebefugnis gewährt (RGStr. 35 269); ebenso das Kammergericht (in

DJZ. 02 534) und das Reichsgericht (Str. 35 268, **37** 174, DJZ. 04 1043) den Ärztekammern, bei denen gleiche Bedenken obwalten. Unbedenklich ist hingegen die Entscheidung des RG. in GRschutz 07 201, nach der ärztliche Standesvereine legitimiert sind. Die Legitimation der Landwirtschaftskammern vertritt Schneider in UnlW. 8 144.

3. Die Legitimation des Vereins muß nicht nur während der ganzen Dauer des Prozesses, sondern auch zur Zeit der verfolgten Wettbewerbshandlung bestehen. (OLG. Braunschweig im Recht **04** 455, bestätigt durch RG. 60 419; JW. 05 410.) Es ist also nicht zulässig, daß sich nach einer solchen Handlung ein Verband bildet, um dann gegen den Täter vorzugehen.

4. Verfolgt der Verband **allgemeine Ziele** oder umfaßt er allgemein die Vertretung von Handel und Gewerbe, oder den Schutz gegen unlauteren Wettbewerb, so kann er in jedem Fall des unlauteren Wettbewerbs vorgehen; umfaßt er nur **bestimmte Klassen** von Gewerbetreibenden, so beschränkt sich sein Klagerecht auf die von Angehörigen gleicher oder verwandter Gewerbe veranlaßten Verfehlungen. Wenn auch der Wortlaut des Gesetzes eine weitergehende Interpretation nicht ausschließt und die Begründung sie begünstigt, so ist doch der Sinn des Gesetzes der, daß nur der vorzugehen das Recht hat, der ein Interesse an der Verfolgung hat. Bei Personen wird das Interesse präsumiert für Gewerbetreibende gleicher und verwandter Gewerbe; es würde prinzipwidrig sein, diese Beschränkung nicht auch bei Verbänden, die nur die Interessen bestimmter Gewerbe schützen, eintreten zu lassen. (Wolff 49; OLG. Karlsruhe in BadRspr. 07 334; LZ. 08 254; Fuld 58; dagegen Finger 175.)

c) Mehrheit von Klageberechtigten.

Bei der Konstruktion der Klagelegitimation in unserem Gesetz liegt die Möglichkeit sehr nahe, daß jemand wegen einer und derselben Handlung von mehreren Seiten nacheinander auf Unterlassung verklagt wird, auch wenn er in einem Falle bereits dazu verurteilt ist. Der erste Gesetzentwurf hatte die Bestimmung, daß, wenn eine solche Klage angestrengt ist, die anderen Interessenten nur als Streitgenossen beitreten dürfen. Diese Bestimmung hat weder in das frühere noch in das jetzige Gesetz Aufnahme gefunden. Der Beklagte kann sich bei dieser Rechtslage weder mit dem Einwande, daß ein anderer bereits geklagt habe (**Rechtshängigkeit**), noch daß ein anderer bereits ein Urteil erlangt habe (**Rechtskraft**), verteidigen, da die Voraussetzung, daß derselbe Anspruch vorliege, fehlt. A. A. Marcus in UnlW. 5 5 unter Berufung auf die patentrechtliche Entscheidung in RG. 59 133 (die jedoch in ihrer Begründung lediglich patentrechtliche Fragen erörtert und auch hier nur in den Fällen den Einwand der Rechtskraft billigt, in denen auf einem Umweg versucht wird, dasselbe bereits abgewiesene individuelle Interesse im Widerspruch mit den Grundsätzen einer geordneten Rechtspflege im Klagewege noch einmal zu erstreiten), und Müller 61, Anm. 2. Es ist zuzugeben, daß sich durch Häufung der Klagen gewisse Mißstände ergeben können. Aber diese sind dadurch zu beseitigen, daß demjenigen, der gegen einen bereits rechtskräftig verurteilten Konkurrenten ohne ersichtlichen Grund die Unterlassungsklage anstrengt, der Einwand der Schikane aus § 226 BGB. entgegengehalten wird.

B. Die subjektiven Voraussetzungen des Schadensersatzanspruches.

I. Stellung im System der Schadensklage des Gesetzes.

§ 13 Abs. 2 stellt die subjektiven Voraussetzungen nicht für alle Schadensersatzansprüche zusammen, die das Gesetz enthält. Neben den in ihm aufgeführten §§ 3,

6, 8, 10, 11, 12 kommen vielmehr noch die §§ 1, 14, 16 und 19 in Betracht. Die Voraussetzungen in allen diesen Fällen sind nicht nach einem einheitlichen Prinzip, sondern durchaus verschieden geregelt.

1. § 1 (sittenwidrige Handlung) und § 14 (üble Nachrede) stellen keine subjektiven Voraussetzungen auf.
2. § 3 (unlautere Reklame) und § 14 Abs. II (falsche vertrauliche Auskunft) verlangen Kennen oder Kennenmüssen der Unrichtigkeit. § 16 (Firmenanmaßung) Kennen oder Kennenmüssen der Verwechselungsgefahr.
3. §§ 6—10 (Ausverkaufsübertretungen), § 11 (Qualitätsverschleierung) und § 12 (Schmiergelder) Vorsatz oder Fahrlässigkeit.
4. § 19 (Geheimnisverrat) Vorsatz.

Dieses Resultat ist das Produkt vielfacher Beratung in der Reichstagskommission, für die auf die Seiten 6, 10, 70 und 73 des Berichts verwiesen sei.

II. Die subjektiven Voraussetzungen nach § 13 Abs. 2.

a) Prinzip.

Die beiden Gruppen des § 13 Abs. 2 bringen dasselbe Prinzip zum Ausdruck, nämlich daß die Schadensersatzpflicht von einem Verschulden durch vorsätzliches oder fahrlässiges Handeln abhängig sei. Nur mußte, wie auch in dem Kommissionsbericht S. 72 und 75 ausgesprochen ist, der Fall der unlauteren Reklame in einer der Eigenart des Tatbestandes entsprechenden Weise besonders formuliert werden, die auch auf die Frage der Haftung der Redakteure usw. Rücksicht nahm.

Vorsatz ist Handeln in Voraussicht (Vorstellung) des rechtswidrigen Erfolges, **Fahrlässigkeit** Handeln trotz seiner Vorhersehbarkeit (Crome 1 484). Auch hier ist also festzustellen, daß der Täter wußte oder wissen mußte, daß ein rechtswidriger Erfolg eintreten werde. Im Falle der Ziff. 1 ist nur noch das Tatbestandsmerkmal bezeichnet, auf das sich das Wissen oder Wissenmüssen erstreckt.

Ziff. 2 bildet eine zivilrechtliche Ergänzung strafrechtlicher Bestimmungen. An sich wäre sie nicht nötig gewesen, da sie sich aus § 823 Abs. 2 ergibt. Denn die hier zitierten Bestimmungen sind, wie aus der Absicht des ganzen Gesetzes hervorgeht, Gesetze, die den Schutz eines anderen, nämlich des redlichen Konkurrenten, bezwecken. Hierüber bestand auch in der Kommission völlige Einigkeit. Trotzdem ist man zu der gegenwärtigen Fassung gekommen, um jeden Zweifel von vornherein auszuschließen.

b) Kennen und Kennenmüssen der Unrichtigkeit.

1. Der Kläger hat zu beweisen, daß der auf Schadensersatz Verklagte die Unrichtigkeit kannte oder kennen mußte.

2. **Das Kennen der Unrichtigkeit der gemachten Angaben genügt;** nicht nötig ist, daß man gewußt hat, daß die Verbreitung unerlaubt ist, auch nicht nötig, daß man den Schaden voraussah oder voraussehen konnte. (Bachem-Roeren 81.) Kennen ist nicht eine Tätigkeit des Willens, sondern ein Insichaufnehmen gewisser Tatumstände; es liegt daher nur vor, wenn die Unrichtigkeit der Tatsachen dem Täter wirklich zum Bewußtsein gekommen ist. Dagegen wird der Umstand, daß der Täter zwar nicht weiß, daß die Tatsachen unrichtig sind, sich aber mit der Möglichkeit abfindet, daß sie es vielleicht sein könnten, meist als „Kennenmüssen" anzusehen sein.

3. Der Ausdruck **„Kennenmüssen"** kommt vielfach im BGB. vor (vgl. die Beispiele bei Planck 1 38) und bedeutet dort (§ 122 Abs. 2) **ein infolge von Fahrlässigkeit nicht Kennen.** Fahrlässig handelt nach § 276 BGB., wer die im Verkehr erforderliche Sorgfalt außer acht läßt.

Diese im BGB. gegebene Definition entspricht ihrem Wesen nach den hier gegebenen Vorschriften. Sie ist aus diesem Grunde zu benutzen. Unter der Herrschaft des früheren Rechts war das streitig. Das Reichsgericht hatte zu Unrecht (JW. 00 760) ausgeführt, das Gesetz verlange hier einen so hohen Grad von Fahrlässigkeit, daß er der Wissentlichkeit gleichzuachten sei. Dieser Auffassung hatten sich **Finger** und **Lobe** in JW. 09 178 angeschlossen. Gerade den Ausführungen von Lobe gegenüber ist, aber in der Reichstagskommission von den Urhebern der jetzigen Fassung betont worden aus §§ 276 und 122 BGB. folge, daß schon die gewöhnliche Fahrlässigkeit genüge. Hieran ist festzuhalten. So jetzt auch Finger 190. Zu der Tat bestimmt das Gesetz nur, daß der, der kennen müßte, dem, der kannte, gleichzuerachten ist. Die Frage, wer kennen muß, ist lediglich nach individuellen Gesichtspunkten zu entscheiden. Ein Großkaufmann wird andere Erkundigungen einziehen müssen, ehe er eine Ware in bestimmter Weise bezeichnet, als ein Krämer, der sie mit dieser Bezeichnung bezogen hat. Wie vielfach in diesem Gesetz, so ist auch hier das im Verkehr Übliche und Erforderliche entscheidend. Es kann daher denen nicht unrecht gegeben werden, die nicht jede geringe Unachtsamkeit für genügend erachten; nur ist eine derartige geringe Unachtsamkeit, wenn der Verkehr sie nicht für erforderlich erachtet, eben keine Fahrlässigkeit im gesetzlichen Sinne. Als Prinzip aber ist aufzustellen, daß jede Fahrlässigkeit genügt, um den Täter haftbar zu machen. Hiernach regelt sich auch die Frage, wie weit die **Erkundigungspflicht** Dritter geht, die die ihnen gemachten Angaben wiederholen. Ist die mitgeteilte Tatsache und der, der sie mitteilt, bedenkenfrei, so macht die Wiederholung der Behauptung nicht schadensersatzpflichtig; liegt aber in der Nichterkundigung ein Außerachtlassen der verkehrsüblichen Sorgfalt, oder wird die Erkundigung unterlassen, um nicht den guten Glauben zu erschüttern, so tritt die Haftung ein.

4. Nach denselben Grundsätzen ist die Frage zu entscheiden, **ob die Fortdauer der Verbreitung falscher Behauptungen nach Anstellung der Unterlassungsklage ohne weiteres schadensersatzpflichtig macht.** Lediglich die Tatsache kommt in Betracht, ob die klägerischen Angaben derart sind, daß der Beklagte eine Fahrlässigkeit begeht, indem er sie unbeachtet läßt. Die Tatsache der Klageanstellung als solcher ergibt weder sein Kennen noch Kennenmüssen. (So für Patentrecht Seligsohn 401, RG. 21 68.)

5. Bei **offenen Handelsgesellschaften, juristischen Personen, rechtsfähigen Vereinen** (vgl. 13 Nr. 8) kommt es auf Kennen bzw. Kennenmüssen des die Handlung vornehmenden Geschäftsführers an, falls die Gesellschaft für dessen Handlungen verantwortlich ist. (Vgl. Staub Anm. 4 zu § 126 HGB.)

c) Die Haftung der Redakteure, Drucker, Verleger und Verbreiter periodischer Druckschriften

ist im neuen Gesetz ebenso wie im bisherigen geregelt. Eine Sonderstellung besteht **nur für den Schadensersatzanspruch**, nicht für die Unterlassungsklage.

1. a) Für die **Unterlassungsklage** macht es keinen Unterschied, wenn die falsche Tatsache in einer periodischen Druckschrift veröffentlicht ist. Alle diejenigen, die bei einer Veröffentlichung als Täter oder Teilnehmer (vgl. S. 12ff.) beteiligt sind, können auf Unterlassung in Anspruch genommen werden (so allgemeine Ansicht, Finger 192), Voraussetzung ist nur, daß die Angaben vorsätzlich gemacht sind (vgl. S. 47 Nr. 2), nicht, daß der, der sie veröffentlichte, deren Unrichtigkeit kannte. Mit dieser Maßgabe kann demnach der Redakteur oder Verleger, der Drucker, der Verbreiter auf Unterlassung weiterer Veröffentlichung verklagt werden. (Vgl. RG. 50 110.)

Fraglich ist nur, ob (wie Wolff 20 annimmt), **die Bestimmungen der § 20**

Abs. 2 und § 21 **des Reichspreßgesetzes**, nach denen der verantwortliche Redakteur als Täter, sowie ferner Verleger, Drucker, Verbreiter wegen Fahrlässigkeit unter gewissen Voraussetzungen haften, auch für die Unterlassungsklage gelten, so daß, soweit diese Voraussetzungen vorhanden sind, den bezeichneten Personen der Vorsatz nicht bewiesen zu werden braucht. Es ist dies anzunehmen. Das Preßgesetz regelt allerdings nur die strafrechtliche Verantwortung. (Vgl. RG. 50 110.) Jedoch hat das Reichsgericht mehrfach ausgesprochen, daß, wenn das Gesetz ein Tun mit Strafe bedroht, der, welcher ein Interesse an der Beseitigung der Fortdauer der strafbaren Handlung hat, auch, ohne daß dies im Gesetz ausdrücklich gesagt ist, auf Unterlassung klagen kann. (Vgl. z. B. RG. 38 379, 165, 25 347; JW. 01 13 Nr. 18; RGStr. 35 26; RG. in UnlW. 2 50.)

Nun hat das Preßgesetz in § 20, 2 eine Vermutung für die Täterschaft des verantwortlichen Redakteurs (RGStr. 22 65), in § 21 ein selbständiges preßrechtliches Delikt (RGStr. 13 319) geschaffen, welches in Verbindung mit einer durch die Presse begangenen strafrechtlichen Handlung die dort bezeichneten Personen wegen Fahrlässigkeit haftbar macht. Soweit demnach ein Fall der unerlaubten Reklame vorliegt, der nach § 4 des Gesetzes strafbar ist, haften Redakteur, Verleger, Drucker, Verbreiter nach dem Preßgesetz und es ist nach dem oben bezeichneten allgemeinen Grundsatze gegen sie in gleicher Weise, wie sie strafrechtlich haften, auch die Unterlassungsklage zulässig. (Finger 192.)

2. In betreff der **Schadensersatzklage** war der periodischen Presse durch Reichstagskommission und Reichstag bereits im früheren Gesetz eine Ausnahmestellung eingeräumt. Ausgehend von der berechtigten Erwägung, daß man der Presse nicht zumuten könne, bei jedem Inserat sich erst durch Erkundigungen von der Richtigkeit zu überzeugen, ist bestimmt worden, daß bei periodischen Druckschriften Redakteure, Verleger, Drucker und Verbreiter nur haften, wenn sie die Unrichtigkeit der Angaben k a n n t e n. Dies hat die Novelle übernommen.

Selbstverständlich haftet jede der bezeichneten Personen nur so weit, als sie die Unrichtigkeit kannte. Kenntnis der anderen Personen schadet dem, der nicht kannte, nicht. Fahrlässigkeit begründet die Haftbarkeit nicht.

Im einzelnen ist zu bemerken (Näheres über die preßrechtlichen Begriffe in den Kommentaren zum Preßgesetz und den ergangenen Entscheidungen, zitiert bei Born, Reichspreßgesetz):

a) **Die Ausnahmebestimmung gilt nur bei periodischen Druckschriften**, d. h. nach § 7 des Preßgesetzes bei „Zeitungen und Zeitschriften, die in monatlichen oder kürzeren, wenn auch unregelmäßigen Fristen erscheinen". (Unterschied von Lieferungswerken RGStr. 14 279.) Bei sonstigen Druckschriften, insbesondere Zirkularen, bestimmt sich die Haftung von Herausgebern, Verbreitern, Druckern nach allgemeinen Grundsätzen.

b) **Redakteur** ist der, welcher die Redaktionstätigkeit leitet und zusammenfaßt und die letzte Bestimmung über Aufnahme und Nichtaufnahme trifft. (Born 50.) Da das Gesetz allgemein von Redakteuren spricht, so betrifft die Ausnahmebestimmung nicht allein den verantwortlichen (§ 7 des Preßgesetzes), sondern jeden, der tatsächlich als Redakteur anzusehen ist. (Finger 193.)

c) **Verleger** ist der, welcher, sei es mit Recht oder ohne Recht, die Verlagstätigkeit in betreff der periodischen Druckschrift ausgeübt (RGStr. 19 358), d. h. derjenige, der die Druckschrift vervielfältigt und vertrieben hat.

d) **Drucker** ist der, welcher den Druck einer Druckschrift besorgt, in der Regel der Inhaber der Anstalt, in der die Vervielfältigung hergestellt wird. (RGStr. 16 145.)

e) **Verbreiter** ist der, welcher eine Tätigkeit entfaltet, um die Druckschrift dem

Publikum zur Kenntnis zu bringen, insbesondere gilt nach § 6 des Preßgesetzes. Anschlagen, Ausstellen oder Auslegen an Orten, die dem Publikum zugänglich sind, als Verbreitung.

f) Die Ausnahmebestimmung bezieht sich auf die bezeichneten Personen natürlich nur insofern, als sie als Verleger usw. handeln. Soweit sie eigene Behauptungen verbreiten, haften sie nach den allgemeinen Bestimmungen. (OLG. Frankfurt im Recht 02 376 Nr. 1826.)

C. Die Unterlassungsklage gegen den Prinzipal bei Verstößen des Angestellten.

Vgl. Lobe in JW. 09 177; Wassermann in UnlW. 8 90; Schmid in UnlW. 7 82.

I. Entstehungsgeschichte.

Das Gesetz von 1896 enthielt keine Sonderbestimmungen über die Haftung des Geschäftsherrn für Handlungen seiner Angestellten. Sie regelte sich daher nach den allgemeinen Vorschriften des BGB., insbesondere nach § 831. Der Entwurf der Novelle hielt diese nicht für ausreichend und führte einen besonderen, den früheren § 1 ergänzenden § 2 ein mit folgender Begründung (S. 13):

> „Für die zivilrechtliche Vertretungspflicht kommt gegenwärtig die Vorschrift des § 831 BGB. in Betracht. Hiernach ist jedoch die Ersatzpflicht des Geschäftsherrn im allgemeinen dann ausgeschlossen, wenn er bei der Auswahl der bestellten Personen die im Verkehr erforderliche Sorgfalt beobachtet hat. Es kann anerkannt werden, daß diese Vorschrift für die auf dem Gebiete des unlauteren Wettbewerbes liegenden Verhältnisse zum Schutze des redlichen Verkehrs nicht immer ausreichen wird. Der Entwurf hat deshalb im § 2 vorgeschrieben, daß wenn die im § 1 Abs. 1 bezeichneten unrichtigen Angaben von einem Angestellten gemacht werden, der Unterlassungsanspruch auch gegen den Geschäftsherrn begründet ist. Den Angestellten sind gleichgestellt solche Personen, welche, ohne im Angestelltenverhältnisse zu stehen, kraft Auftrags oder auch Werkvertrages im Betriebe tätig sind; hierher gehören berufsmäßige Schaufensterdekorateure oder sonstige Gewerbetreibende, welche in ihrer geschäftlichen Tätigkeit für den Inhaber des Betriebs Angaben der im § 1 bezeichneten Art zu machen in die Lage kommen. Eine solche Vorschrift wird den Leitern größerer Betriebe in gesteigertem Maße die Pflicht auferlegen, die Handlungen der Angestellten und Beauftragten sorgfältig zu überwachen. Andererseits ist die durch § 2 dem Geschäftsherrn auferlegte Haftung vom allgemeinen Standpunkt aus unbedenklich, da sie nur dem Unterlassungsanspruche gegenüber stattfinden soll. Für die Frage der Schadensersatzpflicht bleiben die allgemeinen Grundsätze in Kraft."

Die Reichstagskommission ging auf dem eingeschlagenen Wege weiter, indem sie nicht nur für die unlautere Reklame, sondern auch für sittenwidrige Handlungen, Ausverkaufsvergehen, Qualitätsverschleierung, Schmiergelder, und — durch Zitierung des § 13 Abs. 3 in den §§ 14 und 16 — auch für die Fälle der üblen Nachrede und der Firmenanmaßung — die gleiche Haftung festsetzte. Dies fand allerdings in den Verhandlungen der Kommission Widerspruch, auch von seiten der Regierungsvertreter. Es wurde als unbillig bezeichnet, daß ein Gewerbetreibender in Königsberg für das aufkommen solle, was sein Reisender ohne sein Wissen und Willen in München sage, und darauf hingewiesen, daß ein bei diesem Tatbestand ergehendes Urteil öffentlich bekanntgemacht werden könnte. Diese Argumente schlugen nicht durch, nur wurde von der Majorität bemerkt, daß ein vernünftiger Richter in solchen Fällen nicht auf Publikationsbefugnis erkennen würde.

II. Der gegenwärtige Rechtszustand.

1. Für die Schadensersatzklage ist somit der bisherige Zustand geblieben, d. h. die Haftung regelt sich nach § 831 BGB.

2. Die Unterlassungsklage ist gegeben, sowie der Angestellte eine der als unzulässig bezeichneten Handlungen vollendet hat. Bei dem Angestellten müssen also sämtliche Tatbestandsmerkmale der zitierten Paragraphen erfüllt sein. **Dann aber gibt es für den Prinzipal keinerlei Verteidigung.** Er wird weder damit gehört, daß er seine Angestellten sorgfältig ausgewählt habe, noch damit, daß er ihre Handlungen nicht vorhersehen, noch damit, daß er sie nicht verhindern konnte. Selbst wenn er ihnen die strengsten und genauesten Anweisungen gegeben hat, um eine Überschreitung zu verhindern, ist er zu verurteilen. Dies ist insbesondere von Bedeutung für den zwar nicht durch den Wortlaut dieses Paragraphen, wohl aber durch die Verweisung im § 14 Abs. 3 im gleichen Sinne geregelten Fall, daß ein Angestellter, z. B. ein Reisender, unwahre tatsächliche Behauptungen über einen Konkurrenten aufstellt. Es kann sehr wohl eintreten, daß der Geschäftsinhaber von einer solchen Äußerung erst durch Zustellung der Klage Kenntnis erhält, oder auch, daß er bereits vor der Klagezustellung sofort nach Kenntnisnahme die unrichtige Behauptung richtiggestellt hat. Auch dann kann er keine Klageabweisung erzielen, es sei denn, daß ihm der Einwand der Schikane zur Seite steht. Dieses u. a. auch von Wassermann in UnlW. 8 90 bekämpfte Ergebnis ist jedoch von dem Gesetzgeber gewollt worden.

3. Erkennt der Geschäftsinhaber in der ersten mündlichen Verhandlung den Klageanspruch an (§ 93 ZPO.), so werden die Kosten dann den Kläger treffen müssen, wenn der Beklagte alles von seinem Standpunkt aus Mögliche getan hat, um die Übertretung seines Angestellten zu verhindern. (Vgl. Schmid in UnlW. 7 82.)

4. Über die Begriffe des Angestellten und des Betriebsinhabers vgl. zu § 4. Der Leiter des Betriebs ist nicht passiv legitimiert. Hierfür besteht auch kein Bedürfnis.

§ 14.

Wer zu Zwecken des Wettbewerbes über das Erwerbsgeschäft eines anderen, über die Person des Inhabers oder Leiters des Geschäfts, über die Waren oder gewerblichen Leistungen eines anderen Tatsachen behauptet oder verbreitet, die geeignet sind, den Betrieb des Geschäfts oder den Kredit des Inhabers zu schädigen, ist, sofern die Tatsachen nicht erweislich wahr sind, dem Verletzten zum Ersatze des entstandenen Schadens verpflichtet. Der Verletzte kann auch den Anspruch geltend machen, daß die Behauptung oder Verbreitung der Tatsachen unterbleibe.

Handelt es sich um vertrauliche Mitteilungen und hat der Mitteilende oder der Empfänger der Mitteilung an ihr ein berechtigtes Interesse, so ist der Anspruch auf Unterlassung nur zulässig, wenn die Tatsachen der Wahrheit zuwider behauptet oder verbreitet sind. Der

Anspruch auf Schadensersatz kann nur geltend gemacht werden, wenn der Mitteilende die Unrichtigkeit der Tatsachen kannte oder kennen mußte.

Die Vorschrift des § 13 Abs. 3 findet entsprechende Anwendung.

Inhaltsangabe.

Vorbemerkung.

Der den Grundsatz aussprechende Absatz 1 ist gegen die frühere Fassung nur unwesentlich redaktionell verändert. Hingegen hat der in Absatz 2 enthaltene Einwand des berechtigten Interesses eine grundsätzliche Umgestaltung erfahren, indem er auf vertrauliche Mitteilungen beschränkt ist. Außerdem ist durch Absatz 3 der neue Gedanke der Haftung für Angestellte auch hierher übertragen.

A. Prinzip.

1. In §§ 3 und 4 des Gesetzes ist die Überschreitung der anpreisenden Reklame geregelt; **§§ 14 und 15 gewähren Schutz gegen den über das Erlaubte hinausgehenden Tadel bestimmter Mitbewerber** und zwar § 14 in zivilrechtlicher, § 15 in strafrechtlicher Beziehung.

Beide Gruppen haben das gemeinsam, daß sowohl Lob und Tadel nur verfolgt werden, insofern sie unwahr sind. „Wie die lobende Beurteilung der eigenen, so kann auch die abfällige Kritik fremder Ware grundsätzlich nicht verboten werden. Vom Standpunkt der geschäftlichen Moral findet indessen das eine wie das andere seine Schranke in der Pflicht, unwahre Angaben, die das Publikum irreführen und den Mitbewerber widerrechtlich schädigen würden, zu vermeiden." (Begr. von 1896.)

Seit der Novelle besteht aber ein wesentlicher Unterschied insofern, als die §§ 14 und 15 das Tatbestandsmerkmal des Tatsächlichen beibehalten haben, das in den §§ 3 und 4 jetzt fehlt.

2. Voraussetzung der Haftung aus § 14 ist, daß die unwahre Behauptung **zu Zwecken des Wettbewerbs** geschieht, daß sie sich gegen **Geschäftsbetrieb** oder den **Kredit** des Mitbewerbers richtet.

3. Ebenso wie bei §§ 3 und 4 stimmen auch hier die Tatbestände des zivilrechtlichen (§ 14) und des strafrechtlichen Delikts (§ 15) nicht vollständig überein. Die Unterschiede sind bei § 15 zu erörtern.

B. Voraussetzungen.

I. Behaupten und Verbreiten.

1. Es müssen Tatsachen behauptet oder verbreitet sein. Diese Worte, die an Stelle des früheren „tatsächliche Behauptungen aufstellen und verbreiten" von

der Reichstagskommission gesetzt sind, entsprechen der Ausdrucksweise des Strafgesetzbuches (§ 186). „Behaupten" bedeutet Hinstellung einer Tatsache als Gegenstand eigenen Wissens. (RGStr. 30 226, 31 66.) Verbreitung dagegen ist die **Wiedergabe der von** einem anderen erhaltenen Mitteilung. (RG. ebenda und in JW. 03 406.)

2. Weder bei der Behauptung noch bei der Verbreitung ist es wesentlich, daß sie für **weitere Kreise** oder für die **Öffentlichkeit** bestimmt war. Jede Mitteilung an einen einzelnen, auch wenn sie als vertraulich bezeichnet war, genügt zum Tatbestand des § 14 (s. die zit. RGEntsch.).

Es haftet demnach gemäß § 14 auch der, welcher eine Behauptung in einem Brief an eine bestimmte Person, in einer Eingabe an die Behörde, im vertraulichsten Gespräch, aufstellt.

3. **Die Form der Behauptung ist gleichgültig,** sie kann mündlich, schriftlich, durch Vorlesen, durch Übergeben von Schriften oder Zeitungen, unter Umständen auch durch Gebärden, die die mündliche Mitteilung ersetzen, durch bildliche Darstellungen erfolgen. Ob die Äußerung aus eigener Initiative erfolgt, oder als Antwort auf gestellte Fragen, ist gleichgültig, da ein begrifflicher Unterschied zwischen der Behauptung, jemand habe seine Zahlungen eingestellt, und der Antwort auf eine bezügliche Frage, nicht zu ersehen ist. (Recht 07 713 Nr. 1563.)

Der Verbreiter kann sich nicht damit verteidigen, daß er nicht der Urheber der Behauptung sei. (RG. im Recht 03 557.) Es nützt ihm auch nichts, wenn er hinzufügt: „Mir ist erzählt worden" oder „wie ich vermute" oder „es geht ein Gerücht", selbst die Angabe der Quelle schützt nicht. (RG. in UnlW. 1 31.)

4. Die Mitteilung muß **„über" das Erwerbsgeschäft usw. eines anderen** erfolgt sein. Dies hat dieselbe Bedeutung wie „in Beziehung auf einen andern" in §§ 186, 187 StGB. Es muß also einem Dritten gegenüber die Behauptung aufgestellt sein; eine Erklärung dem gegenüber, auf den die Mitteilung sich bezieht, genügt nicht. (RGStr. 4 401.)

IIa) Tatsachen.

1. Nur die Behauptung und Verbreitung von Tatsachen fällt unter § 14. Der im Strafgesetzbuch (§§ 131, 186, 263) enthaltene Begriff wird von der Praxis ziemlich weit gefaßt. Vgl. die zu den bezeichneten Paragraphen, besonders zu § 131 gegebenen Erläuterungen von Olshausen und die Entscheidung RGStr. 22 159.

> „Tatsache ist eine Begebenheit, ein konkreter Vorgang, der in der Vergangenheit oder Gegenwart in Erscheinung getreten und dadurch Gegenstand der Wahrnehmung geworden ist. Innere Vorgänge, deren Dasein und Art dargetan und damit wahrnehmbar gemacht werden kann, sind daher an dem Kreise der Tatsachen nicht ausgeschlossen, wohl aber alle Ergebnisse abstrakter Schlußfolgerungen."

ferner RGStr. 16 369.

> „Tatsache umfaßt nicht nur die in die äußere Erscheinung tretenden Ereignisse, sondern auch die im Innern des Menschen sich vollziehenden Vorgänge, wie Beweggründe, Absichten und Ziele. (Ebenso RGStr. 24 301, 1 305.)"

2. **Demnach fallen unter den Begriff „Tatsachen" auch Vorgänge, die innerer Natur und nicht körperlich wahrnehmbar sind;** also besonders der mit einer bestimmten Handlung beabsichtigte Zweck, das Motiv (Wolff 34). Ebenso ist die Behauptung vom Vorhandensein einer Absicht anzusehen, namentlich, wenn das Vorhandensein der Absicht aus einer gleichfalls behaupteten äußeren Tatsache gefolgert wird. (RG. in JW. 01 124 Nr. 19.) Die Behauptung kann auch auf etwas Zukünftiges gehen, z. B. der Konkurrent werde in kurzem sein Geschäft schließen oder einen großen Teil seiner Angestellten entlassen oder aus einem Verband austreten.

3. **Nicht unter den Begriff fallen Urteile.** Die Abgrenzung dieser beiden Begriffe gegeneinander war bereits unter dem früheren Gesetz eine der wichtigsten Aufgaben der Rechtsprechung. Tatsachen sind dann behauptet, wenn ein Urteil aus bestimmten Tatsachen gefolgert wird oder etwas als geschehen oder vorhanden in der Weise aufgestellt wird, daß das Vorhandensein des Behaupteten und seine Richtigkeit oder Unrichtigkeit objektiv festgestellt werden kann. (RG. in JW. 06 93, 04 422, 01 658, 00 476; SeuffArch. 55 Nr. 205 und 60 Nr. 211.) Ist die Möglichkeit dieser Nachprüfung nicht gegeben, ist die fragliche Äußerung schon ihrer Fassung nach nur eine rein persönliche, subjektive, jeder tatsächlichen Begründung entbehrende, stellt sie sich insbesondere als der Ausdruck einer bloßen Kritik oder Vermutung dar, so kann § 14 keine Anwendung finden. (RG. in JW. 04 502; UnlW. 3 115; HansGZ. 04, Hbl. 277; GewRschutz 04 370.) Nur wenn sich aus einer Äußerung gar kein tatsächlicher Kern herausschälen läßt, kann daher von einem reinen Urteil gesprochen werden, das nicht verfolgbar ist. Sowie aber dem Urteil Tatsachen beigefügt werden (RG. in UnlW. 5 27) oder es als auch indirekte Schlußfolgerung aus solchen auftritt (RG. in UnlW. 5 17 und JW. 04 502) muß der Behauptende sich gemäß § 14 verantworten. (Vgl. RGStr. in SeuffBl. 69 421; JW. 04 156.)

Nimmt das Gericht an, daß in dem abgegebenen Urteile tatsächliche Behauptungen enthalten sind, so müssen diese festgestellt werden. Nichtfeststellung ist Revisionsgrund. (RG. in DJZ. 02 28.)

4. Beispiele aus der bisherigen Rechtsprechung:

Es ist die Behauptung als tatsächlicher Art angesehen, daß Eier verdorben seien (RGStr. 31 67), daß ein Restaurateur Margarine statt Butter verwende (LG. Breslau in UnlW. 1 140), daß eine Versicherungsgesellschaft von ihrer Verwirkungsklausel ausgiebigsten Gebrauch mache, um ihre Einnahmen und Ausgaben in das Gleichgewicht zu bringen (RG. in JW. 01 86 Nr. 21), daß Senf Kartoffelmehl enthalte (OLG. Dresden bei Poeschl 110), ferner, daß Kläger zur Löschung seines Warenzeichens verurteilt sei (OLG. Hamburg ebenda 111), oder daß sein Patent erloschen sei (RG. in UnlW. 4 4), daß die Maschinen des Konkurrenten nichts taugen (RG. in UnlW. 5 27), nicht aber, daß sie weder den Beifall des Mitteilenden, noch den vieler Abnehmer gefunden haben (OLG. Stuttgart 1 369), ebenso nicht, daß die Eismaschinen der Klägerin schlechter seien, als die des Beklagten. Ist dagegen behauptet, daß die Maschine hinsichtlich ihrer Leistungsfähigkeit und Wirtschaftlichkeit um 20% hinter denen des Beklagten zurückstehen, so gilt dies als nachprüfbare tatsächliche Behauptung. (RG. in JW. 00 476 Nr. 22.) Überhaupt wird dann stets eine solche vorliegen, wenn bestimmte schlechte Eigenschaften behauptet sind. (RG. in JW. 01 19 Nr. 124; UnlW. 5 61.)

Weiter ist als Behauptung von Tatsachen erachtet worden: der Gegner könne ein bestimmtes Öl nicht mehr liefern, weil der Beklagte es nicht mehr an ihn abgebe. UnlW. 3 43. Eine Hütte des Klägers stehe wegen mangelnder Beschäftigung still. Recht 06 1383 Nr. 3348. Der Kläger habe sich dem Beklagten gegenüber des unlauteren Wettbewerbs schuldig gemacht. (LZ. 07 907.) Diese Behauptung ist aber wahr, wenn zwar nicht der Prinzipal, wohl aber ein Angestellter unlauteren Wettbewerb verübt hat. (Recht 07 1476.)

Als reines Urteil würde die Äußerung angesehen, die Ware des Gegners sei minderwertig, die eigene sei besser (OLG. Breslau im Recht 04 607), hingegen als Tatsache die, daß die Ware des Klägers zu teuer sei. (OLG. Hamburg 14 422.)

Wer sich rühmt, ein Produkt herzustellen, das in Wahrheit nur ein anderer herstellen darf, behauptet über diesen eine unwahre Tatsache. (OLG. Stuttgart in WürttZ. 16 188.)

5. Eine eigenartige Verletzung der §§ 14 und 15 besteht in dem Verkauf einer Ware unter der stillschweigenden oder ausdrücklichen **Vorspiegelung, es sei das** — aus irgendeinem Grunde bevorzugte — **Fabrikat eines andern.** So hat das RG. (60 191 JW. 05 237) in dem stillschweigenden Verabreichen von Branntwein, wenn der Kunde den in der Essener Gegend besonders wertgeschätzten, vom Kläger hergestellten „Bergalten" verlangt, eine falsche Behauptung über die Ware des Klägers gesehen. In demselben Sinne entschied schon RG. 25 347 für das Gebiet des französischen Rechts. In strafrechtlicher Beziehung vgl. LG. Berlin I in UnlW. 9 167.

6. Die Behauptung, Kläger verletze ein Patent des Beklagten, ist dann unter allen Umständen tatsächlicher Natur, wenn Beklagter gar kein bezügliches Patent besitzt. Besitzt er aber ein solches, so ist die einfache nicht näher begründete Erklärung der Patentverletzung lediglich ein nicht nachprüfbares Urteil, welches nach § 14 nicht zu verfolgen ist (RG. in JW. 99 749 Nr. 26; JW. 09 367); sind dagegen nähere Angaben gemacht, inwiefern die beiden Fabrikate identisch sind und das Patent verletzt ist, so hängt die Anwendung des § 14 davon ab, ob zu erwarten ist, daß die Frage bei vollständiger Kenntnis des Sachverhalts allgemein gleichmäßig beurteilt wird. Es ist also nicht anwendbar, wenn von zwei gleich gründlich kundigen und gleich vollkommen informierten Beurteilern, der eine sich in der einen, und der andere in der anderen Richtung entscheidet, da dann jeder Entscheidung nur der Wert eines durchaus subjektiven Urteils zukommt. (RG. in UnlW. 7 199 in Einschränkung des früheren in JW. 01 658 Nr. 23 abgedruckten Urteils.) Damit ist natürlich die Verurteilung des Beklagten nicht schon dann ausgeschlossen, wenn er irgend ein ihm günstiges Privatgutachten vorlegt.

Auch Behauptungen, die einem anderen die Befugnis absprechen, ein Warenzeichen zu gebrauchen, gehören hierher. (Kent 16, 279, 289.)

IIb) Nicht erweislich wahr.

1. Über die Frage, wann eine Behauptung als **unwahr** anzusehen ist, vgl. im allgemeinen zu § 3 S. 32.

2. **Der Ausdruck „nicht erweislich wahr"** (**wie in § 186 StGB.**) **ist gewählt, um eine Beweisregel zu geben.** „Es soll im Zivilprozeß die Beweislast hinsichtlich der Wahrheit der . . . Behauptungen dem zufallen, der die Behauptungen aufgestellt oder verbreitet hat. Es würde nicht der Billigkeit entsprechen, den Beweis der Unwahrheit dem Verletzten aufzuerlegen." (Begründung.) Kläger hat daher lediglich die Behauptung oder Verbreitung seitens des Beklagten zu beweisen; dieser kann dann einredeweise geltend machen, daß die von ihm aufgestellte Behauptung der Wahrheit entspricht; dies hat er zu beweisen. (RG. in JW. 01 85 Nr. 21.) Für den Beweis stehen ihm alle Beweismittel der Zivilprozeßordnung, auch die Eideszuschiebung, zu Gebote. Hat der Beklagte eine Behauptung über die Gewerbegruppe, zu welcher der Kläger gehört, im allgemeinen aufgestellt, so muß ihm für die Konkretisierung des Wahrheitsbeweises ein weiterer Spielraum gewährt werden. RG. in JW. 05 542. Kann er den Beweis nicht führen, so wird er verurteilt.

3. Daraus folgt, daß die Behauptung **wahrer** Tatsachen, mag sie auch in schädigender oder beleidigender Absicht erfolgt sein, niemals nach § 14 (vielleicht nach § 185 StGB.) haftbar macht. (Vgl. RGStr. 19 389.) Wohl aber kann darin unter Umständen eine Verletzung der guten Sitten nach § 1 gesehen werden.

4. Die Wahrheit der behaupteten **Tatsache** muß bewiesen sein. Es kommt hierbei nicht auf die bestimmten behaupteten Einzelumstände, sondern auf den Gesamtvorgang an. (Vgl. RG. in JW. 01 65 Nr. 17.) Behauptet jemand von einem andern, er habe vor 2 Jahren akkordiert, und es stellt sich heraus, daß dies vor $2^1/_2$ Jahr geschehen ist, oder wird behauptet, ein anderer habe 12 Wechsel nicht bezahlt und es werden nur 11 erwiesen, so muß der Beweis als geführt gelten, soweit nicht gerade die bestimmte Zeit oder Zahl wesentlich in Betracht kam. (Vgl. RGStr. 2 2; Müller 128 und Finger 226.) Ebensowenig kommt es darauf an, wenn eine Äußerung eines anderen verbreitet wird, daß sie den Worten nach erwiesen ist.

Eine Behauptung, der Erfinder eines Apparates habe ihn für unbrauchbar erklärt, bleibt unwahr, selbst wenn die Kritik eine berechtigte ist, sobald nicht erwiesen wird, daß die Erklärung vom Erfinder ausging. (RG. in JW. 00 759 Nr. 34.)

5. **Ein Verschulden** dessen, der die Tatsachen behauptet oder verbreitet, **wird nicht gefordert** (RG. in JW. 01 809 Nr. 23), selbst nicht ein leichtfahrlässiges Handeln, wie Müller 127 annimmt. Er kann die Tatsache für wahr halten und allen Grund hierfür haben; es kann eine Personenverwechselung vorliegen (RGStr. 9 150, 29 45), alles dies ist für die zivilrechtlichen Folgen des § 14 gleichgültig. (RG. in UnlW. 1 31 u. 46.) Beruht aber der gute Glaube auf den Erklärungen des Verletzten selbst, hat dieser die Tatsache als wahr bestätigt, so ist ihm gegenüber die Tatsache als erweislich wahr anzusehen. (Staub in UnlW. 1 8.)

IIc) Gegenstand der unwahren Behauptung.

1. Die unwahren Angaben müssen gemacht sein über
   a) das **Erwerbsgeschäft** eines anderen,
   b) die **Person** des Inhabers oder Leiters des Geschäfts,
   c) die **Waren** oder **gewerblichen Leistungen** eines anderen;

sie müssen sich also, da das Erfordernis zu a als das generelle, umfassende anzusehen ist, auf die **geschäftliche oder gewerbliche Tätigkeit** des anderen beziehen. Behauptungen, die nur die persönliche Ehre berühren, sind nicht nach § 14 zu verfolgen, wenn nicht, was auch indirekt möglich ist, aus ihnen ein Schluß auf die gewerbliche Tätigkeit gezogen werden kann. Wird z. B. behauptet, der Inhaber eines Geschäfts habe vor Jahren einen Diebstahl begangen, so liegt in dieser an sich nur ehrenkränkenden Behauptung eine Angabe, die geeignet ist, die Zuverlässigkeit des Betreffenden als Geschäftsmann gemindert erscheinen zu lassen. (Vgl. RG. in JW. 01 310 Nr. 16.) Dies wird immer der Fall sein, wenn sich die Behauptung auf die spezifisch kaufmännische Ehrenhaftigkeit bezieht, z. B. ein Kaufmann habe den Differenzeinwand erhoben. (Marcus in UnlW. 2 115; vgl. RG. 53 268.)

2. Es ist nicht nötig, daß **der andere namentlich** oder auch nur unmittelbar bezeichnet ist; wenn aus dem Gesamtinhalt der Behauptung die Beziehung auf den anderen für die beteiligten Kreise klar erhellt, so genügt dies. (RG. in JW. 98 301 Nr. 67.) So können auch Behauptungen über eigene geschäftliche Verhältnisse einen deutlichen Schluß auf die eines anderen zulassen. Wenn z. B. ein Kaufmann erklärt, er ausschließlich beziehe Waren aus einer bestimmten Fabrik, so ist hierin die fernere Behauptung enthalten, daß der Konkurrent die Waren nicht dorther bezieht.

3. Als **Beispiele** derartiger Behauptungen führt die Begründung von 1896 an: eine Fabrik sei durch Feuer zerstört, eine Kohlengrube von eindringenden Wassermassen betroffen, die Herstellung oder der Betrieb eines bestimmten Erzeugnisses habe eine Anklage oder Verurteilung wegen Patentverletzung hervorgerufen, ein Färber benutze giftige

Stoffe, ein Konservenfabrikant bleihaltige Gefäße. Weitere Beispiele s. bei Finger 221; vgl. UnlW. 4 68.

4. **Erwerbsgeschäft** ist weder im Sinne des Handelsgesetzbuchs noch der Gewerbeordnung zu verstehen (s. Einl.); der Begriff ist ein weiterer. Es ist darunter jede auf Gewinn abzielende Unternehmung im weitesten Sinne zu verstehen, insbesondere also z. B. auch Versicherungen auf Gegenseitigkeit. (RG. in JW. 01 85 Nr. 22.)

Als Behauptungen über das Erwerbsgeschäft gelten nicht nur die, welche sich auf das Geschäft in seiner Totalität beziehen, sondern auch solche über ein einzelnes Geschäftsvorkommnis. (RG. 31 67.)

Alle Einrichtungen, Vorkehrungen, die Organisation oder den Vertrieb betreffenden Verhältnisse, überhaupt alles, was im Rahmen des Geschäfts dem Erwerbe dient, gehört hierzu.

5. **Inhaber** eines Geschäfts ist der, auf dessen Namen und für dessen Rechnung der Betrieb geführt wird, **Leiter** der, welcher ohne Inhaber zu sein, den Betrieb oder einzelne Teile des Betriebs (Filialen, selbständige Werkstätten usw.) leitet und zwar in führender Stellung. Hierzu gehört auch der Konkursverwalter und der Liquidator. S. zu § 4.

Behauptungen über andere Geschäftsgehilfen fallen nicht hierunter; sie können aber unter Umständen als Angaben über das Erwerbsgeschäft angesehen werden, z. B. wenn gesagt wird, ein Fabrikant engagiere nur zu der betreffenden Arbeit unfähige Arbeiter usw.

6. Über **Waren und gewerbliche Leistungen** vgl. S. 41. Gewerbliche Leistungen im Sinne des § 14 sind allgemein die Leistungen eines Gewerbetreibenden in seinem Gewerbebetriebe und können die verschiedenartigsten Beziehungen betreffen, z. B. auch Preisbemessung. (RG. in Recht 02 299 Nr. 1522.)

Es kommt nicht darauf an, ob die Waren juristisch Eigentum des Gewerbetreibenden sind, sondern nur, ob sie als im Geschäftssinne zu seinem Betrieb gehörig anzusehen sind. (RGStr. 31 67 für einen Fall, in dem Eier verkauft aber noch dem Empfänger nicht übergeben waren.)

III. Zu Zwecken des Wettbewerbs vgl. zu § 1.

IV. Schädigung des Geschäftsbetriebs oder des Kredits des Inhabers.

1. **Die Äußerungen müssen zur Schädigung geeignet sein,** d. h. es muß sich aus den Umständen die naheliegende Möglichkeit einer Schädigung (ähnlich RGStr. 17 310) ergeben. Nicht nötig ist, daß die Behauptung eine Schädigung wirklich zur Folge gehabt hat. (RGStr. 31 68, SächsOLG. 00 47.)

2. **Schädigung** bedeutet im wesentlichen dasselbe, wie Gefährdung in § 187 StGB. (Fuld 321, vgl. Olshausen zu § 187 und Anm. 7 zu § 52.) Die Besorgnis einer Schädigung liegt vor, sowohl wenn Betrieb oder Kredit gestört, als auch wenn er nur erschwert wird. (RG. in JW. 01 310 Nr. 16.)

3. Der **Betrieb** des Geschäfts ist der Inbegriff der gewerblichen Tätigkeit. Er umfaßt nicht nur den Absatz der Waren, auf welchen Begriff sich der erste Entwurf des Gesetzes von 1896 beschränkte, sondern auch die Produktion, die Vorbereitung, den Einkauf, sowie die Beziehungen des Geschäftsinhabers zum Personal, überhaupt im weitesten Sinne alles, was zur Ausübung des Gewerbes oder des Handels bei dem betreffenden Geschäft gehört. Alles daher, was geeignet ist, in schädlicher Weise auf

das Geschäft einzuwirken, insbesondere die Verminderung der Kundschaft (RGStr. 31 18), Erschwerung des Einkaufs (OLG. Darmstadt in HessRspr. 4 148, GewRschutz 04 103) oder der Produktion, Abspenstigmachen von Angestellten (M. M. Kohler 159), fällt unter diesen Begriff; so z. B. die Behauptung, eine von einem Gewerbetreibenden hergestellte Maschine sei gesundheitsgefährlich (RG. in JW. 00 760 Nr. 34), ein Kaufmann habe einen langjährigen Handlungsgehilfen grundlos entlassen (RG. in UnlW. 2 39), ein Baumeister habe seinem Auftraggeber zuviel angerechnet (OLG. Dresden in JZ. 00 98), ein Fabrikant habe wegen mangelhafter Lieferungen viele Prozesse. (RG. in UnlW. 1 181.) Es ist auch nicht nötig, daß eine Verdächtigung vorliegt, so ist z. B. mit Recht die Behauptung, ein Kaufmann sei krank, daher nicht in der Lage, Aufträge anzunehmen, als unter § 14 fallend angesehen. (OLG. München in GewRschutz 98 156, UnlW. 4 68.) Auch der Vorwurf, ein anderer begehe unlauteren Wettbewerb, ist geeignet, den anderen in seinem Betriebe zu schädigen. (LG. Hannover in UnlW. 1 28.)

4. In betreff des **Kredits** sagt die Begründung von 1896:

„Der gleiche Rechtsschutz, wie dem Betriebe eines Geschäfts, wird dem Kredit seines Inhabers nicht versagt bleiben dürfen. Auch in dieser Beziehung fehlt es bisher an einer sicheren Grundlage für zivilrechtliche Ansprüche, was sich der unlautere Wettbewerb nicht selten zu empfindlicher Benachteiligung des ehrlichen Geschäftsbetriebes zunutze zu machen verstanden hat."

Einen strafrechtlichen Schutz hat § 187 StGB. für Kreditschädigung bereits gegeben. Kredit ist das Vertrauen, das jemand hinsichtlich der Erfüllung seiner vermögensrechtlichen Verbindlichkeiten genießt. (Olshausen Anm. 6 zu § 187, ähnlich Passow: Die Kreditgefährdung des § 187 StGB. 16.)

Die Ansicht, daß Kredit im Sinne des Gesetzes nur ein wesentlichster Faktor des Betriebes ist, also bereits im Begriffe des Betriebes liegt (Lobe, Gesetz 120), wird schon durch das Wort „oder" im Gesetz widerlegt, ist aber auch begrifflich unrichtig, da Kreditgefährdung zwar meist Betriebsschädigung sein wird, es aber nicht notwendig zu sein braucht. (RGStr. 31 86, RG. 60 5.)

Der Kredit des Inhabers muß gefährdet sein, nicht also der des Leiters. Unter Inhaber sind nach allgemeiner, auch für § 187 StGB. adoptierter Ansicht sowohl physische wie juristische Personen zu verstehen. (Passow 19.)

Als Beispiel für die Kreditgefährdung ist anzuführen die Behauptung, jemand habe bereits Bankerott gemacht (RG. in DJZ. 98 410); oder ein Kaufmann habe Wechsel nicht bezahlt usw.

5. Den **Beweis**, daß die Behauptungen zur Schädigung geeignet sind, hat Kläger zu führen. Das Gericht hat aus der ganzen Sachlage unter Berücksichtigung der Behauptungen selbst, der Art und Weise, wie, und der Umstände, unter denen sie gemacht sind, sowie des betreffenden Geschäfts und des in Betracht kommenden Publikums zu prüfen, ob der Beweis für geführt zu erachten ist. (RG. in JW. 01 310 Nr. 16.)

C. Folgen der Verletzung.

I. Allgemeines.

1. **Das Gesetz gibt Unterlassungs- und Schadensersatzklage.** Die Klagen können einzeln oder nebeneinander angestellt werden.

2. Über die **Natur der Unterlassungsklage** vgl. S. 10. Nur ist hier zu bemerken, daß, da der Anspruch lediglich an eine Verletzung geknüpft ist, er eine selbständigere Natur hat, als der mit dem Betrieb eines bestimmten Gewerbes verbundene Anspruch aus den §§ 1 und 3. Die dort gezogenen Folgerungen treffen daher hier

nicht zu und es steht der selbständigen Übertragung des Anspruchs aus der geschehenen Verletzung hier nichts im Wege.

3. Über die **Voraussetzungen** s. zu § 1 S. 11. Nur ist hier lediglich der Verletzte klageberechtigt, so daß der Kläger den Nachweis führen muß, daß gegen ihn oder sein Geschäft die Behauptung gerichtet war.

4. Über **Klageantrag und Urteilstenor** gilt das S. 14 Nr. II g Gesagte.

5. Über **Objekt** S. 14 Nr. II h, über **Vollstreckung** S. 15 Nr. II i.

6. Über den **Schadensersatzanspruch**, Höhe und Beweisbarkeit des Schadens s. S. 16 ff. Hervorzuheben ist, daß hier wie beim § 1 jede subjektive Voraussetzung fehlt; weder Handeln wider besseres Wissen noch Fahrlässigkeit muß vorliegen. Vielmehr genügt zur Verurteilung zum Schadensersatz lediglich die Tatsache, daß der Täter die Wahrheit der von ihm behaupteten Tatsache nicht erweisen kann.

7. Über die örtliche Zuständigkeit entscheidet § 24.

8. Für **einstweilige Verfügungen gilt die Vorschrift des** § 25.

II. Kläger — Verletzter.

1. Für § 14 gelten die Regeln des § 13 Abs. 1 und 2 nicht. Es ist also weder jeder Gewerbetreibende, der Waren gleicher oder ähnlicher Art, wie der Verbreiter, herstellt, noch der rechtsfähige Verband klagberechtigt. Vielmehr gibt § 14 nur dem **Verletzten** das Klagerecht, und zwar sowohl bei der Unterlassungs- wie bei der Schadensersatzklage. Verletzter ist nicht nur der, welcher wirklich Schaden erlitten hat. Es ergibt sich dies aus dem Zusammenhang der einzelnen Merkmale des Gesetzes. Wenn dies Behauptungen verfolgt, die, zu Zwecken des Wettbewerbes gemacht, geeignet sind, zu schädigen, so setzt es keinen erfolgten Schaden und damit auch nicht notwendig einen Geschädigten voraus. Es ist also der Verletzte der, gegen den sich die nach dem Gesetze verbotene Behauptung richtet, ohne daß er einen erlittenen Schaden nachweisen muß. (So OLG. Dresden in GewRSchutz 98 316, Recht 06 1383 Nr. 3350; dagegen Müller 130.)

Jedoch gilt dies nur für die Unterlassungsklage; daß der, welcher Schadensersatz beansprucht, einen wirklich eingetretenen Schaden nachweisen muß, ergibt sich aus dem Begriff des Schadensersatzes.

2. **Verletzt ist der Inhaber des Gewerbebetriebes**, gegen den sich der Angriff richtet, und zwar sind sowohl physische wie juristische Personen klageberechtigt.

Auch in dem Fall, daß sich die Behauptung gegen die Person des Leiters richtet, ist nicht dieser, sondern nur der Inhaber klageberechtigt. Sowohl der Umstand, daß § 14 nur Handlungen betrifft, die zu Zwecken des Wettbewerbes gemacht sind, als auch, daß sie, selbst wenn sie sich auf die Person des Leiters beziehen, nur verfolgt werden, wenn sie den Betrieb des Geschäfts oder den Kredit des Inhabers zu schädigen geeignet sind, ergibt, daß Objekt der Verletzung stets der Gewerbebetrieb des Inhabers, er also allein der Verletzte ist. (So Lobe, Gesetz 139 Anm. 15, OLG. 7 183; dagegen Fuld 327.)

3. Wird eine Gruppe von Gewerbetreibenden angegriffen, so ist jeder einzelne klageberechtigt, falls sich aus der Äußerung nicht ergibt, daß er ausgenommen sei. (LG. Berlin I in UnlW. 6 186.)

III. Täter — Beklagter.

1. **Haftbar nach § 14 ist derjenige, der die Äußerungen gemacht oder verbreitet** hat. Es ist nicht nötig, daß er Konkurrent des Klägers ist, da das Gesetz ganz allgemein den Ausdruck „wer" gebraucht (RG. 50 110, JW. 02 138 und 139),

nur muß der Täter die Äußerung zu Zwecken des eigenen oder fremden Wettbewerbs gemacht haben (s. S. 8). Es haftet ferner der Anstifter, Mittäter, Gehilfe. Hierüber gilt alles zu § 1 Ausgeführte (s. S. 13).

Juristische Personen haften ebenso wie nach § 1, wenn die Handlung von deren Organen ausgegangen ist. (RG. in JW. 00 21 Nr. 37.)

2. In betreff der Haftung für **Angestellte** gilt, soweit Unterlassung beansprucht wird, das zu § 13 Gesagte. Für den Schadensersatzanspruch gelten die zu § 1 entwickelten allgemeinen Regeln. Insbesondere ist auch hier nach § 831 BGB. der Geschäftsherr haftbar, wenn er nicht nachweist, daß er bei der Auswahl der bestellten Person oder bei der Leitung der Ausführung des Geschäfts die nötige Vorsicht gebraucht hat. (S. Kohler in UnlW. 1 2, Wassermann ebda. 1 53.) Es haftet der Geschäftsherr unbedingt, wenn er die Äußerung des Angestellten sich zu eigen gemacht hat. (RG. in UnlW. 1 92.)

3. Ist der Verstoß gegen § 14 durch die **Presse** begangen, so kommen lediglich die allgemeinen Grundsätze zur Anwendung. Es haften daher Redakteur, Drucker, Verleger, Verbreiter, wenn sie Tatsachen der in § 14 bezeichneten Art verbreitet haben, die nicht erweislich wahr sind; allerdings setzt die Haftbarkeit bei jedem einzelnen voraus, daß er die Tatsachen zu Zwecken des Wettbewerbs verbreitet hat. Dies letztere wird meist schwer festzustellen sein, doch ist bei Handels- oder gewerblichen Zeitschriften der Fall nicht undenkbar. (So RG. 50 110.)

Liegen im übrigen die Voraussetzungen des § 14 vor, so bedarf es auch bei den bezeichneten Personen, und zwar sowohl für den Unterlassungs- wie für den Schadensersatzanspruch, nicht des Nachweises, daß sie wider besseres Wissen oder fahrlässig gehandelt haben.

IV. Der Einwand des berechtigten Interesses.

1. Die Durchführung des in Abs. 1 niedergelegten Grundsatzes kann im Einzelfall der Billigkeit widersprechen. Die Begründung von 1896 sagte darüber:

> „Die Aufstellung und Verbreitung der Behauptungen kann, sofern sie nur nicht in Kenntnis der Unwahrheit geschieht, durch gewisse Umstände gerechtfertigt werden. Insbesondere bedarf die für die kaufmännischen Kreditbeziehungen bei reellem Betriebe nützliche Einrichtung der Auskunftserteilung der Schonung, mag diese Einrichtung von einzelnen Personen als besonderes Erwerbsgeschäft, oder von kaufmännischen und gewerblichen Schutzvereinen zur Sicherung ihrer Mitglieder gegen Verluste, oder von Kaufleuten im gegenseitigen Verkehr betrieben werden. Wer eine Auskunft nachsucht, um hiernach seine Geschäftsbeziehungen zu einem anderen zu regeln, und wer eine solche Auskunft nach bestem Wissen erteilt, befindet sich in Wahrnehmung berechtigter Interessen und darf auch dann nicht haftbar gemacht werden, wenn die Auskunft ungünstig lautet. Diesen Gesichtspunkten trägt der Vorbehalt im zweiten Absatz des § 6 Rechnung."

Dementsprechend führte das Gesetz von 1896 einen dem § 193 StGB. und § 824 Abs. 2 entsprechenden allgemeinen Einwand des berechtigten Interesses ein. Die Novelle hat ihn sowohl seiner Zulässigkeit wie seiner Wirksamkeit nach erheblich eingeschränkt. Er ist jetzt nur noch bei vertraulichen Mitteilungen zulässig und er bewirkt bei der Unterlassungsklage nur eine Umkehrung der Beweislast, daneben allerdings eine Einschränkung des Schadensersatzanspruches.

2. Voraussetzung der Anwendung des Abs. 2 ist, daß die Momente, die die Anwendung des Abs. 1 bedingen, vorhanden sind. Es muß also eine zur Schädigung geeignete Äußerung zum Zwecke des Wettbewerbs gemacht sein.

3. **Vertrauliche Mitteilungen.** Mit dieser von der Reichstagskommission (Bericht 37) eingeführten Neuerung wird beabsichtigt, den Einwand des berechtigten Interesses auf die Einrichtung des Geschäftsverkehrs zu beschränken, für die er von vornherein hauptsächlich bestimmt war, die kaufmännische Auskunftserteilung. Tatsächlich greift er allerdings doch weiter. Vertrauliche Mitteilungen sind solche, die nur für den Empfänger bestimmt sind, von diesem nur für seine eigenen Zwecke benutzt werden sollen. Eine Mitteilung verliert den Charakter der Vertraulichkeit, sowie ihr Urheber dem Empfänger die Verbreitung freistellt.

4. Was den Begriff des berechtigten Interesses betrifft, so ist für seine Auslegung in § 14 zunächst festzustellen, daß **das Interesse am Wettbewerb allein nicht als berechtigtes anzuerkennen ist.** Nähme man das Gegenteil an, so würde das Gesetz etwas Widersinniges bestimmt haben. Abs. 1 sagt: Wer zu Zwecken des Wettbewerbs gewisse Behauptungen verbreitet, ist schadensersatzpflichtig. Abs. 2 würde dann bei dieser Auslegung fortfahren: Wer es aber zu Zwecken des Wettbewerbs tut, auf den findet Abs. 1 keine Anwendung. Wenn also auch anzuerkennen ist, daß das Interesse des Wettbewerbs als ein in der freien Betätigung des Gewerbebetriebs begründetes und berechtigtes anzusehen ist, so kann im Sinne dieses Gesetzes der Umstand allein, daß jemand im Interesse seines Geschäfts tätig ist, ihn nicht von der Verpflichtung entbinden, nur erweislich wahre Tatsachen zu verbreiten. Hierzu führt die nicht nur, wie Lobe, Gesetz 126 ausführt, wörtliche, sondern sinngemäße Auslegung des Gesetzes. (Ebenso RG. im Recht 02 593 Nr. 2753 und KG. ebda. 593 Nr. 2752; RG. in UnlW. 5 147 und 6 90; JW. 04 185; OLGRspr. 11 428.)

Die Praxis hat diesen Grundsatz nicht immer in dieser Schärfe angewendet, so hat z. B. das Reichsgericht (in JW. 98 579 Nr. 27) zu Unrecht ein berechtigtes Interesse in einem Falle für vorliegend erachtet, in dem ein Reisender einem Kunden eines anderen erklärt hat, der andere sei in Konkurs, um dadurch für seine Firma die Bestellung zu erhalten.

Das Interesse an einer zu erhaltenden Provision ist kein berechtigtes Interesse. (RG. in UnlW. 4 66.)

5. Es müssen daher zum Wettbewerb, der nach Abs. 1 vorliegen muß, um die Bestimmung überhaupt zur Anwendung zu bringen, andere berechtigte Interessen hinzukommen. Der Begriff, den die Praxis zu § 193 vielfach ausgelegt hat, ist schwankend. Man wird im allgemeinen, der Begriffsbestimmung des Reichsgerichts (z. B. Str. 26 76, vgl. auch Olshausen Anm. 6 zu § 193) folgend, die Interessen ausschließen, die dem Rechte und den guten Sitten zuwiderlaufen, und solche, die den Täter in keiner Weise berühren. Im übrigen ist auf Grund billiger, verständiger Beurteilung der konkreten Sachlage zu prüfen, ob ein Interesse sich als berechtigt darstellt. Es muß also der Täter einen ihn angehenden, sittlich nicht verwerflichen Zweck bei der Äußerung verfolgen, um den Schutz des Abs. 2 zu genießen. (Vgl. auch RG. 51 378.)

6. Als **Beispiele** sind anzuführen: Der Hauptfall ist der oben erwähnte der kaufmännischen Auskunftserteilung. Als Wahrung berechtigter Interessen ist ferner die Verteidigung der eigenen Waren gegen fremde Angriffe angesehen, soweit diese als notwendig erscheint (RG. in JW. 01 124 Nr. 19), das Interesse muß aber speziell für die inkriminierten Äußerungen vorliegen (RG. in JW. 03 297), ferner die Anzeige einer Straftat an die Behörde, da es Recht eines jeden Staatsbürgers ist, begangene Straftaten anzuzeigen (RGStr. 34 216), auch eine Äußerung bei Nachprüfung der Rechnung oder Ware eines anderen auf Verlangen des Bestellers. (OLG. Dresden in DJZ. 00 98, OLG. Augsburg in UnlW. 4 81.)

Eine Auskunftei ist berechtigt, bei der Einziehung von Auskünften über ein Geschäft der über dieses umlaufenden ungünstigen Gerüchte Erwähnung zu tun. (UnlW. 8 16, OLG. 18 78.)

Hinzukommen muß aber jetzt bei allen diesen Fällen, daß es sich um vertrauliche Mitteilungen handelt.

7. Es ist nicht nötig, daß die Äußerung zur Wahrnehmung eigener Interessen erfolgt, auch das **Eintreten für fremde Interessen ist in gewissen Grenzen geschützt.** (Vgl. RG. 51 378.) Ein allgemeines Recht, aus sittlichen Gründen für Fremde einzutreten, wird allerdings jetzt vom Reichsgericht nicht mehr anerkannt. (RGStr. 25 67.) Es muß der Täter entweder ein unmittelbares Interesse haben, z. B. wenn in Angriffen auf einen Verein die einzelnen mit angegriffen sind (RGStr. 25 363, OLG. Hamburg in UnlW. 8 220), oder vor allem, wenn der Täter infolge seines Berufes oder Gewerbes zur Wahrung fremder Interessen legitimiert ist, z. B. ein Handlungsgehilfe, der die Interessen seines Chefs, ein Anwalt, der die seines Klienten wahrt. (Näheres bei Olshausen Anm. 6 abc zu § 103, Finger 232.)

8. Das Interesse muß wirklich vorhanden sein. Es genügt nicht, daß der Behauptende ein solches Interesse annahm. Hier unterscheidet sich das Gesetz von § 193 StGB.

9. Das berechtigte Interesse muß beim **Mitteilenden** oder beim **Empfänger** vorhanden sein. Da es, wie oben nachgewiesen ist, nur darauf ankommt, ob objektiv ein Interesse vorhanden ist, so ist, auch wenn die Mitteilung an einen anderen, als sie bestimmt war, gelangt, danach der Einwand gegeben, wenn dieser Empfänger an ihr ein berechtigtes Interesse hat.

10. Da es sich um einen Einwand handelt, hat **Beklagter** sein Interesse, ebenso wie die Vertraulichkeit, zu **beweisen**. Von Amts wegen ist der Einwand nicht zu berücksichtigen. (RG. in JW. 00 54 Nr. 22.)

11. **Folgen.** Ist das berechtigte Interesse nachgewiesen, so muß der Kläger

a) um mit der **Unterlassungsklage** durchzudringen, beweisen, daß die behauptete oder verbreitete Tatsache nicht wahr sei;

b) um mit der **Schadensklage** durchzudringen, nicht nur dieses, sondern auch, daß der Beklagte die Unrichtigkeit kannte oder kennen mußte. Das Gesetz spricht zwar nur das letztere aus. Es kann aber keinem Zweifel unterliegen, daß der den Beklagten härter treffenden Schadensklage dieselben Erschwerungen gegenüberstehen müssen wie der Unterlassungsklage. Um feststellen zu können, daß der Beklagte die Unrichtigkeit kannte, muß der Richter zuvor feststellen, daß die Behauptung tatsächlich unrichtig ist. Insbesondere ist es nicht zulässig, dem Beklagten den Eid über die Kenntnis der Unrichtigkeit zuzuschieben, ehe nicht die Unrichtigkeit selbst feststeht. (RG. in JW. 93 96.) Nähme man die entgegengesetzte Auslegung an, so würde man damit die Schadensklage in allen den Fällen zulassen, in denen die Unterlassungsklage dem berechtigten Interesse gegenüber an dem Mangel des Unwahrheitsbeweises versagt und damit zu einem Resultat kommen, das dem beabsichtigten diametral entgegengesetzt ist.

§ 15.

Wer wider besseres Wissen über das Erwerbsgeschäft eines anderen, über die Person des Inhabers oder Leiters des Geschäfts, über die Waren oder gewerblichen Leistungen eines anderen Tatsachen der Wahrheit zuwider behauptet oder verbreitet, die geeignet sind, den Betrieb des Geschäfts zu schädigen, wird mit Gefängnis bis zu einem Jahre und mit Geldstrafe bis zu fünftausend Mark oder mit einer dieser Strafen bestraft.

Werden die im Abs. 1 bezeichneten Tatsachen in einem geschäftlichen Betriebe von einem Angestellten oder Beauftragten behauptet oder verbreitet, so ist der Inhaber des Betriebs neben dem Angestellten oder Beauftragten strafbar, wenn die Handlung mit seinem Wissen geschah.

Inhaltsangabe.

Vorbemerkung.

§ 15 entspricht dem früheren § 7. Auch hier ist wie in § 14 statt „Behauptungen tatsächlicher Art aufstellt" gesagt worden „Tatsachen behauptet". Die Strafe ist verschärft. Der neu hinzugefügte Absatz 2 überträgt hierher den im Absatz 2 des § 4 bereits niedergelegten Gedanken, daß der Prinzipal auch strafrechtlich für die mit seinem Wissen vorgenommenen Handlungen seiner Angestellten haftet.

A. Prinzip und Abweichungen von § 14.

1. **§ 15 ist die strafrechtliche Ergänzung zu § 14**, wie der frühere § 7 die Ergänzung zu § 6 war. Hierüber führte die Begr. von 1896 aus:

„Sind solche (d. h. den Geschäftsbetrieb beeinträchtigende) Behauptungen wider besseres Wissen aufgestellt oder verbreitet, so verdienen sie nicht minder als Kredit gefährdende Verleumdungen strafrechtlich geahndet zu werden. Auf dieser Erwägung beruht die Bestimmung im § 7 des Entwurfs. Mit Rücksicht auf den höheren Grad von Verwerflichkeit des hier bezeichneten im Vergleich zu dem im § 4 behandelten Tatbestande ist schon für den ersten Fall die Verhängung einer Freiheitsstrafe zugelassen und die Strafandrohung noch insofern verschärft, als die Haftstrafe ausgeschieden und die höchst zulässige Dauer der Gefängnisstrafe auf ein Jahr erstreckt worden ist. Immerhin gewähren die Vorschläge des Entwurfs dem richterlichen Ermessen einen weiten Spielraum zur milderen Beurteilung von leichten Fällen. . . . . .

In der strafrechtlichen Verfolgung unwahrer, den Absatz eines Gewerbetreibenden gefährdenden Ausstreuungen über die Fälle der bewußten Unwahrheit hinauszugreifen, ist schon deswillen nicht tunlich, weil auch wegen Kreditgefährdung nach § 187 des Strafgesetzbuchs eine Strafe nur denjenigen trifft, welcher der Unwahrheit seiner Behauptungen sich bewußt gewesen ist."

§ 15 bestraft demnach einen Teil der nach § 14 verbotenen Behauptungen, soweit sie **wider besseres Wissen** gemacht sind.

2. Der Tatbestand des § 15 ist insofern enger, als der des § 14, als Behaup-

tungen, die geeignet sind, den **Kredit** des Geschäftsinhabers zu schädigen, nicht nach § 15 strafbar sind. Der Grund hierfür ist der, daß Kreditschädigung bereits in § 187 StGB. mit allerdings abweichenden Strafen bedroht ist.

3. **Anderseits fallen unter § 15 Fälle, die nach § 14 nicht verfolgbar sind.** Gemäß § 14 hängt die Verfolgbarkeit stets davon ab, ob die betreffende Handlung zu Zwecken des Wettbewerbs geschehen ist, was nach § 15 nicht nötig ist. Hierdurch ist das Anwendungsgebiet des § 15 ein begrifflich weiteres, als das des § 14, und fällt die Bestimmung aus dem Rahmen des Gesetzes, welches an sich nur den Schutz gegen unlauteren Wettbewerb bezweckt, heraus. (Vgl. UnlW. 3 157; RGStr. 31 87.)

B. Das Vergehen.

I. Subjektive Voraussetzungen.

1. **Notwendiges Erfordernis zur Strafbarkeit aus § 15 ist Vorsatz,** der sämtliche Merkmale des Delikts umfassen muß. Der Täter muß daher die Unwahrheit der behaupteten Tatsache gewußt haben: er muß ferner sich dessen bewußt gewesen sein, daß die Behauptung die in §§ 14 und 15 bezeichneten Gegenstände (Erwerbsgeschäft, Person des Inhabers oder Leiters, Waren oder gewerbliche Leistungen eines anderen) betraf, und endlich, daß sie objektiv geeignet war, den Betrieb zu schädigen. Letzteres ist (von Kahn 77, A. 3) zu Unrecht bestritten worden. Nach § 59 StGB., der als allgemeine strafrechtliche Bestimmung auch hier Anwendung findet, muß der Täter, um strafbar zu sein, das Vorhandensein aller Tatumstände kennen, die zum gesetzlichen Tatbestande gehören. Daß aber die Handlung zur Schädigung geeignet ist, ist ebenso Tatbestandsmerkmal, wie die übrigen Voraussetzungen des Gesetzes. (Ebenso RGStr. 31 68, ähnlich für § 186 StGB. RGStr. 25 359.)

2. Ob im Fall des § 15 der **dolus eventualis** (s. S. 52) genügt, ist sehr zweifelhaft. Fast alle Schriftsteller (mit Ausnahme von Schmid 308) halten die Strafbarkeit nur für den Fall des dolus directus für gegeben. Es ist S. 52 für § 4 ausgeführt, daß mit Rücksicht auf die Entscheidungen des Reichsgerichts in Patent- und Markenschutzangelegenheiten, sowie auf die aus den Motiven zu schließende Absicht des Gesetzgebers für § 4 der dolus eventualis dem dolus directus gleichzustellen ist. Es ist nicht zu verkennen, daß für § 15 die Frage anders liegt. Zwar ist auf die Verschiedenheit des Ausdrucks („wissentlich" in § 4, „wider besseres Wissen" in § 15) besonderes Gewicht nicht zu legen; wohl aber ist zu beachten, daß § 15 keine begrifflich dem Schutz gegen unlauteren Wettbewerb dienende Vorschrift ist (vgl. oben), daß daher für diesen Paragraph eine analoge Anwendung der für die Schutzgesetze zum Schutz immaterieller Güter gegebenen Vorschriften nicht ohne weiteres gestattet ist. Nimmt man hinzu, daß die Begründung zu dem früheren § 7 ausdrücklich erklärt, nicht über den Fall der bewußten Unwahrheit hinausgehen zu wollen, daß endlich bei § 187 StGB., dessen Ergänzung § 15 bestimmungsgemäß sein soll, nach allgemeiner Ansicht Olshausen Anm. 3 zu § 187) bei dolus eventualis die Strafbarkeit fortfällt, so wird man auch bei § 15 das gleiche annehmen müssen. (Ebenso RGStr. 32 302; JW. 03 226.)

3. Eine besondere **Absicht** wird, im Gegensatz zu § 4, nicht gefordert; insbesondere ist, was schon aus der Fortlassung der Worte des § 14 folgt, nicht nötig, daß der Täter zu Zwecken des Wettbewerbs handelt. (RGStr. 31 65, 88; RG. in DJZ. 98 410; SächsOLG. 00 502; KG. in GewRschutz 01 269; KG. in GewRschutz 97 270; Schöffger in GewRschutz 97 32; Schanze in SächsArch. 96 717.)

II. Objektive Voraussetzungen.

1. **Es gilt hier durchweg das zu § 14 Ausgeführte.** Es ist auch hier nötig, daß unwahre (s. S. 109 Nr. IIb) Tatsachen (s. S. 107 Nr. IIa), über das Erwerbsgeschäft (s. S. 111 Nr. 4), die Person des Inhabers oder Leiters (s. S. 111 Nr. 5), die Waren oder gewerblichen Leistungen (s. S. 41 Nr. d) behauptet oder verbreitet (s. S. 106 Nr. B) werden, die geeignet sind, den Geschäftsbetrieb zu schädigen (s. S. 111 Nr. IV). Behauptungen, die lediglich den Kredit des Inhabers zu schädigen geeignet sind, fallen nicht unter § 15.

2. Der Einwand des **berechtigten Interesses** steht dem aus § 15 Angeklagten nicht zur Seite. Dies ergibt sich daraus, daß der zweite Absatz des § 14 in § 15 nicht mit aufgenommen ist, daß ferner § 193 StGB. sich nur auf Beleidigungen bezieht, als welche das Vergehen gegen § 15 nicht anzusehen ist. (RGStr. 31 66; LG. Stuttgart in UnlW. 1 73, und allgemeine Ansicht; dagegen Schlecht in Zeitschrift für gesamte Strafrechtswissenschaft 21 105.) In der Form, die der Einwand gegenwärtig im § 14 hat, paßt er auch begrifflich nicht hierher.

III. Vollendung der Tat, fortgesetztes Vergehen.

1. Die Tat ist **vollendet**, wenn die den Erfordernissen des § 15 entsprechende Tatsache behauptet oder verbreitet, d. h. zur Kenntnis eines anderen gebracht ist. Öffentlichkeit ist ebensowenig nötig wie das Eintreten eines Schadens.

2. **Versuch** ist straflos (§ 43 Abs. 2 StGB.).

3. Über **fortgesetztes Vergehen** s. S. 50 Nr. II.

IV. Täter.

1. **Täter** ist jede Person, die behauptet oder verbreitet; nicht notwendig ein Gewerbetreibender, da die Äußerung auch zu anderen Zwecken als denen des Wettbewerbes geschehen kann.

2. Über juristische Personen s. S. 53 Nr. VI 3.

3. Über Mittäter, Anstifter, Gehilfen s. S. 53 Nr. VI 2.

4. Über Vergehen durch die Presse s. S. 57 Nr. C.

V. Über die Haftung des Prinzipals für den Angestellten s. S. 54 zu § 4.

Ein Unterschied besteht jedoch insofern, als neben dem Inhaber des Betriebes hier der Leiter nicht erwähnt ist. Wenngleich es keinem Zweifel unterliegen kann, daß dies lediglich ein Redaktionsfehler ist, so ist doch an dem Grundsatz strikter Interpretation der Strafgesetze auch hier festzuhalten.

VI. Strafe.

1. Die Strafandrohung entspricht der in § 4. Die dortigen Bemerkungen sind zu vergleichen.

2. Über Antrag und sachliche Zuständigkeit vgl. zu § 22, über die Bekanntmachung des Urteils zu § 23, über Buße zu § 26.

VII. Idealkonkurrenz.

1. **§ 187 StGB.** und § 15 stehen zueinander nicht im Verhältnis der allgemeinen Strafrechtsnorm zur speziellen; beide haben vielmehr verschieden geartete objektive Tat-

bestandsmerkmale. Das Objekt des § 187 ist — von der hier weniger in Frage kommenden Ehrverletzung abgesehen — die Kreditgefährdung; die des § 15 die Betriebsgefährdung. Wie oben (S. 112 Nr. 4) dargelegt, schließt letztere erstere nicht immer in sich; so daß § 15 verletzt sein kann, ohne daß die Handlung nach § 187 strafbar ist, und umgekehrt. Liegt aber eine Handlung vor, die sowohl kredit- wie betriebsgefährdend ist, z. B. die Behauptung, die Fabrik eines anderen sei durch Feuer zerstört, so sind beide Vorschriften verletzt; zur Anwendung kommt dann gemäß § 73 StGB. nur § 187 StGB. (So RGStr. 31 84 und über dies Erkenntnis Schäfer in GewRschutz 98 293.)

2. Auch mit **§ 4 dieses Gesetzes** ist Idealkonkurrenz möglich, z. B. wenn in der Erklärung über die Waren eines anderen unwahre Behauptungen über die eigenen Waren enthalten sind; ebenso mit § 89 BörsG.; vgl. Nußbaum, Kommentar zum BörsG. 344ff.

C. Zivilrechtliche Folgen.

Das Gesetz spricht nicht aus, daß die Verletzung des § 15 zivilrechtliche Folgen nach sich zieht. Auch im § 13 ist keine ergänzende Verweisung auf § 15 enthalten. Dies ist auch nicht nötig, da ein Anspruch auf Schadensersatz entweder auf § 14 oder soweit der Zweck des Wettbewerbs nicht vorliegt, auf § 824 bzw. 823 Abs. 2 BGB. gestützt werden kann.

Was den **Unterlassungsanspruch** betrifft, so folgt dieser, soweit er sich nicht aus § 14 ergibt, aus dem allgemeinen Grundsatz, daß, wenn das Gesetz eine Handlung bei Strafe verbietet, jeder, der ein Interesse daran hat, verlangen kann, daß dem anderen die Handlung untersagt wird. (Vgl. die S. 45 zitierten Entscheidungen u. RG. in JW. 03 128 Nr. 17; RG. 48 118, 53 400, 57 242, 60 6.) Voraussetzung ist, daß ein unerlaubtes Verhalten bereits verwirklicht ist und weitere Eingriffe zu besorgen sind. (RG. 48 118.)

§ 16.

Wer im geschäftlichen Verkehr einen Namen, eine Firma oder die besondere Bezeichnung eines Erwerbsgeschäfts, eines gewerblichen Unternehmens oder einer Druckschrift in einer Weise benutzt, welche geeignet ist, Verwechselungen mit dem Namen, der Firma oder der besonderen Bezeichnung hervorzurufen, deren sich ein anderer befugterweise bedient, kann von diesem auf Unterlassung der Benutzung in Anspruch genommen werden.

Der Benutzende ist dem Verletzten zum Ersatze des Schadens verpflichtet, wenn er wußte oder wissen mußte, daß die mißbräuchliche Art der Benutzung geeignet war, Verwechselungen hervorzurufen.

Der besonderen Bezeichnung eines Erwerbsgeschäfts stehen solche Geschäftsabzeichen und sonstigen zur Unterscheidung des Geschäfts von anderen Geschäften bestimmten Einrichtungen gleich, welche innerhalb beteiligter Verkehrskreise als Kennzeichen des Erwerbsgeschäfts gelten. Auf den Schutz von Warenzeichen und Ausstattungen (§§ 1, 15 des

Gesetzes zum Schutze der Warenbezeichnungen vom 12. Mai 1894, Reichs-Gesetzbl. S. 441) finden diese Vorschriften keine Anwendung.

Die Vorschrift des § 13 Abs. 3 findet entsprechende Anwendung.

Inhaltsangabe.

Vorbemerkung.

§ 16 ist an die Stelle des früheren § 8 getreten, jedoch mit wesentlichen Änderungen. Waren früher Unterlassungs- und Schadensklage an dieselben Voraussetzungen geknüpft, so sind sie jetzt dadurch unterschieden, daß nur die letztere jetzt Vorsatz oder Fahrlässigkeit hinsichtlich der Verwechselungsmöglichkeit fordert. Außerdem sind durch Abs. 3 die unterscheidenden Geschäftsabzeichen unter Abgrenzung gegen die Vorschriften des Warenzeichengesetzes geschützt, während Abs. 4 die Haftung für Angestellte nach § 13 Abs. 3 einführt. Hingegen sind trotz mannigfacher Wünsche (vgl. Schmid UnlW 7 81; **Fuld** UnlW. 7 84; Finger in der Denkschrift des Deutschen Vereins 1 65 mit zahlreicher Literatur) keine Strafbestimmungen aufgenommen. Dies wird in der Begründung S. 21 ebenso wie bei dem früheren Gesetz damit motiviert, daß es sich „bei dem vorliegenden Tatbestand in der Hauptsache nur um die Verletzung berechtigter Interessen einzelner bestimmter Mitbewerber, nicht um allgemeinere Interessen handelt. Diese Erwägung wird auch heute noch maßgebend sein müssen. Jedenfalls ist das Bedürfnis nach der Einführung des Strafschutzes nicht überzeugend dargetan. Wenn darauf hingewiesen ist, daß auch das Warenbezeichnungsgesetz in §§ 14, 15 die wissentliche Benutzung fremder Namen, Firmen, Warenzeichen und Ausstattungen unter Strafe stellt, so ist zu bemerken, daß es sich dort um unmittelbare Eingriffe in bestimmte fremde Rechtsgüter und um schärfer abgegrenzte Tatbestände handelt, während in den Fällen des § 13 (jetzt § 16), namentlich des Abs. 2, häufig die berechtigten Interessen des einen und des anderen Teiles gegeneinander abzuwägen sind. Derartige Entscheidungen müssen dem bürgerlichen Rechtsstreite vorbehalten bleiben. Übrigens gewährt, soweit Name und Firma in Betracht kommen, bereits das Warenbezeichnungsgesetz auch in strafrechtlicher Beziehung ausreichenden Schutz."

A. Das Namensrecht.

I. Schutz im allgemeinen.

1. Schon vor Inkrafttreten des BGB. war das Namensrecht als schutzberechtigtes Individualrecht anerkannt. (Vgl. z. B. RG. 39 303.) Eine generelle Regelung hat die Materie durch **§ 12 BGB.** gefunden.

Dieser lautet:

„Wird das Recht zum Gebrauch eines Namens dem Berechtigten von einem anderen bestritten oder wird das Interesse des Berechtigten dadurch verletzt, daß ein anderer unbefugt den gleichen Namen gebraucht, so kann der Berechtigte von dem anderen Beseitigung der Beeinträchtigung verlangen. Sind weitere Beeinträchtigungen zu besorgen, so kann er auf Unterlassung klagen."

(Vgl. zu diesem Paragraph die Kommentare von Staudinger und Planck; Isaac, Der Schutz des Namens; Olshausen, Das Verhältnis des Namensrechts zum Firmenrecht und die bei diesen Schriftstellern zitierte sehr reichhaltige Literatur sowie die sehr ausführlichen Erläuterungen von Finger 250 ff.) § 12 gibt dem Berechtigten sowohl eine Klage, wenn ihm das Recht zum Gebrauch des Namens bestritten wird, als auch wenn sein Interesse durch den unbefugten Gebrauch des gleichen Namens seitens eines anderen verletzt wird. In diesen Fällen kann auf Unterlassung und, falls ein Verschulden vorliegt, gemäß § 823 BGB. auf Schadensersatz geklagt werden. (Letzteres ist nicht unbestritten, vgl. Olshausen 92.)

2. Ein fernerer Schutz des Namens findet sich in **§§ 13, 14 des Warenzeichengesetzes v. 12. V. 1894.** Diese Bestimmungen gewähren dem Gewerbetreibenden das Recht, seinen Namen auf Waren usw. anzubringen und ferner zu verhindern, daß ein anderer Waren usw. mit seinem Namen bezeichnet. Sie schützen daher den Namen lediglich in seiner Eigenschaft als Warenbezeichnung.

3. Das **Handelsgesetzbuch** schützt den Namen, soweit er Firma oder Bestandteil der Firma geworden ist, gibt aber auch in § 37, 2 dem, der durch Gebrauch seines Namens in einer Firma verletzt wird, Schutzrechte. (Über das Verhältnis dieser Bestimmung zum UnlWG.; Fuld in GewRschutz 97 343; RG. in SeuffArch. 55 296.)

4. Alle diese Vorschriften aber genügen nicht, den Mißbräuchen des fremden und vor allem des eigenen Namens zum Zweck unlauteren Wettbewerbs wirksam entgegenzutreten. Die Spezialbestimmungen des Warenzeichengesetzes betreffen ein einzelnes Gebiet der unlauteren Konkurrenz, den Schwindel mit Warenausstattungen; darüber hinaus gehen sie nicht. Hier setzt nun § 16 ein. Vor allem der Mißbrauch des eigenen Namens zur Täuschung des Verkehrs soll getroffen werden. Die Begründung von 1896 sagte:

„Es liegt nicht im Rahmen des vorliegenden Entwurfs, einen Gewerbetreibenden, dessen Namen mit der Firma eines an einem Orte domizilierenden Konkurrenten übereinstimmt, an der Führung seines Namens als Firma schlechthin zu verhindern. Wohl aber soll es ihm im Interesse der geschäftlichen Moral verboten werden, die Synonymität, mag diese eine zufällige oder eine absichtlich herbeigeführte sein, in einer Weise auszubeuten, welche gerade darauf berechnet ist, Verwechselungen hervorzurufen. Es wird also beispielsweise auf der Ware, in Empfehlungskarten, in Korrespondenzen seinen Namen nicht in einer Weise anbringen dürfen, welche auf die Irreführung des Publikums zum Nachteil eines in der Geschäftswelt bereits bekannten Trägers gleichen Namens abzielt. Die hierin liegende Beschränkung im Gebrauch des eigenen Namens ist durch bedauerliche Vorkommnisse der neueren Zeit gerechtfertigt; sie enthält übrigens insofern nichts Ungewöhnliches, als schon im Artikel 20 des Handelsgesetzbuchs die Zulässigkeit einer solchen Beschränkung im Prinzip anerkannt ist. Immerhin bleibt zu berücksichtigen, daß jedem Gewerbetreibenden ein natürliches Recht zur Führung seines Namens innewohnt. Der Einzelkaufmann ist sogar verpflichtet, als Firma seinen Familiennamen mit oder ohne Vornamen zu benutzen (Art. 16 HGB.). Unter diesen Umständen erscheint eine Beschränkung nur insoweit zulässig, als nach der Art des Gebrauchs des eigenen Namens oder der eingetragenen Firma nicht nur die Möglichkeit von Verwechselungen an sich gegeben, sondern die Herbeiführung von solchen in der Tat bezweckt ist."

Das Gesetz geht über das hier ausgesprochene Prinzip weit hinaus, indem es generell die Benutzung von Namen in der in § 16 bezeichneten Weise verbietet, gleichviel ob Verwechselungsabsicht vorliegt oder nicht.

II. Recht zur Führung des Namens.

1. **Derjenige ist aus § 16 berechtigt, der sich eines Namens befugterweise bedient.** Als Berechtigte erscheint neben der physischen auch die juristische Person (vgl. RG. 71 264; Olshausen 36, Isaac 60, Finger 253, Lobe, Bekämpfung 288), insbesondere (§ 57, 1 BGB. „den Namen") der eingetragene Verein, ausgenommen die handelsrechtlichen Vereine, die, wie z. B. die Aktiengesellschaft, keinen Namen, sondern nur eine Firma haben. (RG. 3 68.)

Nicht rechtsfähige Vereine haben einen Namen im gesetzlichen Sinne nicht, ihnen steht daher auch kein Namensschutz zu.

2. **Name im Rechtssinne ist der Name, den eine Person zu führen berechtigt ist,** gleichviel ob diese Berechtigung in dem maßgebenden bürgerlichen Recht als ein Privatrecht anerkannt ist oder als eine nur durch Einrichtungen des öffentlichen Rechts geschützte Befugnis erscheint. (RG. 1 28.) Was zunächst das bürgerliche Recht betrifft, so bestimmen die §§ 1355, 1577, 1616, 1706, 1758 BGB. über die Namen der Ehefrau und der Kinder. Der Familienname wird durch die Geburt erworben und durch Eintragung beim Standesamt beurkundet; die Namen der Frau und Kinder werden kraft gesetzlicher Vorschrift erworben. Daneben besteht die öffentlich-rechtliche Befugnis des Staates, Namen durch die hierzu bestimmten Behörden zu verleihen oder zu ändern.

Demnach ist das Recht auf den Familiennamen begründet, wenn entweder der Erwerb durch Geburt oder Verwandtschaft oder die staatliche Ermächtigung, den Namen zu tragen, nachgewiesen ist.

3. Damit erschöpft sich aber der Namensschutz des § 16 nicht. Das Gesetz handelt von dem **Namensrecht im geschäftlichen Verkehr.** In diesem ist natürlich auch in erster Linie der Familienname schutzbedürftig; daneben aber auch der Name, unter dem jemand als Gewerbetreibender bekannt ist. (Lobe, Bekämpfung 288.) Ein Name z. B., der in abgekürzter Gestalt (vgl. § 13 WarenZG.) oder in einer gewissen Verstümmelung dauernd von einem Gewerbetreibenden so gebraucht ist, daß er unter diesem Namen bekannt ist, genießt ebenfalls Schutz. Geschützt wird dieser Name in der Form, in der er tatsächlich von dem Gewerbetreibenden gebraucht wird.

4. Ähnlich steht es mit dem **Pseudonym** (Manes, Das Recht des Pseudonyms). Während es in der Theorie zweifelhaft ist, ob dies gemäß § 12 BGB. schutzberechtigt ist, ist hier nach den Worten des Gesetzes („deren sich ein anderer befugterweise bedient"), nach den Erklärungen bei der Beratung des Gesetzes und nach der allgemeinen Ansicht (Finger 251, 266, Lobe 287, Fuld 373, Isaac 45, dagegen Bauer 75 I) der Schutz auch des Pseudonyms gegeben. Auch die Praxis hat insbesondere bei Klagen wegen Verletzung von Schriftsteller- und Künstlernamen die Klage gegeben. (LG. I Berlin in UnlW. 1 152; KGBl. 04 32.)

Der „bedient" sich eines Pseudonyms, der es derart anwendet, daß sein Wille, sich den Namen beizulegen, der Öffentlichkeit kundgetan wird, ein Schriftsteller z. B., der ein Buch unter einem angenommenen Namen veröffentlicht, ein Artist, der seine Leistungen annonciert usw. Hat jemand auf diese Weise sich eines Pseudonyms bedient, so ist er der an den Namen Berechtigte und kann andere, die ihn gemäß § 16 mißbrauchen, verfolgen. Der Schutz dauert so lange, bis der Berechtigte den Namen aufgibt, was ausdrücklich geschehen, aber auch aus den Umständen, z. B. längerem Nichtgebrauch, ausschließlicher Annahme eines anderen Pseudonyms, gefolgert werden kann.

5. Auch der **Vorname** genießt den Schutz des § 16, da unter Name der Familienname in Verbindung mit dem Vornamen zu verstehen ist. (Vgl. RGStr. 30 231.)

6. **Das Namensrecht ist weder übertragbar noch vererblich** (RG. 29 133; abweichend für juristische Personen Finger in UnlW. 5 3), dagegen kann anderen von dem Berechtigten gestattet werden, den Namen zu führen. Es kann z. B. jemand, der ein Erwerbsgeschäft besitzt, bei dessen Übertragung gestatten, daß der neue Inhaber den bisherigen Namen fortführt (RG. in JW. 00 789 Nr. 13 und 829 Nr. 10), oder der Berechtigte kann einem anderen gestatten, seine Waren oder seine literarischen Produkte mit seinem Namen zu bezeichnen. (Vgl. RGStr. 29 354; RG. 40 63.) In diesem Fall ist zwar das Namensrecht selbst nicht übertragen, wohl aber kann der Veräußerer dem, dem er das Recht eingeräumt hat, gegenüber sein Namensrecht nicht geltend machen. (So Lobe 282, Müller 139, Olshausen 56; vgl. auch Kohler, Markenschutz 120 ff.) Derjenige, dem gestattet ist, den Namen zu führen, führt ihn befugterweise; er ist berechtigt, seinerseits die Rechte aus § 16 gegen jeden Störer, also auch gegen den Namensträger geltend zu machen, falls er in dem Namensbesitz gestört wird. (OLG. Frankfurt in UnlW. 8 62.)

7. Ist ein Name seiner Individualität als Personenbezeichnung im Verkehr entkleidet und lediglich **Waren- oder Methodenbezeichnung** geworden (RG. 40 64), z. B. Liebigscher Fleischextrakt, Örtelsche Terrainkur, Liberty-Seide (JW. 08 737) usw., so ist in entsprechender Ausdehnung der Bestimmung in § 5 des Gesetzes anzunehmen, daß dessen Gebrauch gestattet ist, wenn aus der Art des Gebrauchs hervorgeht, daß mit der Benutzung nicht der Name, sondern die Art der Herstellung oder Anwendung bezeichnet werden soll. (Lobe 283; vgl. RG. in Bl. 97 143 und RGStr. 30 93; JW. 03 145 Nr. 47; RG. 56 160.)

III. Störung des Namensrechts.

1. Verboten ist zunächst die Benutzung eines **fremden Namens** in der in § 16 bezeichneten Weise. Es ist danach verboten, sein Geschäft, seine Ware usw. mit einem fremden Namen zu bezeichnen. Dies gilt jedoch nicht uneingeschränkt. Es ist gestattet, den Namen eines anderen derart zu verwenden, daß man ein der Wahrheit entsprechendes Verhältnis zu ihm mitteilt („Schüler des X", „früherer Mitinhaber von Y", „bisher im Geschäft von Z", „das Geschäft wird in den früher Xschen Räumen betrieben", RG. in JW. 98 174 Nr. 52), oder um auszudrücken, daß eine Ware nach der Art der Herstellung oder des Materials der Originalware gleiche. (RGStr. 29 333, z. B. „nach System von" usw.) Hierzu bedarf es der Genehmigung des Namensträgers nicht, weil jeder berechtigt ist, der Wahrheit gemäß zu erklären, daß er zu einem anderen in einem bestimmten Verhältnis steht, oder eine Ware nach dem System eines anderen angefertigt habe; es liegt dann ein unbefugter Gebrauch des Namens (§ 12 BGB.) nicht vor (dagegen Rausnitz in GewRschutz 97 86 und Stenglein 955 Anm. 3). Vorausgesetzt ist hierbei die Wahrheit der Erklärung, sowie, daß die Bezeichnung nicht in

der Weise geschieht, daß nur der Name ins Auge fällt, das andere aber nur bei besonderer Aufmerksamkeit gesehen wird, so daß also eine Verwechselungsmöglichkeit vorhanden ist. Ausgeschlossen ist es nicht, daß eine solche Bezeichnung den guten Sitten zuwiderläuft und gegen § 1 verstößt.

Dagegen wird eine Bezeichnung wie „Müller Nachfolger" oder „vormals Müller" ohne Genehmigung des Vorbesitzers für unzulässig erklärt werden müssen, da hierunter im Geschäftsverkehr die gestattete Bezugnahme auf die Übernahme des Geschäfts von dem Vorgänger verstanden wird. (Conrades im Recht 02 9.)

2. Der Hauptfall des § 16 ist aber die Benutzung des **eigenen Namens.** An sich ist jeder berechtigt, seinen Namen in jeder ihm gut dünkenden Weise zu gebrauchen. Ebenso aber, wie im Firmenrecht in § 30 Abs. 2 HGB. die Benutzung eines Namens als Firma nur mit unterscheidenden Zusätzen gestattet ist, ist durch § 16 der Gebrauch des eigenen Namens insoweit verboten, als Verwechselungsmöglichkeit mit dem Namen eines anderen vorliegt. Wer den gleichen Namen wie ein anderer hat und ihn zu Konkurrenzzwecken gebrauchen will, muß durch Zusätze dafür sorgen, daß eine Verwechselung ausgeschlossen ist. (RG. 44 103; OLG. Colmar in DJZ. 03 348.)

3. Das Recht auf Namensschutz bleibt bestehen, selbst wenn der Störende den Namen, den er nach § 16 nicht benutzen darf, zum **Firmenregister** oder zum **Warenzeichen** angemeldet hat. (RG. 25 117, 44 103, 55 241.)

4. Der Namensschutz geht nur so weit, wie der befugte Gebrauch des Namens; er versagt also z. B. gegenüber abweichender Schreibart in fremder Sprache, es sei denn, daß nur geringfügige Abweichungen vorliegen, die die Verwechselungsmöglichkeit nicht ausschließen. (RG. 25 118, für das Warenzeichengesetz, aber auch hier anwendbar.)

5. **Verletzt** in seinem Namensrecht ist durch Benutzung eines Namens nicht jeder, der diesen Namen trägt; es muß durch die Bezeichnung in einem die Gefahr der Verwechselung begründenden Maße auf die betreffende Person hingewiesen sein. (RGStr. 30 94.)

B. Das Firmenrecht.

I. Schutz im allgemeinen.

1. **Firmenrecht und Firmenschutz sind im Handelsgesetzbuch geregelt.** Dies regelt in § 37 Abs. 2 den Schutz gegen den unbefugten Gebrauch einer Firma für den, der in seinen Rechten verletzt ist. Das Reichsgericht hat in ständiger Praxis daran festgehalten, daß die Absicht, in welcher die an sich den Vorschriften des Handelsgesetzbuchs entsprechende Firma gewählt ist, insbesondere die Absicht unlauteren Wettbewerbs ebensowenig ein Recht zur Untersagung gibt, wie die Schädigung anderer Firmen (RG. 20 75, 29 61); nur, wenn Scheinverträge geschlossen wurden, um Firmen in Verwechselungsabsicht mit anderen zu begründen, wurde Ungültigkeit der an sich den Vorschriften des Handelsgesetzbuchs entsprechenden Firmen ausgesprochen. (Z. B. RG. 7 283, 37 61.)

2. Eine Ausdehnung erhielt der Firmenschutz durch § 14 WarenZG. (vgl. hierüber S. 122 Nr. 2), der die Firma als Ausstattung schützt.

3. **Eine Ergänzung dieser gesetzlichen Bestimmungen,** die bei der formalen Natur des Firmenschutzes des Handelsgesetzbuchs oft gerade in den Fällen versagten, in denen in unlauterer Absicht das Gesetz umgangen wurde, **bezweckt § 16.** Er verbietet die Benutzung einer fremden und vor allem auch einer eigenen Firma im geschäftlichen Verkehr, die geeignet ist, Verwechselungen mit der Firma hervorzurufen, deren sich ein anderer befugterweise bedient. Aus dem Zweck dieser Bestimmung ist für

die Auslegung zu entnehmen, daß das materielle Recht an einer Firma gegen unlautere Machenschaften weiter als bisher, also insbesondere über den formalen Schutz des Handelsgesetzbuchs hinaus, geschützt sein soll.

II. Firmenrecht.

1. Das Gesetz spricht ohne näheren Zusatz von der **„Firma"**. Es fragt sich, ob hierunter die Firma im Sinne des Handelsgesetzbuchs oder ähnlich wie oben bei dem Begriff „Namen" ausgeführt ist (s. S. 123 Nr. 3), ein weiterer Begriff verstanden sein soll, insbesondere also, ob auch Minderkaufleute, die keine Firma im Sinne des Handelsgesetzbuchs haben (§ 4 HGB.), gemäß § 16 geschützt sind. Die Frage ist zu verneinen. Firma ist ein technischer Begriff, der, im Handelsverkehr ausgebildet, im Handelsgesetzbuch seine gesetzliche Regelung gefunden hat. Wenn ein Gesetz von einer Firma spricht, so ist darunter der Gemeingut gewordene Begriff zu verstehen, den das Handelsgesetzbuch festgestellt hat. (So Olshausen 39, Finger 269, RG. in JW. 00 133 Nr. 12; dagegen Lobe, Gesetz 79, Schmid 327.) Demnach haben Minderkaufleute ein Recht auf Schutz ihrer Firma nicht, wohl aber ist ihr gewerblicher Name (s. S. 123 Nr. 3) geschützt, was für § 16 im Effekt dem Firmenschutz gleichkommt.

2. Den Firmenschutz genießen danach nur **Vollkaufleute** im Sinne des Handelsgesetzbuchs. Da für die Frage, ob jemand sich befugterweise einer Firma bedient, die Vorschriften des Handelsgesetzbuchs in Betracht kommen, dies aber der Eintragung im allgemeinen keinen konstitutiven Charakter gibt (vgl. RG. **14** 19), so kommt es auf diese in betreff des Firmenschutzes nicht an, mit Ausnahme der Fälle, in denen, wie bei Aktiengesellschaften, die Entstehung von der Eintragung abhängt. (So jetzt auch Fuld 378.) Eine nicht eingetragene, aber von einem Kaufmann benutzte, den Vorschriften des Handelsgesetzbuchs entsprechende Firma hat also dieselben Schutzrechte aus § 16 wie die eingetragene.

3. Das **Recht zur Führung der Firma** sowie die **Übertragung** des Rechts regelt ausschließlich das Handelsgesetzbuch. (Vgl. §§ 17 ff.) Der Hamburger Vertreter der Kairener Firma Kyriazi kann sich deshalb nicht auf § 16 stützen. (RG. 55 243.) Wer behauptet, daß er sich einer Firma befugterweise bedient, hat nachzuweisen, daß die Firma den Vorschriften des Handelsgesetzbuches entspricht.

4. **Nur die ganze Firma ist geschützt**, nicht ihre einzelnen Teile. Wer einzelne Worte aus der Firma eines anderen benutzt, verletzt nicht die Firma als solche. (So RG. in JW. 00 133 Nr. 12; dagegen RG. in JW. 99 311 Nr. 27.) Anders liegt es jedoch, wenn ein Bestandteil der Firma benutzt wird, der einen schlagwortähnlichen Charakter trägt und sich, losgelöst von dem sonstigen Wortlaut der Firma, allein dem Gedächtnis einprägt oder gar allein im Verkehr benutzt wird. (RG. in UnlW. 3 69, **4** 79, **6** 59, **8** 60 und 106).

5. Eine besondere Ausdehnung des Firmenschutzes hat die Praxis in dem Falle eintreten lassen, daß die Auflösung einer weitbekannten Handelsgesellschaft, deren einer Inhaber das Geschäft unter seinem eigenen Namen weiterbetreibt, von zwei die gleichen Namen führenden Personen zur Gründung einer gleichlautenden Firma benutzt wird. Fall Boenicke & Eichner. Hier ist dem weiterarbeitenden früheren Gesellschafter auf Grund von § 826 BGB. ein Unterlassungsanspruch gewährt worden. (UnlW. 5 105; vgl. Marcus ebda. 5 26 und 103.) Heute würde § 1 Anwendung finden.

III. Verletzung des Firmenrechts.

1. Der Fall, daß jemand eine ihm nach den Vorschriften des Handelsgesetzbuchs **nicht zustehende Firma** gebraucht, gibt dem Verletzten schon nach § 37 HGB. ein

Klagerecht. In dieser Beziehung ist nur der in § 37 vorbehaltene, hier definitiv geregelte Anspruch auf Schadensersatz eine Erweiterung des bestehenden Rechts.

2. Der Hauptfall des § 16 ist der **Mißbrauch von Firmen durch solche, die an sich zur Führung der Firma handelsrechtlich befugt** sind. Nach § 30 HGB. ist nur für Firmen an demselben Ort eine Unterscheidung gefordert und ist ferner in ständiger Praxis daran festgehalten, daß nur eine kleine Verschiedenheit erforderlich ist. Ferner ist es, wenn dem Gesetze genügt ist, für gleichgültig erachtet, daß die Firma in Täuschungsabsicht erworben wird. (Vgl. RG. 20 71.) Es genügte also, wenn ein Konkurrent, der an sich berechtigt war, eine Firma zu führen, die einer im Handelsverkehr bekannten gleich ist, sich an einem anderen Ort, wie diese, niederließ, oder daß er bei einer Niederlassung an demselben Ort kleine Verschiedenheiten in der Firma annahm, um ihm zu ermöglichen, den bewährten Ruf der alten Firma für sich zu benutzen. (Typische Fälle bei Stegemann 80ff.) Hier tritt die Vorschrift des § 16 ein. (RG. in JW. 02 27 Nr. 20, JW. 10 122.) Sie unterscheidet an sich nicht zwischen dem unbefugten und dem an sich berechtigten Gebrauch einer Firma. („Wer . . . eine Firma . . . benutzt.") Auch der letztere ist dem anderen gegenüber unberechtigt, wenn er in Täuschungsmöglichkeit geschieht. (RG. in JW. 98 484 Nr. 26, 82 Nr. 53; JW. 01 256 Nr. 17; OLG. Köln in ArchRh. 93 20: UnlW. 3 42.) Danach ist der Schutz des Firmenrechts über das Maß des im Handelsgesetzbuch gegebenen Schutzes erweitert, und zwar in der Richtung hin, daß nicht nur der Gebrauch fremder Firmen, sondern auch der Mißbrauch eigener, an sich berechtigt geführter Firmen verboten ist. Insbesondere wird § 16 zur Anwendung kommen, wenn an einem anderen Ort eine der Konkurrenzfirma gleiche Firma eingetragen wird. (RG. in Recht 02 23 Nr. 95.) Daß es gleichgültig ist, ob die mißbräuchlich benutzte Firma eingetragen ist oder nicht, versteht sich nach dem Vorgetragenen von selbst.

3. Ebenso wird der an sich dem § 16 widersprechende Gebrauch einer Firma nicht dadurch ein rechtlich geschützter, daß die Firma als Bestandteil eines **Warenzeichens** eingetragen ist. Denn ein Warenzeichen, das in einer dem § 16 widersprechenden Weise angewendet wird, ist rechtswidrig und es kann dessen Beseitigung verlangt werden. (RG. 48 233.) Noch weniger hilft der Besitz einer französischen marque de commerce, mit der insbesondere in der Kognakbranche ein großer Mißbrauch getrieben wurde. (Vgl. Fuld in UnlW. 5 117.)

4. Die bereits, wie oben (S. 125 Nr. B, I, 1) erwähnt, unter der bisherigen Rechtsprechung teilweise für unerlaubt erklärten Fälle der **Scheingeschäftserrichtungen** zum Zwecke des Erwerbs von Firmen bekannter Geschäfte (vgl. RG. 22 58, 25 1, 37 60, 3 120 usw.) sind jetzt ebenfalls und in weiterem Maße als bisher verboten und unterliegen dem § 16. Es bedarf heut nicht der Prüfung der Frage, ob eine ernstlich gewollte oder nur scheinbare Geschäftserrichtung vorliegt; es genügt heut die Tatsache, daß bei der neuen Firma eine Täuschungsmöglichkeit vorhanden ist.

Gerade auf diesem Gebiet ist die Praxis besonders tätig gewesen, da die unlautere Konkurrenz stets neue Manöver ausfindig gemacht hat, um sich bekannte Firmen anzueignen. Meist wurde irgendeine weder durch Kenntnisse noch durch Kapital qualifizierte Person veranlaßt, ihren Namen zu einer solchen Gründung herzugeben, z. B. Maria Mumm & Co. (UnlW. 8 106), die dann abgefunden wurde und entweder bald aus der Gesellschaft ausschied oder von vornherein von Tätigkeit und Gewinn ausgeschlossen wurde. (UnlW. 8 139; vgl. UnlW. 5 29 und 137, 6 59, 8 60.)

C. Besondere Bezeichnung eines Erwerbsgeschäfts und eines gewerblichen Unternehmens.

I. Allgemeines.

1. Je größer der Verkehr ist, desto mehr tritt das Bestreben des einzelnen Gewerbetreibenden hervor, sein Geschäft möglichst zu individualisieren und aus der Masse herauszuheben. Die Firma allein genügt diesem Zwecke nicht, da Namen sich nicht leicht dem Gedächtnis einprägen; die eingetragene Marke individualisiert die Ware, nicht den gesamten Geschäftsbetrieb. Neben beide tritt daher die freigewählte **Geschäftsbezeichnung.** Sie unterscheidet sich an sich von der Firma dadurch, daß letztere der Name ist, den sich der Geschäftsinhaber in seinem Geschäftsbetriebe beilegt, die Bezeichnung dagegen die freigewählte Benennung des Etablissements enthält. (Schuler 138, Simon 11.)

2. Bis zum Gesetz von 1896 war die Geschäftsbezeichnung als solche schutzlos. (Vgl. RG. 1 27.) Nur soweit sie Bestandteil der Firma war, hatte sie den der Firma als solcher zukommenden Schutz. Da die nach dem alten Handelsgesetzbuch (Art. 16) streitige Frage, ob auch Phantasienamen in die Firma aufgenommen werden können, durch § 18 des neuen Handelsgesetzbuchs in bejahendem Sinne entschieden ist (Staub Anm. 9 zu § 18), so können jetzt derartige Bezeichnungen in die Firma aufgenommen werden und genießen dann den der Firma zukommenden Schutz. Sie haben ihn aber nur als Bestandteile der Gesamtfirma, ein besonderer firmenrechtlicher Schutz für sie besteht nicht. (Staub Anm. 8 zu § 18.)

3. Aus diesem Grunde und weil vielfach im Gewerbe Geschäftsbezeichnungen verwendet werden, die nicht als Bestandteil der Firma eingetragen sind, genügte dieser Schutz nicht.

Die Begründung von 1896 führt hierüber aus:

„Auch auf dem Gebiete der Bezeichnung von Erwerbsgeschäften bürgert sich nach dem Vorgange des Auslandes bei uns mehr und mehr die Gewohnheit ein, die Aufmerksamkeit des Publikums durch frei erfundene Schlagworte anzuregen. In allen größeren Städten finden sich Reklamenamen, wie ‚Goldene Neun‘, ‚Zum Kleiderengel‘ u. dgl. Es ist aber als ein Verstoß gegen die geschäftliche Ehrlichkeit anzusehen, wenn ein solcher Name, nachdem er sich ein gewisses Ansehen im Publikum erworben hat, von anderen Gewerbetreibenden zu dem Zweck verwertet wird, um Verwechselungen hervorzurufen. Hierher gehören auch Fälle, wie sie in der öffentlichen Diskussion des letzten Jahres wiederholt zur Sprache gebracht worden sind, daß die frei gewählten Bezeichnungen, welche von Hotels, Gastwirtschaften, Verkehrsanstalten usw. neben Namen oder Firma geführt werden, von der unlauteren Konkurrenz zum Schaden der Inhaber ausgebeutet werden. Der dagegen von dem Entwurf beabsichtigte Schutz ist selbstverständlich in allen Fällen, die der Ausdruck ‚die besondere Bezeichnung eines Erwerbsgeschäfts‘ umfaßt, dadurch bedingt, daß die Bezeichnung einen eigentümlichen und unterscheidenden Charakter hat. Allgemein übliche Bezeichnungen, wie z. B. ‚Kleiderbasar‘, ‚Stehbierhalle‘, können nicht zugunsten eines einzelnen, selbst wenn derselbe an einem bestimmten Orte sich zuerst dieser Bezeichnung bedient haben sollte, monopolisiert werden. In dieser Beziehung die Grenze des Zulässigen festzustellen, muß der Entscheidung des einzelnen Falles überlassen bleiben."

4. In dem dem Reichstag vorgelegten Entwurf von 1896 war nur der Schutz der Bezeichnung eines **Erwerbsgeschäfts** vorgesehen. In der Kommission wurde der Antrag gestellt, daß daneben auch das **gewerbliche Unternehmen** erwähnt würde, was demnächst trotz Hinweises auf die Unnötigkeit des Zusatzes geschehen ist. In dem Sinne,

in dem der Zusatz gedacht ist, bedeutet er, daß auch die Benennungen einzelner Teile eines Erwerbsgeschäfts geschützt sein sollen; wenn z. B. ein Speditionsgeschäft sich zugleich mit Personenbeförderung befaßt und für den letzteren Teil seiner Tätigkeit einen besonderen Namen annimmt.

5. Auch in diesem Paragraph wie im § 14 ist **Erwerbsgeschäft** und gewerbliches Unternehmen im weitesten Sinne auszulegen. (Vgl. Einl.) Daher ist er auch für Theater anwendbar (LeipzZ. 07 504), jedoch nicht für sittenwidrige Heiratsbureaus. (Marcus in UnlW. 3 109.)

6. Da der Schutz der Bezeichnung als solcher durch das Gesetz von 1896 neu eingeführt ist und nicht, wie der Namens- und Firmenschutz nur die in anderen Gesetzen festgestellten Rechte unterstützt und ausdehnt, so ist zu untersuchen, wieweit dieser Schutz im Gesetz prinzipiell gegeben ist. Verboten ist nur die Benutzung einer von einem anderen befugt gebrauchten Bezeichnung bei Verwechselungsgefahr. Ein **Alleinrecht** auf Bezeichnungen, die ein Gewerbetreibender sich gewählt hat, zu erteilen, ist nicht bezweckt. An sich ist niemand gehindert, die von einem anderen für sein Geschäft gebrauchte Bezeichnung ebenfalls zu gebrauchen, wenn etwa durch Entfernung der Orte oder Verschiedenheit der Geschäfte Verwechselungsmöglichkeit ausgeschlossen ist. Wenn ein Eisenwarenhändler in Köln sein Geschäft „Zur Sonne" bezeichnet, so kann ein Eisenwarenhändler in Memel die gleiche Bezeichnung gebrauchen, ebenso wie ein Seifenhändler in Köln; immer vorausgesetzt, daß keine Verwechselungsmöglichkeit besteht. (OLG. Stuttgart in DJZ. 98 232.) Wenn aber eine Weingroßhandlung in Hamburg die Bezeichnung „Zum Treppchen" führt, so kann der Inhaber der Kölner „Weinstube zum Treppchen" wegen naheliegender Verwechselungsmöglichkeit einschreiten. (UnlW. 5 22; RG. in UnlW. 5 129.)

II. Recht zur Führung der Bezeichnung.

1. **Erworben wird der Rechtsschutz durch die Annahme der Bezeichnung** seitens eines Gewerbetreibenden in einer Art, durch die dem Kundenkreise die Kenntnis ermöglicht wird. (Schuler 142: „Die publike Priorität des Gebrauchs".) Die Priorität der Annahme gibt das Recht. (RG. in JW. 00 76 Nr. 14.) Nicht nötig ist, daß die Bezeichnung sich eingebürgert hat (vgl. OLG. Köln in ArchRh. 93 I 120), denn § 16 spricht nur vom befugterweise Sichbedienen und setzt nicht wie § 15 WarenZG. voraus, daß die Bezeichnung innerhalb beteiligter Verkehrskreise als Kennzeichen gilt.

Es kommt aber auf die Priorität der Benutzung im Gewerbetriebe an. Wer sein Geschäft in ein Haus mit einem bestimmten Namen („Villa Margarete") verlegt, ist gegenüber einem Besitzer einer Pension Margarete nicht berechtigt, seine Pension ebenfalls so zu benennen, denn die für das Haus gestattete Bezeichnung ist nicht damit ohne weiteres für das Erwerbsgeschäft erlaubt. (RG. in JW. 01 64 Nr. 16.)

2. **Vorbereitungshandlungen**, wie Bestellung eines Schildes, Anzeige in einer Annonce, genügen nicht; es sei denn, daß ein anderer unter Kenntnis der Absicht, eine bestimmte Geschäftsbezeichnung zu wählen, sich ihrer vorher bemächtigt. Denn ein gegen die guten Sitten verstoßendes Verhalten kann nicht zu einem befugten Handeln werden. (Ähnlich RG. in JW. 00 76 Nr. 14 „in gutem Glauben".)

3. **Das Recht erlischt durch Nichtgebrauch**, der auch aus konkludenten Handlungen, wie z. B. Annahme einer anderen Bezeichnung, dauernde Einstellung des Geschäftsbetriebs und Verwendung des Grundstücks für andere Zwecke (OLG. Frankfurt im Recht 07 1274) gefolgert werden kann.

4. **Berechtigt** zu der Bezeichnung ist der Inhaber des Gewerbes, der befugt ist, bei Verlegung des Gewerbebetriebes auch die Bezeichnung mitzunehmen.

5. Über die **Veräußerung** der Bezeichnung bestehen positive Bestimmungen nicht. Mit Rücksicht darauf, daß die Bezeichnung in engstem Zusammenhang mit dem Erwerbsgeschäft steht, ferner unter analoger Anwendung der Vorschriften über Firmen und Warenzeichen ist anzunehmen, daß die Bezeichnung nur mit dem Erwerbsgeschäft, zu dem sie gehört, nicht aber ohne dieses übertragen werden kann. (So Schuler 143, Lobe 293; dagegen für Zeitungstitel RGStr. 28 279.) Wird ein Erwerbsgeschäft als Ganzes übertragen, so ist, falls nicht Entgegengesetztes vereinbart wird, anzunehmen, daß die Bezeichnung mit übergeht.

III. Art der Bezeichnung.

1. **Die Bezeichnung muß nach dem Wortlaut des Gesetzes eine „besondere" sein**; es sollte damit nach der Begründung von 1896 ausgedrückt werden, daß sie einen eigentümlichen und unterscheidenden Charakter hat und daß allgemein übliche Bezeichnungen nicht monopolisiert werden dürfen. Es kommt hierbei immer auf die Umstände des einzelnen Falles an; es kann nicht generell von irgendeiner Bezeichnung gesagt werden, daß sie originell und eigentümlich sei; es kann vielmehr eine Bezeichnung, die es in einem Fall ist, in einem anderen diese Eigenschaft nicht haben; ebenso können Bezeichnungen, die ursprünglich den Reiz der Neuheit hatten, durch den Gebrauch so verbreitet sein, daß sie einen allgemeinen Charakter annehmen.

2. **Vom Rechtsschutz ausgeschlossen sind** zunächst die **Gattungsnamen**, die lediglich eine allgemeine Beschreibung des Geschäfts enthalten: z. B. Kaufhaus, Basar, Warenhaus, Bierhalle, ferner Verlagsanstalt, internationale Anstalt, physikalisch-optisches Zentralinstitut (RG. in Bl. f. R. 99 70), Café, Restaurant, Hotel, Massenheilanstalt, internationale Kunstausstellung (Finger 292), Kurhaus (JW. 06 398), Prüfungs- und Überwachungsanstalt für elektrische Anlagen. (RG. in UnlW. 3 35.)

3. Ebenso sind die Bezeichnungen ausgeschlossen, die allgemein von gewissen Gewerbetreibenden als **Gewerkszeichen** verwendet werden. Es ist dies entsprechend dem Ausschluß von Freizeichen für Warenzeichen anzunehmen. (§ 4 WarenZG.) Ein derartiges Freizeichen liegt vor, wenn im maßgebenden Verkehr das Bewußtsein der Bezeichnung als Individualbezeichnung verloren gegangen ist. (RG. 3 78, 24 80; RGStr. 1 218.) Es sind hierbei die Entscheidungen des Patentamts, was als Freizeichen zu betrachten ist, zu verwerten, denn derartige Zeichen gelten im Verkehr sowohl als Warenzeichen wie als Geschäftsmarken. (Vgl. Freund-Magnus 45ff.) So ist der rauchende Neger für Tabakgeschäfte, Hammer und Schlägel für Geschäfte mit Bergwerksprodukten, Äskulapstab mit Schlange für Apotheken, das rote Kreuz für Waren der Gesundheitspflege (Kent 77 Anm. 105), ferner für Uhrmacher die Uhr, für Wirte zwei zum Sechseck verschlungene Dreiecke, für Handschuhläden der goldene Handschuh, das goldene Becken für Barbiergeschäfte (Müller 147, Finger 285) usw. als Gemeinzeichen anzusehen.

Wenn aber ein Gewerbetreibender eins dieser Zeichen in besonderer origineller Gestaltung oder in Verbindung mit anderen Zeichen verwendet, so kann dadurch ein Individualzeichen entstehen, das schutzberechtigt ist.

4. Bezeichnung mit Namen, die **Allgemeingut** geworden sind (s. S. 124 Nr. 7), z. B. Örtelsche Terrainkuranstalt, sind aus gleichem Grunde nicht schutzberechtigt.

5. Bezeichnungen, die nach vorstehenden Ausführungen an sich schutzberechtigt sind, müssen **neu** und **eigentümlich** sein. Beides ist relativ zu verstehen. Nicht absolute Neuheit ist nötig, sondern es genügt, wenn die Bezeichnung in den örtlich und gewerblich in Betracht kommenden Kreisen noch nicht als solche in Gebrauch ist. Ein kleines Detailgeschäft erfüllt für seine Bezeichnung den Begriff der Neuheit, wenn diese am

selben Ort nicht von einem Konkurrenzgeschäft angenommen ist, ein großes Engrosgeschäft, das seine Kunden in ganz Deutschland hat, wenn keines der in Deutschland in Betracht kommenden Geschäfte eine gleiche Bezeichnung führt.

Was die Originalität betrifft, so ist diese Eigenschaft gefordert, weil die Bezeichnung eine genügende Unterscheidung gegen andere Bezeichnungen haben muß. Ob die Bezeichnung sonst einen Sinn oder auch nur eine Beziehung zum Geschäft hat, ist gleichgültig. Gerade Phantasienamen, die sich immer mehr einbürgern, erfüllen am besten die Voraussetzungen des Gesetzes. Als Beispiele seien erwähnt: Flora, Globus, Kleiderparadies, zum Propheten, Louvre, zum Kleiderpascha usw. Es ist der Phantasie des Gewerbetreibenden weitester Spielraum gelassen, Benennungen zu erfinden, die sich durch ihre Originalität, oft auch gerade durch eine in der Bezeichnung liegende Paradoxie dem Gedächtnis schnell einprägen.

6. **Die Bezeichnungen können wörtliche und figürliche** oder auch Verbindungen von Worten und Figuren sein. Die figürlichen sind gerade im Geschäftsverkehr vielfach beliebt. Auch charakteristische Zusammenstellung von Buchstaben, sowie Verwendung von Zahlen in origineller Fassung (goldene 110) sind gestattet. (Schmid 328.)

7. **Ortsnamen** an sich sind keine individualisierenden Geschäftsbezeichnungen (vgl. RG. 54 186); durch die Benutzung eines solchen durch einen Gewerbetreibenden wird ein anderer in demselben Orte nicht gehindert, den Ortsnamen ebenfalls in seiner Geschäftsbezeichnung zu führen (Schuler 179); wohl aber kann durch Verbindung eines Ortsnamens mit einem anderen Wort eine schutzberechtigte Bezeichnung entstehen, wenn diese einen eigentümlichen Charakter enthält. (RG. in JW. 99 12 Nr. 37 „Stettiner Sänger".)

8. Die **Bezeichnung** des Geschäfts wird meist auf dem Schilde, auf den Drucksachen, auf Gegenständen, die zum Geschäftsbetrieb dienen, z. B. Wagen, ferner auf den Livreen der Geschäftsbedienten geschehen.

9. Das **Rote Kreuz auf weißem Grund**, das Genfer Neutralitätszeichen, darf nach dem G. v. 22. III. 02 nur auf Grund einer Erlaubnis der Zentralbehörde zu geschäftlichen Zwecken verwendet werden.

D. Geschäftsabzeichen.

1. Den besonderen Bezeichnungen eines Erwerbsgeschäfts sind durch den neuen Abs. 3 die Geschäftsabzeichen und sonstigen unterscheidenden Einrichtungen gleichgestellt, welche in den betreffenden Verkehrskreisen als Kennzeichen des Geschäfts gelten. Damit ist einem Bedürfnis Rechnung getragen, das sich unter dem bisherigen Gesetz geltend gemacht hat und das auch in der französischen Rechtsprechung zum Ausdruck gekommen war. Die Begr. (21) sagt darüber:

„Neuerdings hat sich auch die Gewohnheit bemerkbar gemacht, die Unterscheidung von anderen Geschäften durch die besondere Art der äußeren Anordnung, der Gestalt oder Ausstattung von Geschäftseinrichtungen hervorzuheben, z. B. durch die Ausstattung der Geschäftswagen oder sonstiger Wirtschaftsgegenstände, die Wahl eindrucksvoller Kleidung für die Bediensteten des Geschäfts, durch Anbringung von Emblemen, Bildern und sonstigem Aufputz an den Geschäftshäusern, oder durch die Ausstattung der Schaufenster, Warenkataloge, Zirkulare und sonstigen Druckschriften. Die Erfahrung zeigt, daß derartige Veranstaltungen einen eigentümlichen unterscheidenden Charakter gewinnen können und, nachdem sie im Publikum Ansehen und Anerkennung gefunden haben, von anderen Gewerbetreibenden mißbräuchlich zu dem Zwecke verwendet werden, um Verwechselungen hervorzurufen. Derartige Geschäftsabzeichen sollen deshalb sofern sie innerhalb der beteiligten Verkehrskreise als Kennzeichen eines Erwerbsgeschäfts gelten, den gleichen Schutz finden, wie die Bezeichnungen, auf welche gegenwärtig die Vorschrift des § 8 Anwendung findet. Die neue Bestimmung findet ein gewisses Vorbild auch in der Vorschrift des § 15 WarenZG., welcher den Schutz der Aufmachung und Verpackung von Waren gegen Nachahmung zum Gegenstande hat. Auch das Recht der Warenzeichen bietet Verwandtes dar. Im Interesse zutreffender Abgrenzung gegen die Vorschriften des Warenzeichengesetzes ist im letzten Satze des § 16 des Entwurfs ausdrücklich hervorgehoben, daß die neuen Vorschriften auf den Schutz von Warenzeichen und Ausstattungen keine Anwendung finden. Hiermit ist insbesondere klargestellt, daß die Voraussetzungen, unter denen ein Warenzeichen den gesetzlichen Schutz verlangt, sowie Art und Umfang des Schutzes gegen andere sich ausschließlich nach den Vorschriften jenes Gesetzes richten. Dadurch wird aber nicht ausgeschlossen, daß die besondere Art der Benutzung eines Warenzeichens durch den Eingetragenen unter Umständen eine Handlung darstellt, auf welche die Vorschriften des vorliegenden Entwurfs, insbesondere §§ 1—3, 23, Anwendung finden.

2. Geschäftseinrichtungen aller Art fallen unter diese Bestimmung. Außer dem in der Begründung angeführten Beispielen kommen noch in Betracht die Telegrammadressen (vgl. Wertheimer, GewRschutz 07 342), die Rabattmarken, welche bestimmte Geschäfte ausgeben, UnlW. 8 183, sowie besondere Zusammenstellungen von Anfangsbuchstaben oder sonstige Abkürzungen, z. B. Ila.

3. Die fragliche Einrichtung muß bestimmt sein, das eine Geschäft von allen anderen zu unterscheiden, also seine Eigenart zu betonen. Sie darf deshalb nicht anderweitig oder gar allgemein im Gebrauch sein. Eine Kombination an sich nicht eigenartiger Elemente kann sehr wohl ein eigenartiges Ganzes geben.

Haben mehrere die gleiche Einrichtung, so ist der berechtigt, der sie zuerst dauernd benutzt hat.

4. Die Einrichtung **muß innerhalb beteiligter Verkehrskreise** als kennzeichnend angesehen werden. Dieser Passus entspricht dem § 15 WarenZG. Beteiligte Verkehrskreise sind alle die, welche mit dem Geschäft, sei es als Konsumenten und Zwischenhändler oder als Konkurrenten, oder auch als Lieferanten in Beziehung treten. (RGStr. in Bl. 96 370, 03 14, 00 88.) Der Ausdruck „innerhalb beteiligter Verkehrskreise“ nicht „innerhalb der beteiligten Verkehrskreise“ zeigt, daß nicht alle Kreise übereinstimmend zu demselben Ergebnis gekommen sein müssen. Es genügt, wenn ein für den Geschäftsverkehr erheblicher Teil dieser Ansicht ist. (Vgl. Freund-Magnus 202.) Den Beweis einer derartigen Auffassung hat der Kläger zu führen durch Gutachten Sachverständiger oder von Handelsvertretungen, aber auch durch Zeugen, die über bestimmte Erfahrungen berichten können.

5. **Warenzeichen und Ausstattungen** fallen nicht unter dieses Gesetz, sondern unter §§ 1, 15, 16 WarenZG. Diese Bestimmung hat besonders bei dem Deutschen Verein zum Schutz des gewerblichen Eigentums Widerspruch gefunden (Denkschrift 11), der auch in den Verhandlungen der Reichstagskommission zum Ausdruck kam (Bericht 39 und 41). Es wurde dargelegt, daß die Bestimmungen des Warenzeichengesetzes sich auch gegen den unlauteren Wettbewerb richteten und aus Gründen der Rechtsentwickelung dort und nicht hier Aufnahme gefunden hätten. Dem Regierungsvertreter gelang es aber, nachzuweisen, daß eine mechanische Übernahme in dieses Gesetz nicht möglich sei und daß, solange beide Gesetze, § 15 WarenZG. und § 16 UnlWG., nebeneinander beständen, eine klare Abgrenzung notwendig sei, damit „eine Verwirrung in der Praxis“ vermieden werde.

Mit dieser Bestimmung ist aber eine Anwendung des § 1 zur Ergänzung der Bestimmungen des Warenzeichengesetzes nicht ausgeschlossen. Dieser wird namentlich dann zur Anwendung kommen, wenn jemand sich eine ihm nicht zukommende Bezeichnung dadurch sichern will, daß er sie sich als Warenzeichen einträgt. (Vgl. zu § 1.)

E. **Besondere Bezeichnung einer Druckschrift.**

I. Allgemeines.

1. Neben die besondere Bezeichnung eines Erwerbsgeschäftes und eines gewerblichen Unternehmens tritt in § 16 die einer **Druckschrift.** Diese Bestimmung war im Entwurf von 1896 nicht vorhanden und ist erst auf Betreiben buchhändlerischer Kreise in der Kommission in das Gesetz aufgenommen. Sie bezweckt den Schutz von Bücher- und Zeitungstiteln, d. i. der charakteristischen, eigentümlichen, zur Unterscheidung von anderen geeigneten Bezeichnungen einer Druckschrift, die sie in ihrer Individualität kennzeichnet. (KG. in UnlW. 1 59.)

2. Die Streitfrage, ob Büchertitel urheberrechtlich geschützt sind, also ihre Nachahmung als Nachdruck anzusehen ist (vgl. Brandis 9ff.), kommt hier nicht in Betracht. Wie S. 29 Nr. 6 dargelegt, will auch hier das Gesetz **kein ausschließliches Recht** auf den Titel konstituieren (RG. 40 83); es ist durchaus nicht verboten, den Titel eines bekannten Namens oder Schauspiels z. B. als Gastwirtschaftsbezeichnung, den Titel der Zeitschrift „Jugend" für Ausstellungen bestimmten Stils usw. zu benutzen. Nur gegen die Verwendung in Verwechselungsmöglichkeit schützt das Gesetz den, der eine besondere Bezeichnung einer Druckschrift rechtmäßig benützt.

3. **Bücher — insbesondere — Zeitungstitel sind keine Warenzeichen;** durch ihre Eintragung erlangt der Eingetragene zwar das Recht, den Titel als Warenzeichen zu verwenden, nicht aber ist er berechtigt, anderen die Benutzung als Zeitungstitel auf Grund seiner Eintragung zu verbieten. Dies ist in ständiger Rechtsprechung vom Reichsgericht angenommen. (RG. 44 101, Str. 28 275; JW. 98 21 Nr. 51, 300 Nr. 66; vgl. Reuling; Sind Zeitungstitel Warenzeichen?, Brandis 16, Osterrieth, Lehrbuch 388, Lobe" 295.)

4. Für den **Begriff der Druckschrift** ist § 2 PreßG. heranzuziehen. Nach diesem umfaßt es alle Erzeugnisse der Buchdruckerpresse, sowie alle anderen durch mechanische oder chemische Mittel bewirkten, zur Verbreitung bestimmten Vervielfältigungen von Schriften und bildlichen Darstellungen mit oder ohne Schrift und von Musikalien mit Text oder Erläuterungen. Danach sind z. B. auch Photographien als Druckschriften zu betrachten. (RGStr. 4 362.) Ob diese Druckschriften Schriftwerke im Sinne des Urhebergesetzes sind, oder ob ihnen etwa wegen Ablauf der Schutzfrist der Urheberrechtsschutz verloren gegangen ist, ist für den Schutz aus § 16 gleichgültig, so daß bei einem derartigen Werke zwar der Nachdruck erlaubt sein kann, die Benutzung des Titels aber für andere Werke verboten ist. (Finger 241.) Auch Zeitungskorrespondenzen haben als Druckschriften zu gelten. (Bericht 42.)

5. Druckschrift an sich ist nur das **gesamte Druckerzeugnis.** Wenn aber ein besonderer Teil einer Druckschrift einen Titel hat, wie z. B. ein in der Zeitung erschienener Roman, so ist auch dieser letztere geschützt. (Finger 241.)

II. Schutz des Titels (vgl. Paech, Der zivilistische Titeldiebstahl in GewRschutz 02 272 und die dort aufgeführte Literatur, Kohler in UnlW. 3 108).

1. **Geschützt nach § 16 ist nur die besondere Bezeichnung, nicht die Ausstattung der Druckschrift;** z. B. nicht die Vignetten, der Einband, das gesamte Aussehen (dagegen Lobe, Gesetz 92). Die Ausstattung kann bei der Frage, ob die Benutzung des Titels zur Verwechselung geeignet war, herangezogen werden (KG. in

UnlW. 1 59 und RG. in UnlW. 1 92); als solche aber ist sie, da sie keinesfalls als besondere Bezeichnung anzusehen ist, nach § 16 nicht schutzberechtigt. Auf sie findet § 15 WarenZG. Anwendung. (Fuld in GewRschutz 96 51 und jetzt Lobe, Bekämpfung 306.)

Neben dem Haupttitel einer Zeitung ist auch der Untertitel bestimmter Rubriken schutzfähig, wenn er ein besonders charakteristischer ist, wie z. B. Schulze und Müller im Kladderadatsch. (Kohler in UnlW. 3 108.)

2. Der Titel kann in **Worten,** aber auch in einer **bildlichen Darstellung** mit oder ohne Verbindung mit Worten bestehen und genießt auch dann den Schutz. (Finger 295 und RGStr. 28 279, jetzt auch Fuld 401.)

3. Die Bezeichnung muß eine **besondere** sein. (Vgl. hierüber S. 130 Nr. 5.) Ausgeschlossen vom Rechtsschutz sind also auch hier allgemeine Bezeichnungen, die der Individualisierung entbehren. Als solche sind z. B. anzusehen: Wörterbuch, Lexikon, Handbuch, Tageblatt, Anzeiger, Kurier (Müller 150), Zeitung, Reisebuch, Führer usw. (Finger 298.) Wohl aber kann durch Verbindung dieser Worte mit anderen ein geschützer Titel entstehen. Wann ein Titel den Erfordernissen des Gesetzes entspricht, läßt sich generell hiernach nicht entscheiden; es kommt auf lokale Verschiedenheiten, auf den Leserkreis, auf die Art der Benutzung an. Auch ist es sehr wohl möglich, daß Benennungen, die ursprünglich zur Verwechselung geeignet waren, sich so eingebürgert haben, daß das beteiligte Publikum sie unterscheiden gelernt hat und eine Verwechselung nicht mehr zu befürchten ist. (RG. 40 22: Modenwelt — kleine Modenwelt — große Modenwelt; RG. in JW. 98 300 Nr. 66: Gartenlaube — kleine Gartenlaube.)

Aus der Praxis sei hervorgehoben, daß der Titel „Manufakturist" (JW. 00 76 Nr. 14), ferner „Wie bewirbt man sich um offene Stellen" (AG. Berlin I in GewRschutz 01 271) als besondere Bezeichnung anerkannt ist und daß „Struwelpeter" auch jetzt noch nicht als Gattungsname anzusehen ist. (OLG. Frankfurt im Recht 02 215 Nr. 1066, bestätigt vom RG. in JW. 03 53 Nr. 29.) „Sherlock Holmes" ist Conan Doyle und seinem Verleger geschützt. UnlW. 7 14.

4. **Erworben wird der Titelschutz durch erstmaligen Gebrauch.** (RG. 41 83, Brandis 51.) Auch hier entsteht durch die Tatsache der Benutzung, nicht durch die Absicht, auch nicht durch die Ankündigung dieser Absicht das Schutzrecht. Nur wer in Kenntnis der Absicht sich des Titels bemächtigt, genießt den Schutz nicht (s. S. 112 Nr. 2).

5. **Veräußerung** des Titels ohne gleichzeitige Übertragung des Rechts an der Druckschrift ist unzulässig.

III. Schutz der vor dem 1. Juli 1896 benutzten Titel.

Es muß an sich davon ausgegangen werden, daß das Gesetz von 1896 rückwirkende Kraft nicht hatte und daß vor dem Gesetz ein allgemeiner Schutz gegen unlauteren Wettbewerb nicht bestand (s. Einl.). Wenn daher vor Inkrafttreten des Gesetzes jemand einen Titel in Benutzung genommen hat, so war er bis dahin nicht gehindert, ihn zu führen. Faßt man dies als ein wohlerworbenes Recht auf, so würde auch nach Inkrafttreten des Gesetzes derjenige, der den Titel zuerst gebraucht hatte, nicht befugt sein, dem anderen den Titel zu verbieten. (So Rausnitz in GewRschutz 97 17.) Dem ist jedoch nicht beizutreten. Die vor dem Gesetz liegende Benutzung des einem anderen zustehenden Titels war zwar damals nicht verfolgbar, sie war aber den guten Sitten nicht entsprechend und kann zwar eine tatsächliche Duldung erzwungen haben, aber kein Recht konstituieren. Wenn jetzt das Gesetz die auch bisher für unmoralisch erachtete

Handlung ausdrücklich verbietet, so unterliegt ihre **Fortsetzung** dem Verbietungsrecht des Berechtigten. (So KG. in GewRschutz **97** 251: „Brehm" und „der kleine Brehm" und RG. in JW. **00** 75 Nr. 14: „Manufakturist" und „Berliner Manufakturist".) Es kommt aber, wie ebenfalls das Reichsgericht (**41** 82) festgestellt hat, nicht darauf an, ob die erstmalige Benutzung berechtigt war, sondern bei jeder ferneren Benutzung kann erneut untersucht werden, ob die Voraussetzungen des Gesetzes vorliegen.

Entsprechend sind diese Grundsätze auch für das Verbietungsrecht eines Ausländers gegenüber einer vor Publikation des Artikels 10b der Pariser Konvention begonnenen und danach fortgesetzten Publikation anzuwenden. (OLG. Colmar in UnlW. 5 30.)

Von denselben Grundsätzen geht das Reichsgericht in dem viel angegriffenen Erkenntnis **40** 19 (vgl. hierzu Brandis 55 und GewRschutz **00** 102) aus. Nur kommt es hier zur Abweisung des Klägers, weil es tatsächlich für festgestellt erachtet, daß am 1. Juli 1896 der Unterschied der von den Parteien herausgegebenen Zeitungen („Modenwelt" und „kleine" bzw. „große Modenwelt") allgemein bekannt war und Verwechselungen nicht mehr zu befürchten waren. (Ebenso RG. in JW. **98** 300 Nr. 66.) Man mag diese tatsächliche Feststellung in dem positiven Fall für unrichtig halten, das Prinzip, daß der mißbräuchliche Gebrauch vor dem 1. Juli 1896 an sich kein Recht gibt, ist nicht umgestoßen. Daß zur Zeit der Klage die Voraussetzungen des § 16 vorhanden sein müssen, kann mit Recht nicht bezweifelt werden.

F. Allgemeine Voraussetzungen des § 16.

I. Benutzung.

1. **Als Benutzung gilt jede Art des Gebrauchs,** die die im § 16 bezeichneten Merkmale hat. Das Gesetz hat keine Aufzählung der einzelnen Fälle, wie sie im Warenzeichengesetz gegeben ist.

2. **Fälle der Benutzung** sind z. B. Aufschrift an einer Ladentür, in Zeitungsinseraten, Geschäftsanzeigen, Empfehlungskarten, Briefen und Rechnungen (RG. 5 111), in Preislisten (RG. **29** 61), Abschließung von Handelsgeschäften mit dem fraglichen Namen, Firma oder Geschäftsbezeichnung (RG. **36** 14), Anmeldung der Firma zum Handelsregister (RG. **22** 58), Benutzung als Telegrammadresse (RG. in JW. **99** 311 Nr. 27); Beibehaltung eines Namens usw. in einem Warenzeichen (RG. **48** 241); Ankündigung, Herausgabe, Vertrieb eines Buchs oder einer Zeitschrift mit der einem anderen gebührenden Bezeichnung usw.

3. Es genügt nicht, wenn der die Bezeichnung des anderen tragende körperliche Gegenstand benutzt wird, z. B. wenn der Geschäftsinhaber ein Schild seines Vorgängers so übermalen läßt, daß die frühere Firma vollständig ausgelöscht und unkenntlich erscheint. Dies kann zu zivilrechtlichen Ansprüchen des Eigentümers des Schildes, nicht aber zu einem Vorgehen aus § 16 führen.

Nur muß die Beseitigung der früheren Bezeichnung eine vollständige sein; ein Stempelaufdruck, der die früher vorhandenen Worte erkennen läßt, genügt nicht (vgl. RGStr. **14** 418); ob ein Überkleben genügt, ist Tatfrage. (Vgl. RGStr. **24** 100.)

4. **Öffentlichkeit** der Benutzung wird im Gegensatz zu § 3 nicht gefordert; ein einzelner Brief an einen Kunden gibt die Rechte aus § 16.

5. Jede **erneute Betätigung** der Absicht, den fremden Namen usw. zu führen, gilt als besondere Benutzung; nicht etwa nur die erste Tat. (RG. in JW. **02** 101 Nr. 49.) Es ist sehr wohl möglich, daß die erste Ankündigung eines Buches nicht unter § 16 fällt, weil der Ankündigende damals nicht gewußt hat, daß er in ein fremdes Recht eingreife; setzt er nach erfolgter Kenntnis die Benutzung fort, so wird er haftbar. (RG. **41** 84.)

II. Im geschäftlichen Verkehr.

1. Voraussetzung ist die **Benutzung im geschäftlichen Verkehr**, also zu Geschäftszwecken, im Gegensatz zu privater Benutzung. Nicht nötig ist, daß der Name usw. im eigenen geschäftlichen Interesse benutzt wird; auch die Benutzung für fremde Erwerbstätigkeit genügt.

2. **Geschäftlich** ist im weitesten Sinn als Ausübung jeder Erwerbstätigkeit aufzufassen (s. S. 7 ff.). Auch die Herausgabe z. B. eines amtlichen Blattes (Patentblatt) erfolgt im geschäftlichen Verkehr. (RG. in UnlW. 1 94.)

3. Durch die Bestimmung, daß die Benutzung im geschäftlichen Verkehr erfolgen muß, in Verbindung damit, daß im Absatz 2 eine Verwechselungsabsicht gefordert wird, ergibt sich, daß das Gesetz sich nur auf solche Handlungen bezieht, die in der **Absicht des Wettbewerbs** geschehen. (Schmid 284.)

III. Verwechselungsmöglichkeit.

1. **Die Benutzung muß geeignet sein, Verwechselungen hervorzurufen.** Nicht darauf kommt es an, ob Verwechselungen hervorgerufen worden sind, sondern ob eine Gefahr hierzu vorhanden war. Wird angenommen, daß diese im allgemeinen nicht vorliegt, so kommt es auf vereinzelte, tatsächlich vorgekommene Verwechselungen nicht an. (RG. in JW. 01 212 Nr. 15 und RG. 40 23.) Eine entfernte Möglichkeit kommt nicht in Betracht. (RG. in UnlW. 4 90.)

2. **Hervorrufen** ist die Bewirkung eines Irrtums bei dem Kunden durch falsche Angaben; es ist aber auch die Benutzung eines ohne Zutun hervorgerufenen Irrtums, wenn es durch positive Tätigkeit unterhalten wird. Verschweigen allein genügt nicht. Wenn ein Kunde sich im Laden irrt und der Geschäftsinhaber den Irrtum dadurch unterstützt, daß er bestätigt, er sei der betreffende Firmeninhaber, so ist dies zwar keine Hervorrufung des Irrtums im eigentlichen Sinne, wohl aber eine der Hervorrufung rechtlich gleichwertige Tätigkeit. (Dagegen Lobe 72.)

3. Für die Frage der Möglichkeit der Verwechselung kommt es auf den Standpunkt der Abnehmerkreise an. (Wie bei § 3, vgl. S. 27 und OLG. Köln bei Poeschl 125.) Bei Zeitungstiteln z. B. kommen die Anschauungen, Erfahrungen und Gewohnheiten des Leserkreises der betreffenden Zeitung in Betracht, insbesondere, ob es sich um eine allgemeine oder eine Fachzeitung handelt, bei welcher letzteren die Abonnenten gewöhnt sind, genauer den einzelnen Titel zu unterscheiden. (RG. in JW. 01 212 Nr. 15 und RG. 40 23.) Bei Geschäftsbezeichnungen ist das das betreffende Geschäft benutzende Publikum maßgebend, und es bemißt sich danach die von ihm zu erwartende Aufmerksamkeit. (RG. in JW. 99 375 Nr. 33.) Sie muß als die in den betreffenden Verkehrskreisen übliche vorausgesetzt sein. Weder wird besondere Aufmerksamkeit angenommen, noch begründet es die Verwechselungsgefahr, wenn einzelne Abnehmer durch Außerachtlassung der verkehrsüblichen Sorgfalt getäuscht werden. (RG. in JW. 98 174 Nr. 51, vgl. auch RG. in JW. 03 146 Nr. 52.)

4. Bei der Frage, ob eine Verwechselung möglich ist, kommt es entsprechend der Auslegung, die die Praxis dem Warenzeichengesetz gegeben hat, auf den **Gesamteindruck** der Bezeichnung an, die unbefugt gebraucht wird. Es muß untersucht werden, ob der Abnehmer, dem die von dem Berechtigten gebrauchte Bezeichnung nicht vorgelegen hat und vielleicht nur im allgemeinen in Erinnerung ist (RGStr. 19 317), nach dem Gesamteindruck annehmen kann, daß die gebrauchte Bezeichnung sich von der anderen unterscheidet. (RG. 6 76, RGStr. 26 405.) Ist der Gesamteindruck ein gleicher, so kommt es auf geringe Verschiedenheiten nicht an. In dieser Beziehung sagte die Begründung von 1896:

„Es ist selbstverständlich, daß durch geringfügige, im Verkehr schwer erkennbare Abweichungen oder Abkürzungen beim unbefugten Gebrauch fremder Namen, Firmen oder sonstigen Bezeichnungen die Anwendbarkeit des § 8 nicht ausgeschlossen wird."

Allerdings ist eine dem § 20 WarenZG. entsprechende ausdrückliche Bestimmung im Gesetz nicht enthalten; sie folgt aber aus dem Sinn des § 16, weil auch der verwechselungsfähig eine Firma usw. gebraucht, der die Firma nicht genau nachmacht, sondern derart, daß die Abnehmer glauben, es handle sich um die andere. Daher sind Weglassungen und Zusätze nicht zu beachten, wenn nur das Gesamtbild für den Konsumenten dasselbe bleibt. Bei Firmen kommt es im wesentlichen auf das Schlagwort an, durch das sie im Gedächtnis haften. (RG. in UnlW. 8 106.) So sind für ähnlich erachtet: „Kürschners Bücherschatz" und „Deutscher Bücherschatz" (KG. in UnlW. 1 59), „Strumwelpeter" und „Struwelpeter" (OLG. Frankfurt in UnlW. 1 125), „G. H. Mumm & Co." und „Mumm & Co. G. m. b. H." (UnlW. 5 27, 8 103), „L. Roederer" und „Roederer & Co. G. m. b. H.". (UnlW. 6 58; vgl. Finger 255.) Hingegen wurde zwischen „Bix Bara fils & Cie." und „August Bara & Cie." keine Verwechselungsgefahr angenommen, weil „Bix" sich dem Gedächtnis mindestens ebensogut einpräge wie „Bara" (OLG. Colmar in UnlW. 7 145). Nur wenn die Zusätze deutlich die gebrauchte Bezeichnung von der anderen unterscheiden, so daß eine Verwechselungsgefahr nicht gegeben ist, liegt eine verbotene Benutzung nicht vor. (RG. in UnlW. 2 50 „Deutscher Sport" und „Deutscher Sport, Kommissionsbureau Max L.") Bei der Auslegung des Zusatzes ist davon auszugehen, wie es vom Publikum verstanden wird. Die Bezeichnung z. B. „früher M.sches Geschäftslokal" bedeutet nach dem Wortsinn, daß das Geschäftslokal früher der Firma M. gehörte, nicht aber ohne weiteres etwa, daß das M.sche Geschäft eingegangen ist. (RG. in JW. 98 250 Nr. 17.)

5. **Ob Verwechselungsfähigkeit vorliegt,** ergibt sich vielfach

a) aus der Art, der örtlichen Lage, dem Kundenkreis des Geschäfts, dem Leserkreis einer Zeitung, deren Bezeichnungen verletzt werden. Eine täglich erscheinende politische Zeitung mit unbeschränktem Leser- und Inserentenkreis wird mit einem zweimal wöchentlich für einen geschlossenen Leserkreis erscheinenden Anzeige- und Unterhaltungsblatt trotz Gleichheit des Titels keine Verwechselungsgefahr bieten. (RG. in DJZ. 98 116.) Geschäfte in verschiedenen Artikeln, oder bei gleichem Betrieb in großer Entfernung voneinander, oder mit verschiedenem Kundenkreis sind weniger verwechselungsfähig als solche, die in dieser Beziehung gleichartig sind; doch ist hier immer auf die Umstände des Falls, besonders auch nicht nur auf die augenblickliche Kundschaft, den zeitigen Betrieb, sondern auch auf die Möglichkeit einer Ausdehnung Rücksicht zu nehmen.

b) Aus der Art der Benutzung (RG. in JW. 98 83 Nr. 53); bei Druckschriften insbesondere aus der Ausstattung, die zwar an sich nach § 16 nicht geschützt ist (s. S. 133 Nr. II, 1), aber bei der Frage der Verwechselungsfähigkeit herangezogen werden kann. (KG. in UnlW. 1 59, LG. Frankfurt in UnlW. 1 124, LZ. 2 782.)

6. Als **Beispiele** aus der Praxis seien außer den bereits vermerkten angeführt: „Erstes Berliner Gesindevermietungskontor" und „Großes Berliner Gesindevermietungskontor" (RG. 35 167 altes Recht), „Kellerei" und „Brauerei" (nach Berliner Sprachgebrauch nicht ähnlich, RG. in JW. 99 375 Nr. 33), „Manufakturist" und „Berliner Manufakturist" (verwechselungsfähig, RG. in JW. 00 76 Nr. 14), „Patentblatt" und „Deutsches Patentblatt" (verwechselungsfähig, RG. in UnlW. 1 94), „Bibliographisches Institut" und „Berliner Bibliographisches Institut, Inhaber Mb."

(verwechselungsfähig, KG. in Bl. f. R. 99 70), Restaurant „zum Tröppchen" in Darmstadt und „zum Treppchen" in Köln (nicht verwechselungsfähig, OLG. Darmstadt in GewRschutz 01 112), wohl aber verwechselungsfähig Weingroßhandlung „zum Treppchen" in Hamburg mit der Weinstube „zum Treppchen" in Köln (RG. in UnlW. 5 130, JW. 05 439), „Michels & Co." und „August Michels & Co." (verwechselungsfähig, LG. Berlin I bei Poeschl 119), Bocks „Buch vom gesunden und kranken Menschen" und „Der Mensch in gesunden und kranken Tagen" (nicht verwechselungsfähig, OLG. Dresden bei Poeschl 119).

7. **Verwechselungsabsicht ist nach der Novelle nicht mehr Klagevoraussetzung.** Nur für die Schadensklage kommt die Voraussicht oder Voraussehbarkeit der Verwechselung in Betracht (s. u.).

G. Folgen der Verletzung.

I. Allgemeines und Unterlassungsklage.

1. **Das Gesetz gibt unter verschiedenen Voraussetzungen Schadensersatz und Unterlassungsklage.** Indem im allgemeinen bezüglich der Natur dieser Klagen, des Beweises, Urteilstenors, Kosten, Vollstreckung, der sachlichen Zuständigkeit, des Wertes des Streitgegenstandes, Höhe und Beweis des Schadens auf die Erläuterungen zu den §§ 1 und 13 verwiesen wird, sei im einzelnen bemerkt:

2. **Kläger ist der, welcher sich befugterweise der Firma usw. bedient,** nicht jeder Konkurrent oder die im § 13 bezeichneten Verbände, auch nicht Käufer oder Abnehmer.

Bei Druckschriften wird im allgemeinen der Verleger zur Klage berechtigt sein (so auch Kohler UnlW. 3 108), der Autor nur dann, wenn er am Ertrage beteiligt ist. (Schmid 332.)

3. **Beklagter ist der Täter** und bei der **Unterlassungsklage** gemäß Abs. 4 wenn der Angestellte Täter ist, neben diesem der **Prinzipal.** Täter kann nach der allgemeinen Fassung des Gesetzes („Wer") sowohl ein Konkurrent als eine sonstige Person sein, gleichviel ob diese selbst ein Gewerbe betreibt oder nicht, wenn nur die Bezeichnung im geschäftlichen Verkehr in Verwechselungsabsicht geschehen ist.

Bei Herausgabe eines Druckwerks sind Verfasser, Herausgeber, Verbreiter als benutzende Personen, also als Täter anzusehen. (KG. in GewRschutz 97 252.)

4. **Antrag und Tenor.** Bei der Unterlassungsklage muß, da nach dem Gesetz die Unterlassung der mißbräuchlichen Bezeichnung zu verlangen ist, im Antrag, falls nicht allgemein ein Verbot der Bezeichnung verlangt werden kann, zum Ausdruck gebracht werden, welcher Mißbrauch verboten werden soll, z. B. es ist zu beantragen, daß Beklagter verurteilt wird, sich des Gebrauchs der Firma A. „in Berlin" oder des „Zusatzes X" zu der Firma zu enthalten. Ein Verbot mit dem Zusatz „oder ähnlich" ist als zu unbestimmt unzulässig. (RG. in A. 02 249 für Patentsachen und in JW. 02 100 Nr. 48 für § 16; JW. 05 501.)

Allgemein kann das Verbot der Bezeichnung nur dann verlangt werden, wenn jede Art der Benutzung eine mißbräuchliche ist. (RG. 63 139; JW. 06 365 u. 774, 04 11.) In derartigen Fällen kann der Kläger unter Umständen sogar die Löschung der täuschenden Firma, auf die er im allgemeinen keinen Anspruch hat (RG. in JW. 05 410; OLG. Colmar in UnlW. 5 31), verlangen, nämlich dann, wenn nur auf diese Weise die mißbräuchliche Art der Benutzung verhindert werden kann und der Anspruch auf Unterlassung ohne die Löschung keinen Inhalt hat. (RG. in JW. 05 410.)

Der Antrag und Tenor soll nur ein Verbot der in Frage stehenden mißbräuchlichen Bezeichnung enthalten; die Art der Benutzung hat weder der Antrag noch das Urteil vorzuschreiben. (Müller 162.)

5. **Über einstweilige Verfügungen** zur Durchführung des Unterlassungsanspruches vgl. § 25.

6. Über die Zuständigkeit vgl. §§ 24 und 26.

7. Die Verjährung regelt § 21.

8. Die Veröffentlichung des Urteils § 23.

9. Strafrechtliche Folgen hat die Verletzung des § 16 nicht.

II. Die Besonderheiten der Schadensklage.

1. Für die Schadensersatzklage tritt zu den sonstigen Tatbestandsmerkmalen des § 16 noch die subjektive Voraussetzung hinzu, daß der Beklagte gewußt hat oder wissen mußte, daß sein Mißbrauch zu Verwechselungen geeignet war. Auch hierin liegt noch eine Abschwächung gegenüber dem früheren Zustand, der in allen Fällen die Verwechselungsabsicht erforderte. Jetzt genügt neben dieser nicht nur der dolus eventualis, sondern auch Fahrlässigkeit. (Vgl. zu § 13.)

2. Wann Kenntnis oder Kennenmüssen anzunehmen ist, ist im einzelnen Tatfrage. Jedenfalls wird die Entstehungsgeschichte von zur Verwechselung geeigneten Namen oder Firmen zu untersuchen sein. Belastend für den Beklagten wird es sein, wenn er besondere Anstalten getroffen hat, um gerade diesen bestimmten Namen benutzen zu können, z. B. eine sonst nicht geeignete Person in das Geschäft aufgenommen hat (vgl. RG. in UnlW. 8 106; Fall Mumm), namentlich wenn es sich um den Träger eines in der gleichen oder einer angrenzenden Branche hochangesehenen Namen handelt. (UnlW. 5 30.)

3. War die mißbräuchliche Benutzung ohne diese Kenntnis begonnen, so entsteht die Verpflichtung zum Schadensersatz, sowie sie fortgesetzt wird, nachdem der Täter die Verwechselungsgefahr erkannt hat oder hätte erkennen müssen. (RG. **41** 84, JW. 03 189, UnlW. 2 91.)

4. Der Täter braucht nur gewußt zu haben, daß Verwechselungen zu erwarten sind, hingegen nicht, daß der andere zur Führung der Bezeichnung befugt ist. (RG. in JW. 99 498.)

5. Der Schadensersatzanspruch erstreckt sich weiter als in den Fällen des § 13. Hier greift der Täter in das Individualrecht des Berechtigten derart ein, daß er sich dessen Recht anmaßt und zu seinem Nutzen verwertet. In entsprechender Anwendung der für Patent und andere Schutzrechte vom Reichsgericht ausgesprochenen Grundsätze ist daher auch bei den Verletzungen gemäß § 16 anzunehmen, daß der Täter alles herauszugeben hat, was er durch Benutzung des fremden Namens usw. gewonnen hat, und Beklagter ist ferner in analoger Anwendung der §§ 681 Satz 2, 687 Absatz 2, 666 BGB. zur Rechnungslegung verpflichtet. (Die in den Gründen entgegenstehende Entscheidung des RG. **47** 100 für § 15 WarenZG. geht von einer zu engen Auslegung des verletzten Rechts aus; wenn auch in § 15 für die Ausstattung ebensowenig wie hier für den Namen usw. ein unbeschränktes Recht konstituiert wird, so liegt doch in beiden Fällen eine Anmaßung eines einem anderen in bestimmter Beziehung geschützten immateriellen Rechts vor; a. A. Freund-Magnus 209.)

§ 17.

Mit Gefängnis bis zu einem Jahre und mit Geldstrafe bis zu fünftausend Mark oder mit einer dieser Strafen wird bestraft, wer als Angestellter, Arbeiter oder Lehrling eines Geschäftsbetriebs Geschäfts- oder Betriebsgeheimnisse, die ihm vermöge des Dienstverhältnisses anvertraut oder sonst zugänglich geworden sind, während der Geltungsdauer des Dienstverhältnisses unbefugt an andere zu Zwecken des Wettbewerbes oder in der Absicht, dem Inhaber des Geschäftsbetriebs Schaden zuzufügen, mitteilt.

Gleiche Strafe trifft denjenigen, welcher Geschäfts- oder Betriebsgeheimnisse, deren Kenntnis er durch eine der im Abs. 1 bezeichneten Mitteilungen oder durch eine gegen das Gesetz oder die guten Sitten verstoßende eigene Handlung erlangt hat, zu Zwecken des Wettbewerbes unbefugt verwertet oder an andere mitteilt.

Inhaltsangabe.

Vorbemerkung.

§ 17 entspricht dem früheren § 9 mit der Abweichung, daß die Strafen in der aus dem § 4 bekannten Weise verschärft worden sei.

A. Geschichtliche Entwickelung.

1. **Bis zum Inkrafttreten des Reichsstrafgesetzbuchs** waren in vielen deutschen Staaten gesetzliche Bestimmungen über den Schutz von Geschäfts- und Betriebsgeheimnissen in Kraft. (Dieselben sind in einer Anlage des dem Reichstag vorgelegten

Entwurfs von 1896 zusammengestellt.) Das Reichsstrafgesetzbuch enthält außer den hier nicht in Betracht kommenden §§ 299 und 300 Bestimmungen nicht.

2. Seit den achtziger Jahren begann die Bewegung, namentlich in industriellen Kreisen, an Boden zu gewinnen, die darauf zielte, reichsgesetzlich diesen Schutz zu regeln. (Die sehr umfassende Literatur bei Schuler 183, M. M. Kohler 65; vgl. auch Schmid, Fabrikgeheimnis 46.) Trotz heftiger Angriffe wurde schließlich in den §§ 9 und 10 des Gesetzes von 1896 der Schutz sanktioniert.

3. Die verschiedenen Entwürfe des Gesetzes spiegeln den lebhaften Streit der Parteien, insbesondere über die Frage, ob der Angestellte auch nach Auflösung des Dienstverhältnisses zum Schweigen verpflichtet sein soll, wider.

Die Grundzüge zu einem Entwurf des Gesetzes, die 1894 vom Reichsamt des Innern ausgearbeitet wurden, bestimmen in Nr. V:

„Wer Geschäfts= oder Betriebsgeheimnisse, die ihm als Angestellter, Arbeiter oder Lehrling eines Geschäftsbetriebes vermöge des Dienstverhältnisses anvertraut oder sonst zugänglich geworden sind, vor Ablauf von fünf Jahren seit Beendigung des Dienstverhältnisses zum Zwecke des Wettbewerbes mit jenem Geschäftsbetriebe unbefugt an andere mitteilt oder anderweit verwertet, wird mit Geldstrafe bis zu 3000 Mk. oder mit Gefängnis bis zu einem Jahre bestraft und ist zum Ersatze des entstandenen Schadens verpflichtet."

Der im Januar 1895 veröffentlichte 1. Entwurf reproduziert diese Bestimmung nur mit dem Unterschied, daß statt „5 Jahre" „2 Jahre" festgesetzt sind.

Der dem Reichstage vorgelegte Entwurf enthielt folgende Bestimmung:

§ 9.

„Mit Geldstrafe bis zu dreitausend Mark oder mit Gefängnis bis zu einem Jahre wird bestraft:

1. wer als Angestellter, Arbeiter oder Lehrling eines Geschäftsbetriebes Geschäfts= oder Betriebsgeheimnisse, die ihm vermöge des Dienstverhältnisses anvertraut oder sonst zugänglich geworden sind, während der Geltungsdauer des Dienstvertrages,
2. wer Geschäfts= oder Betriebsgeheimnisse, die ihm als Angestellten, Arbeiter oder Lehrling eines Geschäftsbetriebes gegen die schriftliche, den Gegenstand des Geheimnisses ausdrücklich bezeichnende und für einen bestimmten Zeitraum gegebene Zusicherung der Verschwiegenheit anvertraut worden sind, dieser Zusicherung entgegen nach Ablauf des Dienstvertrages

unbefugt an andere zu Zwecken des Wettbewerbes mitteilt.

Gleiche Strafe trifft denjenigen, welcher Geschäfts= oder Betriebsgeheimnisse, deren Kenntnis er durch eine der im Abs. 1 unter 1 und 2 bezeichneten Mitteilungen oder durch eine gegen das Gesetz oder die guten Sitten verstoßende eigene Handlung erlangt hat, zu Zwecken des Wettbewerbes unbefugt verwertet oder an andere mitteilt.

Zuwiderhandlungen verpflichten außerdem zum Ersatze des entstandenen Schadens. Mehrere Verpflichtete haften als Gesamtschuldner."

4. Die Begründung zu dem Entwurf von 1896 sagt über die Notwendigkeit derartiger Bestimmungen folgendes:

„Der Erlaß allgemeiner reichsgesetzlicher Vorschriften ist bereits Mitte der achtziger Jahre Gegenstand der Erwägung gewesen, indessen mit Rücksicht auf die von mehreren Seiten dagegen erhobenen Bedenken einstweilen zurückgestellt worden. Es wurde namentlich geltend gemacht, daß die Gesetze über das Patent=, Muster= und Markenwesen einen ausreichenden Schutz darböten, daß es mit dem Prinzip dieser Gesetze unverträglich, auch aus praktischen Gründen nicht empfehlenswert sei, den industriellen und kaufmännischen Geheimnissen einen besonderen Rechtsschutz zuzubilligen, daß Bestimmungen dieser Art Arbeiter und Angestellte benachteiligen, die Verwertung von gewerblichen Verbesserungen hemmen und bei der Anwendung auf den einzelnen Fall Schwierigkeiten hervorrufen würden.

Diese Bedenken können als durchgreifend nicht anerkannt werden. Unzutreffend erscheint insbesondere der Hinweis auf die den gewerblichen Rechtsschutz regelnden Gesetze. Dieselben geben dem Kaufmann kein Mittel an die Hand, die Liste seiner Bezugsquellen, oder seiner Abnehmer, Zusammenstellungen über Selbstkostenpreise, Bilanzen und sonstige Daten, an deren Geheimhaltung sich ein mehr oder minder erhebliches geschäftliches Interesse knüpft, gegen mißbräuchliche Verwertung zu sichern. Sie versagen auch für viele Verhältnisse des industriellen Betriebes. Der Wert eines Erzeugnisses bestimmt sich sehr häufig durch gewisse, ihrer Natur nach weder zum Erfindungs- noch zum Gebrauchsmusterschutz berechtigte Besonderheiten des Herstellungsverfahrens, beispielsweise durch die Art der Mischung verschiedener Ingredienzien, durch die Wahl gewisser Temperaturgrade und durch die Zeitdauer ihrer Einwirkung. Je größeren Aufwand an Mühe und Kosten die Auffindung solcher Eigentümlichkeiten bedingt, um so höher pflegt ihr Wert, um so empfindlicher der Verlust zu sein, den die unbefugte Mitteilung an Konkurrenten verursacht. Dabei treffen die Gründe, welche bei Erfindungen usw. für Offenlegung sprechen, hier nicht oder wenigstens nicht immer zu; denn Besonderheiten jener Art werden bei aller Bedeutung, die sie für einzelne Betriebe haben können, doch meist nicht geeignet sein, auf die Entwickelung des Gewerbefleißes im allgemeinen fördernd einzuwirken.

Die Angestellten endlich haben in ihren berechtigten Interessen eine Schädigung nicht zu besorgen. Sie können und sollen durch Bestimmungen, welche gewisse als Geheimnisse zu betrachtende Besonderheiten und Eigentümlichkeiten eines geschäftlichen oder industriellen Betriebes an die Schweigepflicht binden, im übrigen nicht gehindert werden, die in einer Dienststellung gesammelten Erfahrungen und Kenntnisse zu ihrem späteren Fortkommen nutzbringend zu verwenden.

Die Notwendigkeit solcher Bestimmungen ist namentlich im Bereich einzelner Industriezweige während des letzten Jahrzehnts immer schärfer hervorgetreten. In der öffentlichen Erörterung der gegen den unlauteren Wettbewerb zu richtenden Maßnahmen nehmen die Fälle gröblichen Vertrauensbruchs in bezug auf Betriebsgeheimnisse einen breiten Raum ein, und wenn es nach einer Mitteilung von beachtenswerter Seite so weit gekommen ist, daß der Verrat und die unbefugte Ausbeutung fremder Betriebs- und Geschäftsgeheimnisse an einzelnen Stellen geradezu die Form einer geschäftlichen Organisation angenommen hat, so wird der Gesetzgeber, welcher das redliche Gewerbe gegen die Übervorteilung durch unlauteres Gebaren soweit als möglich sichern will, an solchen Erscheinungen nicht untätig vorübergehen dürfen."

Es wird dann die oben wiedergegebene Bestimmung des 1. Entwurfs erwähnt und fortgefahren:

„Dieser Vorschlag ist bei der öffentlichen Erörterung des Entwurfs überaus lebhafter Anfechtung begegnet. Zwar wurde von der überwiegenden Mehrheit derer, die sich mit der Frage beschäftigten, die Notwendigkeit eines Einschreitens gegen den Verrat von Geheimnissen grundsätzlich nicht bestritten; und es fand demgemäß fast allseitige Zustimmung, daß der während der Dauer des Dienstverhältnisses sich vollziehende Verrat bestraft werden sollte. Dagegen wurde — von einzelnen anderen Bedenken abgesehen, die unten zu erörtern sein werden — in einer Bestimmung, welche die Angestellten noch zwei Jahre nach ihrem Austritt aus dem Geschäft an die Wahrung der ihnen dort anvertrauten Geheimnisse binden würde, von vielen Seiten, und zwar ebensowohl in den Kreisen der Prinzipale, wie in denen der Gehilfen, eine schwere Gefährdung der Interessen der gewerblichen Angestellten erkannt. Daß der frühere Entwurf keineswegs beabsichtigt hatte, diese Interessen zu gefährden, war in der demselben beigegebenen Denkschrift ausdrücklich ausgesprochen; die Erstreckung der Treupflicht auf eine gewisse Zeit nach der Lösung des Dienstverhältnisses erschien vom Standpunkte der Prinzipale aus schon deswegen erforderlich, um nicht einen Anreiz zum baldigen Verlassen der Dienststellungen zu schaffen, und vom Standpunkte der Gehilfen aus unschädlich insofern, als nur Geheimnisse im engeren Sinne des Worts der Verwertung entzogen bleiben sollten. In letzterer Beziehung muß nun allerdings zugegeben werden, daß es oft schwierig sein kann, aus der Summe der einem Angestellten zugeflossenen allgemeinen und der besonderen Kenntnisse eines bestimmten Geschäftszweiges dasjenige auszusondern, was als Geheimnis zu betrachten ist. Hieraus kann in der Rechtslage eines Gehilfen, der seine Kenntnisse und Erfahrungen in einer anderen Dienststellung oder in einem selbständigen Geschäft zu verwerten wünscht, eine gewisse Unsicherheit entstehen, welche auf die Tätigkeit des einzelnen wie auch auf die Förderung allgemeiner gewerblicher Interessen hemmend einwirken müßte.

Der gegenwärtige Entwurf hat daher davon Abstand genommen, die Angestellten auch nach Lösung des Dienstverhältnisses für eine bestimmte Frist an die Wahrung von Geheimnissen zu binden. Er beschränkt grundsätzlich die Schweigepflicht auf die Dauer des Dienstverhältnisses."

Hieran hat sich auch in dem gegenwärtigen Gesetze nichts geändert.

5. Die früheren landesgesetzlichen Bestimmungen haben, soweit sie nicht aufgehoben waren, neben dem Reichsstrafgesetzbuch Geltung behalten. (Vgl. RGStr. 15 140.) Neben der reichsgesetzlichen Bestimmung der §§ 17ff. sind sie, soweit sie den Verrat von Geschäfts- und Betriebsgeheimnissen regeln, aufgehoben. (So Finger 326, Müller 166, Stenglein 959 Anm. 15, dagegen Hauß 94.)

5. Außer den oben angeführten Bestimmungen des Strafgesetzbuchs, die sich mit dem Verrat von Privatgeheimnissen beschäftigen, ist noch in verschiedenen anderen Gesetzen ein Schutz von Geheimnissen gewährt, so in § 139 b GewO., ferner in den Versicherungsgesetzen, z. B. §§ 120, 121, 150, 151 GewUVG. v. 30. VI. 00, §§ 185, 186 InvVG. v. 13. VII. 99, §§ 24 und 27 WeinG. v. 7. IV. 09. Diese nur für bestimmte Fälle gegebenen Vorschriften kommen bei Auslegung dieses Gesetzes nicht in Betracht.

B. Prinzip des Rechtsschutzes der §§ 17–20.

Literatur: Friedländer, Der strafrechtliche Schutz des Geschäfts- und Betriebsgeheimnisses, Berlin 1903. Paul Schmid, Der gesetzliche Schutz der Fabrik- und Geschäftsgeheimnisse in Deutschland und im Ausland, Tübingen 1907. Derselbe in UnlW. 2 79 und in der Denkschrift des Deutsch. Vereins für d. Schutz d. gew. Eig. 1 69. Hesse, Der Rechtsschutz der Gesch.- u. Betriebsgeh., Leipzig 1906. Ortloff, Zum Schutze d. Geschäftsgeh. in Schmollers Jahrb. 83 601 und in Buschs A. 21 329.

Es ist in der Einleitung (S. III) darauf hingewiesen, daß das Persönlichkeitsrecht des Gewerbetreibenden, welches den Grund des Rechtsschutzes gegen unlauteren Wettbewerb bildet, verletzt werden kann durch Eingriffe in sein Recht, mit oder ohne Anmaßung einzelner ihm zustehender materieller oder immaterieller Rechtsgüter. Es sind aus dieser Unterscheidung wichtige praktische Konsequenzen gezogen (s. S. 19 und 139).

Sehr schwierig und bestritten ist die Frage, wie der Rechtsschutz bei Verletzung der Geheimnisse zu konstruieren ist. (Vgl. über die verschiedenen Theorien Finger 332, M. M. Kohler 181, Daniel 147, Müller 166, Schuler 199, Lobe 329, Friedländer 37ff., Schmid in der Denkschrift 69.) Es ist davon auszugehen, daß zwar der Schutz des Geheimnisses in § 17 generell und allgemein für alle Arten der Geheimnisse erteilt ist, daß aber begrifflich zwischen den verschiedenen Arten der als Geheimnis behandelten Tatsachen unterschieden werden muß und sich der Umfang des Schutzes, insbesondere des zu leistenden Schadensersatzes, je nach der Art der Tatsache wesentlich verschieden darstellt. Man wird ohne weiteres zugeben müssen, daß es begrifflich einen Unterschied macht, ob jemand das Geheimnis eines von einem Geschäftsinhaber erfundenen Modells verrät, oder ob er einem anderen mitteilt, welche Kunden ein Geschäft hat. Beide Fälle unterliegen zwar dem § 17, sind aber ihrem Wesen nach verschieden.

In dem ersteren Fall, der dem des § 16 ähnlich ist, greift der andere in ein dem Geschäftsinhaber zwar nicht absolut, aber in bestimmter Beziehung (nämlich solange es geheimgehalten wird) geschütztes immaterielles Recht ein und maßt es sich an; in dem anderen Falle hat der Geschäftsinhaber nur das Recht auf Geheimhaltung gewisser Tatsachen, ohne daß sich der Verletzer eines dem anderen zustehenden Rechts bemächtigt. In dem ersteren ist also Rechtsgrund des Schutzes Verletzung eines Individualrechts, im letzteren der in Offenbarung geheimgehaltener Tatsachen liegende Treubruch. (Vgl. Finger in UnlW. 1 36, M. M. Kohler 181ff., der die Geheimnisse in offensive und defensive einteilt.)

Zu der ersteren Klasse gehören insbesondere die **Erfindungen** im weiteren Sinne, mögen sie schutzfähig sein oder nicht, und zwar sowohl die Erfindungen im Verfahren, als auch an Mustern, Modellen usw.; ferner die besonderen Methoden und Handgriffe zur besseren Herstellung oder Verwertung von Ware und Arbeit; kurz alles das, was nachgeahmt werden kann und durch die Nachahmung dem Konkurrenten die gleichen Vorteile bietet wie dem Erfinder. Diese Produkte des Erfindungsgedankens sind durch das Gesetz als immaterielle Güter zwar nicht absolut, wie die patentierten oder sonst eingetragenen, wohl aber insofern geschützt, als sie ein anderer, solange sie geheimgehalten werden, nicht benutzen darf.

Alle anderen Geschäfts- und Betriebsgeheimnisse, die sich nicht als Erfindungen darstellen, die nicht nachgeahmt werden können, deren Benutzung vielmehr dem Konkurrenten nur durch Kenntnis von Tatsachen den Wettbewerb erleichtert, sind nicht als immaterielle Rechtsgüter anzusehen, ihre Verletzung ist lediglich verboten wegen der in der Handlung liegenden Treulosigkeit.

C. Vergehen gegen § 17 Abs. 1.

I. Geschäfts- und Betriebsgeheimnisse.

1. **Erste Voraussetzung des § 17 ist, daß ein Geschäfts- oder Betriebsgeheimnis vorliegt,** das mitgeteilt wird. Das Gesetz hat mit Absicht eine Definition des Begriffes vermieden. Die Begründung zum früheren Gesetz sagt hierüber:

„Der Begriff ist dem Sprachgebrauche des täglichen Lebens, wie auch der Gesetzessprache ohnehin geläufig; in letzterer Beziehung sei neben dem bereits oben erwähnten § 300 StGB. und den §§ 107 und 108 UVG. u. a. noch auf den § 92 StGB. (Staatsgeheimnisse) und auf § 349 Ziff. 3 ZPO. (Kunst- oder Gewerbegeheimnisse) verwiesen. Es erscheint sonach nicht notwendig und ist auch wegen der Schwierigkeit einer zufriedenstellenden Begriffsfeststellung nicht ratsam, durch eine solche der richterlichen Würdigung der besonderen Verhältnisse des Einzelfalles Schranken zu ziehen. Daß ein Geheimnis Gegenstände voraussetzt, die sonst nicht bekannt sind, liegt im Begriff und braucht nicht ausdrücklich ausgesprochen zu werden. Was der Öffentlichkeit oder einer Mehrzahl von Personen bekannt ist, kann auch im Sinne des vorliegenden Entwurfs nicht als Geheimnis gelten. Indiskretionen, welche bekannte Dinge betreffen, stehen also nicht unter der Strafandrohung der §§ 9 und 10, und selbst bei Verletzung der schriftlichen Zusicherung der Verschwiegenheit ist — vorbehaltlich der etwa vereinbarten zivilrechtlichen Folgen — der im § 9 Ziff. 2 vorgesehene Tatbestand dann nicht gegeben, wenn der Gegenstand, auf den die Zusicherung sich bezieht, zur Zeit der Mitteilung an andere tatsächlich nicht mehr geheim ist. Aus allgemeinen Grundsätzen (§ 59 StGB.) ergibt sich als weitere Voraussetzung für die Verantwortlichkeit, daß der Täter Kenntnis von denjenigen Umständen haben muß, welche den von ihm unbefugt mitgeteilten oder verwerteten Gegenstand als geheim kennzeichnen."

Eine allgemein gültige Begriffsbestimmung ist nicht zu geben, da der Begriff des Geheimnisses ein relativer ist und sehr wohl dieselbe Tatsache in einem Fall den Charakter des Geheimnisses haben kann, in einem anderen nicht. Wenn der Staatssekretär von Boetticher im Reichstag gesagt hat (vgl. RGStr. 29 428): Geheimnis ist alles, was sonst nicht bekannt ist, und ein Geschäfts- oder Fabrikgeheimnis umfaßt das, was der Geschäftsgebarung, dem Fabrikbetriebe, der Handwerkertätigkeit so eigentümlich ist, daß es in anderen Kreisen noch nicht bekannt ist und nicht zur Anwendung kommt, so enthält dies die wesentlichen Kriterien des Begriffs. (Vgl. auch die Verhandlungen des Braunschweiger Kongresses zur Bekämpfung des unlauteren Geschäftsgebarens bei Stegemann 2 24 Nr. 3 und 76 Nr. 1, des Deutschen Vereins f. d. Schutz d. gew. Eig. in der Denkschrift 1 69 und 78, Friedländer 22ff., Hesse 20, Finger 332, Schmid, Fabrikgeheimnisse 21 und 67 und weitere Definitionen bei Daniel 150.)

In folgendem sollen die einzelnen Begriffsmerkmale einzeln untersucht und festgestellt werden:

2. Notwendige Voraussetzung ist, daß die Tatsache, die als Geheimnis unter das Gesetz fallen soll, auch **wirklich geheim ist.** Offenkundige Dinge können der Kenntnis anderer nicht mehr entzogen, nicht mehr geheimgehalten werden. (RGStr. 25 48; JW. 06 496; UnlW. 2 90.) Es kann ein Geschäftsherr eine Tatsache, die bereits bekannt ist, nicht durch sein Gebot zu einer geheimen machen; ein Handlungsgehilfe, der trotz dieses Gebots die Tatsache verbreitet, kann vielleicht kontraktlich, nie aber nach § 17 verantwortlich sein.

Dagegen ist nicht nötig, daß die Tatsache a b s o l u t g e h e i m ist. (RGStr. 29 430; RG. bei Bolze 4 180 Nr. 599; LG. Colmar und RG. in UnlW. 1 6; UnlW. 2 90; JW. 06 766; BayOLG. b. SeuffBl. 69 508; OLG. Jena in ThürBl. 51 96; RG. im Recht 08 460.) Wenn sie mehreren Angestellten bekannt ist, wenn der Kaufmann sie einigen Kunden mitgeteilt hat, wenn einige bestimmte Unternehmer sie kennen, verliert sie dadurch noch nicht den Charakter des Geheimnisses. Nur muß der Kreis ein geschlossener sein; alle diejenigen, die Kenntnis erhalten haben, müssen Beteiligte in dem Sinne sein, daß auch für sie die Eigenschaft als Geheimnis vorhanden ist. Ist die Tatsache offenkundig geworden (vgl. über diesen Begriff § 2 PatG.; RGStr. 39 323 für den Fall, daß der Kläger seinerseits das Patent eines Dritten verletzt und 40 406, wonach es auf die Lage des Einzelfalles ankommt, ob neben einer Patentanmeldung noch Raum für ein Betriebsgeheimnis ist) oder ist sie der zufälligen Kenntnisnahme beliebiger Dritter ausgesetzt (vgl. RGStr. 28 160), so ist von einem Geheimnis keine Rede mehr, gleichviel ob diese Offenkundigkeit eine durch den Geschäftsinhaber veranlaßte oder zufällige ist.

3. Ferner ist nötig, daß seitens des Berechtigten die **Absicht** vorlag, **die Tatsache geheimzuhalten.** Diese Absicht kann ausdrücklich erklärt sein, sie kann aber auch aus den Umständen hervorgehen (RGStr. 13 62, 26 6; RG. in Goltdammers A. 48 120); insbesondere wird letzteres anzunehmen sein, wenn ein Interesse des Geschäftsinhabers an der Geheimhaltung vorhanden und erkennbar ist. (RGStr. 29 430.) Es ist daher nicht nötig, daß der Prinzipal seinen Angestellten die geheimzuhaltenden Tatsachen ausdrücklich anvertraut (vgl. in § 17 „oder sonst zugänglich geworden sind"), oder daß er ihnen die Geheimhaltung zur Pflicht macht. (Vgl. Lobe 326.)

4. **Nicht nötig ist, daß die geheimzuhaltende Tatsache absolut neu sei.** Eine etwaige frühere Verwendung, die außer Gebrauch gekommen und in Vergessenheit geraten ist, steht dem Begriffe nicht entgegen. (RGStr. 31 91; JW. 07 252; DJZ. 07 657; RG. 65 333.)

5. Wohl aber muß die Tatsache eine dem Betriebe **eigentümliche** sein, die in anderen Kreisen nicht bekannt ist. (RGStr. 31 92.)

6. Notwendig ist, daß die Geheimhaltung für den Geschäftsinhaber **von Interesse** ist. (Fuld 434, Finger 337.) Hierfür kann der zur Herstellung des geheimgehaltenen Gegenstandes erforderte Aufwand von Mühen und Kosten einen Anhaltspunkt geben. (OLG. Jena in ThürBl. 51 96.) Gleichgültige, wenn auch sonst nicht bekannte Tatsachen können trotz § 17 verbreitet werden, selbst wenn der Inhaber Stillschweigen verlangt. (Vgl. RGStr. 13 62.) Dagegen braucht dies Interesse sich nicht lediglich auf den Wettbewerb zu beziehen. Indem das Gesetz den Verrat auch bestraft, wenn er in der Absicht der Schadenszufügung geschieht, zeigt es, daß auch Geschäftsgeheimnisse in Frage kommen, die nicht für den Wettbewerb tauglich sind, z. B. solche Tatsachen, die nur die Ehre kränken. (RGStr. 29 429; a. A. Hesse 20.)

7. Auch der Begriff: **„Geschäfts- und Betriebsgeheimnis"** ist nicht definiert. Da beide Begriffe im Gesetz gleichgestellt sind, auch eine scharfe Unterscheidung nicht möglich ist (RGStr. 31 91), so genügt es, darauf hinzuweisen, daß sich Betriebsgeheimnisse auf die Herstellung der Waren beziehen, also einen technischen Charakter haben, Geschäftsgeheimnisse dagegen auf den Vertrieb, den Handelsverkehr Bezug haben. Der Begriff ist weit zu nehmen. Alles was der Produktion und dem kaufmännischen Geschäftebetrieb angehört, kann, sofern die sonstigen begrifflichen Voraussetzungen vorhanden sind, Geheimnis werden. (RGStr. 29 430.)

8. So gelten als **Betriebsgeheimnisse:** Fabrikationsmethoden, Handgriffe, Rezepte, Zubereitungsarten, Besonderheit in Anwendung von gewissen Materialien oder an sich bekannter Methoden. (RG. 65 338; JW. 07 252; RG. in UnlW. 2 90; Finger 338; Fuld 435.)

Besonders hervorzuheben sind **Erfindungen,** die entweder nicht schutzfähig sind, oder aus gewissen Gründen, z. B. gerade, um sie geheimzuhalten, nicht angemeldet werden, oder endlich solche, die sich noch vor der Anmeldung befinden. Gerade für diese Fälle tritt der Schutz dieses Gesetzes ergänzend den industriellen Schutzgesetzen hinzu. (RG. 31 90 für Modelle; RG. in UnlW. 1 6 für Muster; ebenso RG. in DJZ. 01 98; RG. in JW. 01 284 Nr. 9 für Patente; Bl. 5 337, 7 9.)

9. Der Kreis der **Geschäftsgeheimnisse** ist ein wesentlich weiterer. Sowohl was sich auf die Bezugsquellen (OLG. Darmstadt in A. 02 139), auf die Bedingungen des Bezugs (RG. in A. 02 140) bezieht, als auch was den Absatz der Ware, sowie die Organisation des Geschäfts betrifft, gehört hierher. Es wird Auslegung des Einzelfalls sein, zu entscheiden, ob eine hierauf sich beziehende Tatsache eigentümlich für das Geschäft, ob sie genügend wichtig und geheim ist, um unter § 17 zu fallen. Ohne weiteres z. B. Angaben über Menge des Personals, dessen Löhnung aus dem Begriff auszuscheiden, wie es Müller (S. 172) tut, ist nicht angängig, da sehr wohl auch diese

Tatsachen gegebenenfalls von besonderer Wichtigkeit für den Geschäftsbetrieb sind und deren Geheimhaltung gegenüber der Konkurrenz nötig sein kann

10. Aus der Praxis sind folgende **Beispiele** anzuführen (weitere sind zusammengestellt von Finger in UnlW. 1 35 und Kommentar 341): Als Geheimnis sind angesehen die Rabattkundenlisten, sowie das Verzeichnis auswärtiger Vertreter (RGStr. 33 62), Notizbücher oder Listen über Kundschaft (RGStr. 31 94 und DJZ. 98 82; RGStr. 29 427, 39 322; LZ. 08 302; dagegen in einem sehr anfechtbaren Erkenntnis das KG. in UnlW. 2 57), Bezugsquellen (RGStr. 31 95), Musterbogen und Preislisten DJZ. 98 98), Muster und Modelle, die nicht angemeldet sind (RGStr. 31 90; SeuffBl. 05 352), Mitteilung von Kauflustigen an Konkurrenten (SchöffG. Frankfurt a. M. bei Poeschl 128), Submissionsofferten (RG. in UnlW. 05 71; JW. 05 352), eine Aufstellung, die die Zahl der Produkte in einem bestimmten Zeitraum und den damit erzielten Reingewinn ergibt (OLG. Frankfurt in UnlW. 6 155) unter Umständen, z. B. bei besonders lebhaftem Konkurrenzkampf zweier Firmen, die Lieferung an eine bestimmte Firma (JW. 06 497), gewichtige Adressen (RG. in LZ. 08 702; vgl. auch OLGRspr. 11 430), die kaufmännische Buchführung in ihrer Gesamtheit, nicht nur die Geheimbücher; bei Einzelheiten der Buchführung ist nach Lage des Falls zu entscheiden, die Jahresabschlüsse sind jedenfalls Geheimnis. (RGStr. 29 426.) Als Geheimnis ist ferner die Tatsache angesehen, daß ein zum Verkauf öffentlich ausgebotenes Geschäft einer bestimmten Person zu einem geringeren Preise, als bisher angegeben, angeboten ist (RG. in UnlW. 2 38), ebenso die Tatsache, daß ein Geschäft mit fremdem Geld betrieben wird. (Bei Bachem und Roeren 115.) Als Betriebsgeheimnisse wurden u. a. erachtet: Mittel zur Lederlackbereitung einer Schuhfabrik (RGStr. 33 385), eine Methode, Stoffe wasserdicht zu machen (RGStr. 32 136), Methode, Maschinen zu verbessern (RGStr. 15 141 altes Recht), Angaben über Zementbereitungsverfahren (RG. in JW. 01 284 Nr. 9).

Für Modelle vgl. jetzt § 18.

II. Täter: Angestellter, Arbeiter oder Lehrling eines Geschäftsbetriebes.

1. **Die Geheimnisse sollen nur gegen Indiskretionen Angestellter, Arbeiter und Lehrlinge eines Geschäftsbetriebes geschützt sein.** Letzterer Begriff ist, wie überhaupt im Gesetz, in weitestem Sinne zu nehmen, beschränkt sich insbesondere nicht auf den Betrieb eines Geschäfts im Sinne des Handelsgesetzbuchs oder eines Gewerbes im Sinne der Gewerbeordnung. Er umfaßt alle Gebiete des gewerblichen Lebens, also auch die Tätigkeit der Ärzte, Anwälte, Patentanwälte, Künstler, Schauspielunternehmer usw. (S. Einl.; ebenso Fuld 440, Finger 345, der aber die Anwälte als Beamte ausnimmt.)

2. Es herrscht unter den Kommentatoren Streit darüber, ob der Begriff **„Angestellter“** die Arbeiter und Lehrlinge mit umfaßt, oder jede der drei Kategorien selbständig neben der anderen steht. Der Streit ist ohne praktische Bedeutung, da das Gesetz auf alle drei Arten gleichmäßig Anwendung findet. Da § 17 seinem Wortlaut nach für die Gleichstellung der drei Begriffe spricht und in keiner Weise angedeutet ist, daß dem Begriff des Angestellten die anderen subordiniert sind, so ist der Meinung der Vorzug zu geben, die unter Angestellten und Arbeitern verschiedenes versteht. Angestellte sind danach die, die höhere Dienste, insbesondere geistige Tätigkeit leisten, Arbeiter die die körperliche, technische oder mechanische Dienste versehen. (So Finger 346, Fuld 437, Schmid 348, Müller 167; dagegen besonders M. M. Kohler 199.) Selbstverständlich wird diese Unterscheidung oft sehr schwierig sein.

3. Zu den **Angestellten** (vgl. § 622 BGB., § 56 HGB.) gehören sowohl die Handlungs- wie Gewerbegehilfen (RGStr. 33 7), Reisende, leitende Chemiker in einer Fabrik (RGStr. 32 136), Redakteure einer Zeitung, Hilfspersonal des Anwalts und Arztes, Direktoren von Aktiengesellschaften usw. Nicht unter den Begriff fallen Gesellschafter, Aufsichtsräte einer Aktiengesellschaft (a. A. Finger 546), auch nicht Agenten. (Ebenso Wassermann 131.) Zu dem Begriff der letzteren gehört es, daß sie nicht angestellt sind (§ 84 HGB.); ob ihr Vertrag juristisch als ein Dienstvertrag zu bezeichnen ist (vgl. Staub Anm. 4 zu § 84) oder nicht, ist gleichgültig, da nicht der Dienstvertrag, sondern das Subordinationsverhältnis des Angestellten zum Prinzipal entscheidet, das bei den Agenten infolge ihrer Stellung als selbständige Kaufleute fortfällt. (Dagegen Marcus in UnlW. 2 2 und 115.) Gegen alle diese Personen kann aber, wenn sie die durch ihre besondere Vertrauensstellung erworbenen Kenntnisse für ihre eigennützigen Zwecke ausnützen, z. B. ein Aufsichtsratsmitglied, das ein bei der Aktiengesellschaft erdachtes geheimes System in seinem Privatbetrieb verwendet, unbedenklich § 1 angewandt werden.

4. Der Begriff der **Arbeiter** ist weitergehend, als der in der Gewerbeordnung (vgl. über diesen RGStr. 9 265); er umfaßt alle die, welche gewerbliche Arbeiten, zu denen auch landwirtschaftliche gehören, in einem Betriebe verrichten, gleichviel ob sie in der Fabrik oder in dem Geschäftslokal selbst arbeiten, oder Hausarbeiter sind. Auch das Gesinde gehört hierzu, falls es die Gesindearbeiten zum Gewerbebetrieb leistet.

5. **Lehrlinge** fallen unter das Gesetz, gleichviel ob sie Handlungs- oder Gewerbelehrlinge sind. Die Streichung dieser Bestimmung war beantragt worden, weil Lehrlinge meist im jugendlichen Alter ständen; die Beibehaltung wurde mit dem nach Obigem unrichtigen Grunde motiviert, daß selbst bei Streichung Lehrlinge als Angestellte nach dem Gesetz strafbar seien.

6. Gleichgültig ist, ob die Tätigkeit **entgeltlich** oder, wie meist bei Lehrlingen, unentgeltlich ausgeübt wird. Das Gesetz findet daher auch auf Volontäre Anwendung. (Dagegen Daniel 154.) Ebenso ist irrelevant, ob die Angestellten Gehalt oder Tantieme beziehen. (Ebenso Finger 346, Schmid, Fabrikgeheimnisse 83.)

7. **Die Dauer der Beschäftigung ist ohne Belang**; nur muß ein „Dienstverhältnis" vorliegen. Ob dies jederzeit kündbar, ob auf Probe, ob nur für vorübergehende Dienste geschlossen ist, ist ebenso gleichgültig, wie der Umstand, daß die Dienste nur aushilfsweise geleistet werden. Nur die Leistung einzelner Dienste ohne Dienstverhältnis (Schmid, Fabrikgeheimnisse 85) begründet den Begriff des Angestellten und Arbeiters nicht.

III. Anvertrauen oder Zugänglichwerden vermöge des Dienstverhältnisses.

1. **Nicht jede Kenntnis eines Geheimnisses verpflichtet zur Geheimhaltung.** Es muß dem Angestellten vermöge des Dienstverhältnisses anvertraut oder sonst zugänglich gemacht sein. Was zunächst den Begriff „anvertrauen" betrifft (vgl. auch § 300 StGB.), so ist nicht nötig, daß bei der Kenntnisgabe ausdrücklich die Geheimhaltung zur Pflicht gemacht ist. Es genügt, wenn die Kenntnis unter Umständen geschieht, aus denen sich die Anforderung des Geheimhaltens stillschweigend ergibt, oder aus denen hervorgeht, daß die Mitteilung an andere nicht dem Willen des Prinzipals entspricht. (Vgl. RGStr. 13 62, 26 6, 30 383.)

2. Neben dem Anvertrauen spricht das Gesetz von **„Sonst zugänglich werden"**. Es sollen auch solche Geschäftsgeheimnisse vor Verrat geschützt werden, von denen ein Angestellter auch außerhalb des Bereichs seiner Obliegenheiten etwa durch zufällige Um-

stände Kenntnis erlangt hat. (Begr. von 1896 und RGStr. 33 356.) Insbesondere gehört hierzu die Erlangung der Kenntnis von Mitangestellten. (Zit. Erk. d. RG.)

3. **Beide Arten der Kenntnis müssen vermöge des Dienstverhältnisses erlangt sein.** Die Meinung (Kahn 90), daß sich diese Worte nur auf das Anvertrauen beziehen, ist mit der allgemeinen Ansicht (Müller 175, Finger 348) zu verwerfen, da § 17 Abs. 1 lediglich einen Schutz mit Rücksicht auf das aus dem Dienstvertrag geschaffene Treueverhältnis konstituiert. Die Auslegung darf allerdings keine zu enge sein. Weder ist direkte Mitteilung nötig, noch fehlt die Voraussetzung, wenn etwa die Tatsache dem Angestellten geheimgehalten werden sollte und er nur durch Indiskretion Kenntnis erlangt hat. Es muß nur insofern ein Kausalzusammenhang vorhanden sein, als Kenntnis, die mit dem Dienstverhältnis gar nicht in Verbindung steht, nicht zur Geheimhaltung verpflichtet, z. B. Mitteilung durch dritte Personen, die zu dem Geschäft in keinem Angestelltenverhältnis stehen. (Ebenso Finger 348.)

Der Ausdruck „Dienstverhältnis" ist auf das ganze Geschäft zu beziehen; ein Angestellter, der im Kontor beschäftigt ist und zufällig Geheimnisse der Fabrikation, die an sich nicht zu seinen Befugnissen gehört, entdeckt, darf dieselben ebenfalls nicht verraten. (Ebenso Friedländer 63; dagegen Lobe, Gesetz 114.)

4. Besonders zu erwähnen sind **Erfindungen der Angestellten.** Vgl. die Verhandlungen des 28. und 29. Deutschen Juristentages und 6. (Stettiner) Kongresses für gewerblichen Rechtsschutz. Wertheimer in UnlW. 6 1; Seligsohn, PatG. 101 mit Litt.; Bolze, Rechte der Angestellten und Arbeiter, Leipzig 1907. Angestellte können verpflichtet sein, ihre Erfindungen dem Prinzipal zu überlassen. Dies folgt nicht ohne weiteres aus dem Dienstverhältnis als solchem, auch nicht aus der Benutzung von Materialien des Prinzipals (RG. in JW. 98 365 Nr. 53), wohl aber kann es ausdrücklich vertraglich vereinbart sein (RGStr. 32 136); der Vertrag ist jedoch nichtig, wenn er sich auf alle zukünftigen Erfindungen des Angestellten auf allen technischen Gebieten bezog (RG. in JW. 07 707). Die Pflicht zur Überlassung kann aber auch aus den Umständen hervorgehen, wenn z. B. der Angestellte nach der Art des Dienstverhältnisses verpflichtet ist, auf Erfindungen bedacht zu sein (RG. in Bl. 98 142 und Str. 31 52), oder Verbesserungen zu ersinnen und hierzu Versuche zu machen. (RGStr. 32 216; Recht 08 Beil. 580 Nr. 3205.) Es genügt sogar, daß die Erfindung in den Rahmen der dem Angestellten vertragsmäßig obliegenden Diensttätigkeit fällt. (RG. in LZ. 08 857.) Sog. Etablissementserfindungen, bei denen kein bestimmter Erfinder nachweisbar ist, gehören dem Prinzipal. In den Fällen nun, in denen die Erfindungen des Angestellten dem Prinzipal gehören, sind es dessen Geheimnisse und dem Angestellten vermöge seines Dienstverhältnisses zugänglich geworden. (RGStr. 32 136 und 219.)

IV. Während der Geltungsdauer des Dienstverhältnisses.

1. Es ist oben dargelegt worden, wie in den verschiedenen Entwürfen die Frage, ob die Schweigepflicht über die Dauer des Dienstverhältnisses ausgedehnt werden sollte, verschieden beantwortet ist. Der dem Reichstag vorgelegte Entwurf versuchte eine Vermittelung der widerstreitenden Meinungen, indem er den Verrat nach Ablauf des Dienstverhältnisses dann für strafbar erklärte, wenn das Geheimnis gegen schriftliche Zusicherung der Verschwiegenheit anvertraut worden war. Auch diese Bestimmung wurde aber in der Reichstagskommission gestrichen. Es wurde der Grundsatz ausgesprochen, daß der Angestellte nach Auflösung des Dienstverhältnisses unbeschränkter Herr seiner Fähigkeiten und Kenntnisse sein solle.

Ein bei der Kommissionsberatung der Novelle unternommener Versuch, die Schweigepflicht um ein Jahr zu verlängern, scheiterte. (Bericht 44.)

2. Demnach ist die **Geheimhaltungspflicht** nach dem Gesetz folgendermaßen geregelt: Angestellte, Arbeiter und Lehrlinge dürfen unter den Voraussetzungen des § 17 Abs. 1 Geheimnisse während der Dauer des Dienstverhältnisses nicht anderen mitteilen, wohl aber für sich verwerten (s. unten Nr. V, 2); sie können nach Auflösung des Verhältnisses Geheimnisse, die sie in ihrer Stellung kennen gelernt haben, mitteilen und verwerten, es sei denn, daß sie die Kenntnis durch unbefugte Mitteilung eines anderen Angestellten oder durch eine gegen das Gesetz oder die guten Sitten verstoßende Handlung erlangt haben.

Freigegeben ist daher dem Angestellten Verwertung und Mitteilung von Geheimnissen und Erfahrungen, die er im Dienst sich berechtigt angeeignet hat, nach Auflösung des Dienstverhältnisses. (RGStr. 33 65.)

Daß der Dritte, dem der Angestellte während des Dienstverhältnisses das Geheimnis verraten hat, es erst später verwertet, ist dagegen gleichgültig. Hier ist das Gesetz verletzt. (RG. in BadRspr. 08 37.)

Selbstverständlich gilt dies alles nur, soweit § 17 in Betracht kommt; über Verletzung vertraglicher weitergehender Pflichten s. S. 153 Nr. X.

Es kann Fälle geben, in denen es als grob unsittlich erscheint, wenn der vertraglich nicht gebundene Angestellte ein während seiner Dienstzeit in Erfahrung gebrachtes Geheimnis nach seinem Dienstaustritt für sich verwertet. Das ist aber keineswegs von vornherein anzunehmen. Vielmehr müssen dafür ganz besondere Umstände dargetan werden, die dann die Anwendung von § 1 oder BGB. § 826 rechtfertigen würden. (RG. 65 339; JW. 07 252; DJZ. 04 533 und 07 657.)

3. Über den Begriff der **Dauer des Dienstverhältnisses** herrscht Streit. Der Entwurf hatte statt dessen die Worte: „während der Geltungsdauer des Dienstvertrages". Dies wird in der Begründung dahin ausgelegt, daß der Angestellte, auch wenn er den Dienst unbefugt verläßt, bis zum Ablauf der kontraktlich bedungenen Dienstzeit die Geheimnisse des Prinzipals unter allen Umständen zu wahren hat. Die Kommission ersetzte das Wort Dienstvertrag durch Dienstverhältnis, um festzustellen, daß, wenn der Vertrag vorzeitig aufgehoben wird, die Beschränkung des Angestellten fortfällt. Diese Änderung, die unnötig war, weil, wenn der Vertrag aufgelöst ist, der Dienstvertrag nicht mehr dauert, hat zu der Ansicht Veranlassung gegeben, daß, wenn der Angestellte einseitig das Verhältnis unbefugt aufgibt, dann seine Schweigepflicht fortfällt. (Hauß 89, Daniel 159.) Mit Recht ist die allgemeine Ansicht dagegen. (Fuld 444, Finger 350, Müller 177, Schmid, Fabrikgeheimnisse 127.) Schon der innere Grund, daß diese Auslegung, nach der der Angestellte durch Fortgehen aus seiner Stellung sich seiner gesetzlichen Pflichten entledigen kann, dem Sinne und Zweck des Gesetzes zuwider ist, spricht gegen diese Auslegung, aber auch das Wort „Geltungsdauer" zeigt, daß der Gesetzgeber von der Geltung, d. h. der Zeit, in der das Verhältnis rechtlich besteht, spricht (so u. a. M. M. Kohler 203). Verläßt der Angestellte unbefugt seinen Dienst, so kann ihn der Geschäftsherr entlassen. Tut er dies, so hört das Dienstverhältnis und damit die Schweigepflicht auf. Erklärt aber der Geschäftsherr, daß er in Auflösung nicht willige, so ist der Angestellte bis zum Ablauf der vereinbarten Zeit gebunden und bis dahin zum Schweigen verpflichtet.

Eine zeitweilige Suspendierung des Dienstverhältnisses z. B. durch Krankheit, ist der definitiven Auflösung nicht gleichzustellen.

V. Unbefugte Mitteilung an andere.

1. **Das Geheimnis muß mitgeteilt** (vgl. den Ausdruck „offenbaren" in § 300 StGB., RGStr. 26 8) **sein**, d. h. andere müssen davon durch eine Handlung des

Angestellten Kenntnis erlangt haben. Die Handlung kann eine positive sein, mündliche, schriftliche Erklärung; sie kann aber auch in einem Geschehenlassen liegen, wenn z. B. der Angestellte duldet, daß ein anderer Briefe, die geheimgehalten werden sollen, liest, trotzdem er es verhindern kann, ferner, wenn der Eintritt in bestimmungsgemäß nicht zugängliche Räume gestattet wird usw.

Nicht nötig ist, daß der das Geheimnis Verratende es schon vorher kennt, ehe er es mitteilt; er muß nur in der Lage sein, es anderen zu offenbaren. (RG. in DJZ. 98 82: Ein Kassenbote macht einem anderen ein Kundenverzeichnis zugänglich, das in einem Schrank verwahrt wird, zu dem der Kassenbote den Schlüssel hat.)

Der Umstand, daß der andere zuvor schon von dem Geheimnis Kenntnis hatte, schließt die Anwendung von § 17 Abs. 1 nicht unbedingt aus, wenn der andere durch diese Kenntnis noch nicht ohne weiteres zur Verwertung des Geheimnisses imstande ist. (RGStr. 39 86; JW. 06 797.)

2. Der Mitteilung an andere steht die **eigene Verwertung** nicht gleich (wie dies Lobe, Gesetz 112 annimmt; dagegen KomBer. von 1896 und M. M. Kohler 200.) Eine entsprechende Ausdehnung der strafgesetzlichen Vorschrift des § 17 auf diesen Fall ist nach allgemeinen Grundsätzen ausgeschlossen. Nur die Mitteilung ist verboten; benutzt der Arbeiter das Geheimnis für sich, so ist diese Handlung straflos. Anders liegt der Fall natürlich, wenn er es zu Wettbewerbszwecken durch Vertrieb an andere verwertet; dann ist Mitteilung vorhanden. (RGStr. 33 6.)

3. **Die Mitteilung muß an andere erfolgen.** Der Pluralis „andere" zwingt nicht dazu, an eine Mehrheit zu denken, es genügt Mitteilung an eine Person. Ein anderer ist derjenige, der nicht im Besitz des Geheimnisses ist und nach dem Willen des Geschäftsherrn nicht in den Besitz kommen soll (a. A. Schmid, Fabrikgeheimnisse 98). Ob er innerhalb oder außerhalb des Betriebes steht, ist gleichgültig; ein Verrat eines Arbeiters an einen im Kontor Angestellten desselben Betriebes ist nach § 17 zu bestrafen, wenn der Geschäftsherr die Mitteilung an das Kontorpersonal verboten hat. Ob der, dem mitgeteilt wird, das Geheimnis für sich verwerten will, oder ob es ihm zur Weitergabe an andere mitgeteilt wird, ist ebenfalls irrelevant.

4. **Unbefugt muß die Mitteilung sein.** (Vgl. denselben Ausdruck in § 300 StGB.) Befugt ist eine Mitteilung, wenn der Geschäftsherr sie ausdrücklich oder stillschweigend genehmigt, ferner, wenn sie auf Grund einer gesetzlichen Pflicht, z. B. zum Zweck einer Anzeige gemäß § 139 StGB. erfolgt. (Vgl. Schmid l. c. 103.)

Streitig ist, ob, wenn ein Zeuge von dem ihm nach §§ 383 Nr. 5, 384 Nr. 3 ZPO., § 54 StPO. gewährten Rechte der Zeugnisverweigerung keinen Gebrauch macht, seine Erklärung als eine unbefugte anzusehen ist. (Dies nehmen an Fuld 449; Friedländer in UnlW. 3 21, mit ausführlicher Begründung; Schmid l. c. 109; Kahn 92; Finger 355; dagegen Müller 180; M. M. Kohler 197; Olshausen Anm. 9 zu § 300 StGB.; RG. 53 317.) Der letzteren Ansicht ist beizutreten. Die Zeugnispflicht statuiert nicht nur die Verpflichtung des Zeugen, die Wahrheit zu sagen, sie gibt ihm auch das Recht hierzu; die Erfüllung derselben kann niemals eine widerrechtliche, unbefugte sein. Das Recht der Verweigerung des Zeugnisses hat der Zeuge lediglich nach pflichtgemäßem Ermessen auszuüben; diesem Recht steht eine Pflicht zur Verweigerung nicht gegenüber.

Im übrigen dürfte die Frage von geringer praktischer Bedeutung sein, da, selbst wenn man die trotz Verweigerungsrechtes abgegebene Aussage für unbefugt erachtet, immer noch die Absicht des Wettbewerbs oder der Schädigung hinzukommen muß.

VI. Subjektive Voraussetzungen.

1. **Nur die vorsätzliche Handlung wird verfolgt,** nicht die fahrlässige. Der Täter muß daher sämtliche Tatbestandsmerkmale kennen, insbesondere, daß das Anstellungsverhältnis noch besteht, daß ein Geheimnis vorliegt, daß er dies auf Grund seines Dienstverhältnisses erfahren hat, und daß die Mitteilung unbefugt erfolge. (M. M. Kohler 206.) Da das Gesetz in § 17 nicht die Worte „wissend" oder „wider besseres Wissen" gebraucht, da auch hier wie in § 15 keine begrifflich allein dem Schutz gegen unlauteren Wettbewerb dienende Vorschrift gegeben ist, so liegt hier kein Grund vor, von der allgemeinen Regel, daß dolus eventualis dem dolus gleichsteht, abzugehen. (Vgl. zu § 15 S. 118 Nr. B I 2.)

2. Ferner muß der Täter die im Gesetz geforderte **Absicht** haben (vgl. über den Begriff zu § 4 S. 52 Nr. 2), sein Wille muß also darauf gehen, entweder seinen oder eines Dritten Wettbewerb zu fördern, oder dem Inhaber des Geschäfts Schaden zuzufügen. Dieser Absicht steht nach allgemeinen Grundsätzen (Olshausen Anm. 6 b zu § 59) das Bewußtsein der Möglichkeit nicht gleich. (RGStr. 29 933.)

VII. Absicht, dem Inhaber des Geschäfts Schaden zuzufügen.

1. Der dem Reichstag vorgelegte Entwurf von 1896 wollte den Verrat von Geheimnissen nur strafen, wenn er zu Zwecken des Wettbewerbs geschah, und zwar „in Wahrung der durch die gesetzgeberische Absicht ihm gezogener Grenze". Die Kommission ging hierüber hinaus und fügte die **Absicht, dem Inhaber des Geschäfts Schaden zuzufügen,** hinzu und zwar, weil eine solche Absicht, wobei das Motiv des Täters Rache oder Bosheit sei, mindestens in derselben, vielleicht aber auch in höherem Grade strafbar sei, als die Absicht, für den Wettbewerb unlautere Mittel anzuwenden. Damit ist auch hier die Kommission über den Rahmen, der sonst meist im Gesetz festgehalten ist, hinausgegangen. (RGStr. 31 88, 29 429.)

2. **Schaden** (vgl. auch zu § 14) bedeutet hier, ähnlich wie in § 268 StGB. (RGStr. 8 187, 33 139), nicht nur Vermögensschaden, sondern auch Schädigung des geschäftlichen Rufs, des Kredits, der Ehre. (RGStr. 29 429.) In dieser Entscheidung ist die Absicht, streikende Arbeiter zum Festhalten am Streik zu bestimmen, als mögliche Voraussetzung des § 17 festgestellt. (Ebenso Finger 356, Fuld 440; a. A. Rosenthal-Wehner 160.)

3. Soweit weder Wettbewerbs- noch Schädigungsabsicht vorliegt, fällt die Handlung nicht unter § 17. Mitteilungen von Geheimnissen, die aus Unbedacht, Leichtsinn, im Scherz oder lediglich zu künstlerischen oder wissenschaftlichen Zwecken erfolgen, können demnach gemäß § 17 nicht verfolgt werden.

VIII. Zu Zwecken des Wettbewerbs.

1. Im allgemeinen vgl. hierüber die Erläuterungen zu § 1.

2. Die Begründung von 1896 führt aus, daß die Voraussetzung erfüllt ist, gleichviel ob auf seiten des Mitteilenden oder auf seiten dessen, der die Mitteilung entgegennimmt, die Absicht des Wettbewerbs vorhanden ist. (So auch RGStr. 39 86.) Dies ist gewiß richtig, nur muß, falls der Wettbewerb des Empfängers der Mitteilung gefördert werden soll, nach allgemeinen strafrechtlichen Grundsätzen der Mitteilende dies wissen und beabsichtigen.

3. Bei dem **Wettbewerb zu eigenen Gunsten** des Mitteilenden ist zu unterscheiden, ob die Mitteilung zu der Zeit erfolgt, in der das Dienstverhältnis noch dauert,

da während dieser Zeit Mitteilungen, die an sich unter § 17 fallen, auch verboten sind, wenn der Angestellte sie zugunsten seiner Erwerbstätigkeit, selbst wenn ihm solche an sich gestattet ist, macht. (RGStr. 33 6.) Erfolgt die Mitteilung nach Ablauf des Dienstverhältnisses, so ist sie erlaubt, es sei denn, daß § 17 Abs. 2 verletzt ist. War dem Angestellten oder von ihm die Stellung zwar gekündigt, aber die Vertragsdauer noch nicht abgelaufen, so sind Mitteilungen, die während dieser Zeit geschehen, um späteren eigenen Wettbewerb zu fördern, als unerlaubt nach § 17 Abs. 1 anzusehen. (Vgl. die Ausführungen des RG. in UnlW. 2 40.)

4. Geschieht die Mitteilung, um den **Wettbewerb des Geschäftsherrn** zu fördern, also zu Reklamezwecken, so fällt sie nicht unter § 17 Abs. 1. (Schmid 349.)

IX. Vollendung der Tat.

1. Die Tat ist **vollendet**, wenn die Mitteilung an den, für den sie bestimmt ist, erfolgt ist. Die Ansicht von Lobe (Gesetz 154), daß bei schädigender Absicht die Mitteilung an irgend einen beliebigen Dritten, also auch wohl seine Kenntnis, die ohne Willen des Täters erfolgt, genügt, findet keinen Anhalt im Gesetz. (M. M. Kohler 213.)

2. **Versuch** ist straflos (§ 43 Abs. 2 StGB.; RGStr. 29 432); ebenso natürlich alle Vorbereitungshandlungen, durch die sich der Täter die Kenntnis des Geheimnisses verschafft.

X. Vertragliche Verlängerung der Schweigepflicht.

1. Wie erwähnt, wollte der Regierungsentwurf von 1896 die Pflicht zur Geheimhaltung unter gewissen Voraussetzungen über die Dauer des Dienstverhältnisses erstrecken; das Gesetz hat aber diese Bestimmung nicht aufgenommen. Die Frage, ob nun **vertragsmäßig** zulässig sei, die Pflicht über das Dienstverhältnis hinaus zu verlängern, hat demnach im Gesetz eine Regelung nicht gefunden, sie ist daher nach allgemeinen Grundsätzen zu entscheiden. Daß derartige Verträge an sich zulässig sind, soweit sie nicht den guten Sitten widersprechen (§ 138 BGB.), ist sowohl bei den Beratungen wie von den Kommentatoren allseitig angenommen (dagegen Meyer 60).

2. Der Vertrag, durch den einem Angestellten die Benutzung oder Verwertung von Geheimnissen nach Beendigung seines Dienstverhältnisses untersagt ist, beschränkt ihn in seiner gewerblichen Tätigkeit. Für seine Auslegung und Wirkung ist daher, soweit Handlungsgehilfen in Betracht kommen, §§ 74, 75 HGB., in betreff der Handlungslehrlinge § 76 HGB. Abs. 1, in betreff der höheren Gewerbegehilfen §§ 133ff. GewO. maßgebend. Werden die in jenen Bestimmungen ausgedrückten Grundsätze zum Schutze der Angestellten in Verträgen mit Arbeitern — für die sie nicht gelten — verletzt, so sind die Verträge als unsittlich nichtig. (Vgl. DJZ. 05 272, 06 600; OLGRspr. 12 14.)

3. Bei der Anwendung dieser Bestimmungen auf das Verbot, Geheimnisse mitzuteilen oder zu verwerten, ist hervorzuheben, daß die Vereinbarungen nur insoweit rechtsgültig sind, als der Prinzipal ein **begründetes Interesse** an dem Verbot hat (Staub Anm. 8 zu § 74, Finger 351); sie gelten also nur insoweit, als sie für ihn zum Zweck der Unterdrückung des Wettbewerbs erforderlich sind. Immerhin aber ist auch hierbei zu berücksichtigen, daß eine derartige Schädigung auch möglich ist, wenn der Angestellte zunächst das Geheimnis in einem Geschäft, das dem des früheren Prinzipals gegenüber in keiner Weise als Konkurrenzgeschäft gegenübersteht, verwertet, es aber dadurch auch Konkurrenzgeschäften bekannt wird.

4. Durch Vertrag, soweit er nach obigen Bestimmungen zulässig ist, kann die Pflicht, Geheimnisse nicht mitzuteilen und zu verwerten, über das gesetzliche Maß er-

weitert werden. Es kann z. B. dem Angestellten die Verpflichtung auferlegt werden, Geheimnisse auch nicht selbst während der Dauer des Vertrages zu benützen, ferner Tatsachen nicht zu verwerten, die an sich nicht unter dem Schutz des § 17 stehen, z. B. Kunden zu besuchen, zu deren Kenntnis der Angestellte im gewöhnlichen Geschäftsgang gelangt ist.

D. Vergehen gegen Absatz 2.

I. Verhältnis des Abs. 2 des § 17 zu Abs. 1.

1. **Die in den beiden ersten Absätzen des § 17 enthaltenen Handlungen sind begrifflich verschiedene Delikte.** Abs. 1 bestraft die Mitteilung eines Geheimnisses durch einen Angestellten während der Dauer seines Dienstverhältnisses an andere; Abs. 2 Verwertung und Mitteilung von Geheimnissen, die durch eine nach Abs. 1 verbotene Mitteilung oder durch eine gesetz- oder sittenwidrige Handlung zur Kenntnis gebracht sind. (RGStr. 31 95.)

2. Ein **nicht Angestellter,** der Geheimnisse verwertet oder mitteilt, kann nur nach Abs. 2 verantwortlich gemacht werden; ein **Angestellter,** der während des Dienstverhältnisses Geheimnisse anderen mitteilt, haftet aus Abs. 1, wenn sie ihm vermöge des Dienstverhältnisses anvertraut oder zugänglich geworden sind; nach Abs. 2, wenn er die Kenntnis durch Mitteilung eines anderen schweigepflichtigen Angestellten oder durch eine gegen die guten Sitten verstoßende Handlung erlangt hat. (RGStr. 33 62, 39 83.) Ein Angestellter endlich, der nach Ablauf des Dienstverhältnisses mitteilt oder verwertet, haftet nur nach Abs. 2, falls dessen Voraussetzungen vorliegen.

3. **Realkonkurrenz** zwischen beiden Straftaten ist möglich, z. B. die Anstiftung oder Beihilfe zu dem Vergehen des Abs. 1 und demnächst Verwertung nach Abs. 2. (M. M. Kohler 215.)

II. Täter.

1. Der erste Entwurf des Gesetzes von 1896 bedrohte nur die Mitteilung oder Verwertung von Geheimnissen durch Angestellte. Dies wurde nicht für genügend erachtet. Die Begründung führt in dieser Beziehung aus:

> „Demgegenüber ist namentlich aus industriellen Kreisen das Bedürfnis betont worden, die Verantwortlichkeit auf die außerhalb des Kreises der Angestellten stehenden Personen zu erstrecken, welche fremde Geheimnisse verwerten, die auf rechtswidrigem Wege zu ihrer Kenntnis gelangt sind. In der Tat ist die Verwerflichkeit der Handlungsweise in beiden Fällen die gleiche, und es wird wesentlich dazu beitragen, die Angestellten vor der Versuchung zum Treubruch zu bewahren, wenn die mißbräuchliche Benutzung fremder Geheimnisse auch dritten Personen im Wege einer Strafandrohung verschränkt wird."

2. Indem das Gesetz als den Täter „denjenigen, welcher" usw. (gleichbedeutend mit dem sonst gebrauchten „Wer") bezeichnet, hat es den Kreis der Personen, die Täter sein können, unbeschränkt gelassen. **Jeder also, auf den die Voraussetzungen des Gesetzes sonst zutreffen, kann Täter sein.** Es unterliegt auch keinem Zweifel, daß unter das Gesetz ein Angestellter fällt, der das Geheimnis auf die im Abs. 2 bezeichnete Weise erlangt hat und es unbefugt verwertet oder mitteilt. (RGStr. 33 95.)

3. Teilt jemand, dem das Geheimnis in der nach Abs. 2 bezeichneten Weise mitgeteilt ist, dies einem anderen mit, bei dem ebenfalls die Voraussetzungen des Abs. 2 vorliegen, der also auch eine durch Gesetz verbotene oder gegen die guten Sitten verstoßende Handlung begeht, so ist auch dieser haftbar.

III. Erlangung der Kenntnis des Geheimnisses.

1. Die Handlung, durch die die Kenntnis erlangt ist, muß verstoßen:

a) **Gegen das Gesetz.** Vor allem kommt das Strafgesetz in Betracht, insbesondere Diebstahl, Unterschlagung, Sachbeschädigung, Betrug, Urkundenfälschung, Verletzung des Briefgeheimnisses, Hausfriedensbruch usw. Außerdem aber ist auch eine Handlung, die erfolgt unter Verletzung von Zivilrechtsnormen, überhaupt jeder gesetzlichen Rechtsnorm, als gegen das Gesetz gerichtet anzusehen. Wer z. B. einen Angestellten veranlaßt, ein vertragsmäßiges Schweigeverbot zu brechen, erlangt die Kenntnis durch eine gegen das Gesetz verstoßende Handlung.

b) **Gegen die guten Sitten** (vgl. auch BGB., besonders §§ 138, 826). Über diesen Begriff sind die Erläuterungen zu § 1 zu vergleichen. Es sei hier nur noch betont, daß, selbst wenn sich im Handelsverkehr gewisse Mißbräuche eingeschlichen haben, eine dieser Gewohnheit entsprechende Handlung dennoch als gegen die guten Sitten geschehen angesehen werden kann, wenn sie nicht für anständig gelten kann. (RG. 48 125 und Lubszinsky in UnlW. 1 130.)

Hier die richtige Auslegung zu finden, die einerseits eine unmoralische Handhabung schrankenlosen Konkurrenzkampfes zurückweist, anderseits aber das Recht jedes Gewerbetreibenden auf erlaubte Benutzung und Verwertung aller Vorteile im Wettbewerb anerkennt, ist eine schwere aber dankenswerte Aufgabe des Richters.

2. Die Kenntnis kann auch erlangt sein durch **eine gegen Abs. 1 verstoßende Mitteilung.** Soweit also ein Angestellter während der Dauer des Dienstverhältnisses einem anderen Geheimnisse verrät, darf dieser andere sie weder weiter mitteilen noch verwerten.

3. Die Kenntnis muß **erlangt** sein und zwar **durch** eine verbotene Mitteilung der Handlung. Hierbei ist zu unterscheiden zwischen den in Abs. 2 bezeichneten Mitteilungen und den dort verbotenen Handlungen. Bei den Mitteilungen wird nur die Kenntnisnahme verlangt; ob sie beabsichtigt, veranlaßt oder zufällig war, ist gleichgültig. Derjenige, dem ein Angestellter eines Konkurrenzgeschäfts unaufgefordert Geschäftsgeheimnisse seines Prinzipals verrät, darf dieselben ebensowenig verwenden, wie der, der den Angestellten zum Verrat veranlaßt hat. Hingegen verstößt eine Verwertung *ohne Erlangung der Kenntnis* nicht gegen § 17 Abs. 2: z. B. jemand engagiert den Geschäftsführer eines anderen, damit er dessen Geheimnisse selbständig, ohne ihm selbst davon Mitteilung zu machen, in dem Betriebe verwerte. Hier liegt aber jedenfalls Verstoß gegen § 1 vor.

Bei der Kenntnisnahme durch Handlungen dagegen verlangt das Gesetz eine eigene gegen Gesetz oder gute Sitte verstoßende Handlung. Der Täter ist daher nur haftbar, wenn er die Kenntnis des Geheimnisses *durch* diese verbotene Handlung *erlangt*. Wer versehentlich einen Brief öffnet und durch ihn ein Geheimnis entdeckt, erlangt die Kenntnis durch eine weder verbotene noch illoyale Handlung, wenn das Eröffnen des Briefes in gutem Glauben geschehen ist. Verstößt aber das Erlangen der Kenntnis weder gegen Gesetz noch gegen gute Sitten, so kann die Verwertung des Geheimnisses nach der Vorschrift des § 17 Abs. 2, die als Strafgesetz strikt auszulegen ist, nicht verfolgt werden. (So RGStr. 30 252.) Es ist nicht zu verkennen, daß diese Auslegung nicht befriedigt, denn auch die Verwertung zufällig zur Kenntnis gelangter Geheimnisse kann nicht für anständig erachtet werden; nur ist dies gesetzlich nicht verboten. Immerhin kann aber eine Schadensersatzklage aus § 1 gegeben sein. (UnlW. 1 10.)

4. **Die Handlung, durch die die Kenntnis erlangt wird, muß eine eigene** sein. Nicht nötig ist, daß der Täter die Handlung selbst ausführt; es bleibt seine

Handlung, selbst wenn er sich der Hilfe von Mittelspersonen bedient; z. B. wenn er Arbeiter ausschickt, um Papiere zu stehlen, oder Geheimnisse des anderen auszuspähen. Er ist in diesem Fall nicht Anstifter, sondern Täter, die anderen je nach den Umständen Mittäter oder Gehilfen. (Kahn 94 Anm. 22.)

5. Als **Beispiele** sind anzuführen: Eröffnen eines Pultes zur Entnahme von Schriftstücken, Einschleichen in Kontor oder Fabrik, heimliches Durchsuchen eines Zimmers bei Gelegenheit eines Besuchs, Vorstellung unter fremdem Namen usw., Nachzeichnung eines von einem Reisenden vorgelegten Musters. (RG. in Goltdammer **48** 120.) Entsendung eines Angestellten, damit dieser in dem fremden Betrieb Stellung nähme. (Weitere Beispiele bei Müller 186, Finger 365, Stegemann 1 ff.)

Nicht unstreitig ist, ob das Abschreiben von Kunden- oder anderen Listen während des Dienstverhältnisses und die spätere Verwendung zum Wettbewerb dem Gesetze widerspricht. Allerdings ist der Angestellte berechtigt, seine in einem Geschäft erworbenen Kenntnisse später zu verwenden, insbesondere ist er nicht gehindert, Kunden, die er in seinem früheren Berufe kennen gelernt hat, später in eigenem oder fremdem Interesse zu besuchen. Wenn er aber seine dauernde Kenntnis durch gesetzwidrige oder unlautere Mittel erworben hat, z. B. durch Diebstahl (RGSt. **31** 94) oder durch Abschreiben (RGSt. **33** 64) der Listen, so ist die Kenntnisnahme der an sich als Geheimnis zu erachtenden Tatsachen eine rechtswidrige, die Verwertung eine verbotene. (Dagegen mit unzureichender Begründung KG. in UnlW. 2 57.)

Sehr bestritten ist auch die Frage, inwiefern ein Ausmieten von Angestellten, um Geheimnisse der Firma, bei der diese beschäftigt sind, zu erfahren, als Vergehen gegen § 17 Abs. 2 anzusehen ist. (Vgl. die Erläuterungen zu § 1.) Soweit der Täter den Angestellten veranlaßt, vor Ablauf der Dienstzeit auszutreten und die Geheimnisse zu verraten, liegt, wenn der frühere Prinzipal nicht in die Auflösung willigt, Mitteilung gemäß § 17 Abs. 1 vor (s. S. 149 Nr. 3); die Verwertung derartig bekanntgegebener Geheimnisse widerspricht daher § 17 Abs. 2. Aber auch, wenn der frühere Prinzipal wegen des Kontraktbruchs erklärt, das Verhältnis mit dem Angestellten nicht fortsetzen zu wollen, ist das Geheimnis erlangt durch den Kontraktbruch, also durch Verletzung eines auf dem bürgerlichen Recht beruhenden Vertrages (vgl. auch § 125 GewO.); auch dann ist also die Verwertung unerlaubt. Ebenso liegt der Fall, wenn der Angestellte veranlaßt wird, rechtsgültig zu kündigen und erst nach Auflösung des Dienstverhältnisses einzutreten. Geschieht dies Ausmieten, um Geheimnisse des anderen zu erfahren, so ist es eine den guten Sitten widersprechende Handlung. (OLGRspr. Hamburg **12** 112; vgl. auch zu 3.)

Die durch solche Handlungen erlangte Kenntnisnahme ist eine unerlaubte. (So Müller 185, Finger 365, Fuld 454 und KG. in DJZ. 5 323; dagegen Lobe, Gesetz 117 und Bekämpfung 327 und LG. Essen in UnlW. 1 130.)

IV. Unbefugte Verwertung der Mitteilung zu Zwecken des Wettbewerbs.

1. Über den Begriff **„unbefugt"** s. S. 151 Nr. 4. Die Befugnis muß zur Zeit der Mitteilung an andere oder der Verwertung vorhanden sein. Die gesetzwidrige Kenntnisnahme des Geheimnisses fällt nicht unter das Gesetz, wenn die Mitteilung oder Verwertung befugt ist, z. B. wenn der Berechtigte nachträglich seine Genehmigung zur Benutzung gibt.

2. Über **„Mitteilung"** s. S. 150 Nr. V 1. Hierunter ist auch die öffentliche Bekanntgabe eines Geheimnisses zu verstehen. (Begründung.)

3. **Verwertung** ist jede Art gewerblicher Verwendung zum Zweck des eigenen oder fremden Erwerbes (Schmid 352); insbesondere auch die Veräußerung, oder die Erbauung einer Maschine, so daß sie jederzeit in Benutzung genommen oder in Verkehr gebracht werden kann. (RGStr. 40 408.) Die Verwertung braucht nicht während der Dauer des Dienstverhältnisses zu geschehen. (RG. in LZ. 07 826.)

4. **Zu Zwecken des Wettbewerbs** (vgl. hierüber S. 8 Nr. III) muß sowohl die Mitteilung, wie die Verwertung erfolgen. Schädigende Absicht, wie bei Abs. 1, genügt nicht.

V. Subjektive Voraussetzung.

1. Wie bei Abs. 1 (s. S. 152 Nr. VI) ist auch hier **Vorsatz** und Kenntnis aller Tatumstände notwendig. „Daß die Verantwortlichkeit nur dann eintreten kann, wenn dem Benutzer (eines von einem Angestellten verratenen Geheimnisses) diejenigen tatsächlichen Umstände bekannt waren, in denen die Merkmale des einem Angestellten zur Last fallenden Verrats gefunden werden, ergibt sich aus allgemeinen strafrechtlichen Grundsätzen (§ 59 StGB.)“ (Begründung zum früheren Gesetz.) Wer also ein von einem Angestellten verratenes Geheimnis mitteilt oder verwertet, muß, um verantwortlich zu sein, vor allem wissen, daß dem Angestellten, von dem er die Mitteilung erhält, diese während des Dienstverhältnisses anvertraut oder zugänglich geworden ist und daß er, obgleich das Dienstverhältnis noch besteht, zu Zwecken des Wettbewerbs oder in schädigender Absicht mitteilt. Diese Kenntnis der Tatumstände ist erst bei der Mitteilung oder Verwertung nötig; vorheriger guter Glaube schützt nicht, wenn er bei der Vollendung der Handlung nicht mehr besteht.

2. Über **dolus eventualis** s. S. 152 Nr. VI 1.

VI. Vollendung.

1. Das Vergehen ist **vollendet**, wenn die Mitteilung oder die Verwertung erfolgt ist. „Es hat nicht an Stimmen gefehlt, die schon das Eindringen in fremde Geheimnisse, namentlich das Einschleichen in Geschäfts- oder Betriebsräume anderer zum Zweck der Spionage unter Strafe gestellt sehen wollen. Nach dieser Richtung hin ist indessen das Bedürfnis eines besonderen gesetzlichen Schutzes nicht überzeugend nachgewiesen. Auch ist ein Akt des unlauteren Wettbewerbs erst dann vollzogen, wenn das auf unrechtmäßigem Wege erlangte Geheimnis gewerblich verwertet ist.“ (Begründung zum früheren Gesetz.)

2. Der **Versuch** ist auch hier nicht strafbar.

E. Rechtsfolgen.

I. Strafverfolgung.

1. Als **Strafe** ist für beide Vergehen Geldstrafe von 3—5000 Mk. und Gefängnisstrafe von einem Tage bis zu einem Jahre oder eine dieser Strafen bestimmt. Im Fall der Nichteintreibbarkeit ist die Geldstrafe in Gefängnisstrafe umzuwandeln. (StGB. § 29.)

2. Die Strafverfolgung **verjährt** in 5 Jahren. (§ 67 Abs. 2 StGB.)

3. Über **Antrag, Privatklage** und **sachliche Zuständigkeit** vgl. zu § 22. Antragsberechtigt ist der, der zur Zeit der Tat Verletzter ist.

4. Über **Buße** s. zu § 26, **öffentliche Bekanntmachung** zu § 23.

II. Schadensersatzklage und Unterlassungsanspruch s. § 19.

§ 18.

Mit Gefängnis bis zu einem Jahre und mit Geldstrafe bis zu fünftausend Mark oder mit einer dieser Strafen wird bestraft, wer die ihm im geschäftlichen Verkehr anvertrauten Vorlagen oder Vorschriften technischer Art, insbesondere Zeichnungen, Modelle, Schablonen, Schnitte, Rezepte, zu Zwecken des Wettbewerbes unbefugt verwertet oder an andere mitteilt.

Inhaltsangabe.

Vorbemerkung.

§ 10 ist eine Neuerung der Novelle. Den Anstoß hierzu gaben gewisse konkrete Erscheinungen des Wirtschaftslebens über die sich die Begr. (S. 23) folgendermaßen ausläßt:

„Aus den Kreisen der Stickerei- und Spitzenindustrie ist über den Mißbrauch Klage geführt worden, den von Unternehmern mit den ihnen von den Fabrikanten zur Ausführung von Aufträgen übergebenen Schablonen getrieben wird. Diese Unternehmer, meist sogenannte Lohnmaschinenbesitzer, benutzen die Schablonen zur Herstellung von Waren, die sie zum Schaden des Auftraggebers auf eigene Rechnung vertreiben. Es wird berichtet, daß Aufkäufer die Betriebsräume der Lohnmaschinenbesitzer besuchen, von den dort für die Fabrikanten in Arbeit befindlichen Spitzen und Stickereien die ihnen am gangbarsten erscheinenden Muster auswählen und diese von dem Unternehmer mit der Schablone der Fabrikanten ausführen lassen. Ähnliche Mißbräuche kommen auch auf anderen Industriegebieten vor. Da die bestehenden Gesetze nicht ausreichen, um solchen Verfehlungen gegen Treu und Glauben, welche ebenso verwerflich sind, wie der im Wettbewerbsgesetze bereits unter Strafe gestellte Verrat von Geschäfts- und Fabrikgeheimnissen, wirksam entgegenzutreten, hat der Entwurf darüber in §§ 5 (jetzt 18) ff. durch Gewährung strafrechtlicher und zivilrechtlicher Rechtsbehelfe ausdrücklich Bestimmung getroffen."

Dieser Entstehungsgeschichte, welche an die der sächsischen Klöppelmandate des achtzehnten Jahrhunderts erinnert (vgl. Osterrieth, Lehrbuch 212), entsprechend faßte die Regierungsvorlage nur die Fälle ins Auge, in denen die Vorlagen „zwecks Ausführung gewerblicher Aufträge" anvertraut waren. Die Reichstagskommission, angeregt insbesondere wohl durch eine Eingabe von Wertheimer (vgl. UnlW. 8 169 und 9 80; LZ. 09 298) stellte die Vorlage auf eine breitere Basis, indem sie durch einen Beschluß in zweiter Lesung (Bericht 67) statt dessen nur die allgemeine Voraussetzung des Anvertrauens „im geschäftlichen Verkehr" aufstellte und die im Gesetz aufgezählten Beispiele so vermehrte, daß die Besonderheiten aller Industrien berücksichtigt erscheinen. (Vgl. Königsberger in GewRschutz 14 236.)

A. Prinzip.

1. Das Prinzip des § 18 ist **der Schutz auch des nicht urheberrechtlich geschützten Fabrikationsgedankens vor seiner Veröffentlichung durch den Berechtigten gegen den Vertrauensbruch Nichtangestellter.**

2. Urheberrechtlich sind die Objekte des § 18 in erster Linie geschützt durch das Geschmacksmusterschutzgesetz v. 11. I. 76. Dies verlangt aber Eintragung in das Musterregister (§ 7) sowie Neuheit und Eigenart (§ 1), schützt außerdem nur den Urheber. Alle diese Voraussetzungen fehlen dem § 18. Soweit Muster usw. künstlerische Eigenart aufweisen, schützt sie auch das **Kunstschutzgesetz** v. 9. I. 07. (Über den Schutz von Spitzen unter diesem Gesichtspunkt vgl. das Urteil des OLG. Dresden v. 31. III. 08 sowie die Ausführungen von Breit in UnlW. 8 71, von Mittelstädt in DJZ. 08 810, von Wertheimer in UnlW. 9 79.) Weiter können die in § 18 aufgezählten Vorschriften technischer Art, Zeichnungen, Rezepte usw., Patent- und Gebrauchsmusterschutz genießen. Daß die Anwendung des Gesetzes betr. das Urheberrecht an Werken der Literatur und der Tonkunst vom 19. VI. 01 in Frage kommen könnte, ist trotz der Ausführungen von Wertheimer in UnlW. 9 83 kaum anzunehmen, da § 18 lediglich technisch-praktische Gebilde ins Auge faßt.

Jedenfalls gewährt er seinen Schutz völlig unabhängig davon, ob daneben noch diese urheberrechtlichen Vorschriften angewandt werden könnten.

3. § 18 beschäftigt sich nur mit dem Vertrauensbruch durch Nicht-Angestellte. Soweit Angestellte in Frage kommen, gibt § 17 in Verbindung mit § 19 und 20 die Regelung. In bezug auf das Verhältnis eines Angestellten zu seinem Prinzipal kann man nicht vom „geschäftlichen Verkehr" sprechen. Zweifellos hat man auch nicht beabsichtigt, die dem Angestellten gezogenen Schranken durch § 18 zu verstärken, da nach dieser Richtung ein Bedürfnis von keiner Seite geltend gemacht war. Handlungen der Angestellten sind daher stets nach § 17, nicht nach § 18 zu beurteilen. (A. A. Fuld 421.)

B. Täter.

Täter ist der, dem eine Vorlage oder dergleichen im geschäftlichen Verkehr anvertraut ist. Es müssen also zwischen ihm und dem Geschädigten irgendwelche geschäftlichen Beziehungen bestehen. Daß es ein Vertragsverhältnis sein muß, wie Rosenthal-Wehner Note 3 zu § 18 behaupten, ist unrichtig. Der Finanzmann, dem ein Unternehmer seine Pläne anvertraut, um ihn dafür zu interessieren, oder der Bauherr, dem ein Architekt seine Dienste unter Vorlegung eines Entwurfes anbietet, würden durch unbefugte Ausnutzung dieser Mitteilungen sich strafbar machen, obwohl sie keinen Vertrag mit dem Anvertrauenden geschlossen haben. Schon aus diesem Grunde ist die weitere Ansicht von Rosenthal-Wehner (Note 7), daß der Schutz aus § 18 mit dem Vertragsverhältnis endige, unhaltbar. Irgendeinen Anhaltspunkt findet diese Ansicht weder im Gesetz, noch in der Entstehungsgeschichte, wie Wertheimer in UnlW. 9 81 überzeugend darlegt. Vielmehr zeigt gerade die Änderung, die der Regierungsentwurf in der Reichstagsberatung erfahren hat, daß man sich nicht auf jene Vertragsverhältnisse beschränken wollte, die den Anstoß zu der Bestimmung gegeben haben. (Vgl. Alsberg in LZ. 10 112.)

Anvertrauen vgl. zu § 17 C III 1. Ob der Anvertrauende zu Recht über die Vorlage verfügt, ist gleichgültig. (Vgl. Königsberger in GewRschutz 09 257.)

C. Objekte

des Schutzes sind Vorlagen oder Vorschriften technischer Art. Die Beispiele, die das Gesetz hierfür anführt, sind so gewählt, daß möglichst zahlreiche Zweige der gewerblichen Produktion berührt erscheinen. Ihnen allen ist eigentümlich, daß sie dem Vorbereitungsstadium des Produktionsprozesses angehören und daß sie den greifbaren und daher übertragbaren Niederschlag gewisser Lösungsgedanken technischer und geschäftlicher Probleme bilden.

Das Gesetz erfordert nicht, daß die Modelle usw. ein Geschäftsgeheimnis darstellen. Immerhin liegt dies im Wesen der Sache. Etwas Offenkundiges kann nicht anvertraut werden. Es wird auch schwer sein, eine unbefugte Verwertung in solchem Falle zu erweisen, da der Täter sich stets darauf berufen kann, daß er auf Grund allgemein bekannter Tatsachen zu demselben Resultat gekommen wäre, sofern nicht ein urheberrechtlicher Schutz vorliegt.

D. Die Handlung

ist die unbefugte Verwertung oder Mitteilung. Diese Begriffe sind durchweg zu § 17 erläutert. (Vgl. C. V. und D. IV.) Auch hier ist Vorsatz erforderlich. (Vgl. § 17 C. VI.)

E. Folgen.

§ 18 regelt nur die strafrechtlichen Folgen. Sie sind dieselben wie in den §§ 4 und 17. (Vgl. die dortigen Erläuterungen.) Eine Bekanntmachung der Verurteilung erfolgt nicht. (§ 23 Abs. 1.)

Was die zivilrechtlichen Folgen anlangt, so gibt § 19 einen Schadensersatzanspruch. Der Unterlassungsanspruch ergibt sich aus allgemeinen Vorschriften, insbesondere § 1 und BGB. § 823 Abs. 2. (Vgl. Bericht 44.)

F. Verhältnis zu § 17 und den Urheberrechtsgesetzen.

Zwischen § 17 Abs. 2 und § 18 kann Idealkonkurrenz vorliegen. Die Frage ist aber praktisch bedeutungslos, da in beiden Fällen dieselbe Strafe angedroht ist.

Die Tat kann ferner neben § 18 auch gleichzeitig die Vorschriften des Musterschutzgesetzes (§§ 1, 5 und 14 in Verbindung mit §§ 18 und 25 des Gesetzes v. 1. VI. 70) verletzen. (Vgl. A. 2.) Gemäß § 73 StGB. ist dann § 18 anzuwenden, da dieser die schwerere Strafe androht. Genießt der in der Zeichnung usw. niedergelegte Gedanke Patentschutz, so ist die mißbräuchliche Benutzung gemäß §§ 4, 5, 36 PatG. mit Geldstrafe von 5000 Mk. oder Gefängnisstrafe bis zu einem Jahre bedroht. Auch in diesem Falle wäre ausschließlich § 18 anzuwenden. Ebenso liegt es im Falle einer Gebrauchsmusterverletzung. (§§ 4, 5 und 10 des Gesetzes v. 1. VI. 91.)

§ 19.

Zuwiderhandlungen gegen die Vorschriften der §§ 17, 18 verpflichten außerdem zum Ersatze des entstandenen Schadens. Mehrere Verpflichtete haften als Gesamtschuldner.

Vorbemerkung.

§ 19 entspricht dem früheren § 9 Abs. 3 mit der durch die Einfügung des § 18 gegebenen Änderung.

A. Schadensersatz.

1. Neben und unabhängig von der Strafverfolgung (es sei denn, daß auf Buße erkannt ist, § 26) steht die **Klage auf Ersatz des Schadens.** Die Voraussetzungen sind dieselben wie bei der Strafverfolgung. Würde daß Gesetz gewollt haben, daß auch

fahrlässiges Handeln zum Schadensersatz verpflichtet (wie Lobe, Gesetz 135, Osterrieth 89, Müller 190 annehmen), so hätte dies ausdrücklich gesagt werden müssen. Der Paragraph, der die Schadensersatzklage gibt, beginnt mit dem Wort „Zuwiderhandlungen"; das Gesetz will also derselben Tat, die es für strafbar erklärt, die Verpflichtung zum Ersatz des Schadens auferlegen. Ebenso Finger 373 und Rosenthal-Wehner 170. Der von den letzteren angedeuteten Ansicht (Note 8 und 9), daß in den Fällen fahrlässiger Zuwiderhandlung die Schadensklage auf § 1 gestützt werden könne, ist jedoch nicht beizutreten. Die fahrlässige unbefugte Verwendung etwa eines fremden Musters ist nicht regelmäßig als ein Verstoß gegen die guten Sitten aufzufassen.

2. Neben die sonstigen Voraussetzungen tritt dem Begriff des Anspruchs nach hierzu der Nachweis des Schadens. (S. im allgemeinen S. 17 zu § 1.) Auch hier ist die Frage zu erörtern, ob der Berechtigte den Vorteil verlangen kann, den der Täter aus der Ausbeutung des Geheimnisses oder der Vorlage gezogen hat, und ob er berechtigt ist, Rechnungslegung zu fordern. Soweit Zuwiderhandlungen gegen § 17 vorliegen, ist von dem Prinzip des Rechtsschutzes aus diesem Paragraph auszugehen, die S. 143 dargelegt sind. Soweit hiernach Erfindungen in dem dort bezeichneten Sinne angemaßt sind, ist ein Individualrecht verletzt und die Klage auf Herausgabe des gezogenen Gewinns und auf Rechnungslegung gegeben, soweit dies nicht der Fall ist, lediglich die Klage auf den erlittenen Schaden, zu dem auch der entgangene Gewinn gehört. Bei Verstößen gegen § 18 ist stets ein Individualrecht verletzt und daher die weitergehende Konsequenz gerechtfertigt.

3. **Berechtigt zur Klage ist der „Verletzte"**, d. h. der Inhaber des Geschäfts, dessen Geheimnis verraten ist. Bei mehreren Mitinhabern ist jeder berechtigt (analog § 428 BGB.).

4. Mehrere **Verpflichtete** haften als Gesamtschuldner (§§ 421 ff. BGB.).

B. Die Unterlassungsklage

ist im Gesetz nicht besonders ausgesprochen. Sie ergibt sich aber aus allgemeinen Grundsätzen, wenn eine Fortsetzung der Verwertung usw. zu befürchten ist. (RG. 48 118.)

2. Streitig ist nur, ob sie an dieselben subjektiven Voraussetzungen geknüpft ist, wie die strafbare Handlung. (So Schmid 352; Marcus in Recht 01 425; RG. in UnlW. 1 60.) Andere wie Lobe, Gesetz 135, Finger 375, Fuld 474 halten sie in jedem Falle für zulässig. Ihnen wird insoweit zu folgen sein, als die Unterlassungsklage dann unbedingt gegeben ist, wenn die nicht vorsätzliche unbefugte Verwertung sich als Verstoß gegen die guten Sitten darstellt. Dann ergibt sie sich aus § 1. Liegt dies aber nicht vor, so wird man auch mit § 1004 BGB. nicht zu einem allgemeinen Unterlassungsanspruch kommen. Auch wenn man den Standpunkt des RG. 60 7 akzeptiert, daß ohne Rücksicht auf das Schuldmoment jeder auch nur objektiv widerrechtliche Eingriff in ein vom Gesetz geschütztes Recht zur Klage auf Unterlassung berechtigt, wenn weitere Eingriffe zu befürchten sind, so bleibt doch immer noch die Frage übrig, ob denn ein Recht auf ein Geheimnis bzw. eine Vorlage als solches besteht, oder nicht vielmehr nur ein beschränktes Recht darauf, daß sie gegen gewisse in den §§ 17 und 18 bezeichnete Handlungen geschützt werde. Deshalb kann nur auf Unterlassung dieser Handlungen geklagt werden.

§ 20.

Wer zu Zwecken des Wettbewerbes es unternimmt, einen anderen zu einer Zuwiderhandlung gegen die Vorschriften des § 17 Abs. 1, § 18

zu bestimmen, wird mit Gefängnis bis zu neun Monaten und mit Geldstrafe bis zu zweitausend Mark oder mit einer dieser Strafen bestraft.

Vorbemerkung: § 20 ist die durch Verweisung auf § 18 ergänzte Wiederholung des früheren § 10.

1. Der, welcher einen Angestellten zu der nach § 17 Abs. 1 bezeichneten oder jemanden, dem eine Vorlage im geschäftlichen Verkehr anvertraut ist, zu der in § 18 bezeichneten Handlung bestimmt, haftet, wenn der Verrat oder die Verwertung erfolgt ist, als Anstifter. (§ 48 StGB.) Wer aber nur den Versuch zur Verleitung macht, ist nach §§ 17, 18 und den allgemeinen Grundsätzen des StGB. nicht zu bestrafen, da erfolglose Aufforderung gemäß § 49a StGB. nur bei Verbrechen, Anstiftung aber nur dann strafbar ist, wenn die Handlung begangen ist.

Mit Rücksicht darauf aber, daß bei dem Geheimnisverrat und dem Treubruch schon die Verleitung für das redliche Gewerbe besonders gefährlich ist, ist in § 20 der, wie die Begründung von 1896 begrifflich nicht ganz richtig sagt, „erfolglose Versuch, einen anderen zu einer unbefugten Mitteilung zu bestimmen", unter Strafe gestellt und zwar als besonderes Vergehen.

2. **Bestraft wird der, der unternimmt.** Dieser mehrfach (§§ 82, 105, 114, 122, 159, 214, 357, 360) im Strafgesetzbuch vorkommende Begriff ist nicht nach der engeren Definition des § 82, die nur für den Hochverrat gilt (RGStr. 3 26; dagegen Kahn 96), sondern allgemein dahin auszulegen, daß er jede Handlung umfaßt, die auf Erreichung des bestimmten, vom Gesetz bezeichneten Erfolges gerichtet ist, gleichviel, ob sie zu dem Eintritt des Erfolges geführt hat oder nicht (RGStr. 8 854, 35 136, 39 321); überhaupt jede Betätigung, die den Willen zu handeln hervorrufen soll. Der Begriff ist weiter, als der des Versuchs; er umfaßt auch Vorbereitungshandlungen, letztere allerdings nur, soweit sie irgendwie in die Erscheinung getreten sind; es genügt z. B. die Absendung eines Briefes, der den Arbeiter zum Verrat bewegen soll, gleichviel, ob derselbe ihn erhalten hat. (Olshausen Anm. 3 zu § 159.) Nicht nur die einfache Aufforderung ohne Anbieten eines Vorteils genügt, sondern auch schon eine Frage, wenn sie bewußt darauf abzielte, den anderen zu den verbotenen Mitteilungen zu veranlassen. (RGStr. 32 309.) Nach der ständigen Praxis des Reichsgerichts vom Versuch mit untauglichem Mittel ist es für die Strafbarkeit des Unternehmenden gleichgültig, ob der andere überhaupt in der Lage war, ein Geheimnis zu verraten, wenn er nur eine der in § 17 Abs. 1 und 20 bezeichneten Personen war. (RGStr. 15 259, 33 355, 35 136, 39 324 und JW. 03 147 Nr. 59.) Selbst das entlastet den Täter nicht, daß die mitzuteilende Tatsache in Wirklichkeit gar kein Geheimnis ist, weil sie etwa aus einer Patentschrift zu entnehmen war, falls sie nur in seiner Vorstellung ein Geheimnis war. (RGStr. 39 324; JW. 07 416; vgl. Lindenberg in DJZ. 07 918.)

Daher kommt es auch nicht darauf an, ob der, welcher verleitet werden soll, das Bewußtsein hat, daß ihn der Verleiter zu einer strafbaren Handlung veranlassen will; es genügt der Vorsatz auf Seite des Verleitenden.

3. **Bestimmt (vgl. § 48 StGB.) werden soll ein anderer,** d. h. eine der in den §§ 17 Abs. 1 und 18 bezeichneten Personen. Es ist jedoch nicht nötig, daß der Täter direkt sich mit einem Angestellten usw. in Verbindung setzt, Einwirkung durch Mittelspersonen genügt. (RGStr. 33 355.) Ebenso ist es nicht nötig, daß derjenige, auf den eingewirkt wird, schon zur Zeit der Einwirkung im Besitz des Geheimnisses ist; es ist ausreichend, wenn er veranlaßt werden soll, sich in den Besitz zu setzen. (Zit. RG.)

Der andere muß eine bestimmte (Fuld 481) Person sein oder sich wenigstens innerhalb eines begrenzten Kreises von Personen befinden. Daß der Täter schon bei der Einwirkung durch eine Mittelsperson wußte, auf welchen Angestellten usw. eingewirkt werden sollte, ist nicht nötig. (RGStr. 33 355.)

4. **Subjektive Voraussetzung** des Vergehens gegen § 20 ist:

a) **Vorsatz:** Fahrlässigkeit genügt nicht, wohl aber dolus eventualis. (S. S. 152 Nr. VI, 1.) Der Täter muß nach allgemeinen strafrechtlichen Grundsätzen alle Tatumstände kennen, insbesondere also beim Vergehen gegen § 17 Abs. 1, daß es sich um einen Angestellten, Arbeiter oder Lehrling handelt, dessen Dienstverhältnis noch dauert, sowie daß dieser Geheimnisse, die ihm vermöge des Dienstverhältnisses anvertraut oder sonst zugänglich geworden sind, unbefugt zu Zwecken des Wettbewerbs oder der Schädigung seines Prinzipals mitteilen würde, wenn die Verleitung erfolgreich wäre, beim Vergehen gegen § 18, daß dem anderen eine Vorlage im geschäftlichen Verkehr anvertraut ist.

b) daß die Verleitung zu **Zwecken des Wettbewerbs**, sei es des eigenen oder eines Dritten, geschieht. Bei dieser Absicht genügt der dolus eventualis, die Vorstellung der Möglichkeit, nicht. (S. S. 152 Nr. VI, 1.)

5. **Beispiele** aus der Praxis sind folgende: Ein Konkurrent fordert Angestellte eines anderen auf, ihm Mitteilungen über Einzelheiten des Fabrikverfahrens zu machen (RGStr. 32 309); jemand sinnt einem Arbeiter an, ihm ein Lackbereitungsverfahren zu verschaffen, das der Arbeiter noch nicht kennt, welches er aber auskundschaften soll (RGStr. 33 355); ein Kontorist wird ersucht, eine Preiskalkulation mitzuteilen, die noch nicht fertiggestellt ist (RGStr. 35 136); ein Arbeiter soll veranlaßt werden, eine Stellung anzunehmen und dort ein Geheimnis auszukundschaften (Erk. mitgeteilt von Finger in UnlW. 1 38).

6. **Versuch** ist begrifflich unmöglich, da jede Versuchshandlung als „Unternehmen" anzusehen ist, das den Tatbestand des § 20 erfüllt. Dagegen kann **Anstiftung** und **Beihilfe** erfolgen. (Vgl. RGStr. 14 318.)

7. Die **Strafe** war im Entwurf von 1896 bis zu 1500 Mark Geldstrafe und sechs Monaten Gefängnis bestimmt. Sie wurde von der Kommission auf die volle Strafe des früheren § 9 erhöht, dann aber mit Rücksicht darauf, daß die erfolglose Verleitung geringer zu bestrafen ist, als die erfolgreiche Anstiftung, auf den jetzigen Maximalbetrag ermäßigt, der auch im neuen Gesetz keine Veränderung erfahren hat.

8. Die Verfolgung **verjährt** in fünf Jahren.

9. Über **Buße** s. zu § 26.

10. **Veröffentlichung** des Urteils nur im Falle des Freispruchs. (Vgl. zu § 23.)

11. Über **Antrag, Privatklage, Zuständigkeit** s. zu § 22.

12. Ein **Schadensersatzanspruch** aus § 20 ist nicht gegeben. Es wird sich auch selten ein ursächlicher Zusammenhang zwischen einem Unternehmen im Sinne dieser Vorschrift und einem Schaden nachweisen lassen. In diesen Fällen würde § 823 BGB. Anwendung finden. Ein **Unterlassungsanspruch** besteht in den zu § 19 dargelegten Grenzen.

§ 21.

Die in diesem Gesetze bezeichneten Ansprüche auf Unterlassung oder Schadensersatz verjähren in sechs Monaten von dem Zeitpunkt an, in welchem der Anspruchsberechtigte von der Handlung und von der Person des Verpflichteten Kenntnis erlangt, ohne Rücksicht auf diese Kenntnis in drei Jahren von der Begehung der Handlung an.

Für die Ansprüche auf Schadensersatz beginnt der Lauf der Verjährung nicht vor dem Zeitpunkt, in welchem ein Schaden entstanden ist.

Inhaltsangabe.

Vorbemerkung.

§ 21 entspricht dem früheren § 11 mit dem einen Unterschied, daß die Verjährung jetzt für alle zivilrechtlichen Ansprüche aus dem Gesetz hier gleichmäßig geregelt ist, während der frühere § 11 sich nur auf die wesentlichsten bezog.

A. Prinzip und Anwendungsgebiet des § 21.

1. Die **Verjährung der strafrechtlichen Verfolgung** regelt sich nach den allgemeinen Bestimmungen §§ 66—69 StGB. und § 22 ReichsPreßG. Hierher gehört auch der im Strafprozeß gemäß § 26 erhobene Anspruch auf Buße.

2. Was die **Verjährung der zivilrechtlichen Ansprüche** betrifft, so erschien es angemessen, besondere kurze Verjährungsfristen einzuführen.

„Es ist nicht zu verkennen, daß alle Gründe, die eine Festsetzung kurzer Verjährungsfristen für den geschäftlichen Verkehr überhaupt erheischen, bei den von dem Entwurfe geregelten Verhältnissen in besonderem Grade hervortreten. Es sollen deshalb die Ansprüche, wenn der Anspruchsberechtigte von der Handlung und der Person des Verpflichteten Kenntnis erlangt hat, in sechs Monaten geltend gemacht werden. Die Zulassung einer Klage nach Ablauf dieser Frist würde im allgemeinen nur der Schikane den Weg bahnen. Ohne Rücksicht auf jene Kenntnis sollen die Ansprüche mit Ablauf von drei Jahren von der Begehung der Handlung an verjähren. Die Möglichkeit, noch weiter zurückliegende Vorgänge zur richterlichen Entscheidung bringen zu können, wäre mit der Rücksicht auf die Lage dessen, der in Anspruch genommen wird, ebensowenig zu verneinen, wie sie durch die Interessen erfordert wird, deren Schutz sich der Entwurf zum Ziele gesetzt hat." (Begründung von 1896.)

3. **Diese kurze Verjährung bezieht sich sowohl auf Schadensersatz wie auf Unterlassungsansprüche,** soweit sie auf dieses Gesetz gegründet werden. Werden sie aber aus Vorschriften des BGB. hergeleitet, so regelt dieses auch ausschließlich die Verjährung.

4. § 21 will das Recht der Verjährung für das Gesetz nicht abschließend regeln; er gibt nur einige **Sondervorschriften für Beginn und Dauer.** Insoweit hierdurch das gemeine bürgerliche Recht nicht geändert ist, tritt es ergänzend ein. (Vgl. RG. 29 28.) Es kommen also jetzt die allgemeinen Grundsätze des BGB. neben § 21 zur Anwendung.

B. Beginn der Verjährung.

I. Allgemeines.

1. Es sind **zwei Verjährungsfristen** in § 21 festgesetzt: sechs Monat von dem Zeitpunkt der Kenntnis von Tat und Täter, drei Jahre von der Begehung an; bei

Schadensersatzansprüchen ist ferner zum Beginn der Verjährung Eintritt des Schadens nötig. (§ 21 Abs. 2.)

2. Erste Voraussetzung für den Beginn jeder Verjährung ist daher, daß die **Handlung begangen** ist, die das Recht zur Verfolgung gibt. Liegt eine einzelne Handlung vor, so kommt es lediglich auf deren Vollendung an; es ist bei den einzelnen Gesetzesbestimmungen dargelegt, wann deren Verletzung als vollendet gilt. Sehr häufig findet gerade bei den Verfehlungen gegen dieses Gesetz eine fortgesetzte Tätigkeit statt; eine Reklame wird vielfach oder längere Zeit hindurch verbreitet; der Name eines Berechtigten wird dauernd gemißbraucht usw. Der Begriff der fortgesetzten Handlung ist für die strafrechtlichen Vorschriften der §§ 4 und 15 (s. S. 50) dargelegt; es fragt sich, ob auch zivilrechtlich dieser Begriff zu verwenden ist. Adoptiert man den Begriff auch für das Zivilrecht, so würde die Verjährung erst beginnen, wenn die gesamte Tätigkeit eingestellt ist; nimmt man ihn nicht an, so begründet jede Einzelhandlung den Beginn einer neuen Verjährungsfrist.

Die Begründung von 1896 erledigt die Streitfrage kurz mit den Worten: „Es bedarf nicht des besonderen Ausdrucks, daß jede wiederholte Zuwiderhandlung einen neuen Anspruch erzeugt", ohne näher darauf einzugehen, wann eine „wiederholte" Zuwiderhandlung vorliegt. (Ebenso OLG. Braunschweig im Recht 04 340.)

Zunächst ist hervorzuheben, daß die in der Praxis für die strafrechtliche Verantwortung festgestellten Grundsätze von dem Begriff der fortgesetzten Handlung hier nicht in Betracht gezogen werden können (wie dies das RG. 49 20 und UnlW. 4 48 tut); denn im Strafrecht kommt es auf die Einheit des verbrecherischen Entschlusses, aus dem verschiedene Taten hervorgehen, an (vgl. z. B. RGStr. 15 371); es ist also das subjektive Moment entscheidend; die zivilrechtlichen Ansprüche aus dem Gesetze aber setzen meist nicht dolus, verschiedentlich, wie z. B. bei der Unterlassungsklage aus § 3, nicht einmal Versehen voraus; bei ihnen überwiegt daher die objektive Seite, es entscheidet die Tatsache, durch die mit oder ohne Willen das Gesetz verletzt ist. Hier ist also lediglich zu untersuchen, ob objektiv eine einheitliche Handlung oder eine Mehrheit von solchen vorliegt. (A. A. Rathenau in GewRschutz 05 357 und für die Schadensklage Fuld 491.)

Welches von beiden der Fall ist, ist Tatfrage. Hat der Täter eine Handlung begangen, deren Wirkung sich auf längere Zeit erstreckt, z. B. eine Reklame an seinem Hause angebracht, die jahrelang sich dort befindet, so liegt eine einheitliche Handlung vor, gleichviel, ob die Kenntnis des Publikums, an welches sich die Reklame wendet, sich, solange sie angebracht ist, erneuert. Wird aber z. B. eine Zeitschrift mit verbotenem Titel veröffentlicht, so ist anzunehmen, daß die Herausgabe jeder neuen Nummer als erneute Zuwiderhandlung anzusehen ist. (RG. in UnlW. 1 04.) Dasselbe muß für Versendung von Zirkularen gelten, bei denen jede zu verschiedenen Zeiten geschehende Übersendung eine neue Einzelhandlung darstellt. (RG. 49 20; UnlW. 4 48.) Ebenso ist anzunehmen, daß, wenn ein Artist unter verbotenem Namen auftritt, jede Ankündigung des Auftretens erneut das Gesetz verletzt. (Dagegen LG. I Berlin in UnlW. 1 154 und Anmerkung dazu.)

Im übrigen ist, wie bemerkt, jeder Fall einzeln zu prüfen und zwar, da es auf die subjektive Seite, den Entschluß, nicht ankommt, lediglich dahin, ob eine einheitliche Handlung anzunehmen ist.

Verneint man dies, so unterliegt jeder Einzelfall einer besonderen Verjährung. Aus dem Umstande, daß Zuwiderhandlungen während der Verjährungszeit unbeanstandet geblieben sind, folgt keineswegs ein Recht auf ein ferneres gleiches Tun; eine Art Ersitzung ist in § 21 nicht ausgesprochen. (RG. 49 22; vgl. auch RG. 25 6.

3. Weitere Voraussetzung für den Beginn der Verjährung von sechs Monaten ist)

Kenntnis von der Person des Verpflichteten und der Tat. (Ähnlich § 852 BGB. und § 61 StGB.) Vermutung, Verdacht, Kennensollen oder -müssen steht der Kenntnis nicht gleich. (Vgl. RGStr. 27 36.) Nicht erforderlich ist dagegen die Kenntnis aller Einzelheiten des Vorgangs; vielmehr genügt das Wissen der Tatsachen, die zu einem Schlusse auf die Beschaffenheit der Tat in ihren wesentlichen Beziehungen berechtigen. (RGStr. 10 141 zu § 61 StGB.) Die Kenntnis der Person des Verpflichteten setzt voraus, daß man alle wesentlichen seine Person betreffenden Tatbestandsmerkmale kennt. (Vgl. RGStr. 6 47 zu § 61 StGB.) Es genügt z. B. nicht, daß man weiß, ein anderer benutze ein dem Gewerbebetrieb des Berechtigten entnommenes Geheimnis; die Verjährung beginnt erst mit dem Zeitpunkt, in dem man erfahren hat, daß das Geheimnis durch unerlaubte Mittel bekannt geworden ist. Kenntnis des Namens des Verpflichteten wird im Gegensatz zu der Praxis zu § 61 StGB. (RGStr. 27 34) für erforderlich erachtet werden (dagegen Finger 382), da die Anstellung der Klage die Benennung des Verpflichteten voraussetzt. (So auch Fuld 483.)

Ist eine juristische Person, ein Verein, eine offene Handelsgesellschaft usw. berechtigt, so entscheidet die Wissenschaft einer der zur Vertretung berechtigten Personen. (Dies folgt analog aus § 28 Abs. 2 BGB.; §§ 125 Abs. 2 Satz 3, 232 Satz 3 HGB.; ebenso Kahn 98; dagegen Wolff 57.)

4. Sind **mehrere Personen verpflichtet,** so läuft gegen jede die Verjährung besonders von dem Zeitpunkt, an dem der Berechtigte von seiner Person Kenntnis erhalten hat; ebenso ist bei **mehreren Anspruchsberechtigten** für jeden nur seine Kenntnis für den Beginn der Verjährung maßgebend.

5. Ohne Rücksicht auf die Kenntnis verjährt der Anspruch in **drei Jahren von der Begehung** ab.

II. Beginn der Verjährung für die Schadensersatzklage.

1. In dem Entwurf von 1896 fehlte der jetzige Abs. 2. Die Begründung führt aus, daß selbstverständlich der Anspruch auf Schadensersatz nicht schon von dem Zeitpunkt der schädigenden Handlung, sondern erst dann zu verjähren beginnt, wenn ein Schade wirklich erwachsen ist. Die Kommission hat dies ausdrücklich bestimmen wollen.

2. Die Fassung des Abs. 2 ist keine zweifelsfreie; man kann ihn so auslegen, daß, wenn ein Schade entstanden ist, der Berechtigte seinen Anspruch verliert, wenn er sechs Monate, nachdem er von Tat und Täter Kenntnis erhalten hat, nicht vorgeht, obgleich er von dem Schaden nichts weiß, daß also Kenntnis des Schadens nicht Voraussetzung des Beginns der Verjährung ist. Dies ist aber sicherlich nicht gemeint, vielmehr soll für die sechsmonatige Verjährung Voraussetzung die **Kenntnis des Schadens** sein. (So auch § 852 BGB. und allgemeine Ansicht.) Es ist daher zu unterscheiden:

a) Ist objektiv noch kein Schade entstanden, so beginnt überhaupt keine Verjährung, selbst wenn Tat und Täter bekannt sind. (Schmid 355.) Wenn also z. B. ein Prinzipal weiß, daß ein Angestellter einem anderen ein Geheimnis verraten hat, dieser andere aber erst nach zehn Jahren das Geheimnis benutzt, so daß erst dann der Schade entsteht, so läuft die Verjährung erst vom Moment der Benutzung an.

b) Ist ein Schade entstanden, so kann der Berechtigte innerhalb von sechs Monaten von Kenntnis der Tat, des Täters und des Schadens vorgehen, keinesfalls aber, wenn länger als drei Jahre seit Entstehung des Schadens verstrichen sind.

3. Nicht unbestritten ist, wann ein Schade im Sinne des Gesetzes vorhanden und wann er bekannt ist.

a) Es genügt für den Beginn der Verjährung, daß ein Schade entstanden ist, d. h. daß die rechtsverletzende Handlung eine schädigende Folge gehabt hat. (Finger 320.)

Ein Plenarbeschluß des Obertribunals (Entsch. 13 19) hat den in der preußischen Praxis stets durchgeführten Grundsatz für den dem § 21 gleichliegenden § 54, I, 6 ALR. ausgesprochen, daß die sich erneuernden Folgen der beschädigenden Handlung und die daraus hergeleiteten Entschädigungsansprüche nur ein Ausfluß des aus der beschädigenden Handlung und ihrer Wirkung für den Beschädigten entstandenen gesetzlichen Rechts sind. Nur wenn eine beschädigende Handlung sich wiederholt, beginnt für die hieraus entstehenden Schäden eine neue Verjährung. (Weitere Entscheidungen bei Wolff 58 und bei Rehbein, Die Entscheidungen des preußischen Obertribunals 1 619 Anm.) Bei unzulässiger Reklame durch ein Inserat ist ein Schade entstanden, wenn ein Kunde dem Konkurrenten abgeht; von da beginnt die Verjährung für allen aus dem Inserat entstehenden Schaden; wird ein neues Inserat veröffentlicht, beginnt für den hieraus entstehenden Schaden eine neue Verjährung.

b) Wenn auch der Schade bekannt ist, so wird sein **Umfang** in vielen Fällen doch nicht sofort bekannt und festzustellen sein. An sich ist für die Kenntnis nur entscheidend, daß man das Dasein des Schadens erfahren hat, nicht daß man die Höhe kennt. (Dernburg 2 II 630.) Der Berechtigte kann daher sowohl, ehe er die Höhe des Schadens, als auch, ehe er ev. den weiteren aus der schädigenden Handlung entstehenden Schaden übersehen kann, in die Lage kommen, klagen zu müssen, um die Verjährung zu unterbrechen. Wie bereits S. 20 Nr. 8 unter Berufung auf die Plenarentscheidung des RG. 21 382 ausgeführt ist, kann in solchem Fall der Kläger sowohl darauf klagen, daß der in bestimmter Weise (z. B. durch Sachverständige) zu ermittelnde Schade (S. 387), oder aber, falls weiterer Schade als der bisher entstandene, zu besorgen, daß der Schade, vorbehaltlich Festsetzung in einem besonderen Verfahren, ersetzt werde. (Vgl. auch RG. im Recht 07 834 Nr. 1866.) Letzteres ist immer zulässig, wenn durch den drohenden Ablauf der Verjährung der Berechtigte an der alsbaldigen Feststellung ein Interesse hat.

C. Fristberechnung.

1. Für die **Berechnung der Fristen** kommen die §§ 187 ff. BGB. zur Anwendung. (§ 186 BGB.) Als Anfangstag gilt der dem verletzenden Ereignis nachfolgende Tag. (§ 187 Abs. 1.) Die Frist endigt mit dem Ablauf des Tages, der durch seine Benennung dem Tage entspricht, in den das Ereignis fällt. (§ 188 BGB.) Ist also z. B. die Tat am 21. Januar bekanntgeworden, so endet die Verjährung am 21. Juli desselben Jahres. Fehlt bei der sechsmonatigen Frist in dem letzten Monat der für den Ablauf maßgebende Tag, so endigt die Frist mit dem Ablauf des letzten Tages dieses Monats. (§ 188.)

2. Ist der Anspruch rechtskräftig festgestellt, oder ist ein vollstreckbarer Vergleich geschlossen oder eine vollstreckbare Urkunde aufgenommen, so tritt 30jährige Verjährung ein. (§§ 218 ff. BGB.)

D. Hemmung und Unterbrechung.

1. Für die **Hemmung** der Verjährung kommen die §§ 202—207 BGB. in Betracht, auf die verwiesen wird.

2. Die **Unterbrechung** regelt sich nach §§ 208—217 BGB. Da Unterlassungsklage und Schadensersatzklage selbständige Natur haben (s. S. 9 und 16), so ist nicht anzunehmen, daß die Erhebung der einen Klage die Verjährung der anderen unterbricht. (Zum Teil dagegen Wolff 69.) Die Einklagung eines Teiles des Schadens unterbricht die Verjährung bezüglich des Restes nicht. (RG. 57 372, 65 398.) Ebensowenig unterbricht der Antrag auf Zuerkennung einer Buße im Strafprozeß die Verjährung der Entschädigungsklage. (RG. 16 15.)

E. Geltendmachung und Wirkung der Verjährung.

1. Der Verjährungseinwand ist **nicht von Amts wegen** zu berücksichtigen (Crome 1 § 117); er ist geltend zu machen im Wege der Einrede. Die Tatsachen, auf die sich die Einrede stützt, hat der Beklagte zu beweisen. Ist die Klage nach drei Jahren von dem Zeitpunkte der Tat oder bei Schadensersatzklagen vom Zeitpunkte des Schadens erhoben, so ist weiterer Beweis nicht nötig, da der Ablauf der Frist genügt. Wird die Klage zwar vor Ablauf der drei Jahre, aber nach Ablauf von sechs Monaten seit der Tat erhoben, so hat Beklagter den Beweis zu führen, daß Kläger die Kenntnis bereits länger als sechs Monate gehabt hat. (Müller 199.)

2. **Wirkung der Verjährung** ist, daß der Verpflichtete berechtigt ist, die Leistung zu verweigern (§ 222 BGB.); doch ist er, wie oben (S. 165 Nr. 2) dargelegt, nicht etwa nun berechtigt, fernerhin in gleicher Weise Zuwiderhandlungen auszuüben. Die Bestimmung des § 852 Abs. 2 BGB., nach der auch nach Vollendung der Verjährung ein Anspruch auf Herausgabe ungerechtfertigter Bereicherung besteht, ist nicht analog anzuwenden. (Vgl. Seligsohn, Patentgesetz 419.) Denn wenn auch an sich in verschiedenen Fällen (s. S. 139 Nr. 5) ein Anspruch auf die Bereicherung gegeben ist, so wollte das Gesetz („Die . . . Ansprüche auf Unterlassung und Schadensersatz") die gesamten aus den bezeichneten Paragraphen entsprechenden Ansprüche durch die Verjährung treffen. Dieser ausschließlichen Regelung gegenüber ist eine Anwendung der weitergehenden Bestimmung des BGB. ausgeschlossen. (So Wolff 31; dagegen Finger 381.)

§ 22.

Die Strafverfolgung tritt mit Ausnahme der in den §§ 6, 10, 11 bezeichneten Fälle nur auf Antrag ein. In den Fällen der §§ 4, 8, 12 hat das Recht, den Strafantrag zu stellen, jeder der im § 13 Abs. 1 bezeichneten Gewerbetreibenden und Verbände.

Die Zurücknahme des Antrags ist zulässig.

Strafbare Handlungen, deren Verfolgung nur auf Antrag eintritt, können von den zum Strafantrage Berechtigten im Wege der Privatklage verfolgt werden, ohne daß es einer vorgängigen Anrufung der Staatsanwaltschaft bedarf. Die öffentliche Klage wird von der Staatsanwaltschaft nur dann erhoben, wenn dies im öffentlichen Interesse liegt.

Geschieht die Verfolgung im Wege der Privatklage, so sind die Schöffengerichte zuständig.

Inhaltsangabe.

Vorbemerkung.

§ 22 entspricht mit geringen Abänderungen dem früheren § 12. Von dem Prinzip sind jetzt ausgenommen die rein polizeilichen Übertretungen der Ausverkaufsbestimmungen in den §§ 6, 7, 9 und 10 und die Quantitätsverschleierung des § 11. Hingegen ist das Antragsrecht der nach § 13 Berechtigten auf die neuen Delikte der §§ 8 und 12 ausgedehnt.

A. Strafantrag.

I. Allgemeines.

1. **Alle Verfehlungen gegen das Gesetz, mit Ausnahme der in den §§ 6, 7, 9, 10 und 11 bezeichneten Übertretungen sind nur auf Antrag zu verfolgen.** Die Begr. von 1896 motivierte dies folgendermaßen:

„Die in dem Entwurfe bedrohten Vergehen verletzen, mit Ausnahme der Fälle des § 5 (jetzt § 11), nur private Interessen. Von deren Entschließung kann daher die Strafverfolguug abhängig gemacht werden. Wird von denselben ein Antrag nicht gestellt oder wird ein gestellter Antrag zurückgezogen, so deutet dies darauf hin, daß entweder der angerichtete Schaden nicht erheblich ist, oder daß eine Verständigung zwischen den Beteiligten stattgefunden hat. In beiden Fällen liegt zur Einleitung oder zur Fortführung eines Strafverfahrens ein Grund nicht vor. Dagegen werden Übertretungen der nach § 5 vom Bundesrat erlassenen Anordnungen der bestimmten Beziehung zu dem Interessentenkreise einer Einzelperson in der Regel entbehren; sie kennzeichnen sich vielmehr im allgemeinen als ein Verstoß gegen die Ordnung und sind daher von Amts wegen zu verfolgen." (Vgl. hierzu die Bemerkungen von M. M. Kohler 217.)

Dieses Prinzip hat unter der Herrschaft des bisherigen Gesetzes mannigfache Anfechtung erfahren. Man behauptete, wie die Begr. von 1909 S. 23 ausführt:

„daß sich seither die strafrechtliche Geltendmachung der durch das Gesetz gewährten Rechtsbehelfe in der Praxis meist äußerst beschwerlich und langwierig gestaltet habe, und man hat besonders Klage darüber geführt, daß die Staatsanwaltschaften es vielfach an einer energischen Handhabung der Vorschriften haben fehlen lassen."

Soweit sich die Reformbestrebungen darauf richteten, an Stelle der Privatklage das ohne Antrag von Amts wegen zu erfolgende Einschreiten der Staatsanwaltschaft zu setzen, antwortete die Begründung:

„Es spricht gegen den Vorschlag der schon bei anderer Gelegenheit hervorgehobene Gesichtspunkt, daß gerade auf diesem Gebiete die Initiative der beteiligten Kreise für die Ausführung der gegen die bestehenden Mißbräuche gerichteten Vorschriften ganz unentbehrlich ist. Das Gesetz hat mit gutem Grunde das Antragsrecht in die Hand dieser Kreise gelegt und hierdurch eine wertvolle Einwirkung des Verkehrslebens auf die Gestaltung der strafrechtlichen Verfolgung und die Rechtsübung überhaupt ermöglicht. Es würde einen Rückschritt bedeuten, wenn dieser Grundsatz verlassen werden würde."

Von anderer Seite verlangte man die Ersetzung der Privatklage durch die öffentliche Anklage auf Antrag, so insbesondere der „Deutsche Verein für den Schutz des gewerblichen Eigentums" (vgl. Denkschrift 13), einmal wegen der mit der Privatklage verbundenen hohen Kosten und dann wegen der Zuständigkeit der Schöffengerichte. Die Regierung hat aber daran festgehalten, daß die Staatsanwaltschaft nur bei öffentlichem Interesse einschreiten dürfe.

„Die Entscheidung der Frage, ob nach Lage des einzelnen Falles die Verfolgung im öffentlichen Interesse liegt, kann aus allgemeinen Gründen der Behörde nicht entzogen werden; übrigens steht gegen die Entscheidung der Staatsanwaltschaft schon nach geltendem Rechte dem Antragsteller die Beschwerde an die vorgesetzte Behörde zu. Es mag richtig sein, daß Staatsanwaltschaften in den ersten Jahren nach dem Inkrafttreten des Gesetzes die Strafverfolgung in Fällen abgelehnt haben, in denen ein gerichtliches Einschreiten wünschenswert gewesen wäre. Infolge derartiger Vorkommnisse, welche hauptsächlich auf dem Gebiete des Ausverkaufswesens lagen, haben die Justizverwaltungen der Bundesstaaten Anlaß genommen, die zuständigen Behörden darauf hinzuweisen, daß die Strafverfolgung der beklagten Auswüchse in der Regel im öffentlichen Interesse liege und ein energisches Einschreiten gegen alle in Betracht kommenden Ausschreitungen angezeigt sei. Daß diese Anordnungen erfolglos geblieben sind, kann nicht behauptet werden. Vielmehr haben die Erfahrungen der letzten Jahre ergeben, daß überall da, wo die Beteiligten namentlich rührige und gut geleitete Verbände, sich mit der Behörde in Fühlung setzen und erhalten, die Klagen über den Mangel an Entgegenkommen seitens der Staatsanwalten verstummen." (Begr. 24.)

Mit einer ähnlichen Motivierung wurde auch ein in der Reichstagskommission unternommener Versuch abgelehnt, die Staatsanwaltschaft dann zum Einschreiten zu zwingen, „wenn Handelskammern, Schutzverbände, Innungen oder andere wirtschaftliche Interessenvertretungen Strafantrag stellen". (Bericht 45/46.)

2. Die materiellen und prozessualen **Voraussetzungen des Antrags** sind bis auf eine Bestimmung in Satz 2 Abs. 1 des § 22, betreffend die Berechtigung der in § 13 genannten Verbände, zur Stellung des Strafantrags in den §§ 61—65 StGB. und in § 156 StPO. geregelt. Diese Vorschriften lauten:

§ 61. Eine Handlung, deren Verfolgung nur auf Antrag eintritt, ist nicht zu verfolgen, wenn der zum Antrage Berechtigte es unterläßt, den Antrag binnen drei Monaten zu stellen. Diese Frist beginnt mit dem Tage, seit welchem der zum Antrage Berechtigte von der Handlung und von der Person des Täters Kenntnis gehabt hat.

§ 62. Wenn von mehreren zum Antrage Berechtigten einer die dreimonatige Frist versäumt, so wird hierdurch das Recht der übrigen nicht ausgeschlossen.

§ 63. Der Antrag kann nicht geteilt werden. Das gerichtliche Verfahren findet gegen sämtliche an der Handlung Beteiligte (Täter und Teilnehmer), sowie gegen den Begünstiger statt, auch wenn nur gegen eine dieser Personen auf Bestrafung angetragen worden ist.

§ 64. Die Zurücknahme des Antrages ist nur in den gesetzlich besonders vorgesehenen Fällen und nur bis zur Verkündigung eines auf Strafe lautenden Urteils zulässig.

Die rechtzeitige Zurücknahme des Antrages gegen eine der vorbezeichneten Personen hat die Einstellung des Verfahrens auch gegen die anderen zur Folge.

§ 65. Der Verletzte, welcher das achtzehnte Lebensjahr vollendet hat, ist selbständig zu dem Antrage auf Bestrafung berechtigt. Solange er minderjährig ist, hat, unabhängig von seiner eigenen Befugnis, auch sein gesetzlicher Vertreter das Recht, den Antrag zu stellen.

Ist der Verletzte geschäftsunfähig oder hat er das achtzehnte Lebensjahr noch nicht vollendet, so ist sein gesetzlicher Vertreter der zur Stellung des Antrages Berechtigte.

§ 156 StPO. Anzeigen strafbarer Handlungen oder Anträge auf Strafverfolgung können bei der Staatsanwaltschaft, den Behörden und Beamten des

Polizei- und Sicherheitsdienstes und den Amtsgerichten mündlich oder schriftlich angebracht werden. Die mündliche Anzeige ist zu beurkunden.

Bei strafbaren Handlungen, deren Verfolgung nur auf Antrag eintritt, muß der Antrag bei einem Gericht oder der Staatsanwaltschaft schriftlich oder zu Protokoll, bei einer anderen Behörde schriftlich angebracht werden.

Es sollen in folgendem die für die Anwendung des § 22 besonders interessierenden Punkte erörtert werden, während im übrigen auf die Kommentare zum Strafgesetzbuch verwiesen wird. (Vgl. auch Köhler. Die Lehre vom Strafantrag in den strafrechtlichen Abhandlungen von Bennecke u. Beling Heft 18.)

II. Antragsberechtigte.

1. Nach §§ 61, 65 StGB. ist zum Strafantrage berechtigt der **Verletzte**. Es ist dies nicht der, welcher im zivilrechtlichen Sinne Schaden erlitten hat, weil die Zufügung eines Schadens nicht allgemeine Voraussetzung der im Gesetz bezeichneten Vergehen ist; Verletzter ist vielmehr der, welcher durch die Straftat selbst betroffen in seinen Rechten durch sie unmittelbar gekränkt wird (RGStr. 1 371); überhaupt derjenige, gegen dessen durch das Strafgesetz geschütztes Recht der Angriff gerichtet ist. (RGStr. 19 251.) Nach der Entscheidung des RG. in SeuffBl. 06 293 ist das vom Gesetz geschützte Rechtsgut der geschäftliche Friede, das natürliche Recht, nur mit loyalen Waffen bekämpft zu werden. Entscheidend ist lediglich die Zeit, in welcher die Tat begangen ist; wer zu diesem Zeitpunkt der Verletzte war, ist strafantragsberechtigt; eine Übertragung dieses Rechts ist unzulässig. (RGStr. 12 328.) Diese Grundsätze auf die einzelnen Fälle des Gesetzes angewendet, ergeben folgendes:

a) Berechtigt zu Stellung des Strafantrages nach **§§ 4, 8 und 12** ist jeder der in § 13 bezeichneten Gewerbetreibenden und Verbände. Dies ist in § 22 ausdrücklich bestimmt, ergibt sich aber auch an sich aus allgemeinen Grundsätzen in Verbindung mit §§ 13, 4, 8 und 12.

b) Nach **§ 15** ist berechtigt der, welcher zur Zeit des Vergehens Inhaber des Gewerbebetriebs, gegen den sich der Angriff richtet, gewesen ist. Der „Leiter" des Geschäfts ist nicht als Verletzter anzusehen. (S. S. 113 Nr. II, 2; dagegen Fuld 510.)

c) Nach **§§ 17—20** ist verletzt der Inhaber des Geschäfts, dessen Geheimnis verraten ist und zwar zur Zeit der Tat, d. h. wenn ein Vergehen gegen § 17 Abs. 1 vorliegt, zur Zeit, als das Geheimnis mitgeteilt wird, bei Vergehen gegen § 17 Abs. 2 und § 18 zur Zeit der Mitteilung oder Verwertung, gegen § 20 zur Zeit des Unternehmens. Wenn z. B. ein Geschäftsinhaber, nachdem er einem Angestellten ein Geheimnis anvertraut hat, sein Geschäft veräußert, demnächst der Angestellte, der seine Stellung auch bei dem Nachfolger behalten hat, das Geheimnis mitteilt, so ist nur der Nachfolger antragsberechtigt.

2. Ebensowenig, wie das Antragsrecht übertragbar ist, ist es vererblich. (RGStr. 11 55.)

3. Verletzt kann nicht nur eine physische sondern auch eine **juristische Person** sein. Auch diese ist daher berechtigt, durch die zu ihrer Vertretung berechtigten Organe (UnlW. 4 46) Strafantrag zu stellen (RGStr. 15 293); ebenso kann ein Kaufmann den Strafantrag unter dem Namen seiner Firma stellen, falls diese verletzt ist (RGStr. 23 349, 29 354).

4. Sind **mehrere Antragsberechtigte** vorhanden, was insbesondere bei den Vergehen gegen § 4 vielfach der Fall sein wird, so steht jedem das Recht selbständig zu. Ist aber auf Antrag eines Berechtigten Aburteilung erfolgt, so kann wegen der-

selben Tat nicht von neuem vorgegangen werden. (§ 415 StPO.; Olshausen Anm. 59 zu § 61; Loewe Anm. zu § 415; RGStr. 3 362.)

5. **Der Berechtigte ist nicht verpflichtet, den Antrag persönlich zu stellen.** Zunächst ist ausdrückliche Vollmacht, einen Strafantrag zu stellen, zulässig. (RGStr. 1 389); diese braucht nicht schriftlich zu sein (RGStr. 3 425, 19 7); es ist auch nicht notwendig, daß der Nachweis der Vollmacht innerhalb der Antragsfrist erbracht wird. (RGStr. 12 331.) An sich macht auch die nachträglich erfolgende Genehmigung den Strafantrag eines nicht Vertretungsberechtigten gültig, nur muß diese Genehmigung innerhalb der Frist nachgewiesen werden. (RGStr. 12 329.)

Ferner ist angenommen, daß gewisse Personen berechtigt sind, auch ohne ausdrückliche Vollmacht Strafanträge zu stellen, jedoch immer mit der Beschränkung, wenn und insoweit anzunehmen ist, daß die Stellung des Antrags dem Willen des Berechtigten entspricht; so bei dem Generalbevollmächtigten zur Verwaltung eines ganzen Vermögens oder eines Vermögensteils, soweit ein seiner Verwaltung unterliegendes Recht angegriffen ist (RGStr. 1 389, 2 149, 19 7); bei dem Prokuristen bei Verletzung mit dem Geschäft zusammenhängender Rechte (RGStr. 15 144); nicht aber beim Handlungsbevollmächtigten oder Generalagenten (RGStr. 15 329; letzteres ist auch jetzt, trotz § 84 HGB., anzunehmen.) Demnach wird man in allen Fällen, in denen ein Vergehen aus §§ 4, 15, 17, 18, 20 gegen den Geschäftsbetrieb gerichtet ist, den Prokuristen und auch den in § 15 erwähnten Leiter für berechtigt erachten, im Namen des Geschäftsinhabers Strafantrag zu stellen, soweit dies dem Willen des letzteren entspricht.

Ist der Geschäftsinhaber in **Konkurs,** so ist der Verwalter, soweit er als Berechtigter erscheint (vgl. S. 11) und neben ihm der Gemeinschuldner zum Strafantrag berechtigt. (RGStr. 23 223.)

III. Form und Inhalt des Antrags.

1. **Nach § 156 StPO. ist der Antrag bei der Staatsanwaltschaft, bei einem Gericht oder bei Behörden und Beamten des Polizei- und Sicherheitsdienstes zu stellen.** Wird der Antrag bei einem Beamten gestellt, der nicht zum Polizei- oder Sicherheitsdienst gehört, so ist er gleichwohl gültig, falls ihm das schriftliche Ersuchen der Weitergabe an die zuständige Behörde beigefügt war. Nicht nötig ist die Anbringung bei einem zuständigen Gerichte oder Behörde. (Olshausen Anm. 22 zu § 61.)

2. Die **Form** ist bei Anträgen an das Gericht oder die Staatsanwaltschaft schriftliche oder protokollarische, sonst nur schriftliche.

3. Zur **Schriftform** gehört im allgemeinen die Unterschrift, jedoch kann dieselbe durch Unterstempelung oder Zeichen, wie Kreuze usw., ersetzt werden; auch ist Nachholung der Unterschrift innerhalb der Frist zulässig. (RGStr. 3 442.) Für die protokollarische Form sind besondere Vorschriften nicht gegeben, es genügt eine Registratur. (RGStr. 12 375.)

4. Der Antrag muß seinem **Inhalt** nach den Willen erkennen lassen, daß strafrechtlich vorgegangen wird; besondere dahin zielende Worte sind nicht nötig. (RGStr. 12 174, 19 380; Recht 05 348.)

5. **Gleichgültig ist die rechtliche Qualifikation der Handlung im Antrag;** es muß nur die Tat so bezeichnet sein, daß deren Identität nicht zweifelhaft ist. Nicht nötig ist die Bezeichnung der Person desjenigen, dessen Bestrafung verlangt wird. (RGStr. 7 36.) Näheres, insbesondere ausgedehnte Judikatur, bei Olshausen Anm. 38ff. zu § 61; dort auch über Bedingungen und Vorbehalte des Antrags.

IV. Antragsfrist.

1. Der Antrag ist innerhalb **dreier Monate** von dem Tage an zu stellen, seit dem der Berechtigte von Tat und Täter Kenntnis gehabt hat. (§ 61 StGB.) Nach den Worten des Gesetzes: „Die Frist beginnt mit dem Tage, seit welchem usw." ist hier im Gegensatz zu der Berechnung bei der zivilrechtlichen Verjährung (s. S. 167 Nr. C) anzunehmen, daß die Frist mit dem Beginn des dem Anfange der Antragsfrist entsprechenden Kalendertages endigt. (RGStr. 1 41 und Olshausen Anm. 29 zu § 61.) Ist daher die Kenntnis z. B. am 28. Februar erlangt, so ist der Antrag bis zum 27. Mai einschließlich zu stellen.

2. Wann die **Tat** als begangen, d. h. als vollendet gilt, ist bei den einzelnen Bestimmungen erörtert. Ein fortgesetztes Vergehen (s. S. 50) endet mit der letzten der in ihm enthaltenen Einzelhandlungen, so daß dem Berechtigten, wenn er von dieser Kenntnis erlangt, die Antragsfrist noch offensteht ohne Rücksicht darauf, ob er früher von früheren Einzelhandlungen Kenntnis gehabt hat. (RGStr. 15 373, 38 40.)

3. Über den Begriff der **Kenntnis** vgl. S. 166 Nr. 3.

4. Sind **mehrere Personen** bei einem Vergehen beteiligt, so beginnt die Frist gegen alle, sowie die Frist gegen einen begonnen hat, weil der Antrag gegen den einen die Verfolgung gegen alle umfaßt. (§ 63 StGB.; RGStr. 9 390, 25 107.) Hat also jemand von einer unlauteren Reklame eines Konkurrenten Kenntnis erlangt, so beginnt mit diesem Zeitpunkt die Antragsfrist auch gegen noch unbekannte Anstifter und Gehilfen.

V. Unteilbarkeit des Antrags.

1. **Nach dem auch für § 22 anwendbaren § 63 StGB. kann der Antrag nicht geteilt werden** und hat das gerichtliche Verfahren gegen sämtliche Beteiligte zur notwendigen Folge. Wenn also der Antragsteller die Bestrafung auch nur eines Beteiligten verlangt, so ist gegen alle einzuschreiten, die an der in der Anzeige bezeichneten Handlung teilgenommen haben. Dies gilt selbst, wenn die Unschuld des allein im Antrage Benannten erwiesen ist. (RGStr. 5 271, 7 35.) Auch ein Vorbehalt, daß gegen gewisse Personen nicht eingeschritten werden soll, nützt nichts, es sei denn, daß aus dem Antrag der Wille hervorgeht, daß, falls dem Vorbehalt nicht entsprochen wird, der Antrag als nicht gestellt gelten soll. (RGStr. 6 155.)

2. Der Ausdruck: **Beteiligte** ist in weitestem Sinne zu nehmen; er umfaßt außer den Mittätern, Anstiftern, Gehilfen auch die Personen, welche ohne den zur Teilnahme erforderlichen Vorsatz durch ihr Zusammenwirken den gesetzwidrigen Erfolg herbeiführen. (RGStr. 20 59, 33 162.)

3. Notwendig ist aber, daß eine Beteiligung an der im Antrag bezeichneten **Tat** vorliegt. Eine Identität der von dem einen mit der von dem anderen begangenen Handlung liegt dann nicht vor, wenn zwar dasselbe Recht aber durch verschiedene eigenartige und selbständige Deliktsformen verletzt ist. (RGStr. 28 178, 38 430.) So sind die Vergehen gegen § 17 Abs. 1 und Abs. 2 als selbständige, begrifflich und inhaltlich verschiedene Straftaten angesehen worden. Ist daher nur Antrag gegen den Angestellten wegen Verrats von Geschäftsgeheimnissen gestellt, so ist ein Verfahren gegen den, der von diesem Angestellten die Geheimnisse erfahren und verwertet hat, soweit er nicht als Anstifter, Gehilfe oder Mittäter des Angestellten anzusehen ist, auf Grund des nur gegen den Angestellten gestellten Strafantrags unzulässig. (RGStr. 31 93.)

VI. Rücknahme des Antrages.

1. Der Abs. 2 des § 22, dessen Streichung neuerdings vergeblich beantragt wurde,

ist aus § 64 StGB. zu ergänzen. **Danach ist die Zurücknahme** nur bis zur Verkündung eines auf Strafe lautenden Erkenntnisses zulässig.

2. Die **Form** der Zurücknahme ist gleichgültig; insbesondere ist nicht die Beobachtung der Formen nötig, die für die Stellung des Antrags vorgeschrieben sind. (RGStr. 8 79.)

3. **Berechtigt** zur Zurücknahme ist der, der den Antrag gestellt hat; Stellvertreter sind es in gleichem Maße, wie bei Stellung des Antrages. Erben haben das Recht der Rücknahme nicht. (Olshausen Anm. 7b zu § 64.)

4. Das Recht zur Stellung des Strafantrags geht nur durch Ablauf der Zeit oder durch Zurücknahme verloren; dagegen stehen **Verzeihung** der Straftat oder erklärter **Verzicht** auf die Strafverfolgung vor oder während der Antragsfrist der Erhebung des Antrages nicht entgegen. (RGStr. 14 204 und die dort zitierten Entscheidungen.)

Die Erklärung also eines Prinzipals seinem Angestellten gegenüber, daß er ihm Straflosigkeit verspreche, wenn er den Verrat von Geschäftsgeheimnissen gestehe, hindert ersteren nicht, demnächst doch Strafantrag zu stellen.

B. Einschreiten der Staatsanwaltschaft.

1. Der Staatsanwalt soll nur dann Anklage erheben, **wenn dies im öffentlichen Interesse liegt** (vgl. § 416 StPO.), und zwar ist er in diesem Fall zur Erhebung der Anklage nicht nur berechtigt, sondern auch verpflichtet (s. Begr. zum Gesetz von 1896). Wann die Übernahme der Verfolgung im öffentlichen Interesse geboten ist, ist nach der Lage des einzelnen Falles, z. B. auch danach zu entscheiden, ob etwa sich gewisse allgemeine Mißbräuche eingeschlichen haben. Als solche sind z. B. die Reklamen der Kurpfuscher anzusehen (vgl. Erlaß des preußischen Justizministers vom 21. XII. 01 in UnlW. 1 156). Ähnliche Anweisungen zum Einschreiten sind, wie die Begr. von 1909 ergibt, auch von den Regierungen anderer Bundesstaaten ausgegangen. Außerdem kann das öffentliche Interesse gefährdet erscheinen durch Schädigung der Allgemeinheit, durch besonders raffiniertes Verhalten des Täters, dem der Privatkläger nicht in der Weise wie die Behörde entgegentreten kann usw.

2. Die Staatsanwalt kann, auch wenn sie die Erhebung der Anklage abgelehnt hat, oder wenn ohne ihre Anrufung Privatklage erhoben ist, **jederzeit die Verfolgung übernehmen.** (§ 417 Abs. 2 StPO.) Stellt sie dann ihrerseits wieder ein, so kann des inzwischen eingestellte Privatklageverfahren von neuem fortgesetzt werden. (LG. Mannheim in BadRspr. 04 340.)

3. Weist die Staatsanwaltschaft einen Strafantrag aus materiellen Gründen zurück, so ist nach § 170 StPO. Beschwerde an den vorgesetzten Beamten und, falls dieser ebenfalls zurückweist, Antrag auf gerichtliche Entscheidung zulässig. Erfolgt dagegen die Zurückweisung, weil kein öffentliches Interesse vorliegt, so ist nur Beschwerde an die vorgesetzte Behörde ev. an die Landesjustizverwaltung zulässig, weil die Frage, ob ein öffentliches Interesse vorliegt, in das Ermessen der Staatsanwaltschaft gestellt ist und hierbei der Rechtsweg ausgeschlossen erscheint. (So allgemeine Ansicht, vgl. Loewe Anm. 4 zu § 170 StPO.)

4. Auch wenn nach Zurückweisung des Antrages durch die Staatsanwaltschaft die dreimonatige Frist abgelaufen ist, kann der Berechtigte Privatklage erheben, da durch die Stellung des Antrages an den Staatsanwalt die Frist gewahrt ist.

C. Privatklage.

1. Sowohl vor Anrufung der Staatsanwaltschaft als auch nach Zurück-

weisung des Antrages auf öffentliche Verfolgung kann Privatklage erhoben werden. Für das Verfahren gelten die Vorschriften der Strafprozeßordnung §§ 417 bis 434, auf welche verwiesen wird. In folgendem sollen nur die Besonderheiten für dies Gesetz hervorgehoben werden.

2. **Kläger** ist der „zum Strafantrag Berechtigte". Es gilt also alles das, was hierüber S. 171 Nr. II gesagt ist; insbesondere können auch die in § 13 genannten Verbände Privatklage erheben.

3. Ein **Sühneversuch**, der in § 420 StPO. nur für Beleidigungen vorgeschrieben ist, ist nicht nötig.

4. **Der Tod** des Privatklägers hat nach der allgemeinen Vorschrift des § 433 Abs. 1 die Einstellung des Verfahrens zur Folge. (Dagegen Meyer 64 Anm. 8.) Die Vorschrift des Abs. 2 des § 433 ist eine singuläre, nicht für die Bestimmungen dieses Gesetzes passende, so daß hier jede Weiterführung durch die Erben ausgeschlossen ist. (Hauß 100; ebenso Fuld 515.)

5. **Widerklage** kann nach § 428 StPO. nur bei Beleidigungen und Körperverletzungen erhoben werden; ist also hier mangels ausdrücklicher Vorschrift unzulässig. (LG. Colmar in UnlW. 1 43.)

6. Hat **einer der Berechtigten** Privatklage erhoben, so ist ein anderer Mitberechtigter nach § 415 StPO. nur berechtigt, dem Verfahren (durch Erhebung einer Klage) beizutreten und zwar in der Lage, in der sich dasselbe zur Zeit des Beitritts befindet. Selbstverständlich gilt dies nur, wenn dieselbe strafbare Handlung oder ein als *eine* Handlung anzusehendes fortgesetztes Vergehen vorliegt.

7. Die **Zurücknahme** der Privatklage ist nicht nur bis zur Verkündung des Urteils erster Instanz, sondern, soweit zulässige Berufung eingelegt ist, bis zur Verkündung des Urteils zweiter Instanz zulässig. (§ 431 StPO.)

D. Nebenklage.

1. Erhebt die Staatsanwaltschaft Anklage, so kann der zur Erhebung der Privatklage Berechtigte auf Grund des § 435 Abs. 1 und § 443 StPO. sich dem Verfahren als **Nebenkläger** anschließen. Das Verfahren regeln §§ 435 ff. StPO.

2. Im Fall der Verurteilung des Angeklagten sind ihm auch die dem Nebenkläger erwachsenen *notwendigen Auslagen* aufzuerlegen, gleichviel ob diesem eine etwa beantragte Buße zugesprochen ist oder nicht. (RGStr. 6 237, 15 190; LG. Torgau in GewRschutz 01 277.) Im Fall der Freisprechung hat der Nebenkläger seine Auslagen selbst zu tragen, die Kosten des Verfahrens dagegen können ihm nicht auferlegt werden. (RGStr. 15 191.)

E. Zuständigkeit.

1. Nach Abs. 4 ist für die aus diesem Gesetz erhobenen Privatklagen das **Schöffengericht** zuständig.

2. Ist öffentliche Anklage in den Fällen der §§ 4, 12, 15, 17, 18, 20 erhoben, so sind die **Strafkammern** zuständig. (§ 73 Ziffer 1 GVG.) Eine Überweisung an das Schöffengericht tritt nicht ein.

3. Für die Übertretung der §§ 6, 10 und 11 sind die Schöffengerichte zuständig.

4. Die Frage des *Gerichtsstandes* regeln die §§ 7 ff. StPO.

§ 23.

Wird in den Fällen der §§ 4, 6, 8, 12 auf Strafe erkannt, so kann angeordnet werden, daß die Verurteilung auf Kosten des Schuldigen öffentlich bekannt zu machen sei.

Wird in den Fällen des § 15 auf Strafe erkannt, so ist zugleich dem Verletzten die Befugnis zuzusprechen, die Verurteilung innerhalb bestimmter Frist auf Kosten des Verurteilten öffentlich bekannt zu machen.

Auf Antrag des freigesprochenen Angeschuldigten kann das Gericht die öffentliche Bekanntmachung der Freisprechung anordnen; die Staatskasse trägt die Kosten, insofern sie nicht dem Anzeigenden oder dem Privatkläger auferlegt worden sind.

Ist auf Grund einer der Vorschriften dieses Gesetzes auf Unterlassung Klage erhoben, so kann in dem Urteile der obsiegenden Partei die Befugnis zugesprochen werden, den verfügenden Teil des Urteils innerhalb bestimmter Frist auf Kosten der unterliegenden Partei öffentlich bekannt zu machen.

Die Art der Bekanntmachung ist im Urteil zu bestimmen.

Inhaltsangabe.

Vorbemerkung.

§ 23 tritt an Stelle des früheren § 13 mit einer aus der Einführung neuer Tatbestände in das Gesetz folgenden Erweiterung der Abs. 1 und 4.

A. Allgemeines.

(Vgl. Biberfeld in GewRschutz 97 240, Kohler in AZP. 98 261, Lubszinsky in UnlW. 2 33, Wassermann in UnlW. 6 84 [auch in den Berichten des Deutschen Vereins 90].)

1. Eine sehr wirkungsvolle Waffe im Kampf gegen den unlauteren Wettbewerb, oft wichtiger als die Verhängung einer Strafe, ist die **Veröffentlichung** der ergehenden Entscheidungen. Sie soll nach den Worten der Begründung von 1896 „dazu beitragen, das durch trügerische Vorspiegelungen irregeführte Publikum aufzuklären und es zu bestimmen, sein Vertrauen dem soliden Geschäftsbetriebe zuzuwenden".

2. § 23, der die Bekanntmachung des Urteils ordnet, enthält drei tatsächlich und begrifflich verschiedene Arten der Veröffentlichung, die der **Verurteilung** im Strafprozeß (Abs. 1 und 2), die der **Freisprechung** (Abs. 3) und die des **Urteils im Zivilprozeß auf Unterlassung**.

3. Die Bestimmungen haben zum Teil ihr Vorbild in früheren Gesetzen;

insbesondere ist die Veröffentlichung des verurteilenden Erkenntnisses in §§ 165, 200 StGB., § 36 PatG., § 10 GebrMustG., § 19 WarenZG., § 16 NahrMittelG. enthalten; die Bekanntmachung der Freisprechung ist angeordnet in § 411 StPO. und im Nahrungsmittelgesetz; die Veröffentlichung von Zivilerkenntnissen dagegen ist bisher ohne Beispiel in der Gesetzgebung.

4. **Alle drei Arten der in § 23 enthaltenen Bekanntmachungen sind solche, die vom Gericht angeordnet werden.** Durch die Bestimmungen des Gesetzes aber wird die Befugnis des durch unlauteren Wettbewerb Verletzten nicht ausgeschlossen, auf eigene Kosten die Verurteilung, oder die des ungerechterweise Angegriffenen, die Freisprechung oder die Abweisung der Klage zu veröffentlichen (OLG. Colmar im Recht 02 24 Nr. 104; OLG. Hamburg in UnlW. 6 86; RG. in SeuffArch. 62 458 und JW. 07 528); sogar vor Rechtskraft des Urteils. (RG. in UnlW. 9 30.) Es gibt keine Vorschrift, die die Bekanntmachung von der Wahrheit entsprechenden Tatsachen verbietet, soweit nicht zivilrechtlich die Vorschriften der §§ 823, 824, 826, 226 BGB., strafrechtlich die Vorschriften über Beleidigung verletzt werden. An sich ist daher jedem unbenommen, die für ihn günstigen Urteile zu verbreiten und zu veröffentlichen, soweit dies zur Abwehr gegen unberechtigte Angriffe geboten erscheint. Die Frage, ob eine solche Publikation berechtigt war, kann übrigens nicht zum Gegenstand einer Feststellungsklage gemacht werden. (RG. in JW. 07 528.)

B. Bekanntmachung der Verurteilung.

I. Allgemeines.

1. **Abs. 1 und 2 des § 23 behandeln eine einheitliche Rechtsinstitution,** die Bekanntmachung der Verurteilung eines Straferkenntnisses. Sie ist nur für die zitierten Bestimmungen, insbesondere also nicht für §§ 17 und 18 angeordnet. Wenn auch für die Fälle, in denen sie gesetzlich gegeben ist, verschiedene Voraussetzungen bestehen, so sind doch, abgesehen von den näher zu behandelnden einzelnen Verschiedenheiten, für sie eine Anzahl gleicher Grundsätze vorhanden, die zunächst zu erörtern sind.

2. Die Frage, ob die Veröffentlichung als **Strafe** oder als **Genugtuung** anzusehen ist, ist von nicht geringer praktischer Bedeutung. Das Reichsgericht hält in ständiger, eingehend begründeter Praxis (RGStr. 6 180, 16 73, 29 44 für das Strafgesetzbuch, 14 3, 35 19 für das Warenzeichengesetz) daran fest, daß in der Veröffentlichung eine Nebenstrafe liegt. Für das Wettbewerbsgesetz ist dies vom RG. ausgesprochen in JW. 08 371, jedoch mit dem Zusatz, daß die Veröffentlichung im Falle des Abs. 2 zugleich eine Genugtuung für den Verletzten bilde. (Den Charakter der Nebenstrafe betont auch M. M. Kohler 232; dagegen Biberfeld in GewRschutz 97 246, dessen Ansicht dahin geht, daß die in § 23 bezeichnete Veröffentlichung, gleichviel, wie man sie im Strafgesetzbuch ansieht, als Genugtuung zu betrachten ist.)

3. **Voraussetzung der Veröffentlichung in Abs. 1 und 2 ist die Verurteilung zur Strafe,** gleichviel ob diese im Anklage- oder Privatklageverfahren erfolgt ist.

Die Verurteilung muß aus §§ 4, 6, 8, 12 oder 15 des Gesetzes geschehen sein; ist die Bestrafung erfolgt aus einem dieser Paragraphen in Idealkonkurrenz mit einem anderen Vergehen, bei dem eine schwerere Strafe angedroht ist, z. B. mit Betrug, so findet gemäß § 73 StGB. und nach der Auffassung als Strafe die Veröffentlichung nicht statt. (RGStr. 4 218, 6 180, 10 206.) Dagegen ist bei Realkonkurrenz mit einem anderen Vergehen die Veröffentlichung zulässig. (RGStr. 23 326.)

Eine fernere Konsequenz der Auffassung als Strafe ist, daß § 232 StPO. in den Fällen beider Absätze nicht zur Anwendung kommen, also der Angeklagte vom Erscheinen in der Hauptverhandlung nicht entbunden werden kann, da die Strafe der Veröffentlichung in § 232 nicht erwähnt ist. (RGStr. 29 47, 35 18.)

4. Weitere Voraussetzung ist die „**Anordnung**", d. h. **die Aufnahme in den Urteilstenor**; seine Ergänzung ist im Strafprozeß unbekannt. (RGStr. 14 154.) Dagegen können Lücken über die Art der Bekanntmachung, falls diese selbst im Urteil angeordnet ist, nachträglich ergänzt werden. Soweit Berufung zulässig ist, kann dieselbe wegen Unterlassung der Anordnung eingelegt werden. Hat nur der Angeklagte oder zu seinen Gunsten der Staatsanwalt Berufung eingelegt, so ist die höhere Instanz nicht in der Lage, die in erster Instanz nicht erkannte Veröffentlichung anzuordnen. (§ 372 StPO.)

Revision ist in dem Fall des Abs. 2 für zulässig zu erachten, wenn die dort obligatorisch bestimmte Anordnung unterlassen ist, nicht aber im Fall des Abs. 1, insoweit das dort maßgebende richterliche Ermessen nachgeprüft werden soll. (SächsOLG. 98 194; vgl. GoltdArch. 46 65 Anm. und Stenglein Anm. 1 zu § 13 alt. Fass.)

5. Die **Art der Bekanntmachung** ist im Urteil zu bestimmen. (Abs. 5 des § 23.) Das Gericht hat nach freiem Ermessen anzuordnen, welche Art der Veröffentlichung es für angemessen erachtet. (Vgl. RGStr. 23 326, 27 180.) Insbesondere hat es zu bestimmen, ob nur der Urteilstenor oder auch die Gründe oder ein Teil von ihnen zu veröffentlichen ist. Daß die Veröffentlichung der Gründe zulässig ist, ergibt sich aus dem Wort „Verurteilung" in Abs. 1 und 2 im Gegensatz zu dem „verfügenden Teil des Urteils" in Abs. 4. (In gleicher Weise in § 200 StGB., vgl. auch RGStr. 20 1.)

Ebenso bestimmt das Gericht, in welcher Weise die Veröffentlichung zu erfolgen hat, ob durch Aushang, Einrückung in Zeitungen, auch in welchen und wie oft usw. Es ist auch nicht ausgeschlossen, daß öffentlicher Anschlag des Urteils in besonders schweren Fällen angeordnet wird.

6. Stirbt ein Verurteilter vor Rechtskraft des Erkenntnisses, so ist die Veröffentlichung, da sie noch nicht rechtskräftig erkannt ist, nicht zulässig; dasselbe ist auch anzunehmen, wenn der Verurteilte nach Rechtskraft, aber vor der Veröffentlichung stirbt. Es ist ein allgemeiner Grundsatz, daß Strafurteile nur gegen den Angeklagten, nicht dessen Erben zu vollstrecken sind; der § 30 StGB. macht hiervon nur eine Ausnahme für die Geldstrafen; andere Strafen, wie die Veröffentlichung, fallen unter diese Bestimmung nicht. (Dagegen Seligsohn 415, Kent Nr. 829, Finger 402 Anm. e.) Auch dies ist eine, wie das Reichsgericht (RGStr. 6 183) mit Recht sagt, bedenkliche Konsequenz der Strafnatur der Veröffentlichung.

II. Bekanntmachung der Verurteilung aus §§ 4, 6, 8, 12.

1. Die Veröffentlichung gemäß Abs. 1 bedarf eines Antrages nicht, steht aber im Ermessen des Gerichts („kann"). Sie geschieht durch das Gericht.

2. Daraus, daß der Strafantrag in diesen Fällen von jedem der in § 13 bezeichneten Gewerbetreibenden und Verbände gestellt werden kann, ohne daß es des Nachweises einer Verletzung oder Schädigung bedarf, geht hervor, daß das Vergehen im Interesse nicht eines einzelnen, sondern der gesamten beteiligten Gewerbetreibenden verfolgt wird. Daraus folgt, als Fingerzeig für das **richterliche Ermessen** in betreff der Urteilsveröffentlichung, daß diese auszusprechen ist, soweit es das Interesse des Handelsstandes verlangt. Nicht darauf kommt es hier an, ob ein einzelner geschädigt ist, sondern darauf, ob die Verletzung der öffentlichen Moral durch die unlautere Reklame eine Sühne erheischt. Die Veröffentlichung wird dann insbesondere zu erfolgen haben, wenn das Publikum durch das Vorgehen des Verurteilten irregeführt worden ist. (RGStr. in DJZ. 03 502.) Hingegen empfiehlt sich ihre Unterlassung,

wenn sie für den Verurteilten Nachteile zur Folge hätten, die nicht im Verhältnis zu seiner Tat stehen. (RG. in UnlW. 1 31.)

3. Die **Vollstreckung**, d. h. die Anordnung der Bekanntmachung, ist Sache der Vollstreckungsbehörde, die, da eine Frist gemäß Abs. 1 im Urteil nicht zu setzen ist, nach Rechtskraft das Nötige zu veranlassen hat. Die Veröffentlichung in periodischen Druckschriften kann gemäß § 10 PreßG. erzwungen werden.

4. Die **Kosten der Veröffentlichung** sind Teil der Kosten des Verfahrens, daher vom Verurteilten einzuziehen, eventuell von der Staatskasse zu tragen.

III. Bekanntmachung der Verurteilung aus § 15.

1. Im Gegensatz zu Abs. 1 bestimmt Abs. 2 des § 23, daß die Veröffentlichung auf Antrag des Verletzten angeordnet werden muß („ist"); jedoch in der Weise, daß die Ausführung dem Verletzten überlassen wird.

2. Das Vergehen des § 15 richtet sich gegen ein bestimmtes Rechtssubjekt, gegen den, über dessen Erwerbsgeschäft usw. unwahre Behauptungen aufgestellt sind. Es ist also im Fall des § 15, entgegen den in Abs. 1 erwähnten, stets ein **Verletzter** vorhanden, gegen den die betreffende Handlung gerichtet ist, er hat das Recht, nach § 22 Strafantrag zu stellen oder Privatklage zu erheben; ihm steht auch nach § 23 das Recht zu, die Veröffentlichung zu verlangen.

3. **Hat er den Antrag gestellt, so muß ihm entsprochen werden**; jedoch muß das Gericht eine Frist zur Ausübung des Rechts bestimmen. Die Frist beginnt mit der Rechtskraft des Urteils; die Veröffentlichung darf vor Rechtskraft nicht gestattet werden. Dies geht daraus hervor, daß es eine vorläufige Vollstreckbarkeit im Strafverfahren nicht gibt, ferner auf Strafe erst „erkannt" ist, wenn das Urteil die Rechtskraft beschritten hat.

Hat das Gericht die Befugnis zur Veröffentlichung ausgesprochen, so hängt es vom Ermessen des Berechtigten ab, ob er von dem Rechte Gebrauch machen will. Versäumt er die Frist, so ist das Recht verloren.

4. **Die Vollstreckung ist Sache des Berechtigten**; gelingt ihm die Durchführung nicht, z. B. wenn ein Redakteur sich weigert, die Veröffentlichung in seinem Blatte vorzunehmen, so muß er für berechtigt erachtet werden, die Mitwirkung der Vollstreckungsbehörde in Anspruch zu nehmen. In diesem Fall ist die Frist gewahrt, wenn der Verletzte seinerseits das Möglichste getan und innerhalb der Frist den Antrag gestellt hat. (Müller 213.)

5. Die **Kosten** hat zunächst der Verletzte zu tragen bzw. vorzuschießen, wenn er Anträge an die Vollstreckungsbehörde stellt. Der Verurteilte hat die Kosten zu erstatten; die allgemeine Ansicht geht dahin, daß die Beitreibung nur durch einen anzustellenden Zivilprozeß erfolgen kann. Es ist aber nicht abzusehen, aus welchem Grunde die Kosten der Veröffentlichung nicht mit den Kosten des Verfahrens von der Vollstreckungsbehörde beigetrieben bzw. falls Privatklageverfahren vorliegt, festgesetzt werden sollen. Die Veröffentlichung ist, wie oben dargelegt, eine Strafe, deren Vollstreckung nur aus besonderen Gründen dem Verletzten übertragen ist, die aber sonst wie jede andere Strafe wirkt. Ihre Kosten sind daher lediglich Kosten des Strafverfahrens.

6. Das Recht, die Veröffentlichung zu verlangen, geht auf die Erben des Verletzten nicht über, da es kein Vermögensrecht ist. Nur wenn der Verletzte einen entsprechenden Antrag bereits gestellt hat, ist der Wille erklärt und damit die Veranlassung für das Gericht, die Veröffentlichung auszusprechen, gegeben. (Vgl. RGStr. 16 76.)

C. Bekanntmachung der Freisprechung.

1. Abs. 3 ist in den Reichstagsverhandlungen dem Gesetze von 1896 zugefügt. Er spricht die Befugnis („kann") des Gerichts aus, die **Freisprechung** (nicht etwa die Einstellung des Verfahrens) des Angeschuldigten auszusprechen.

2. Es ist streitig, ob Abs. 3 nur in den in den beiden ersten Absätzen erwähnten Fällen oder in allen Fällen des Gesetzes, also auch §§ 11, 17, 18 und 20 gilt. Die an eine Äußerung des Regierungskommissars bei den Verhandlungen über das frühere Gesetz sich anschließende Ansicht (dagegen u. a. Finger 403, Kohler 233, Biberfeld 246), daß der Abs. 3 sich nur auf die in Abs. 1 und 2 bezeichneten Fälle bezieht, widerspricht der allgemeinen Tendenz des Abs. 3, der dem freigesprochenen Angeklagten die Genugtuung einer öffentlichen Sühne für die durch die Anklage erlittene Schädigung gewähren will; sie verkennt aber auch, daß nicht nur in jenen Fällen, sondern besonders auch in denen der §§ 17—20 ein sehr erhebliches Interesse für den freigesprochenen Angeklagten bestehen kann, die Öffentlichkeit von seiner Freisprechung in Kenntnis setzen zu lassen. Der Umstand allein, daß in den ersten beiden Absätzen nur bestimmte Paragraphen genannt sind, kann demgegenüber um so weniger in das Gewicht fallen, als Abs. 3, wie bemerkt, erst später in das Gesetz hereingekommen ist. (So auch Wassermann a. a. O.)

3. Die in Abs. 3 angeordnete Veröffentlichung kann begrifflich natürlich nicht als Strafe angesehen werden, sie ist lediglich **Privatgenugtuung** für den Freigesprochenen.

4. Mit Rücksicht darauf, daß Abs. 3 einen Antrag des bereits Freigesprochenen voraussetzt, daß ferner nicht das Wort „zugleich" des Abs. 2 wiederholt ist, ist anzunehmen, daß die Veröffentlichung, wenn sie nicht im Urteil angeordnet ist, auch nachträglich vom Gericht bewilligt werden kann. Sie ist in diesem Fall durch Beschluß anzuordnen. (Stenglein Anm. 1 und Finger 404.)

5. Den **Umfang der Bekanntmachung**, insbesondere, ob nur der Tenor oder auch die Gründe zu veröffentlichen sind, ebenso die Art ordnet das Gericht nach freiem Ermessen an.

6. Die **Kosten** trägt die Staatskasse, „insofern dieselben nicht dem Anzeigenden oder dem Privatkläger auferlegt worden sind". Ersterem können die Kosten nach § 501 StPO. auferlegt werden, wenn die Anzeige wider besseres Wissen gemacht ist oder auf grober Fahrlässigkeit beruht; letzterem fallen nach § 503 Abs. 2 die dem Beschädigten erwachsenen notwendigen Auslagen zur Last. Da aus § 23 eine Absicht, die allgemeinen Bestimmungen der Strafprozeßordnung zu ändern, nicht ersichtlich ist, so sind auch die Kosten der Veröffentlichung nur in Gemäßheit der §§ 501 und 503 aufzuerlegen, nicht aber ohne Vorhandensein der Voraussetzungen dieser Paragraphen nach freiem Ermessen des Gerichts. (So Stenglein Anm. 2, Biberfeld 247; dagegen Finger 404, Fuld 525.)

D. Bekanntmachung der Zivilurteile.

1. **Die in Abs. 4 eingeführte Bekanntmachung der Zivilurteile ist nur für Unterlassungsklagen, nicht für Schadensersatzklagen eingeführt** (die entgegengesetzte Ansicht von Marcus im Recht 04 441 scheitert an dem klaren Wortlaut des Gesetzes), und zwar im Gegensatz zu der früheren Fassung in allen vom Gesetz behandelten Fällen. Es ist aber zu betonen, daß die Klage auf Unterlassung die Voraussetzung ist. Bei einer einstweiligen Verfügung ist die Veröffentlichung unstatthaft. (OLG. Frankfurt im Recht 06 1384.)

2. Auch hier kann, da es sich um ein Zivilverfahren handelt, die Veröffentlichung nicht als Strafe angesehen werden. (Marcus im Recht 04 441.) Sie ist **private Genugtuung** (Biberfeld 247), ein dem Privatrecht angefügtes Sicherungsmittel. (Kohler in

AZP. 98 261.) Sie ist demnach ein Annex des Untersagungsanspruchs (RG. in JW. 07 528) und geht nur, soweit dieser **übertragbar** ist (s. S. 10 Nr. IIa 2) mit dem Anspruch selbst über. Selbständige Übertragung ist ausgeschlossen.

3. Die Zuerkennung der Veröffentlichung setzt gemäß der allgemeinen Regel des § 308 ZPO. einen hierauf gerichteten **Antrag** voraus. (Wolff 21.) Den Antrag kann sowohl der Kläger, wenn er obgesiegt hat, als der Beklagte, wenn die Klage abgewiesen ist, stellen; dies ergibt sich aus der allgemeinen Fassung des Gesetzes („ist — Klage erhoben" und „der unterliegenden Partei") im Gegensatz zu den Worten des Entwurfs (Wird . . . auf Unterlassung erkannt" und „des Beklagten"). Wird die Klage zurückgenommen, so ist nach der Bestimmung des § 271 Abs. 3 ZPO. der Rechtsstreit als nicht anhängig geworden anzusehen; es kann, da auch nach der bezeichneten Vorschrift nur ein Urteil wegen der Kosten ergehen kann, auf Veröffentlichung nicht erkannt werden. (Dagegen Wolff 23 und OLG. Dresden in SächsArch. 14 734.) Anders liegt es, wenn bei Zurücknahme nach Beginn der mündlichen Verhandlung Beklagter nicht einverstanden ist und die Klage abgewiesen wird.

Der **Tod** einer der Parteien hat, soweit die Unterlassungsklage selbst nicht fortfällt, keinen Einfluß.

4. **Die Zuerkennung der Befugnis liegt im Ermessen des Gerichts** („kann"). Das Gericht wird die Zuerkennung bei der Verurteilung davon abhängig machen, ob die Veröffentlichung zur Beseitigung der nachteiligen Wirkung der verbreiteten Behauptung erforderlich erscheint. Auf das Verschulden kommt es an sich, wie überhaupt bei der Unterlassungsklage, nicht an. Stehen aber für den Kläger nur geringe Nachteile in Frage und hat der Beklagte weder arglistig noch fahrlässig gehandelt, so wird unter Abwägung dieser Umstände gegeneinander von der Veröffentlichung abgesehen werden. (OLGRspr. [Hamburg] 3 273.) In Betracht gezogen wird auch werden, ob der Beklagte das Mögliche getan hat, um die Wirkung der Verbreitung zu beseitigen. (Zit. Erk. des OLG. Hamburg und KG. in UnlW. 1 31.) Ferner ist wichtig, ob der Geschäftsbetrieb des ehrlichen Konkurrenten in erheblicher Weise gestört ist (OLG. Karlsruhe in UnlW. 2 34), anderseits, ob dem Kläger sonstige Mittel zur Klarstellung nicht zu Gebote stehen. (OLG. Dresden ebda. S. 35.)

Diese aus der Praxis entnommenen Grundsätze ergeben, daß der Richter unter sorgfältiger Abwägung der Vorteile und Nachteile beider Parteien, unter Berücksichtigung des mehr oder minder schuldhaften Verhaltens zu prüfen hat, ob der durch die Veröffentlichung entstehende Nachteil durch die Umstände und das Verhalten des im Rechtsstreit Unterliegenden geboten ist. Immerhin muß das Interesse des durch den unlauteren Wettbewerb Geschädigten den Vorrang erhalten.

5. **Die Befugnis wird durch Urteil zuerkannt.** Ist trotz gestellten Antrags eine Entscheidung über die Veröffentlichung nicht ergangen, so kann Antrag auf Ergänzung des Urteils binnen einer Woche nach Zustellung beantragt werden. (§ 321 ZPO.)

6. Es darf nach der ausdrücklichen Bestimmung des Gesetzes nur die Veröffentlichung des **verfügenden Teils** des Urteils angeordnet werden. (Dagegen Kohler in AZP. 98 261, der aus allgemeinen Grundsätzen auch Publikation der Gründe für zulässig erachtet.)

7. Die **Art** der Bekanntmachung und die **Frist**, innerhalb deren die Veröffentlichung zu geschehen hat, bestimmt das Gericht. Da ein Anfangspunkt der Frist nicht vorgeschrieben ist, so kann das Gericht dieselbe auch von dem ersten Erkenntnis an erstrecken, eine Befugnis, von der es allerdings schwerlich Gebrauch machen wird. Ist der Beginn der Frist nicht bestimmt, so ist sie von der Rechtskraft an zu bemessen. (SächsOLG. 99 32.)

8. Die **Ausführung** der Veröffentlichung innerhalb der vom Urteil gezogenen Grenzen ist Sache der Partei. Eine Mitwirkung der unterliegenden Partei kann, falls z. B. Veröffentlichung in den Geschäftsräumen des Beklagten angeordnet ist, in Frage kommen, in welchem Fall gemäß § 888 ZPO. zu verfahren ist. (Fuld 531.)

9. **Die Kosten hat die unterliegende Partei zu tragen**; da sie nicht eigentliche Kosten der Zwangsvollstreckung sind (§ 788 ZPO.), so sind sie im Wege des Festsetzungsverfahrens beizutreiben. (Wolff 22 und OLG. Dresden im Recht 02 62.)

10. Eine Erweiterung dieser Vorschriften des Wettbewerbsgesetzes auf das Gebiet des allgemeinen bürgerlichen Rechts hat die Praxis gelegentlich insofern eintreten lassen, als sie bei Klagen, die sich auf Vorschriften des BGB., insbesondere § 826 stützten, die Publikation als Mittel der Naturalrestitution gemäß § 249 BGB. anordnete. (OLG. Köln in UnlW. 5 26.) Vgl. Anhang zu B. 6.

§ 24.

Für Klagen auf Grund dieses Gesetzes ist ausschließlich zuständig das Gericht, in dessen Bezirke der Beklagte seine gewerbliche Niederlassung oder in Ermangelung einer solchen seinen Wohnsitz hat. Für Personen, die im Inlande weder eine gewerbliche Niederlassung noch einen Wohnsitz haben, ist ausschließlich zuständig das Gericht des inländischen Aufenthaltsorts, oder wenn ein solcher nicht bekannt ist, das Gericht, in dessen Bezirke die Handlung begangen ist.

Vorbemerkung.

§ 24 erweitert die Vorschrift des früheren § 2, welche nur die Klagen wegen unlauterer Reklame betraf, zu einer allgemeinen Regel für sämtliche aus dem Gesetz erhobenen Klagen. Hierfür führt die Begr. 23 lediglich an, daß die Neuerung im Interesse eines verstärkten Rechtsschutzes liege.

A. Allgemeines.

1. Über den gesetzgeberischen Gedanken, aus dem diese prozessuale Sonderbestimmung entstanden ist, führte die Begründung von 1896 aus:

> „Da das Klagerecht jedes einzelnen Mitbewerbers und Verbandes selbständig und unabhängig von dem Klagerecht der übrigen besteht, so ist die Möglichkeit nicht ausgeschlossen, daß wegen eines Aktes der unlauteren Reklame gegen denjenigen, welcher ihn unternommen hat, von verschiedenen Seiten Prozesse angestrengt und einstweilige Verfügungen erwirkt werden. Um den Folgen einer derartigen Häufung der Prozesse tunlichst vorzubeugen, bedarf es einer besonderen Vorschrift. Zwar sind die Gerichte nach § 138 ZPO. in der Lage, die Verbindung gleichartiger Prozesse anzuordnen. Aber diese Befugnis versagt, wenn die Klagen bei verschiedenen Gerichten anhängig gemacht werden. Um dieser Möglichkeit wenigstens für die große Mehrzahl der Fälle vorzubeugen, soll durch § 2 ein ausschließlicher Gerichtsstand begründet und hierdurch das Gericht zur Verbindung der Prozesse in den Stand gesetzt werden."

Für viele Tatbestände des Gesetzes, auf die § 24 jetzt Anwendung findet, paßt diese Motivierung freilich nicht, z. B. §§ 14 und 16.

Eine ferner vorgeschlagene Verbindung der Prozesse derart, daß, wenn einmal auf Unterlassung geklagt ist, ein weiterer Anspruch auf Unterlassung wegen derselben Angabe nicht in einem besonderen Prozeß, sondern nur durch Beitritt zu dem schwebenden Verfahren zulässig sei, wurde nicht in das Gesetz aufgenommen.

Als Mittel, entgegengesetzte Entscheidungen zu vermeiden, bleibt daher lediglich nach dem Gesetze die gemäß § 147 ZPO. dem Gerichte zustehende Befugnis, mehrere bei ihm anhängige Prozesse aus demselben Tatbestande zu verbinden. Das Gericht handelt hierbei nach freiem Ermessen. („kann" in § 147.) Eine Anfechtung der über die Verbindung ergehenden Entscheidung des Gerichts findet nicht statt, gleichviel ob die Verbindung angenommen oder abgelehnt ist. (§ 567 ZPO.; Gaupp-Stein 1 375 II.) Mit Rücksicht darauf, daß in einzelnen Fällen verschiedene Gerichte zuständig sein können, wie weiter unten nachgewiesen wird, ist allerdings die Absicht des Gesetzes, einer Häufung der Prozesse und verschiedener Entscheidung vorzubeugen, nicht in allen Fällen erreicht.

2. **Die Gerichtsstände des § 24 sind ausschließlich** und zwar nach dem zweifellosen Wortlaut des Gesetzes sowohl derart, daß an einem anderen als an einem der im Gesetz angegebenen vier Gerichtsstände überhaupt nicht geklagt werden kann, als auch, daß Kläger nicht etwa die Wahl unter den vier Gerichtsständen hat, sondern nur, falls die Voraussetzungen des einen versagen, den folgenden wählen kann, aber auch wählen muß.

Die Ausschließlichkeit hat zur Folge, daß auch die **Vereinbarung der Parteien** über andere als im Gesetz gegebene Gerichtsstände oder über deren Reihenfolge unzulässig ist (§ 40 Abs. 2 ZPO.) und daß das Gericht von Amts wegen seine Zuständigkeit zu prüfen hat. Für die Berufungs- und Revisionsinstanz vgl. §§ 528, 566 ZPO.

3. **Der Gerichtsstand muß zur Zeit der Zustellung der Klage vorhanden sein;** spätere Änderung der Niederlassung, des Wohnortes usw. ist gleichgültig. (§ 263 Nr. 2 ZPO.)

4. Die Bestimmung des § 24 gilt nur für **die Klage** und damit gemäß § 919 ZPO. auch für **Arreste;** für letztere mit der Maßgabe, daß das nach § 24 zuständige Gericht als Gericht der Hauptsache gilt, neben welchem das in § 919 bezeichnete Amtsgericht, in dessen Bezirk der mit Arrest zu belegende Gegenstand oder die in ihrer persönlichen Freiheit zu beschränkende Person sich befindet, zuständig ist. Über **einstweilige Verfügungen** bestimmt § 25. (Vgl. S. 185.)

B. Die einzelnen Gerichtsstände.

1. **In erster Reihe zuständig ist das Gericht, in dessen Bezirk sich die gewerbliche Niederlassung des Beklagten befindet.** Während die ZPO. als allgemeinen Gerichtsstand den des Wohnsitzes bestimmt, ist hier, da es sich um Tätigkeit im Gewerbebetrieb handelt, der der gewerblichen Niederlassung, die nicht mit dem Wohnsitz identisch zu sein braucht (RG. 30 350), vorangestellt. Der Begriff der Niederlassung, der auch in § 21 ZPO. und in HGB. (besonders §§ 29 und 31) vorkommt, ist weder in diesen Gesetzen noch in der Gewerbeordnung, die nur in § 42, 2 eine negative Vorschrift enthält, definiert. Eine Niederlassung liegt vor, wenn ein Mittelpunkt der gesamten oder eines Teils der gewerblichen Tätigkeit geschaffen ist, dem durch Organisation oder Einrichtungen eine gewisse Ständigkeit gegeben ist. Es ist nicht nötig, daß der Gewerbetreibende selbst sich dort aufhält, oder dort tätig ist; nur muß der Betrieb für seine Rechnung gehen; ebensowenig ist eine handelsgerichtliche Eintragung notwendig. Der Begriff ist in betreff der Niederlassungen, die nicht Hauptniederlassungen sind, weiter, als der in der ZPO. und dem HGB. gegebene, denn bei diesen beiden Gesetzen wird für eine Zweigniederlassung begrifflich der Betrieb selbständiger Geschäfte

gefordert, was hier nicht wesentlich ist. (Einschränkend OLG. Augsburg in SeuffBl. 07 81.) Auch derjenige, der ein Musterlager an einen Ort legt und durch Vertreter Offerten entgegennehmen läßt, über die er sich die Entscheidung vorbehält, hat dort eine gewerbliche Niederlassung. Auch eine ständige Vertretung durch einen Agenten kann zur Begründung der Niederlassung genügen. (Die Entscheidung des RG. in JW. 99 2 Nr. 4 steht nicht entgegen, weil sie auf das in der ZPO. hervorgehobene Moment des unmittelbaren Geschäftsschlusses, das hier fehlt, gegründet ist.) Im übrigen ist die Frage, wann eine Niederlassung vorliegt, tatsächlicher Natur; das Vorhandensein eines Lokals (OLG. München 1 470), eines Warenbestandes, von Vertretern, Zahlung der Gewerbesteuer, regelmäßiger Geschäftsbetrieb (RGStr. 19 283) usw. sind Momente, die zum Beweise herangezogen werden können. Dagegen genügt es nicht, wenn keine gewerbliche Tätigkeit entfaltet, sondern etwa nur Waren zur Absendung an die Fabrik angenommen und ausgehändigt werden. (RG. 44 362.)

2. **In Ermangelung einer Niederlassung ist das Gericht des Wohnsitzes zuständig.** Wenn daher der Beklagte, der an seinem Wohnsitz belangt ist, beweist, daß er an einem anderen Orte eine gewerbliche Niederlassung hat, so ist die Klage wegen Unzuständigkeit abzuweisen, selbst wenn Kläger die Niederlassung nicht gekannt oder trotz Nachforschens nicht ermittelt hat. („In Ermangelung" im Gegensatz zu „nicht bekannt ist" im letzteren Satz dieses Paragraphen.)

Der Begriff des Wohnsitzes ist für dieses Gesetz ebenso wie für die Zivilprozeßordnung nach dem Bürgerlichen Recht zu bestimmen. (RG. 30 348; Gaupp-Stein 52.) § 7 BGB. lautet:

„Wer sich an einem Ort ständig niederläßt, begründet an diesem Ort seinen Wohnsitz.

Der Wohnsitz kann gleichzeitig an mehreren Orten bestehen.

Der Wohnsitz wird aufgehoben, wenn die Niederlassung mit dem Willen aufgehoben wird, sie aufzugeben."

(Über Wohnsitz der Geschäftsunfähigen, Kinder und Ehefrauen vgl. BGB. §§ 8, 10, 11.)

Als Wohnsitz ist der Ort anzusehen, an welchem jemand seinen Aufenthalt nimmt, in der Absicht, an diesem Ort zu bleiben und ihn zum Mittelpunkt seines Lebens zu machen. (RG. 30 348.) Zum Aufgeben des Wohnorts genügt nicht die Absicht, ihn aufzugeben; es müssen Tatsachen hinzutreten, durch die diese Absicht verwirklicht wird. (JW. 99 23; Staudinger 69.) Hat eine Person mehrere Wohnsitze (§ 7 Abs. 2 BGB.), so ist jedes Gericht zuständig, in dessen Bezirk ein Wohnsitz liegt.

3. Besteht im Inland weder Niederlassung noch Wohnsitz, so ist das Gericht des **inländischen Aufenthaltsorts** zuständig. Auch hier kommt es auf die objektive Tatsache des Nichtvorhandenseins von Niederlassung und Wohnung an. (Vgl. oben zu 2.)

Der Begriff des „Aufenthaltsorts" (vgl. auch § 16 ZPO.) ist ein rein tatsächlicher. Es kommt allein darauf an, daß jemand sich an einem Orte betreffen läßt, also auf das körperliche Sein an einem Orte. Ob die Anwesenheit von der Person gewollt ist, ob das Verweilen ein längeres oder vorübergehendes ist, ist unerheblich. (RG. in JW. 97 302 Nr. 2.) Es genügt zur Begründung des Gerichtsstandes, wenn dem Beklagten an dem Orte die Klage persönlich zugestellt ist. (§ 180 Abs. 1 ZPO.)

Über den Begriff des Inlands vgl. zu § 128.

4. **Eventuell ist der Gerichtsstand des Orts der begangenen Handlung zuständig.** Voraussetzung hierfür ist nach den Worten des Gesetzes sowohl, daß Niederlassung und Wohnort des Beklagten im Inlande nicht vorhanden, als auch daß ein inländischer Aufenthalt nicht bekannt ist. In betreff des letzteren kommt es daher nicht auf die Tatsache, daß Beklagter sich im Inlande aufgehalten hat, sondern auf die Unkenntnis des Klägers von dem Aufenthalt an, Kläger hat diejenigen Schritte zu tun,

die von ihm vernünftigerweise einzuschlagen waren, um einen Aufenthalt im Inlande zu ermitteln und diese Schritte nachzuweisen; blieben sie erfolglos, so liegt die im Gesetz erforderte Unkenntnis vor. (RG. 27 401; JW. 00 410 Nr. 2.)

An welchem Ort die Handlung begangen ist (vgl. § 32 ZPO.), ist bei der Verschiedenheit der in Betracht kommenden Tatbestände nicht mit einer allgemeinen Regel zu bezeichnen. Sofern die Handlung sich aus mehreren Akten zusammensetzt, gilt sie als an jedem Orte begangen, an dem einer der ein wesentliches Tatbestandsmerkmal bildenden Akte vorgenommen ist. (RG. 27 420.) Bei Mitteilungen durch die Presse oder Schreiben kommt sowohl der Ort, an dem die Absendung vorgenommen oder die Verbreitung begangen ist, in Betracht, wie der Ort, an dem die Mitteilung den Empfänger erreicht hat. (Recht 01 125; RG. 27 419, 29 61.)

Es liegt aber nicht im Sinne des Gesetzes, daß ein Gerichtsstand des Begehungsortes arglistig dadurch herbeigeführt werde, daß der Beklagte zu einer Sendung an einen bestimmten Ort provoziert wird. Hier hat der Beklagte vielmehr den Einwand der Arglist. (Recht 08 Beil. 17.) Außer Betracht bleibt der Ort der Vorbereitungshandlung. (RG. 13 424.)

5. Aus dem Gesagten folgt, daß trotz der Bestimmung des § 24 vielfach Klagen bei **mehreren Gerichten** angestellt werden können, z. B. wenn Beklagter mehrere Niederlassungen oder Wohnsitze hat, wenn bei Klagen im Gerichtsstand der begangenen Handlung die Tat als an mehreren Orten begangen gilt, wenn, nachdem der Täter von einer Person verklagt wird, er seinen Wohnsitz usw. ändert, daher an einem anderen als dem Ort seines jetzigen Wohnsitzes verklagt werden muß usw.

6. Wie in der Einl. dargelegt, ist es gleichgültig, ob der Täter **Inländer** oder **Ausländer** ist; ebenso steht im Prinzip nichts im Wege, die, welche im **Auslande** gegen das Gesetz gefehlt haben, zu verfolgen. Nur muß zur Verfolgung im Inland ein Gerichtsstand gemäß § 24 gegeben sein. Besitzt ein Ausländer im Inlande eine Niederlassung (auch Zweigniederlassung, RG. 44 363), Wohnsitz oder hält er sich hier auf, so kann die Klage angestellt werden; ist dies nicht der Fall, so kommt es darauf an, ob die Handlung im Inland als begangen gilt. Wenn daher vom Ausland ein Brief in das Inland gesendet wird, der gegen das Gesetz verstößt, so kann Klage an dem Empfangsort erhoben werden; ebenso wenn die Verbreitung des verbotenen Inserats durch die ausländische Presse im Inland geschieht. Wenn dagegen Personen, die im Inland keinen Gerichtsstand haben, lediglich im Ausland unrichtige Tatsachen verbreiten, so ist ein Gerichtsstand in Deutschland nicht gegeben.

§ 25.

Zur Sicherung der in diesem Gesetze bezeichneten Ansprüche auf Unterlassung können einstweilige Verfügungen erlassen werden, auch wenn die in den §§ 935, 940 der Zivilprozeßordnung bezeichneten Voraussetzungen nicht zutreffen. Zuständig ist auch das Amtsgericht, in dessen Bezirke die den Anspruch begründende Handlung begangen ist; im übrigen finden die Vorschriften des § 942 der Zivilprozeßordnung Anwendung.

Vorbemerkung. § 25 ist eine Verallgemeinerung des früheren § 3, für welche die zu § 24 zitierten Motive in der Begründung geltend gemacht werden.

A. **Sicherungsmaßregeln sind nach den zivilprozessualen Bestimmungen sowohl bei der Schadensersatz- wie bei der Unterlassungsklage zulässig.** Bei ersterer ist im allgemeinen der Arrest das gegebene Sicherungsmittel, da, wie S. 19 Nr. 5 nachgewiesen, der Schadenersatzanspruch fast immer auf eine Geldforderung geht. (§ 916 ZPO.) Der Arrest findet jedoch nur statt, wenn zu besorgen ist, daß ohne dessen Verhängung die Vollstreckung des Urteils vereitelt oder wesentlich erschwert werden würde, insbesondere wenn das Urteil im Ausland vollstreckt werden müßte. (§ 917 ZPO.) Der Arrest folgt den allgemeinen Regeln; der Anspruch und Arrestgrund sind glaubhaft zu machen, die Glaubhaftmachung kann ersetzt werden durch Sicherheitsleistung (§§ 920, 921 ZPO.) Zuständig ist das Gericht der Hauptsache, d. h. das Gericht, bei dem die Klage anhängig ist, oder, da es nicht nötig ist, daß sie schon angestellt ist, wo sie nach dem Gesetze (§ 24 dieses Gesetzes) anzustellen ist. (RG. 31 372.) Daneben ist dasjenige Amtsgericht zuständig, in dessen Bezirk der mit Arrest zu belegende Gegenstand oder die in ihrer Freiheit zu beschränkende Person sich befindet. (§ 919 ZPO.)

B. **Für die Unterlassungsklage ist lediglich Erlaß einer einstweiligen Verfügung zulässig,** da es sich um keine Geldforderung handelt.

Für die einstweiligen Verfügungen zur Sicherung des Unterlassungsanspruches hat das Gesetz zwei Besonderheiten festgesetzt, nämlich die Befreiung von den Voraussetzungen der §§ 935 und 940 ZPO. (vgl. hierzu Eltzbacher, Unterlassungsklage 245 f.) und die Bestimmung der Zuständigkeit auch für das Gericht, in dessen Bezirk die Handlung begangen ist. Im übrigen gelten die allgemeinen Vorschriften über einstweilige Verfügungen auch hier. (RG. 43 397.) Im einzelnen ist folgendes zu bemerken:

1. Als Grund für die Erleichterung der einstweiligen Verfügung führt die Begründung von 1896 an, daß es häufig darauf ankommen wird, eine gegen das Gesetz verstoßende Form der geschäftlichen Ankündigung möglichst schnell und ehe sie anderen Gewerbetreibenden Schaden zufügen kann, zu beseitigen. Von den beiden Arten der einstweiligen Verfügung wird danach wesentlich die des § 935 ZPO. („in Beziehung auf den Streitgegenstand", d. h. z. B. im Fall des § 3 in Beziehung auf die unrichtige Angabe) praktisch sein, während die des § 940 („zur Regelung eines einstweiligen Zustandes in bezug auf das streitige Rechtsverhältnis") nur in Ausnahmefällen zur Anwendung kommen dürfte, da es sich bei dieser Vorschrift um dauernde Rechtsverhältnisse handelt.

2. Bei **Stellung des Antrages** ist weder der Nachweis erforderlich, daß die Verwirklichung des klägerischen Rechts vereitelt oder wesentlich erschwert werden würde (§ 935), noch daß die Verfügung zur Abwendung wesentlicher Nachteile nötig ist (§ 940); es genügt zum Erlaß der Verfügung, daß sie nach Lage der Sache zur Sicherung des Anspruchs angezeigt erscheint. (RG. in JW. 98 606 Nr. 31; Recht 06 127.) Dagegen ist nach allgemeinen Grundsätzen der Anspruch zu substantiieren und **glaubhaft zu machen.** (OLG. Dresden in SächsArch. 14 722.) Die Glaubhaftmachung geschieht gemäß § 294 ZPO. durch alle Arten Beweismittel, mit Ausnahme der Eideszuschiebung, auch durch Versicherung an Eidesstatt. Unstatthaft ist eine Beweisaufnahme, die nicht sofort erfolgen kann.

Das Gericht kann, auch wenn der Anspruch nicht glaubhaft gemacht ist, die Verfügung gegen Sicherheitsleistung anordnen; es kann aber auch trotz Glaubhaftmachung den Erlaß von einer Sicherheitsleistung abhängig machen. (§§ 921, 936 ZPO.)

3. **Zuständig** ist

a) das Gericht der **Hauptsache** (vgl. hierüber Anm. A zu diesem Paragraphen),

b) das Amtsgericht, in dessen Bezirk die den Anspruch begründende Tatsache **begangen** ist. (Über diesen Begriff vgl. zu § 24.)

Wird der Antrag bei diesem letzteren Gericht gestellt, so finden die Vorschriften des § 942 ZPO. Anwendung; das Amtsgericht hat bei Erlaß der Verfügung eine Frist zu bestimmen, innerhalb welcher der Gegner zur Verhandlung über deren Rechtmäßigkeit vor das Gericht der Hauptsache zu laden hat. Es herrscht Streit darüber, ob das Amtsgericht nur in dringenden Fällen, oder ob es überhaupt zuständig ist. (Für die allgemeine Zuständigkeit Wolff 66, Finger 420, dagegen die Begründung von 1896 und Hauß 58, Fuld 554.) Der Wortlaut der Bestimmung „auch“ und „im übrigen“, sowie der Zweck der Vorschrift spricht für die allgemeine Zuständigkeit, so daß bei dem Widerstreite der Begründung mit dem Gesetze selbst letzteres den Vorzug verdient.

4. **Das Verfahren regelt sich nach der ZPO.** Die Entscheidung kann ohne mündliche Verhandlung erfolgen (§§ 921, 922, 936). Das Verlangen, ohne Ansetzung eines Termins schleunigst einen Beschluß zu erhalten, wird gerade bei den hier in Betracht kommenden Fällen gerechtfertigt erscheinen, damit nicht die Schädigung fortdauert. (OLG. Karlsruhe in GZ. 01 244.)

Über Widerspruch und Entscheidung hierüber vgl. § 925 ZPO.; über das Verfahren, wenn der Antrag an das Amtsgericht der begangenen Handlung gestellt ist, § 942 ZPO.; über Aufhebung wegen veränderter Umstände §§ 927 und 939 ZPO.

5. **Das Gericht bestimmt die Maßregeln,** die zur Erreichung des Zwecks der einstweiligen Verfügung erforderlich sind, nach freiem Ermessen. (§ 938 ZPO.) Vor allem dient hierzu das Verbot weiterer Verbreitung der unrichtigen Drucksachen (JW. 99 106 Nr. 15), oder Behauptungen, oder des Verkaufs der fälschlich bezeichneten Ware, Erlaubnis, das Verbot zu veröffentlichen (Wolff 64), unter Umständen auch Schließung oder Sequestration des Geschäfts des Beklagten (§ 938 Abs. 2 ZPO.), z. B. während der Zeit, für die die Reklame als wirksam angesehen wird. Dagegen kann im allgemeinen nicht anerkannt werden, daß Aufnahme des Warenbestandes, Feststellung durch Augenschein usw. angeordnet werden kann (ebenso Finger 417, dagegen Müller 87). Es besteht auch im Prozeß keine derartige Exhibitionspflicht des Beklagten (vgl. S. 13f.) und vor allem dient ein derartiges Verfahren keinesfalls zur Sicherung des hier fraglichen Anspruchs auf Unterlassung. (A. A. Fuld 548.)

6. Wird eine einstweilige Verfügung später wieder aufgehoben, so ist der Antragsteller für den durch die Anordnung entstandenen **Schaden ersatzpflichtig,** selbst wenn ihn kein Versehen trifft (ZPO. § 945, RG. in JW. 99 814 Nr. 5), eine Vorschrift, die bei Anträgen auf Erlaß einstweiliger Verfügungen sehr zur Vorsicht mahnt

§ 26.

Neben einer nach Maßgabe dieses Gesetzes verhängten Strafe kann auf Verlangen des Verletzten auf eine an ihn zu erlegende Buße bis zum Betrage von zehntausend Mark erkannt werden. Für diese Buße haften die dazu Verurteilten als Gesamtschuldner. Eine erkannte Buße schließt die Geltendmachung eines weiteren Entschädigungsanspruchs aus.

Inhaltsangabe.

A. Allgemeines.

1. Entsprechend vielfachen Bestimmungen in früheren Gesetzen (z. B. §§ 188, 231 StGB., ferner in den Urheberrechts- und gewerblichen Schutzgesetzen, besonders vgl.

§ 37 PatG.; § 18 WarenZG.) **gibt auch § 26 dem Verletzten das Recht, Buße zu verlangen.** Sie ist „neben der Strafe“ zulässig; ist also, worüber die Praxis jetzt einig ist, keine Strafe, sondern eine in der Entschädigung des Verletzten bestehende Privatgenugtuung. (RGStr. 31 335, 15 353; Dernburg 2 84; Olshausen Anm. 1 zu § 188 und die dort zitierte Literatur.) Demnach ist die Begnadigung, die nur von der Strafe befreit, auf die erkannte Buße ohne Einfluß; es kann ferner, wenn ein Urteil nur auf Revision des Angeklagten aufgehoben ist, in der anderweitigen Entscheidung auf eine im ersten Urteil nicht zugebilligte Buße trotz § 398 Abs. 2 StPO. erkannt werden. (RGStr. 15 439.)

2. **Bestritten ist, ob sich § 26 auf alle Fälle des Gesetzes erstreckt.** Wo die Entschädigungspflicht aus dem Gesetze selbst hervorgeht (vgl. die Zusammenstellung zu § 13 Abs. 2) kann dies keinem Zweifel unterliegen. Für § 20 gibt das Gesetz einen Schadensersatzanspruch nicht, wohl aber kann nach allgemeinen Grundsätzen, insbesondere aus § 823 BGB., der Anspruch auf Ersatz des Schadens auch im Falle des § 20 gegeben sein. Da nun § 26 nicht, wie viele der früheren Gesetze die Buße „statt jeder aus diesem Gesetz entspringenden Entschädigung“, sondern ganz allgemein nur „neben einer nach Maßgabe dieses Gesetzes verhängten Strafe“ zubilligt, so findet die Vorschrift auch Anwendung, wenn das Gesetz selbst eine Schadensersatzpflicht nicht aufstellt, eine solche aber bei Berücksichtigung anderer Rechtsnormen begründet ist. (RGStr. 35 27.) Sie kann daher, falls durch die in § 10 erwähnte Handlung ein Schade entstanden ist, zugebilligt werden.

Anders liegt die Frage im Falle der §§ 6—10 und 11. Diese Paragraphen haben wie 66 und 79 ausgeführt, lediglich gewerbepolizeilichen Charakter, bei deren Übertretung es begrifflich auf eine Verletzung bestimmter Personen nicht ankommt. Ein „Verletzter“ ist daher hier nicht vorhanden, so daß auch für Anwendung des § 26 kein Raum ist. (So Lobe, Gesetz 163, Daniel 122; ferner GewRschutz 98 126; Müller 119; dagegen M. M. Kohler 226.)

3. **Der Anspruch auf Buße geht nicht auf die Erben des Verletzten über** (§ 444 Abs. 2 StPO.; RGStr. 29 140); er vererbt sich erst, wenn er rechtskräftig zuerkannt ist. (RG. 16 15.) Ebenso geht der Anspruch unter, wenn der Täter vor Rechtskraft des die Buße aussprechenden Erkenntnisses stirbt; der Tod nach Rechtskraft dagegen läßt auch hier das Recht bestehen. (Vgl. zit. RG. 16 15.)

4. **In gleicher Weise ist die Übertragung des Anspruchs vor Rechtskraft ausgeschlossen** (RGStr. 28 301); nur der Verletzte selbst kann den Anspruch erheben. Selbstverständlich gilt dies nur in betreff der Buße als solcher, der Entschädigungsanspruch unterliegt diesen Grundsätzen nicht.

5. Dem Verletzten steht nach dem Gesetz **wahlweise** das Recht, im Zivilrechtswege Entschädigung oder im Strafverfahren Buße zu fordern, zu. Der Vorteil der letzteren ist, daß der Verletzte nicht selbst zu klagen braucht, daß er vom Anwaltszwang befreit ist und im allgemeinen keine Kosten riskiert, auch, daß die Strafbehörde bei der Ermittelung, Erhebung und Würdigung der Beweise freier gestellt ist; gegen die Geltendmachung der Buße spricht dagegen die beschränkte Höhe (10000 Mk.), die Versagung der Eideszuschiebung, die wohl im Zivilprozeß, nicht aber im Strafverfahren zulässig ist; endlich, daß die vom Strafrichter in noch so geringem Maße erkannte Buße jeden weiteren Schadensersatz ausschließt. Alle diese Umstände wird der Verletzte zu erwägen haben, ehe er sich je nach den Umständen des Falls für den einen oder den anderen Weg entscheidet.

B. Voraussetzungen.

1. **Zunächst ist die Verhängung einer Strafe nötig.** Es muß also ein Strafverfahren anhängig sein und in diesem eine Verurteilung erfolgen („Neben einer ..... Strafe"). Wird das Verfahren, aus welchem Grunde auch immer, eingestellt, so ist auf Buße nicht zu erkennen.

Im Zivilverfahren gibt es keine Buße; ist dort irrtümlich ein solcher Antrag gestellt, so kann er als Antrag auf Zuerkennung einer Entschädigung aufgefaßt und als solcher behandelt werden. (RG. 6 78.)

2. **Notwendig ist ferner ein Verlangen des Verletzten.** Entgegen der sonst in ähnlichen Gesetzesbestimmungen (z. B. § 18 WarenZG.) gebrauchten Bezeichnung „Beschädigter" ist hier das Wort „Verletzter" (vgl. § 65 StGB.) gewählt. Da aber die Zuerkennung der Buße einen Schaden voraussetzt, ist hier das Wort nicht in dem Sinne zu verstehen, in dem es bei der Frage der Legitimation zum Strafantrag (s. S. 171 Nr. II, 1) auszulegen ist, sondern es ist der Begriff als identisch mit dem dem Beschädigten anzusehen. (M. M. Kohler 226.) Verletzter ist danach der, welcher durch eine nach dem Gesetz strafbare Handlung Schaden erlitten hat. (Inkorrekt ist daher die Definition des OLG. Dresden bei Birkenbihl Nr. 386, die als Verletzten den ansieht, der zur Unterlassungsklage befugt ist. Dieser Anspruch setzt keinen Schaden voraus.) Die in § 13 bezeichneten Verbände sind, obwohl sie § 22 ausdrücklich als antragsberechtigt bezeichnet, nicht befugt, Buße zu verlangen, da ihnen ein Schadensersatzrecht nicht zusteht. (Finger 424, Stenglein Anm. 3 zu § 14.)

Die besondere Bestimmung des Abs. 2 Satz 1 des § 13 für Redakteure usw., die den Schadensersatzanspruch beschränkt, gilt an sich in gleicher Weise auch für den Anspruch auf Buße. (M. M. Kohler 231.) Dies ist aber insofern ohne Bedeutung, als § 4, dessen Anwendung in diesem Fall Voraussetzung der Zuerkennung einer Buße ist, in jedem Fall Wissentlichkeit fordert.

Der Verletzte hat das *Verlangen* in der prozessual notwendigen Form und zwar entweder in der Privatklage oder bei erhobener öffentlicher Anklage als Nebenkläger zu stellen.

3. **Weitere Voraussetzung ist das Vorhandensein eines Schadens.** Es folgt dies aus dem Begriffe der Buße als Privatgenugtuung, die den Schädiger nur so weit treffen soll, als der Verletzte geschädigt ist; es folgt aber ferner vor allem aus dem letzten Satz des § 26, nach welchem eine zuerkannte Buße einen „weiteren" Entschädigungsanspruch ausschließt. Dieser Satz enthält implicite die Begriffsbestimmung der Buße als Forderung auf Ersatz entstandenen Schadens.

Streitig ist die Frage, ob nur ein Vermögensschaden oder auch immaterieller Schaden z. B. an dem guten Ruf, der Ehre usw. bei Festsetzung der Buße zu berücksichtigen ist. Zunächst ist bei der Beantwortung dieser Frage abzusehen von den Entscheidungen der Gerichte insbesondere des Reichsgerichts zu § 231 StGB. (z. B. Str. **15** 354, **24** 398), die in diesem Fall, dem der Körperverletzung, den Ersatz auch anderer als Vermögensnachteile zulassen, da diese wesentlich auf Erwägungen beruhen, die nur für diese Bestimmung von Bedeutung sind. Es ist lediglich die Entscheidung aus den Grundsätzen des vorliegenden Gesetzes zu treffen. Wenn nun auch davon auszugehen ist, daß der Rechtsgrund des Gesetzes die Verletzung eines Individualrechts ist (vgl. Einl.), wenn auch ferner nicht bestritten werden kann, daß an sich die Zuerkennung einer Entschädigung für Verletzung immaterieller Güter dem Prinzip nicht widersprechen, sondern im Gegenteil dem Zwecke des Gesetzes förderlich sein würde, so gibt doch das bestehende Gesetz keine Handhabe. Wie bemerkt, ist die Buße als Entschädigungsanspruch charakterisiert. Nach allgemeinen Grundsätzen aber (§ 253 BGB., die Ausnahme des § 847 kommt hier nicht in Betracht), ist für den zivilrechtlichen Ersatzanspruch nur der Vermögensschade zu beachten; es muß dies daher in gleicher Weise auch für die Buße gelten. (So auch Finger 423; ferner SchöffG. Erfurt bei GewRschutz 98 288; dagegen Müller 219, Seligsohn 416 und Fuld 562.)

C. Die Zuerkennung der Buße.

I. Ermessen des Gerichts.

1. **Es „kann" auf Buße erkannt werden.** Damit soll nach feststehender Praxis nicht gesagt sein, daß die Zuerkennung von der Willkür des Richters abhängt. Es ist vielmehr nach pflichtmäßigem Ermessen zu prüfen, ob ein Hindernis entgegensteht, welches nach den Grundsätzen und Zweck des Gesetzes als solches gelten kann. (RGStr. 17 191, 30 367.) Als ein solches Hindernis ist nicht die bloße Unsicherheit der Festsetzung des Schadensbetrages anzusehen (zit. RG. 17; UnlW. 7 209); wohl aber kann der Antrag abgelehnt werden, wenn die Verhandlung gar keine Anhaltspunkte für das bei Feststellung des Betrages der Entschädigung eintretende freie Ermessen gewährt hat (RGStr. 6 399; dagegen Stenglein Anm. 4) ferner, wenn der Fortgang des Verfahrens aufgehalten werden würde (StPO. § 438, 1, Fuld 560.)

Wird der Antrag abgelehnt, so sind die Gründe im Urteil darzulegen. Beruht die Abweisung auf einem Rechtsgrunde, so ist Revision zulässig und ist der Nebenkläger berechtigt, nur wegen dieser Abweisung das Rechtsmittel einzulegen. (RGStr. 7 12.)

2. **Über die Höhe der Buße entscheidet das Gericht nach freiem Ermessen.** (§ 287 ZPO.; § 260 StPO.) Das Institut der Buße war ursprünglich eingeführt gerade wegen der aus den Landesgesetzen sich ergebenden Schwierigkeit im Zivilprozeß einen Schaden strikt nachzuweisen. (RGStr. 17 192.) Es sollte die freie Überzeugung des Gerichts an Stelle fester Beweisregeln treten. Nachdem jetzt auch im Zivilprozeß bei Schadensersatzklagen die freie Beweiswürdigung gesetzlich vorgeschrieben ist (§ 287 ZPO. vgl. S. 18ff.), ist rechtlich eine Differenz nicht mehr vorhanden; in der Praxis wird aber im Zivilprozeß noch sehr vielfach davon ausgegangen, daß der beanspruchte Betrag genau nachzuweisen ist, während im Strafprozeß eine freiere Auffassung zu herrschen pflegt.

Die vom Berechtigten beantragten Beweise hat das Gericht, soweit sie von Bedeutung sind, zu erheben, Eideszuschiebung ist unzulässig.

Da nur der Betrag des wirklich erlittenen Schadens festzusetzen ist, so muß dasjenige abgezogen werden, was der Beschädigte anderweitig erhalten hat. (RGStr. 9 223.)

II. Höhe der Buße.

1. **Der Berechtigte hat einen bestimmten Betrag zu bezeichnen;** über diesen Betrag hinaus darf nicht erkannt werden (§ 445 StPO.); wohl aber kann das Gericht auf eine geringere Summe erkennen (RGStr. 30 368). Daß der Berechtigte bis zum Urteil den Antrag erhöht oder vermindert, ist nicht verboten. (Stenglein Anm. 6 zu § 14.

2. **Es darf nur auf Zahlung einer bestimmten Summe erkannt werden,** nicht etwa auf Zahlung einer Rente. (RGStr. 17 178.)

3. **Der Höchstbetrag ist 10000 Mark,** auf mehr ist im Strafprozeß in keinem Fall zu erkennen. Wer seinen Schaden höher bemißt, muß ihn im Zivilprozeß fordern.

Liegen mehrere selbständige Handlungen vor, so kann für jede besondere Handlung, soweit durch sie Schaden zugefügt ist, bis zum Höchstbetrag erkannt werden.

Sind bereits anderweit geleistete Entschädigungen anzurechnen, so vermindert sich der Höchstbetrag entsprechend, da die „zu erlegende" Buße höchstens 10000 Mk. betragen darf.

4. **Mehrere Berechtigte können jeder für sich Buße fordern** und zwar jeder bis zum Höchstbetrage von 10000 Mk., selbstverständlich aber jeder nur insoweit, als er selbst geschädigt ist.

5. **Bei mehreren Mittätern einer strafbaren Handlung** kann das Gericht entweder gegen alle auf Buße erkennen, in welchem Fall sie als Gesamtschuldner haften (Satz 2 des § 26); es kann aber auch nur einzelne, oder jeden zu verschiedenen Beträgen verurteilen. (RGStr. 30 368.) Die gegen alle erkannte Gesamtsumme darf 10000 Mk. nicht übersteigen, da die Höhe der Forderung des Verletzten beschränkt ist. (Wolff 72.) Selbstverständlich gelten diese Grundsätze nur gegen die Teilnehmer an einem Vergehen; liegen mehrere selbständige Strafhandlungen vor, so fällt die Gesamthaft fort. (RGStr. 33 14.) Über die zivilrechtlichen Folgen der Gesamtverhaftung und den Regreß der Täter untereinander vgl. §§ 421 ff. BGB.

III. Verhältnis der Buße zur Entschädigungsforderung.

1. **Rechtskräftig zuerkannte Buße schließt weiteren Entschädigungsanspruch aus.** Wenn also der Strafrichter auf Buße in irgendeiner Höhe oder gegen irgendeinen Verpflichteten erkannt hat, so fällt damit jeder weitere Entschädigungsanspruch aus derselben Tat auch gegen andere Mittäter, selbst wenn gegen diese ein Strafverfahren nicht geschwebt hat. (Ebenso Finger 427, dagegen Wolff 76, Fuld 566.) Es gilt dies selbst dann, wenn der, gegen den die Buße erkannt ist, dieselbe nicht zu zahlen in der Lage ist.

Der Ausschluß erfolgt, da jeder Berechtigte ein selbständiges Recht auf Entschädigung hat, nur gegen den, der Buße beantragt hatte. Wer sich am Strafprozeß nicht beteiligt hat, kann trotz der erkannten Buße Entschädigung im Zivilprozeß fordern. (Wolff 77.)

2. **Ist der Antrag auf Buße abgewiesen** oder das Strafverfahren vor Rechtskraft eingestellt, so kann Entschädigung gefordert werden.

3. **Der Zivilprozeß auf Entschädigung hat keinen Einfluß auf die Zuerkennung der Buße.** Schwebt der Prozeß, so macht ihm die Verurteilung zur Buße bis auf die Kosten ein Ende. Ist die Klage auf Entschädigung abgewiesen, so ist trotzdem der Strafrichter nicht gehindert, auf Buße zu erkennen; ist im Zivilprozeß eine Entschädigung zu erstatten und beigetrieben, so nimmt im Strafprozeß das Verfahren über die Buße seinen Fortgang, nur ist der beigetriebene Betrag anzurechnen. (RGStr. 9 226; dagegen Wolff 75.)

4. **Vergleich über die Entschädigung und Verzicht** schließen den Anspruch auf Buße aus. (RGStr. 31 335; a. A. Fuld 567 für den Fall, daß in einem Zivilprozeß wegen der Schwierigkeit des Beweises auf den Schadensersatz verzichtet wird.)

5. **Die Verjährung der Entschädigungsforderung** wird durch den Antrag auf Buße nicht unterbrochen. (RG. 16 6.)

D. Verfahren.

1. Wird **Privatklage** erhoben, so ist in dieser das Verlangen auf Buße zu stellen und folgt das Verfahren den allgemeinen Vorschriften. (§§ 414 ff. StPO.)

2. Ist öffentliche Anklage erhoben, so muß sich der, der Buße verlangt, dem

Verfahren als **Nebenkläger** anschließen. (§ 443 Abs. 2 StPO.; vgl. auch OLG. Dresden in SächsOLG. 98 193.) Der Antrag kann mit der Erklärung, als Nebenkläger sich anzuschließen, verbunden werden; er kann auch später, bis zur Verkündigung des Urteils I. Instanz, gestellt werden (§ 444 Abs. 1 StPO.); ohne Wirkung ist ein vor dem Beitritt als Nebenkläger gestellter Antrag (RGStr. 21 156). Ist der Antrag gestellt und nicht zurückgenommen, so ist über ihn zu erkennen, selbst wenn der Nebenkläger nicht in der Hauptverhandlung erscheint. (RGStr. 7 376.)

Gegen ein freisprechendes Urteil ist der Nebenkläger berechtigt, Revision einzulegen. (RGStr. 11 90.)

3. **Der Antrag kann bis zur Verkündung des Urteils zurückgenommen werden** (§ 444 Abs. 2 StPO.) und zwar nicht nur des Urteils I. Instanz, sondern auch des der Berufungs- oder Revisionsinstanz. (So Löwe Anm. zu § 444, Müller 220, dagegen Wolff 71.) Ein zurückgenommener Antrag kann nicht erneuert werden (§ 444 Abs. 2 StPO.), doch gilt dies nur von einem formell gültig erhobenen Antrag (RGStr. 1 286.)

4. **Die Vollstreckung einer zuerkannten Buße** erfolgt nach den Vorschriften der Zivilprozeßordnung. (§ 495 StPO.) Es ist daher eine vollstreckbare Ausfertigung des Urteils zu erfordern, diese dem Gerichtsvollzieher zur Zustellung und Vollstreckung zu übergeben (RG. 1 233, Wolff 74); eine nochmalige Zustellung ist nicht nötig, wenn der Strafrichter das Urteil bereits zugestellt hatte.

5. **Die Kosten des Nebenklägers** hat der Angeklagte, wenn er verurteilt wird, zu tragen (Str. 15 190), selbst wenn eine Buße nicht zuerkannt ist (RGStr. 6 237). Ist der Angeklagte freigesprochen, so sind dem Nebenkläger die Kosten des Verfahrens nicht aufzuerlegen, es sei denn, daß der Fall der §§ 501, 504 StPO. vorliege. (RGStr. 15 191.)

Der **Privatkläger** hat, wenn der Angeklagte freigesprochen wird, die Kosten des Verfahrens zu tragen. (§ 503 StPO.) Wird der Angeklagte verurteilt, der Antrag auf Buße aber verworfen, so kann das Gericht die Kosten angemessen verteilen. (§ 503 Abs. 3 StPO.)

§ 27.

Bürgerliche Rechtsstreitigkeiten, in welchen durch die Klage ein Anspruch auf Grund dieses Gesetzes geltend gemacht wird, gehören, sofern in erster Instanz die Landgerichte zuständig sind, vor die Kammern für Handelssachen.

In bürgerlichen Rechtsstreitigkeiten, in welchen durch Klage oder Widerklage ein Anspruch auf Grund dieses Gesetzes geltend gemacht ist, wird die Verhandlung und Entscheidung letzter Instanz im Sinne des § 8 des Einführungsgesetzes zum Gerichtsverfassungsgesetze dem Reichsgerichte zugewiesen.

Vorbemerkung. § 27 entspricht dem früheren § 15 mit einigen redaktionellen Abweichungen, die im Abs. 2 dem Vorbild des Artikels 6 EG. z. BGB. entsprechen.

1. **§ 27 behandelt die sachliche Zuständigkeit** in den bürgerlichen Rechtsstreitigkeiten aus Ansprüchen auf Grund dieses Gesetzes (über die örtliche Zuständigkeit s. S. 182).

Es handelt sich bei den Klagen auf Grund dieses Gesetzes um vermögensrechtliche Ansprüche. (RG. 40 413.) Soweit der Gegenstand 300 Mk. — oder vom 1. April 1910 ab 600 Mark — nicht übersteigt (über die Höhe des Streitgegenstandes vgl. S. 14 Nr. II h 2), sind daher gemäß § 23 Ziffer 1 GVG. die Amtsgerichte zuständig.

2. Soweit der Anspruch danach vor die Landgerichte gehört, sind die **Kammern für Handelssachen** zuständig. In der Begründung von 1896 wurdd dies, wie folgt, motiviert:

„Da der Entwurf es mit Verhältnissen zu tun hat, für deren Beurteilung eine genauere Kenntnis der Gepflogenheiten des geschäftlichen und gewerblichen Verkehrs von Wichtigkeit ist, so sollen die auf Grund der Bestimmungen des Entwurfs anhängig gemachten bürgerlichen Rechtsstreitigkeiten, soweit sie in erster Instanz zur Zuständigkeit der Landgerichte gehören, den Kammern für Handelssachen zugewiesen werden."

3. **Der Kläger hat in der Klageschrift die Verhandlung vor der Kammer für Handelssachen zu beantragen.** (§ 102 GVG.) Stellt er diesen Antrag nicht, so geht die Klage an die Zivilkammer, der Beklagte ist aber berechtigt, die Verweisung an die Handelskammer zu beantragen. (§ 109 GVG.) Es ist in diesem vom Gesetz ausdrücklich bestimmten Fall gleichgültig, ob der Beklagte Kaufmann ist. Eine Verweisung von Amts wegen an die Handelskammer findet nicht statt. (§ 104 Abs. 3 GVG.)

4. **Widerklage** ist im Absatz 1 nicht erwähnt. (Anders § 21 WarenZG.) Nach § 33 ZPO. ist sie beim Gericht der Hauptklage zu erheben. Wenn also der bei der Zivilkammer Beklagte eine Widerklage auf Grund von Ansprüchen aus diesem Gesetz erhebt, so bleibt die Zivilkammer zuständig. (Gaupp u. Stein Anm. III, 6 zu § 33.) Wird in einem bei dem Amtsgericht anhängigen Rechtsstreit eine vor das Landgericht gehörige Widerklage auf Grund dieses Gesetzes erhoben, so hat der Widerkläger vor dem Amtsgericht den Antrag zu stellen, daß der Rechtsstreit der Handelskammer überwiesen wird. (§ 506 ZPO.; § 102 Abs. 2 GVG.)

5. **Einstweilige Verfügungen** sind bei dem Gericht der Hauptsache, d. h. falls das Landgericht zuständig ist, der Handelskammer zu beantragen. (§ 937 ZPO.; vgl. jedoch auch § 25 dieses Gesetzes.) Gericht der Hauptsache ist das Gericht, bei dem der Prozeß bereits anhängig ist, oder bei dem es, wenn die Klage angestellt wäre, schweben würde. (RG. 31 372; Gaupp u. Stein Anm I, 1 b zu § 919; dagegen Müller 224.)

6. Sofern die Sache in erster Instanz vor das Amtsgericht gehört, entscheiden **in der Berufungsinstanz** gemäß §§ 71 und 101 Nr. 4 GVG. in der Fassung der Novelle v. 1. VI. 09 vom 1. April 1910 ab ebenfalls die Kammern für Handelssachen. (Vgl. Stein in LZ. 09 652.)

7. **In letzter Instanz entscheidet das Reichsgericht,** soweit Revision nach den Vorschriften der Zivilprozeßordnung zulässig ist. Die Überweisung an das Reichsgericht ist trotz § 8 EG. z. GVG., der praktisch nur für Bayern von Bedeutung ist, erfolgt, um, wie die Begründung ausführt, die nötige Einheitlichkeit der Rechtsprechung sicherzustellen.

§ 28.

Wer im Inland eine Hauptniederlassung nicht besitzt, hat auf den Schutz dieses Gesetzes nur insoweit Anspruch, als in dem Staate, in welchem seine Hauptniederlassung sich befindet, nach einer im Reichs-Gesetzblatt enthaltenen Bekanntmachung deutsche Gewerbetreibende einen entsprechenden Schutz genießen.

Inhaltsangabe.

Vorbemerkung.

§ 28 entspricht wörtlich dem früheren § 16. Allein seine Bedeutung ist nicht entfernt mehr dieselbe wie zur Zeit des Erlasses des Gesetzes von 1896. Der inzwischen erfolgte Beitritt Deutschlands zur Pariser Konvention von 1883, der nach dem 1909 erfolgten Beitritt Österreich-Ungarns alle beträchtlichen Staaten mit Ausnahme Rußlands angehören, und die Anwendung ihrer Grundsätze durch die Entscheidung des RG. 60 217 hat den Wirkungskreis des § 28 auf ein Minimum reduziert. Deshalb empfahl der Deutsche Verein zum Schutz des gewerblichen Eigentums (Denkschrift 2 13) seine Streichung.

A. Allgemeines.

1. **§ 28 regelt die Frage, inwiefern Ausländer, genauer gesagt, die im Ausland Niedergelassenen** (vgl. Marcus in UnlW. 2 116), **auf den Schutz des Gesetzes Anspruch haben.** Vorbildlich waren die in den verschiedenen Gesetzen zum Schutz immaterieller Güter enthaltenen Bestimmungen, insbesondere die Vorschriften in § 23 Abs. 1 WarenZG. Das Prinzip war nicht, den Ausländer schlechter zu stellen als den Inländer, sondern nur, zu verhüten, daß ein Ausländer, dessen Staat Gegenseitigkeit nicht übt, in Deutschland den Schutz des Gesetzes genieße. Indirekt soll also dadurch veranlaßt werden, daß die ausländischen Staaten, soweit dies noch nicht geschehen ist, auch den Deutschen Schutz gegen unlauteren Wettbewerb gewähren. Hierüber sagte die Begründung von 1896:

> „Es besteht kein Anlaß, die Rechtsbehelfe, durch welche der Entwurf dem reellen Geschäftsbetriebe den Kampf mit dem unlauteren Wettbewerbe erleichtern will, ohne weiteres und unabhängig von dem Nachweise der Gegenseitigkeit auch dem Ausländer zuzugestehen. Je häufiger der Deutsche in seinen geschäftlichen Beziehungen zu dem Auslande Übervorteilungen sich preisgegeben sieht, um so wichtiger ist es für uns, daß den Reichsangehörigen auch durch die ausländische Gesetzgebung ein Schutz gegen unredliche Machenschaften gewährt wird. Nur in dem Maße, wie dies geschieht, werden wir die im Auslande ansässigen Gewerbetreibenden unter den Schutz des vorliegenden Gesetzes stellen können."

2. **Der Schutz dieses Gesetzes wird gewährt**, wenn die Voraussetzungen des § 28 erfüllt sind. Das Gesetz schützt gegen die in ihm bezeichneten Handlungen in zweierlei Weise. Es gibt zivilrechtliche Unterlassungs- und Schadensersatzklagen und gewährt ferner das Recht, Bestrafung zu verlangen. In beiden Beziehungen fällt der Schutz für diejenigen, die nach § 28 nicht schutzberechtigt sind, fort. Sie können weder Zivilklagen noch Privatklagen anstellen; sie sind auch nicht berechtigt, den nach § 22 nötigen Strafantrag zu stellen. Die Folge davon ist, daß Deutsche berechtigt sind, unlauteren Wettbewerb, in dem in diesem Gesetz gebrauchten Sinne, gegen Ausländer zu treiben, die nicht den Schutz des Gesetzes genießen, ohne befürchten zu müssen, zivil- oder strafrechtlich aus diesem zur Verantwortung gezogen zu werden.

3. Nicht berührt durch § 28 ist natürlich die Haftung des Inländers, soweit sie sich aus anderen Rechtsnormen ergibt, die auf unlautere Wettbewerbsakte anwendbar sind. Insbesondere kann der Ausländer unbeschränkt den Schutz des **§ 826 BGB.** in Anspruch nehmen. (OLG. Hamburg in HansGZ. 04 Hbl. 124; Wassermann UnlW. 4 1; RG. in UnlW. 3 73.)

4. Die Frage, **inwiefern Ausländer aus diesem Gesetze haftbar gemacht werden können,** ist weder im § 28 noch sonst im Gesetz behandelt. Sie ist nach allgemeinen Grundsätzen zu entscheiden und setzt keinerlei Gegenseitigkeit voraus. (Näheres S. Einl.)

B. Voraussetzungen des Schutzes dieses Gesetzes.

I. Hauptniederlassung im Inlande.

1. **Ohne Bedeutung ist die Staatsangehörigkeit.** (Vgl. RGStr. 35 415; RG. 41 69 für § 23 WarenZG.) Der Ausländer, der im Inlande eine Hauptniederlassung hat, genießt denselben Schutz wie der Inländer. Dem Deutschen dagegen, der seine Hauptniederlassung im Auslande hat, ist der Schutz des Gesetzes versagt.

2. **Wesentlich ist lediglich eine Hauptniederlassung im Inlande.** Unter letzterem ist das Gebiet des Deutschen Reiches einschließlich Elsaß-Lothringens und Helgolands zu verstehen, ferner nach fast allgemein angenommener Ansicht das Gebiet der deutschen Kolonien und Schutzgebiete, da diese den Gesetzen Deutschlands unterworfen sind.

Dasselbe gilt für die Länder, in denen deutsche Konsulargerichtsbarkeit besteht, in betreff der Deutschen und Schutzgenossen. (Wassermann in GewRSchutz 02 91, derselbe in „Der Anschluß des Deutschen Reichs an die internationale Union" S. 193, Wolff 46, Finger 436, Osterrieth, Lehrbuch 438 und den dort zitierten; dagegen Lobe 402.)

3. **Nötig ist eine Hauptniederlassung.** (Im Gegensatz zu § 23 WarenZG., welches nur eine „Niederlassung" erfordert.) Dies bezeichnet im geschäftlichen Sinne den Mittelpunkt der gewerblichen Tätigkeit; nicht genügt eine Zweigniederlassung (OLG. Colmar bei Bauer 8 55), eine Verkaufsstätte, eine Übertragung zum Generalvertrieb. (RG. in JW. 00 841 Nr. 8.) Über den Begriff der Niederlassung vgl. S. 183 Nr. B.

Der Begriff „gewerbliche" Niederlassung ist aber nicht eng zu interpretieren. Der Begriff des Gewerbetreibenden umfaßt, wie S. XII ausgeführt, alle Zweige menschlicher Tätigkeit, die ganz oder zum Teil des Erwerbs wegen ausgeübt wird. Wo derjenige, der diese Tätigkeit ausübt, deren Mittelpunkt hat, ist seine Hauptniederlassung. Bei denen, die eines Geschäftslokals nicht benötigen, wird die Niederlassung mit dem Wohnsitz zusammenfallen. Nähme man dies nicht an, so würde man dem Schriftsteller, dem Maler, der etwa durch Vergehen gegen § 16 verletzt wird, nicht den Schutz des Gesetzes gewähren können, was sicherlich nicht der Absicht des Gesetzgebers entspräche.

Unterstützt wird diese Ansicht noch durch den Gegensatz der Ausdrucksweise in § 28 gegen die in § 24; in letzterem Paragraph sind gewerbliche Niederlassung und Wohnsitz als zwei verschiedene Begriffe gebraucht, § 28 verwendet allgemein, also beides umfassend, den Ausdruck „Niederlassung".

4. Auch **ausländische juristische Personen** sind bei Verbürgung der Gegenseitigkeit berechtigt, den Schutz des Gesetzes zu verlangen. (Fuld in GewRSchutz 97 208, in UnlW. 2 3 und Kommentar 579; vgl. OLG. Colmar bei Bauer 8 55; RG. in UnlW. 4 48.)

II. Verbürgte Gegenseitigkeit.

1. Ausländer, d. h. nach obigen Ausführungen die, welche keine Hauptniederlassung im Inland haben, genießen den Schutz des Gesetzes nur, **wenn der Staat Gegenseitigkeit gewährleistet**, in dem sie ihre Hauptniederlassung haben. Die Frage, ob dies der Fall ist, hat der Richter materiell nicht zu prüfen. Für ihn ist die Gewährung vorhanden, wenn im Reichs-Gesetzblatt eine dies bestätigende Bekanntmachung ergangen ist. Eine Nachprüfung steht ihm nicht zu (RGStr. 34 277), ebensowenig eine Untersuchung darüber, ob tatsächlich eine Gegenseitigkeit besteht.

2. **Die Wirkung der Bekanntmachung** beginnt sofort mit der Ausgabe der betreffenden Nummer des Reichs-Gesetzblattes, da die Bestimmung des Art. 2 der Reichsverfassung hier nicht zur Anwendung kommt. (Finger 438.)

3. **Der Schutz muß ein „entsprechender" sein.** (Nicht wie in § 23 WarenZG. „in gleichem Umfang".) Soweit der Schutz im Auslande gewährt ist, soweit hat ihn der Ausländer auch in Deutschland, ohne daß es auf vollständige Identität ankäme. (Fuld 583.) Im übrigen wird auch die Prüfung dieses Punktes im allgemeinen den Gerichten entzogen sein, weil anzunehmen ist, daß in der Bekanntmachung die Grenze der Gegenseitigkeit genau gezogen sein wird.

4. An sich ist anzunehmen, daß gehörig publizierte **Staatsverträge** des Deutschen Reichs mit anderen Staaten, in denen die Gegenseitigkeit in betreff des unlauteren Wettbewerbs gewährleistet wird, der Bekanntmachung in § 28 gleichstehen, so daß eine erneute Bestätigung im Reichsanzeiger unnötig ist.

Notwendig ist aber, daß der Staatsvertrag materiell das enthält, was in § 28 gefordert ist, nämlich die Bestätigung eines diesem Gesetze entsprechenden Schutzes. Nicht erst im Wege der Interpretation darf dies sich aus anderen Bestimmungen ergeben, sondern es muß eine derartige Erklärung ausdrücklich im Vertrage vorhanden sein. Nur dann ersetzt der Vertrag die in § 28 geforderte Bekanntmachung. Vor allem kommen danach alle die Verträge nicht in Betracht, die vor Erlaß des Gesetzes geschlossen sind, da diese einen diesem Gesetz entsprechenden Schutz nicht geben konnten, so z. B. nicht die Handelsverträge (vgl. mit England, OLG. Hamburg in GewRSchutz 98 313), ferner nicht die bisherigen Übereinkommen mit anderen Staaten, betreffend Namen- und Firmenschutz. (Z. B. mit Österreich vom 6. XII. 91; vgl. RG. in JW. 00 841 Nr. 8; Fuld in GewRSchutz 99 160.)

5. Bisher ist keine Bekanntmachung im Sinne des § 28 ergangen.

III. Die Pariser Union.

Wenn auch noch keine Bekanntmachung im Sinne des § 28 im Reichs-Gesetzblatt erschienen ist, so ist doch die durch ihn gezogene nationale Schranke fast vollständig beseitigt durch den Beitritt Deutschlands zur **Pariser Übereinkunft** zum Schutze des gewerblichen Eigentums v. 20. III. 83, ergänzt durch die **Brüsseler Zusatzakte** v. 14. XII. 00, und die Auslegung, welche die Judikatur diesem Schritt gegeben hat.

(Vgl. über die Pariser Union: Osterrieth-Axster, Kommentar zur Pariser Konvention, Berlin 1903, Osterrieth im Jahrbuch der internationalen Vereinigung für vergleich. Rechtswissenschaft 6 und 7 und Lehrbuch des gewerblichen Rechtsschutzes 448ff. Wassermann-Lau, Der Anschluß des Deutschen Reiches an die internationale Union für gewerblichen Rechtsschutz (1902), Wassermann im Jahrbuch der internationalen Vereinigung 8 1. Neuberg, Der internationale gewerbliche Rechtsschutz.)

Der Beitritt des Deutschen Reichs erfolgte durch Erklärung gegenüber der Regierung der Schweizer Eidgenossenschaft, er wurde im Reichs-Gesetzblatt am 9. IV. 03 (S. 147) bekanntgegeben und ist seit dem 1. V. 03 in Kraft.

2. Mitglieder der Konvention, die die Brüsseler Zusatzakte ratifiziert haben, sind zurzeit außer Deutschland: Belgien, Brasilien, Kuba, Dänemark, Dominikanische Republik, Frankreich mit Algier und Kolonien, Großbritannien mit Neu-Seeland, Queensland, dem Australischen Staatenbund, Ceylon, Trinidad und Tobago, Japan, Italien, Mexiko, Niederlande, Norwegen, Österreich-Ungarn, Portugal, Schweden, Schweiz, Serbien, Spanien, Tunis, Vereinigte Staaten von Nordamerika. Nicht beigetreten sind in Europa: Rußland, die Balkanstaaten außer Serbien, und Luxemburg. (Vgl. die Mitteilung des Präsidenten des Kaiserl. Patentamts v. 18. IV. 03, abgedruckt mit den inzwischen eingetretenen Veränderungen bei Freund-Magnus 317, die mit den Beitrittsdaten versehene Liste bei Finger 443.)

3. Maßgebend für den unlauteren Wettbewerb ist der durch die Brüsseler Zusatzakte eingeführte Artikel 10b:

„Les ressortissants de la convention jouiront, dans tous les Etats de l'Union de la protection accordée aux nationaux contre la concurrence déloyale.

und in der amtlichen Übersetzung:

„Die unter der Übereinkunft stehenden Personen sollen in allen Verbandsstaaten den den Staatsangehörigen gegen den unlauteren Wettbewerb zugesicherten Schutz gewähren. (Vgl. „Der Anschluß des Deutschen Reiches an die internationale Union" Berlin 1902 und Fuld in UnlW. 2 2.)

4. Die Bedeutung dieser Bestimmung in ihrem Zusammenhang mit der Vorschrift des deutschen Gesetzes ist anfänglich streitig gewesen. Rein formell ließ sich wohl die Ansicht vertreten, daß die Voraussetzungen des § 28 nicht erfüllt seien; insbesondere stimmt der Begriff der „nationaux" „Staatsangehörigen" nicht mit den Unterscheidungen des § 28 überein. Trotzdem ist in der Wissenschaft mit kaum ins Gewicht fallenden Ausnahmen von vornherein, allerdings mit verschiedener Begründung, der Standpunkt eingenommen worden, daß **jeder Unionsangehörige schlechthin den in den einzelnen Staaten bestehenden Schutz genieße.** (Vgl. Lau in GewRschutz 03 75 und 270; Fuld in UnlW. 2 2; Osterrieth-Axster 215; Wassermann, Jahrbuch 8 1; Alexander-Katz in GewRschutz 03 249; Seligsohn, WarenZG. 307; Osterrieth, Lehrbuch 456 und in der Revue de droit privé 05 690.) Daher hat die Entscheidung des Reichsgerichts (RG. 60 217; JW. 05 237), die mit ausführlicher Begründung zu dem gleichen Ergebnis gelangt, überall befriedigt und den Streit praktisch erledigt, wenn auch im einzelnen die Begründung nicht durchweg gebilligt wurde. (Vgl. Marcus in UnlW. 5 40; Damme in UnlW. 6 49.)

Das Reichsgericht zieht aus seinem Standpunkt ausdrücklich die Folgerung, daß der Deutsche, der nicht im Deutschen Reiche, aber in einem der Unionsstaaten seine Hauptniederlassung hat, den Schutz des Wettbewerbsgesetzes beanspruchen kann. Von diesem ist also nur noch der ausgeschlossen, der in einem der nicht beigetretenen Staaten niedergelassen ist.

5. Unlautere Wettbewerbshandlungen, die vor dem Beitritt Deutschlands zur Union in einem Vertragsstaat begonnen worden sind, z. B. Titelanmaßungen, dürfen nach demselben nicht fortgesetzt werden. (Vgl. OLG. Colmar in UnlW. 5 31; Lobe 418.) Rückwirkende Kraft hat der Beitritt nicht.

C. **Anwendung des ausländischen Rechts.**

1. Steht nach obigen Darlegungen einem Ausländer der Rechtsschutz des Gesetzes zu, und klagt er auf Grund einer Verletzung gegen einen Inländer, so hat der Richter nur **das deutsche Gesetz** anzuwenden.

2. Nur die Frage, ob dem Ausländer ein Individualrecht, wegen dessen Verletzung er klagt, zusteht, entscheidet nach den Grundsätzen des internationalen Privatrechts das Recht des Heimatsstaats des Verletzten. Wer nach seinem Recht eine Befugnis zur Führung eines Namens, einer Firma nicht hat, kann wegen Verletzung dieses Namens usw. auch im Auslande nicht klagen. (RG. 40 61; vgl. RG. 46 125.)

§ 29.

Welche Behörden in jedem Bundesstaat unter der Bezeichnung höhere Verwaltungsbehörde im Sinne dieses Gesetzes zu verstehen sind, wird von der Zentralbehörde des Bundesstaats bestimmt.

Der Paragraph ist für die §§ 7, 9 und 10 von Belang.

§ 30.

Dieses Gesetz tritt am 1. Oktober 1909 in Kraft.

Mit diesem Zeitpunkte tritt das Gesetz zur Bekämpfung des unlauteren Wettbewerbes vom 27. Mai 1896 (Reichs-Gesetzbl. S. 145) außer Kraft.

Nach dem neuen Gesetz sind alle seit dem 1. X. 09 begangenen Wettbewerbshandlungen zu beurteilen. Soweit eine fortgesetzte oder wiederholte Handlung vorliegt, kommt das Gesetz für die Akte in Frage, die nach diesem Zeitpunkt vorgenommen sind. Eine rückwirkende Kraft hat das Gesetz nicht.

Anhang.

Das Bürgerliche Gesetzbuch in seinen Beziehungen zum Wettbewerbsgesetz.

A. Die Geltung des BGB. neben dem Wettbewerbsgesetz.

Bei Inkrafttreten des BGB. war es anfangs streitig, ob seine Bestimmungen denen des damals geltenden G. v. 27. V. 96 ergänzend zur Seite treten. Diese Frage ist jedoch schließlich von allen Seiten bejaht worden. Die Rechtsprechung hat das BGB. in allen den Fällen herangezogen, die von dem Spezialgesetz nicht geregelt waren. Grundsätzlich hat dies für den § 826 das Reichsgericht in der Entsch. 48 127 ausgesprochen. (Vgl. RGStr. 41 81.)

2. Auch für das geltende Gesetz kann die ergänzende Bedeutung des BGB. nicht in Frage gezogen werden. Dies ist nicht nur bei seiner Beratung mehrfach zum Ausdruck gekommen (Bericht 47), der ganze Aufbau des Gesetzes ist auch gerade mit Rücksicht auf das BGB. und dessen Auslegung in der Rechtsprechung vorgenommen. Allerdings ist die Frage jetzt nicht mehr von der gleichen Bedeutung, wie unter der Herrschaft des früheren Gesetzes. Während jenes sich nur als die Zusammenfassung einiger Spezialvorschriften gab, versucht das neue Gesetz, insbesondere durch die Einführung der Generalklausel des § 1 das ganze Gebiet des gewerblichen Wettbewerbs zu umfassen, so daß es einer ergänzenden Unterstützung durch die allgemeinen Vorschriften des BGB. nur in weit geringerem Maße bedarf.

3. **Wo das G. v. 7. VI. 09 eine Lücke hat, tritt das BGB. ergänzend ein.** Eine Lücke liegt aber nicht nur vor, wenn ein Tatbestand überhaupt nicht im Gesetz berührt ist, sondern auch wenn bei Materien, die behandelt sind, gewisse Fälle dem Gesetz nicht unterliegen, etwa weil der Kläger nicht aktiv legitimiert ist.

4. Soweit eine Bestimmung des BGB. zur Anwendung kommt, ist diese lediglich aus sich und nicht aus dem Wettbewerbsgesetz zu interpretieren. Insbesondere ist eine unerlaubte Handlung, die nach den Bestimmungen des BGB. im 25. Titel §§ 823 ff. zum Schadensersatz verpflichten würde, nicht deshalb von diesen Folgen befreit, weil das Wettbewerbsgesetz seinem Inhalte nach zeige, daß sie nicht getroffen werden solle.

5. Wenn ein Tatbestand sowohl den Bestimmungen des Wettbewerbsgesetzes, wie denen des BGB. entspricht, so ist der Verletzte berechtigt, aus beiden Gesetzen nach seiner Wahl vorzugehen. (Vgl. Lobe in GewRschutz 10 11 und Bekämpfung 259.)

B. Unterschied der Rechtsverfolgung in formeller Beziehung zwischen Wettbewerbsgesetz und BGB.

1. Ein Unterschied zwischen beiden Gesetzen besteht nicht etwa dahin, daß das BGB. nur die Schadensersatz- und nicht die Unterlassungsklage gebe. Die Rechtsprechung geht vielmehr nach dem Vorgang des Reichsgerichts in feststehender Praxis davon aus, daß, wenn das Gesetz ein Recht gewährt, oder eine Verpflichtung auferlegt, es **auch die Möglichkeit gewähren muß, den Anspruch auf Unterlassung zu verfolgen.** (Vgl. RG. 48 120, 56 286, 60 7; SächsArch. 13 72; JW. 03 Beil. 11, 05 237; für das frühere Recht vgl. RG. 25 347, 38 379.) Eltzbacher, Unterlassungsklage 90, glaubt aus den einzelnen Bestimmungen des BGB., die eine Unterlassungsklage geben, auf dem Wege der Analogie den allgemeinen Satz ableiten zu können, daß eine Unterlassungsklage überall dort begründet sei, wo eine Verletzung eines Privatrechts, und wenn dieses ein Forderungsrecht ist, ungeachtet einer Abmahnung eine weitere Verletzung stattgefunden habe, und infolgedessen ein künftiges, das Recht verletzende Tun des Verletzers zu befürchten sei. Praktisch führt diese Formulierung kaum zu anderen Resultaten als der Standpunkt des Reichsgerichts.

Diese Unterlassungsklage hängt allerdings davon ab, daß eine **Fortsetzung des schädigenden Verhaltens zu befürchten** ist. (Vgl. die zit. Entsch., insbesondere RG. 60 7 und 61 37; JW. 07 47, 08 333; Recht 07 974; LZ. 08 539.) Insofern ist also die Unterlassungsklage aus dem BGB. gegenüber der aus dem Wettbewerbsgesetz erschwert.

2. Hingegen liegen in formeller Beziehung eine Reihe von Verschiedenheiten zwischen beiden Gesetzen vor, die für die Rechtsverfolgung von Bedeutung sind. Als solche sind hervorzuheben:

3. Die **Verjährungsfristen** des Gesetzes gelten nicht für die aus dem BGB. abgeleiteten Ansprüche. Diese unterliegen vielmehr lediglich der dreijährigen Verjährung des § 852 BGB.

4. Die Beschränkungen der **Ausländer** in der Rechtsverfolgung (§ 28 UnlWG.) treten nicht ein, wenn ein Anspruch nach den Vorschriften des BGB. verfolgt wird. Es kann also ein Ausländer, der weder durch den § 28 noch durch die Pariser Übereinkunft legitimiert ist, auf Grund des Wettbewerbsgesetzes zu klagen, seine Klage auf die Bestimmungen des BGB. stützen.

5. Es gelten ferner nicht die im § 27 gegebenen Bestimmungen über die **Zuständigkeit** der Handelskammern, der ausschließliche Gerichtsstand des § 24 und die Erleichterung der **einstweiligen Verfügung** nach § 25.

6. Eine **Veröffentlichung** des Urteils (§ 23 Abs. 4) ist im BGB. nicht vorgeschrieben. Auf diese kann also im allgemeinen nicht erkannt werden. Man hat versucht, für das Gebiet des BGB. einen Anspruch auf Veröffentlichung des Urteils für den durch eine öffentliche Bekanntmachung Geschädigten aus dem Gesichtspunkt der Naturalrestitution (§ 249 BGB.) herzuleiten, weil nur auf diese Weise eine Wiederherstellung des Zustandes, der vor der schädigenden Handlung bestanden hat, zu erreichen sei. (OLG. Köln in UnlW. 5 26.)

In etwas anderem Zusammenhange ist dieser Gedankengang von dem Reichsgericht (60 13) untersucht worden. Dort handelte es sich um eine Klage des durch ein Zeitungsinserat Beleidigten, auf öffentlichen Widerruf seitens des Beleidigers. Diese Klage hat das Reichsgericht abgewiesen; es hat dabei aber die Frage offengelassen, ob sich ein solcher Anspruch aus § 249 BGB.

nicht dann rechtfertigen ließe, wenn durch eine in einer Druckschrift veröffentlichte unwahre Mitteilung ein Zustand geschaffen wird, dessen Fortbestand als dauernde, sich immer wieder erneuernde Wirkung, die Verletzung der Ehre eines anderen oder die Schädigung seines Kredites mit sich bringt.

C. Die Einzelbestimmungen des BGB.

1. Für die Verfolgung von Handlungen, die den Charakter des unlauteren Wettbewerbs haben, kommen im wesentlichen die folgenden Paragraphen in Betracht:

§ 226. Die Ausübung eines Rechtes ist unzulässig, wenn sie nur den Zweck haben kann, einem anderen Schaden zuzufügen.

§ 823. Wer vorsätzlich oder fahrlässig das Leben, den Körper, die Gesundheit, die Freiheit, das Eigentum oder ein sonstiges Recht eines anderen widerrechtlich verletzt, ist dem anderen zum Ersatze des daraus entstehenden Schadens verpflichtet.

Die gleiche Verpflichtung trifft denjenigen, welcher gegen ein den Schutz eines anderen bezweckendes Gesetz verstößt. Ist nach dem Inhalte des Gesetzes ein Verstoß gegen dieses auch ohne Verschulden möglich, so tritt die Ersatzpflicht nur im Falle des Verschuldens ein.

§ 824. Wer der Wahrheit zuwider eine Tatsache behauptet oder verbreitet, die geeignet ist, den Kredit eines anderen zu gefährden oder sonstige Nachteile für dessen Erwerb oder Fortkommen herbeizuführen, hat dem anderen den daraus entstehenden Schaden auch dann zu ersetzen, wenn er die Unwahrheit zwar nicht kennt, aber kennen muß.

Durch eine Mitteilung, deren Unwahrheit dem Mitteilenden unbekannt ist, wird dieser nicht zum Schadensersatze verpflichtet, wenn er oder der Empfänger der Mitteilung an ihr ein berechtigtes Interesse hat.

§ 826. Wer in einer gegen die guten Sitten verstoßenden Weise einem anderen vorsätzlich Schaden zufügt, ist dem anderen zum Ersatze des Schadens verpflichtet.

§ 1004. Wird das Eigentum in anderer Weise als durch Entziehung oder Vorenthaltung des Besitzes beeinträchtigt, so kann der Eigentümer von dem Störer die Beseitigung der Beeinträchtigung verlangen. Sind weitere Beeinträchtigungen zu besorgen, so kann der Eigentümer auf Unterlassung klagen.

Der Anspruch ist ausgeschlossen, wenn der Eigentümer zur Duldung verpflichtet ist.

2. Die Bedeutung des § 226 für den unlauteren Wettbewerb liegt nicht auf dem Gebiete des Angriffs, sondern auf dem der Verteidigung. Da für die Anwendung des § 226 erforderlich ist, daß jeder andere Zweck, als der der Schadenszufügung ausgeschlossen ist, während anderseits beim Wettbewerb das Charakteristische im allgemeinen die Erlangung eigener Vorteile, vorkommendenfalls durch Schädigung der andern, ist, so wird hier eine Handlung, die nichts weiter ist, und nichts weiter sein kann, als schikanös, selten vorkommen. Wohl aber ist es denkbar, daß ein Konkurrent die Rechtsbehelfe des Wettbewerbsgesetzes nur zu diesem Zwecke benutzt, indem er z. B. die Unterlassungsklage aus § 1 oder 3 gegen den bereits anderweit Verurteilten erhebt, oder wegen einer Äußerung eines Angestellten den daran völlig unschuldigen Betriebsinhaber verklagt. Hier kann in besonders gearteten Fällen der Beklagte den Einwand aus § 226 erheben.

3. Von den im **§ 823 Abs. 1** geschützten Gütern kommen hier die Freiheit, das Eigentum oder ein „sonstiges Recht" in Betracht. Was zunächst den Begriff Freiheit anlangt, so ist er keinesfalls so weit auszulegen, daß Einwirkungen auf den Willen eines anderen als Freiheitsverletzungen sich darstellen. (RG. 48 123.) Planck (3. Aufl. 2 970) geht allerdings weiter, da er auch in der Hinderung, ein bestimmtes Rechtsgeschäft, oder Rechtsgeschäfte gewisser Art vorzunehmen, z. B. von einer bestimmten Firma zu kaufen, einen Eingriff in die Freiheit sieht. Seiner Ansicht ist jedoch nicht beizutreten.

Lebhaft bestritten ist die Frage, ob unter dem „sonstigen Recht" des § 823 Abs. 1 auch die sog. **Individual- und Persönlichkeitsrechte** zu verstehen seien. Die Frage ist nicht die, ob man derartige Rechte überhaupt anerkennt. Auch wer der Ansicht ist, daß z. B. das Recht auf Schutz gegen unlauteren Wettbewerb, wie ihn das Gesetz gibt, ein Persönlichkeitsrecht ist, braucht deshalb nicht den Standpunkt einzunehmen, daß ein solches Persönlichkeitsrecht, auch soweit es keine positive gesetzliche Ausgestaltung erhalten hat, als durch § 823 Abs. 1 geschützt anzusehen sei. Insbesondere Lobe, Bekämpfung 183, vertritt die Ansicht, daß jedermann ein Recht auf freie und ungehinderte Verwertung seiner Arbeitskraft und der Erwerbsmöglichkeit als Ausfluß seiner Persönlichkeit habe; ihm ist unter anderen Rosenthal-Wehner 21 beigetreten. Das Reichsgericht hat jedoch diese Theorie in ständiger Rechtsprechung abgelehnt, in der Entsch. 51 375 mit der Begründung, daß diese bisher noch nicht zur Anerkennung gelangte Auffassung für die Anwendung des § 823 Abs. 1, dessen Begrenzung dadurch eine völlig unsichere würde, nicht als verwertbar erscheine. (Ebenso RG. 56 275, 58 29, 65 213; JW. 09 494.)

Eine Rechtsverletzung sei namentlich insoweit nicht anzunehmen, als der fragliche Eingriff in Betätigungen der dem Gegner seinerseits zustehenden Handlungsfreiheit und in den Grenzen erlaubter Konkurrenz bzw. Koalition erfolgt ist. **Das Reichsgericht erkennt aber einen bestehenden, selbständigen Gewerbebetrieb als ein wohlerworbenes Recht an.** (RG. 56 275, 65 213; JW. 02 Beil. 227, 05 20, 431.) In der Entscheidung RG. 65 213 wird aber nachdrücklich betont, daß mit diesem Recht nicht gleichzusetzen sei, die Aussicht auf Erwerb und die Aussicht auf Gewinnung von Kundschaft, wie sie durch die Handlungsweise eines Konkurrenten gefährdet sei, der seine Ware als eine bessere anpreist und verkauft, als sie wirklich ist. Lobe behauptet, daß diese Entscheidung sich zu denen RG. 45 61 und 58 24 in Widerspruch setzt. Hier war aber ein Eingriff in den Gewerbebetrieb in der unwahren Behauptung eines Schutzrechts des Beklagten gesehen worden, während in der ebenfalls von Lobe zitierten Entscheidung JW. 05 410 der Anspruch auf Grund des unlauteren Wettbewerbsgesetzes, nicht auf Grund des § 823 Abs. 1 erhoben wurde. Die Auffassung des Reichsgerichts wird dem Willen des Gesetzgebers in höherem Maße gerecht, als die von Lobe; denn die Fassung des § 823 und das Erfordernis der Verletzung eines bestimmten Rechtes soll gerade zu einer festen Begrenzung der Schadensklage führen.

Widerrechtliche Verletzungen des Gewerbebetriebes sind solche Störungen und Eingriffe, die sich unmittelbar gegen den Gewerbebetrieb, d. h. gegen die Betätigung des Erwerbswillens in seinem Rahmen, nicht etwa gegen seine körperlichen Grundlagen richten. (RG. 58 30, 64 156; vgl. Lobe in GewRschutz 10 7.)

4. **§ 823 Abs. 2** könnte als Ergänzung zu allen Vorschriften des Wett-

bewerbsgesetzes in Betracht kommen, da diese zweifellos den Charakter eines Schutzgesetzes haben. Indessen sprechen sie fast stets die Schadensersatzfolge selbst aus, so daß die Anwendung des § 823 Abs. 2 nur für minder wichtige Bestimmungen wie §§ 18 und 20 und § 15, soweit sein Tatbestand über den des § 14 hinausgeht (S. 120), in Betracht kommt.

5. **§ 824** unterscheidet sich durch seine allgemeine Fassung von § 14 UnlWG. Nach BGB. braucht die üble Nachrede weder zu Zwecken des Wettbewerbs erfolgen, noch sich auf die dort einzeln aufgeführten Gegenstände beziehen. Es genügt ferner, daß die Behauptung geeignet ist, sonstige Nachteile für Erwerb und Fortkommen herbeizuführen. Anderseits hat hier aber der Kläger den Beweis der Unwahrheit zu führen (RG. 51 380) und darzutun, daß der Beklagte diese kannte oder kennen mußte. Alles dies fällt bei § 14 Abs. 1 UnlWG. fort, so daß der Kläger sich stets auf ihn berufen wird, wenn seine Voraussetzungen gegeben sind.

6. § 826, früher die wichtigste Bestimmung des BGB. für die Bekämpfung des unlauteren Wettbewerbs, ist jetzt durch § 1 seiner Bedeutung für dies Gebiet im wesentlichen entkleidet. Seine Anwendung wird jedoch auch fernerhin in den Fällen nötig sein, in denen dem vom Wettbewerb Betroffenen die Aktivlegitimation auf Grund des UnlWG. fehlt. In erster Linie wird er in Frage kommen für Ausländer, welche keinem in die Pariser Union aufgenommenen Staate angehören. Weiter etwa für Beamte, die, wie in der Einleitung zu V, 5 dargelegt, sich nicht auf das Gesetz berufen können.

7. Aus **§ 1004** ist vom Reichsgericht durch analoge Anwendung ein allgemeiner **Anspruch auf Beseitigung** jeder objektiv widerrechtlichen Störung eines Rechtsgutes, insbesondere auch des eingerichteten Gewerbebetriebes (vgl. zu § 823), entwickelt worden. (RG. 60 7; JW. 07 505; LZ. 07 744.) Dieser Anspruch ist weder an ein Verschulden des Beeinträchtigenden, noch an die Gefahr der Wiederholung geknüpft. Insofern geht sein Schutz über den des § 823 Abs. 1 hinaus. Aber auch hier muß ein konkretes Recht beeinträchtigt sein; in dieser Richtung sind die Grenzen ebenso zu ziehen, wie bei § 823 Abs. 1. Soweit die Beeinträchtigung in einem der vom Wettbewerbsgesetz geregelten Tatbestände gesehen wird, kann dem Beseitigungsanspruch eine größere Bedeutung — im Gegensatz zu Rosenthal-Wehner 125, 41 — nicht beigemessen werden. Hier ist das Wesentliche stets im Wege der Unterlassungsklage zu erreichen. Die Pflicht z. B. eine unwahre Reklame zu unterlassen, schließt die, ein diese enthaltendes Plakat zu entfernen, begrifflich in sich.

Die bei den Erörterungen über die Auslegung des Gesetzes gewonnenen Resultate zeigen eine merkwürdige aber stets fortschreitende Entwickelung der Gesetzgebung und des Rechtsbewußtseins. Vor Geltung des Gesetzes von 1896 bestanden partikularrechtlich ähnliche Bestimmungen, wie sie das BGB. in § 826 usw. aufgestellt hat, ohne daß aber deren Anwendung in Deutschland auf das Gebiet des unlauteren Wettbewerbes durch die Praxis gebilligt wurde. Dann kam das G. v. 27. V. 96, welches von allgemeinen Grundsätzen absah und nur einige Erscheinungsformen des unlauteren Wettbewerbes regelte. Kurze Zeit nach dem Gesetz stellte das BGB. allgemeine Grundsätze auf, und nun erkämpfte sich die Praxis die Geltung dieser allgemeinen Grundsätze auch für das Gebiet des unlauteren Wettbewerbes. Die Novelle hat in § 1 jetzt dies gesetzlich sanktioniert, indem sie die Generalklausel aufnahm. Für die Frage, ob der Gesetzgeber und die Praxis das Richtige getroffen hat, mag auf den Schluß der ersten Auflage dieses Kommentars verwiesen werden. Dort ist gesagt:

„Ob man diese Entwickelung als einen Fortschritt betrachtet oder nicht, hängt von Beantwortung der alten Streitfrage ab, ob es besser ist, allgemeine Grundsätze, die die Praxis auszubilden hat, oder spezielle Vorschriften in Gesetze aufzustellen. Der Verfasser hält es für einen nicht hoch genug zu schätzenden Vorzug des BGB., daß es den ersteren Weg geschritten ist; die Aufstellung, bezüglich Fortbildung der Begriffe „wider Treu und Glauben", „gegen die guten Sitten", die als Generalklauseln jedem Geschäft sowie jedem Tun anhaften, ist ein Vertrauensvotum für den deutschen Juristenstand. Es ist angenommen, daß der Richter unter sorgfältiger Prüfung aller in Betracht kommenden Lebensverhältnisse dem moralischen Elemente neben dem formal juristischen zum Siege verhelfen wird. In der Ausbildung dieses Prinzips, in der sachgemäßen Anwendung der Bestimmungen des BGB. liegt die Fortentwickelung der für das ehrliche Gewerbeleben so segensreichen Gesetzgebung über den unlauteren Wettbewerb."

Die Verfasser verbleiben bei dieser, jetzt durch die Gesetzgebung gebilligten Ansicht. Nun ist es Sache der Praxis, die allgemeinen Begriffe des Gesetzes, insbesondere §§ 1 und 12 in einer dem Sinn des Gesetzes entsprechenden Weise zu erläutern und weiter auszubilden und so die dem Handelsstand durch das Gesetz gegebene Waffe zu Trutz und Schutz wirksam zu gestalten.

Sachregister.

(Die Zahlen verweisen auf die Seiten.)

A.

B.

C.

D.

E.

F.

G.

H.

I.

J (j).

K.

Q.

R.

S.

T.

U.

Druck von A. W. Hayn's Erben, Potsdam.

FSC
www.fsc.org
MIX
Papier | Fördert gute Waldnutzung
FSC® C083411

Kolibri 360 GmbH
Ferdinand-Jühlke-Straße 7
99095 Erfurt, Deutschland
produktsicherheit@kolibri360.de